V&R

Gottfried Adam / Rainer Lachmann (Hg.)

Methodisches Kompendium für den Religionsunterricht 1

Basisband

5. Auflage

Vandenhoeck & Ruprecht

Mit 11 Abbildungen

Bibliografische Information der Deutschen Nationalbibliothek

Die Deutsche Nationalbibliothek verzeichnet diese Publikation in der Deutschen Nationalbibliografie; detaillierte bibliografische Daten sind im Internet über http://dnb.d-nb.de abrufbar.

ISBN 978-3-525-61409-9

Druck und Bindung: ⊕ Hubert & Co, Göttingen

Gedruckt auf alterungsbeständigem Papier.

Inhalt

Stufenspezifische Problemstellungen

Vorwort zur 4. Auflage

Nachdem seit 1993 in kurzer Folge drei Auflagen dieses Buches erscheinen konnten (1993/1996/1998), planten wir für die vierte Auflage eine gründliche Überarbeitung, die den neueren Entwicklungen auf dem Gebiet der Methoden Rechnung tragen sollte. Sehr rasch stellte sich aber heraus, dass eine solche ergänzende Überarbeitung den Rahmen des Kompendiums sprengen würde. Zu reichhaltig ist das, was sich im letzten Jahrzehnt gerade in methodischer Hinsicht getan hat und deshalb in seiner innovativen Produktivität verdient angemessen dokumentiert zu werden. Dabei macht es andererseits nichts von dem überflüssig, was das ursprüngliche Kompendium enthält.

Wir haben uns deshalb entschlossen, das *Methodische Kompendium für den Religionsunterricht* in seiner bewährten Form nicht zu erweitern, sondern zu aktualisieren und als *Basisband* zu kennzeichnen. Ein zweiter Band, der den Innovationen gewidmet ist, wird ihm als *Aufbaukurs* zur Seite gestellt.

Beide Bände sind aus der Arbeit mit Studierenden für das Lehramt an öffentlichen Schulen erwachsen, die das Fach Evangelische Religionslehre gewählt haben. Deshalb ist diese Personengruppe auch die erste Zielgruppe, das Werk richtet sich aber darüber hinaus an alle, die als Lehrerinnen und Lehrer mit dem Religionsunterricht befasst sind, sei er evangelisch, katholisch oder konfessionsübergreifend. Im Übrigen ist ein Transfer der Ausführungen auf den gemeindepädagogischen Bereich nicht nur möglich und erwünscht, sondern ein Stück weit auch mit im Blick gewesen, wie die Beiträge zeigen, die ausdrücklich auf die gemeindepädagogische Perspektive Bezug nehmen.

Fragen der Allgemeinen Religionspädagogik sowie fachdidaktische Fragestellungen sind in unserem *Religionspädagogischen Kompendium* (Göttingen ^{5}1997) behandelt.

Im Sinne ergänzender Arbeitsteilung konzentriert sich der hier vorgelegte Band auf die *methodischen Fragen* des Religionsunterrichts, die in der Regel von ausgewiesenen Fachleuten auf dem Gebiet der jeweiligen Methode historisch, systematisch und praktisch entfaltet werden. Auch hinsichtlich der Medien gilt, dass sie hier hauptsächlich unter dem Aspekt ihrer methodischen Anwendbarkeit betrachtet werden; Grundlegungsfragen des Medieneinsatzes kommen nur am Rande in den Blick.

Bezüglich der Schulstufen liegt das Hauptgewicht auf der Primarstufe und der Sekundarstufe I. Es wurden aber auch zwei Artikel aufgenommen, in denen besondere methodische Fragestellungen des gymnasialen und berufsbildenden Schulwesens zur Darstellung kommen.

Das Buch möchte in zuverlässiger, knapper, informativer und zugleich im Ganzen übersichtlicher und verständlicher Weise in die wesentlichen Fragen der Methodik einführen. Von seiner Anlage als einem Kompendium her ergeben sich im Blick auf konkretisierende Beispiele, die im Prinzip wünschenswert sind, unvermeidliche Begrenzungen.

Ein Blick auf den inhaltlichen Aufriss macht deutlich, dass keine Vollständigkeit angestrebt ist, sondern anhand exemplarischer und grundlegender Methoden und Unterrichtsformen bei den Lehrenden das Bewusstsein für methodische Fragestellungen und Aufgaben geweckt und methodische Handlungskompetenz vermittelt werden sollen.

Was die Gliederung bzw. die Anordnung der Methoden betrifft, so darf man diese nicht überbewerten. Es gibt keine völlig in sich stimmige Systematisierung der Methoden.

Der Anhang ist eine Hinführung zum Arbeiten mit dem Kompendium. Die mit dieser neuen Auflage ergänzte und auf den neuesten Stand gebrachte Literaturauswahl beschränkt sich in der Regel auf neuere Gesamtdarstellungen. Literaturangaben zu den einzelnen Methoden finden sich jeweils in den Einzelbeiträgen.

Einmal mehr danken wir allen, die durch ihren Einsatz dazu beigetragen haben, dass diese Veröffentlichung erscheinen kann. Möge sie dazu dienen, dass der Religionsunterricht Lehrenden wie Lernenden zum prägenden Erlebnis wird – und Freude macht.

Bamberg/Wien, im Februar 2002

Gottfried Adam/Rainer Lachmann

Grundlegung

I.
Methodische Grundfragen

Rainer Lachmann

1. Einführung: Interesse und Intention religionsdidaktischer Methodenreflexion

»Unterrichtsmethoden sind wieder interessant!«, heißt es einleitend in einem aktuellen »Lehrbuch der Unterrichtsmethoden«[1]. Für die Erziehungswissenschaft bestätigen das u.a. drei in den letzten fünf Jahren veröffentlichte Methodenwerke[2], und auch in der Religionspädagogik ist im letzten Jahrzehnt ein verstärktes Interesse an Fragen der Methodik zu verzeichnen[3]. Die Zeiten sind vorbei, in denen eine auf Inhalte und Ziele fixierte Didaktik die Methoden vernachlässigen und hintanstellen konnte. Mit erheblich ausgeweiteter didaktischer Gewichtigkeit sind Methoden heute wieder hoffähig und aktuell diskussionswürdig.

Praktizierende wie angehende Lehrer werden diese Entwicklung vorbehaltlos begrüßen. Gerade Lehramtsstudierende, für die dieses Kompendium zum methodischen Leitfaden werden möchte, sind – besonders in der Anfangsphase ihres Studiums – von der Frage umgetrieben »Kann ich das denn überhaupt, unterrichten?« bzw. »Wie mache ich das denn, richtig unterrichten?« und erhoffen sich hier ganz vorrangig Antworten und Hilfestellung von methodischer Seite. Das macht z.B. bei der Besprechung von studentischen Unterrichtsversuchen die Methodendiskussion immer wieder von neuem so spannend und brisant, weil die Studierenden hier hochgradig persönlich affiziert und praktisch motiviert »bei der

1 *M. Bönsch*, Variable Lernwege, Paderborn u.a. [3]2000, 11.

2 Neben der Arbeit von Bönsch *H. Meyer*, UnterrichtsMethoden, 2 Bde., Frankfurt a.M. [11]2000 und *E. Terhart*, Lehr-Lern-Methoden, Weinheim/München [3]2000.

3 Vgl. *R. Lachmann*, Zum Stand der Diskussion über die Methoden im Religionsunterricht, in: JRP 6/1989, 111–131.

Sache« sind. Das methodische Kompendium will sich solch vorgängige Aufgeschlossenheit und Motiviertheit für die Methodenfrage zunutze machen, bindet sie freilich gleichzeitig an zwei Bedingungen: Einmal darf dieses Interesse nicht isolierend auf die Methoden beschränkt bleiben, sondern muss stets den vieldimensionalen Zusammenhang schulischen Unterrichts mit im Blick haben; zum anderen sollte es nüchtern und realistisch bleiben hinsichtlich dessen, was eine Methodenreflexion in der Art unseres Kompendiums zu leisten vermag und was nicht.

Fernziel wäre im umfassenden Horizont religionsdidaktischer Kompetenz die Vermittlung methodischer Handlungskompetenz. Das würde indes kontinuierliche Übung und Praxisanwendung verlangen, was das Methodenkompendium nicht leisten kann. Insofern müssen wir dieses an sich erstrebenswerte Fernziel realistisch und propädeutisch relativieren und uns mit *drei* wichtigen *Teilqualifikationen* im Vorfeld der Anbahnung methodischer Handlungskompetenz bescheiden:

(1) *Kenntnis* des breiten und vielfältigen Spektrums an Methoden und methodischen Möglichkeiten. Hier gilt es, den vorhandenen Methodenpluralismus auch religionsunterrichtlich voll auszuschöpfen. Methodenmonismus und -dogmatismus bedingen methodische Inkompetenz und müssen mit allen Mitteln verhindert oder überwunden werden.

(2) Methodisches *Problembewusstsein*, das in die Lage versetzt, Methodenprobleme in der Komplexität ihrer pädagogischen, fachdidaktischen und praktischen Vernetzungen sensibel wahrzunehmen. Es will Einsichten in die Notwendigkeit differenzierten Methodengebrauchs vermitteln und vor kurzschlüssigen Patentlösungen, Einseitigkeiten und Verführungen methodischer Art bewahren.

(3) Methodische *Urteils- und Kritikfähigkeit*, die Maßstäbe anbietet, um auf methodischem Gebiet begründet urteilen zu können und anzuleiten zu verantwortlichem Methodengebrauch in Schule und RU.

Entsprechend will dieses einleitende Kapitel des Kompendiums vor allem zu wachem Problembewusstsein und kritischer Urteilskraft verhelfen. Es stellt sich dabei der Auseinandersetzung mit der aktuellen Methodendiskussion in Pädagogik und Allgemeiner Didaktik (2), wagt einen problemsichtigen Rückblick in die Methodengeschichte des RU (3), diskutiert die fachspezifischen Problemstellen genuin religionsunterrichtlichen Umgangs mit Methoden (4) und entwickelt zum Schluss methodenkritische Maßstäbe für kompetente Urteile und Entscheidungen auf dem Gebiet religionsunterrichtlichen Methodeneinsatzes (5).

2. Methodenfragen im Kontext didaktischer Theoriebildung

Gerade eine Religionsdidaktik, die gleichermaßen theologisch wie pädagogisch verantwortet sein will, hat es in methodischer Hinsicht nicht leicht, diesem Anspruch zu genügen. Zu groß und diffus erscheint die begriffliche wie inhaltliche Heterogenität heutiger unterrichtsmethodischer Forschung. Der überwiegende Teil religionsdidaktischer Methodenbeschäftigung ignoriert denn auch deren Ergebnisse und bezieht sich, wenn überhaupt, auf das alte Strukturmodell der lerntheoretischen Didaktik. Die hier angestrebte methodische Grundfragenerörterung will in problemorientierter Auswahl die aktuelle pädagogische Methodendiskussion wenigstens ein Stück weit aufnehmen.

Um unübersehbar zu demonstrieren, dass die Fragen einer Didaktik im engeren Sinne, die von uns im 1984 erstmals erschienenen »Religionspädagogischen Kompendium«[4] unter Ausschluss der Methodik thematisiert wurden, essenziell mit den methodischen Fragen zusammenhängen, soll einleitend von den dort anklingenden methodischen Auffassungen ausgegangen werden. Sie seien in *fünf Punkten* zusammengefasst:

(1) Methodik ist Teilgebiet einer religionsunterrichtlichen Fachdidaktik, der es um die Reflexion des Was, Warum, Wozu und *Wie* religionsunterrichtlicher Vermittlung theologischer Erkenntnisse und Inhalte an bestimmte Schüler im Erschließungshorizont religionspädagogischer Zielsetzung geht.

(2) Methodisches Fragen bedenkt, wie, auf welchen Wegen und mittels welcher Verfahren geplante Ziele erreicht und ausgewählte Inhalte vermittelt werden können[5].

4 *G. Adam/R. Lachmann (Hrsg.)*, Religionspädagogisches Kompendium, Göttingen (1984) [5]1997.

5 Vgl. *R. Lachmann*, Verständnis und Aufgaben religionsunterrichtlicher Fachdidaktik, in: *G. Adam/R. Lachmann (Hrsg.)*, aaO., 17–36, bes. 18.

(3) Methodische Überlegungen sind ein unverzichtbares Element jedweder Unterrichtsvorbereitung; von ihnen hängt es ab, ob die angestrebten Lernziele auch verwirklicht werden können.

(4) Die Methoden haben Teil an der Interdependenz aller Unterrichtsfaktoren und bilden mit ihnen zusammen einen sich wechselseitig bedingenden Implikationszusammenhang.

(5) Am sog. Primat der Didaktik vor der Methodik wird festgehalten[6].

Für methodische »Experten« liegen die Problemstellen dieser Äußerungen auf der Hand: Stich- und Reizworte wie Begrifflichkeit, Vermittlung, Interdependenz und Primat deuten sie an und wollen im Folgenden kritisch erörtert und, wenn möglich, geklärt werden.

2.1 Begriff und Klassifizierung. Die verwirrende Vielfalt, Unschärfe und Diffusität des Methodenbegriffs in der Pädagogik sind so groß[7], dass mancher Pädagoge sich veranlasst sieht, auf diesen Begriff ganz zu verzichten und ihn etwa durch »Unterrichtsformen«[8] oder »Aktionsformen«[9] zu ersetzen. Wie sich an den angeführten Beispielen zeigen lässt, gelingt das allerdings nicht; an anderer Stelle taucht dann doch wieder der Methodenbegriff auf. Er hat sich so eingebürgert, dass man auf ihn zumindest als *übergreifenden Arbeitsbegriff* auch in Zukunft nicht wird verzichten können. In diesem Sinne qualifiziert er auch das vorliegende Kompendium mit seiner breiten Palette an religionsunterrichtlichen Gestaltungs- und Arbeitsformen als »methodisches Kompendium«. Methoden resp. Unterrichtsmethoden werden in diesem übergreifenden Verständnis zur *Sammelbezeichnung für alle Wie- und Wegfragen unterrichtlichen Lehrens und Lernens.*

Freilich hält ein solch pauschales Methodenverständnis differenzierter Betrachtung des komplexen Unterrichtsgeschehens nicht stand, sondern verlangt gerade auch in methodischer Beziehung

6 Vgl. *R. Lachmann*, Wege der Unterrichtsvorbereitung, in: *G. Adam/R. Lachmann (Hrsg.)*, aaO., 222–241, bes. 231.

7 Vgl. *H. Meyer*, UnterrichtsMethoden I, Frankfurt a.M. [11]2000, 45f. und *E. Terhart*, Lehr-Lern-Methoden, 23ff.

8 *H. Glöckel*, Vom Unterricht, Bad Heilbrunn [11]2000, 57f.

9 *G. Lämmermann*, Grundriss der Religionsdidaktik, Stuttgart/Berlin/Köln [2]1998, 209.

genauere Bestimmung. Darin gründet die Berechtigung der pädagogischen Diskussion um Begriff und Bedeutungsumfang von Unterrichtsmethoden und die Notwendigkeit für den Fachdidaktiker, über *sein* Methodenverständnis pädagogisch bedachte Rechenschaft abzulegen. Zwar ohne *H. Meyers* methodischen Ersatzbegriff »Handlungsmuster« zu übernehmen, aber doch in lockerem Anschluss an sein Methodenkonzept definieren wir *Unterrichtsmethoden* als Lehr- und Lernformen, Verfahren und Arbeitsweisen, die im Unterricht verwendet werden, um ein Lernergebnis zu erzielen. Sie haben meist einen »definierten Anfang, eine innere Zielgerichtetheit und ... ein klar definiertes Ende« und können aus »einer Bündelung einer ganzen Reihe« einzelner Tätigkeits- und Handlungselemente bestehen[10]. Die von uns so genannten *methodischen Tätigkeits- bzw. Handlungselemente*[11] bilden auf Schüler- wie Lehrerseite die kleinsten (Inter-)Aktionseinheiten (wie etwa: fragen/antworten, melden/aufgerufen werden), aus denen sich die komplexeren Unterrichtsmethoden (wie z.B. Erzählung oder Gespräch) zusammensetzen. Von ihnen werden – in seltenem pädagogischen Konsens – die sog. *Sozialformen* unterschieden. Diese geben die Art und Weise an, wie im Unterricht der Umgang, die Interaktion zwischen Schülern und Lehrern und den Schülern untereinander organisiert und strukturiert ist. Sie regeln die »Beziehungs- und Kommunikationsstruktur des Unterrichts« und begegnen als Einzelarbeit, Partnerarbeit, Gruppenunterricht oder Frontalunterricht[12]. Handlungselemente und Unterrichtsmethoden sind in die Sozialformen eingebunden und verbinden sich mit ihnen, wobei es immer wieder zu Überschneidungen wie auch typischen Kombinationen von bestimmten Sozialformen mit bestimmten Unterrichtsformen kommt (s.u. II u. III).

Mit dieser unterscheidenden Klassifizierung nach methodischen Handlungselementen, Unterrichtsmethoden und Sozialformen, die mit *H. Meyer* noch um die so genannten *»methodischen Großformen«* wie Lehrgang, Projekt, Exkursion o.Ä.m. ergänzt werden könnten[13], haben wir für die aspektreiche Methodenlandschaft

10 *H. Meyer*, UnterrichtsMethoden I, 126.

11 *Meyer* spricht hier in umfassenderem Sinn von »Handlungssituationen« (aaO., 116ff.).

12 *H. Meyer*, aaO., 136ff.

13 *H. Meyer*, aaO., 143ff.

ein Ordnungsschema gewonnen, das eine Einordnung der diversen Methodeninhalte des Kompendiums erlaubt, ohne einem zu komplizierten und komplexen Klassifikationsschema »aufzusitzen«[14].

2.2 Methode und Vermittlung. Wir haben oben das didaktische und methodische Geschäft des RU recht massiv als die *Vermittlung* theologischer Erkenntnisse und Inhalte an bestimmte Schüler definiert und wollen – recht verstanden – auch an der Vermittlung als zentraler didaktischer und methodischer Kategorie festhalten. Es soll u. E. im RU wahrhaftig um die Vermittlung des Anspruchs der christlichen »Sache« mit den Schülern und ihrem Recht auf lebensförderliche Wahrheit gehen, um wechselseitige Bereicherung und »Erschließung« (*W. Klafki*). Wohlgemerkt: um echte Vermittlung, nicht einfach um bloße Weitergabe, Mitteilung, Überlieferung! Das festzustellen, ist gerade auch religionsunterrichtlich wichtig, um dem mit dem Vermittlungsbegriff häufig assoziierten Missverständnis einer reduktionistischen »Transportmethodik« zu wehren und die falsche Entgegensetzung von hier »Vermittlungsdidaktik« und da »Didaktik des Lernarrangements« zu vermeiden[15]. Denn bei den (Glaubens-)Inhalten des RU handelt es sich nicht um von vornherein feststehende, zweifellos vorgegebene Wahrheiten[16], die mittels des »Vehikels« der Methoden gleichsam »unvermittelt« weitergegeben und weitertransportiert werden können. Ihre Vermittlung ist vielmehr unbedingt angewiesen auf einen dialogisch angelegten offenen Kommunikationsprozess, der – geleitet von der Grundintention »Kommunikation des Evangeliums« – als Verständigungsgeschehen aufzufassen ist. So verstanden wird für den RU die Methoden-Alternative »entweder Strategien der Vermittlung oder Schlüssel zur Welt und für das Selbstverständnis«[17] hinfällig, weil im religionsunterrichtlichen Verständigungsprozess Vermittlungsinhalt und Vermittlungsform essenziell zusammengehören

14 Vgl. die Auseinandersetzung mit den gängigen »Klassifikationsschemata« bei *H. Meyer*, aaO., 218ff. und bei *E. Terhart*, Lehr-Lern-Methoden, 29ff.

15 *M. Bönsch*, Variable Lernwege, 49.

16 Vgl. *B. Ort*, Unterrichtsmethoden, in: *F. Weidmann (Hrsg.)*, Didaktik des Religionsunterrichts, Donauwörth [7]1997, 217–227, bes. 218.

17 *M. Bönsch*, Variable Lernwege, 13.

und zielgemäß realisiert werden wollen. Das schließt ein isoliertes, tech-nizistisch reduziertes Methodenverständnis aus und verlangt methodische Vermittlungsweisen und -wege, die den Schülern im suchenden und entdeckenden, argumentierenden und experimentierenden Umgang mit der christlichen Wahrheit entsprechendes Lernen, Verstehen und Verständigen ermöglichen.

2.3 Interdependenz und Primat. Mit der Zurückweisung eines technizistisch reduzierten Methodenverständnisses ist ein methodisch wichtiger Grundsachverhalt angesprochen, der in der auch von uns geteilten Auffassung von der *Interdependenz aller Unterrichtsfaktoren* bzw. dem sich wechselseitig bedingenden Implikationszusammenhang seinen adäquaten Ausdruck findet. In unserem Falle bedeutet das zunächst eine entschiedene Absage an alle sog. »Methodiker«, die meinen, dass Unterrichtsinhalte und -ziele durch methodische Entscheidungen nicht berührt würden. Demgegenüber gilt es festzuhalten, dass Methoden keineswegs als ziel- oder inhaltsneutral angesehen werden dürfen. Sie tragen vielmehr »selbst bereits normative Implikationen« und inhaltliche Intentionen in sich[18], und insofern bestimmen Auswahl wie Art und Weise methodischer Gestaltung mit über Inhalte und Ergebnisse des Unterrichts. Das muss besonders im fachdidaktischen Interesse verantwortlichen Methodeneinsatzes vorweg eigens herausgestellt werden, um nicht der gleichermaßen bequemen wie gefährlichen Illusion aufzusitzen, als könne man »eine Unterrichtsmethodik für *beliebige* Inhalte« und Ziele anbieten[19].

Die Einsicht, dass jede Unterrichtsmethode beachtenswerte inhaltliche und intentionale Vorentscheidungen impliziert, bringt den Methoden zweifelsohne einen erheblichen Zugewinn an didaktischer Bedeutung: Die Frage der methodischen Präsentation eines Inhalts ist nicht mehr nur ein nachgeordnetes Problem, sondern muss bereits bei den Ziel- und Inhaltsentscheidungen mitbedacht werden. Das ist gemeint, wenn mit *H. Blankertz* »vom nicht hintergehbaren ›Implikationszusammenhang‹ zwischen inhaltlichen und methodischen Entscheidungen« gesprochen wird[20],

18 *E. Terhart*, Lehr-Lern-Methoden, 27.
19 *H. Meyer*, UnterrichtsMethoden I, 76.
20 *E. Terhart*, Lehr-Lern-Methoden, 45.

bzw. wenn kritisch ergänzend und relativierend die Interdependenz aller am Unterricht beteiligten Faktoren angemahnt wird. Wird das beachtet, kann es etwa in Bezug auf die Methoden weder zu einer einseitigen Übergewichtung, noch zu einer einseitigen Abwertung kommen; gefordert ist vielmehr die kritische Berücksichtigung ihrer wechselseitigen Verschränkung mit allen wesentlichen Unterrichtsfaktoren. Dabei ist sicher zunächst an die Ziele und Inhalte des Unterrichts zu denken; doch darf man sich angesichts des vieldimensionalen Faktorenkomplexes Unterricht damit nicht bescheiden, sondern muss genauso unabdingbar die Interdependenz der Methoden mit den Faktoren Schüler, Lehrer und Institution Schule in didaktische Rechnung stellen[21]. Nur wo das gewährleistet ist, wird man den Methoden in ihrem komplexen Beziehungsgefüge wirklich gerecht und vermeidet die gerade in methodischer Hinsicht so sattsam bekannten Vereinseitigungen, Verkürzungen und Engführungen.

Solchermaßen bedeutet die Beachtung der unterrichtlichen Faktoren-Interdependenz eine Entschärfung und Relativierung des Satzes vom Primat der Didaktik. »Inhalte und Methoden stehen ... in einer komplizierten, von vielen Faktoren abhängigen Wechselwirkung zueinander« und erlauben insofern eine einfache »Überordnung der Inhaltsfrage über die Methodenfrage« ebensowenig wie ein lineares Ableitungsverhältnis zwischen Inhalten und Methoden[22]. Trotzdem halten wir auch weiterhin am Primat der didaktischen Entscheidungen vor den methodischen fest, verstehen darunter allerdings nicht wie die geisteswissenschaftliche Didaktik das Primat der »puren« Inhalte, sondern das Primat der Intention, bzw. den *Vorrang der zielorientierten Inhalte* vor den Methoden. Damit befinden wir uns auch religionsdidaktisch in Übereinstimmung mit der heutigen Allgemeinen Didaktik, die sich fast ausnahmslos der Klafkischen Präzisierung des Satzes vom Primat der Didaktik angeschlossen hat und ihn jetzt versteht als »Satz vom Primat der Zielentscheidungen im Verhältnis sowohl zur Dimension der inhaltlichen als auch der methodischen Entscheidungen«[23]. Das gilt im Blick auf die Schule als Ganzer, die mit ihrem Bildungs-

21 Vgl. *E. Terhart*, aaO., 27 – in Terharts Abbildung des Strukturfeldes »Unterrichtsmethode« fehlt allerdings der Faktor Lehrer.

22 *H. Meyer*, UnterrichtsMethoden I, 77.

23 *W. Klafki*, Zum Verhältnis von Didaktik und Methodik, in: *W. Klafki*/

auftrag eo ipso eine Vorrangstellung des Zielbezugs impliziert, das gilt aber auch bezüglich der Unterrichtsinhalte, die ja im Unterricht nicht als objektive Sachverhalte fungieren, sondern als Unterrichtsthemen, die dazu durch eine bestimmte Zwecksetzung, Zielstellung und normative Vorgabe geworden sind, und das gilt schließlich auch fachdidaktisch, insofern als Inhaltsvermittlung und »Methodenwahl in der Spur der religionsunterrichtlichen Ziele bleiben« müssen[24]. Ohne implizierte Zielorientierung auf allen Ebenen und in allen unterrichtlichen Dimensionen ist schulischer Unterricht nicht denkbar; das verleiht der Zielentscheidung und Unterrichtsintention ihr Primat und macht die Zielorientierung zum entscheidenden Kriterium, an dem sich Unterrichtsinhalt und Methode messen lassen müssen. Demgemäß muss in der Regel über Ziele, Thematik und zielorientierte Inhalte entschieden sein, bevor unter Bedacht der vielfältigen unterrichtlichen Wechselwirkungen methodische Entscheidungen gefällt und verantwortet werden können.

3. Methoden im Kontext religionspädagogischer Konzeptionen

Das Primat der Zielentscheidungen verweist die Methodenfrage in fachdidaktischer Hinsicht auf den umfassenderen Zusammenhang religionspädagogischer Unterrichtskonzeptionen. Wie deren je spezifische Zielsetzungen und Faktorenkonstellationen sich jeweils auf Stellung und Stellenwert der Methoden auswirkten, dem soll im Folgenden geschichtlichen Rückblick kurz nachgegangen werden[25].

Am Beginn unseres Jahrhunderts begegnen zwei ebenso markante wie bekannte religionspädagogische Werke, die bereits in ihren Titeln die methodische Wie-Frage markieren: Im Kontext liberaler Religionspädagogik fragt 1910 *Richard Kabisch* »Wie lehren wir Religion?« und elf Jahre später, davon bewusst abgesetzt,

G. Otto/W. Schulz (Hrsg.), Didaktik und Praxis, Weinheim 1977, 13–39, bes. 28.

24 *B. Ort*, Unterrichtsmethoden, 221.

25 Vgl. im einzelnen meinen o. in Anm. 3 genannten ausführlichen Literaturbericht »Zum Stand der Diskussion über die Methoden im Religionsunterricht«!

Emil Pfennigsdorf »Wie lehren wir Evangelium?« (1. Aufl. 1921). Pfennigsdorf findet »die rechte Methode des R.-U.« in einem »dem Evangelium gemäße(n) Lehrverfahren«, das die Schüler via fünf psychologischen, aus dem Wesen des Evangeliums abgeleiteten Stufen zu echtem Erleben des Evangeliums als froher Botschaft, zu wirklichem persönlichem Glaubensleben führen will[26]. Die Ende der zwanziger Jahre neu aufkommende religionsunterrichtliche Verkündigungskonzeption erteilte diesem methodistischen Wegvorschlag eine scharfe Absage[27]. Sie unterstellte ihm vor allem psychologistische Verfügbarmachung des Glaubens: »Glaube entsteht nur da, wo Gott ihn selber schafft. Also kann keine noch so differenzierte Methodik Gottes Allein- und Selbstwirken ersetzen. Die Bitte um den heiligen Geist, der durch das Wort zum Glauben ruft, ist schlechthin wichtiger als alle Methodik«[28]. Dieser Satz aus *Theodor Heckels* »Methodik des evangelischen Religionsunterrichts« wird geradezu zum methodischen Bekenntnissatz der *Konzeption der Evangelischen Unterweisung. Helmuth Kittel* knüpft in seiner berühmten Programmschrift »Vom Religionsunterricht zur Evangelischen Unterweisung« bewusst an diesen Satz an und macht ihn zu einem Pfeiler seiner Methodenauffassung[29]. Er wird darin zum entschiedenen Ausdruck für die grundsätzliche Unverfügbarkeit des Glaubens als Ziel des RU und verleiht von daher erstens allem Methodenhandeln in der Evangelischen Unterweisung einen immerwährend methodenkritischen und -skeptischen Vorbehalt. Neben diesem Methodenvorbehalt betont Kittel zweitens die grundsätzliche ›Neben-Sächlichkeit‹ der Methodik. Alle methodischen Probleme werden danach »wieder ›sekundär‹, d.h. ›folgen‹ aus der Antwort auf die Frage nach dem Gegenstand«. Allein gültiger Maßstab angemessener Methode ist deshalb, dass sie »der Sache frommt, um die es in der Evangelischen Unterweisung geht«[30]. Daraus erwächst schließlich drittens – als häufig verkanntes Methodencharakteristikum Kittelscher Evangelischer Unterweisung

26 *E. Pfennigsdorf*, Wie lehren wir Evangelium?, Leipzig ^{3}1930, XI u. 160 u. 2.

27 *G. Bohne*, Das Wort Gottes und der Unterricht, Berlin ^{3}1964, 201f.

28 *Th. Heckel*, Zur Methodik des evangelischen Religionsunterrichts, München 1928, 29.

29 *H. Kittel*, Vom Religionsunterricht zur Evangelischen Unterweisung, Hannover (1. Aufl. 1947) ^{3}1957, 24.

30 *H. Kittel*, aaO., 24f.

– echte evangelische Freiheit gegenüber »der Mannigfaltigkeit der Unterrichtsmethoden«. »Eine spezifische christliche oder evangelische Methode« leugnet Kittel. Sie sind alle erlaubt; es sei denn, die Lehrer wollten mit ihren Methoden »die Kinder zum Christsein zwingen«[31]. Besonders diese freiheitliche Konsequenz der Kittelschen Methodenauffassung gewann in der Theorie und Praxis der Evangelischen Unterweisung kein bestimmendes Gewicht. Unter dem Anspruch der Verkündigungsintention schien ihr doch eher eine Kommunikationsstruktur gemäß zu sein, in der Hören und hörendes Lernen dominierten. Danach erfolgte in der Regel die Methodenauswahl der Evangelischen Unterweisung und gestaltete sich entsprechend ihr einseitig stofforientiertes und lehrerzentriertes methodisches Handeln.

Die *hermeneutische Religionspädagogik* mit ihrer an Auslegung und Verstehen der biblischen Tradition orientierten Zielsetzung brachte hier noch keinen grundlegenden Wandel. Zwar stellte sie sich der Auseinandersetzung mit den besonders von *Wolfgang Klafki* angestoßenen neueren Entwicklungen in der bildungstheoretischen Didaktik, partizipierte dabei aber zugleich an deren Vernachlässigung der Methodenproblematik. Erst in der Auslaufphase des hermeneutischen RU begegnet in einem Spätwerk *Stallmanns* ein durchaus beachtenswertes Kapitel über die »didaktischen Grundlagen zur Methodik«[32]. Aber da standen die religionspädagogischen Zeichen bereits auf Sturm und vollzog sich mit radikaler Kritik am bisherigen RU eine entschiedene religionspädagogische Wendung. Ein wichtiges Motiv dafür war zweifelsohne das besonders von Schülerseite her geäußerte Bedürfnis nach einer Reform der Unterrichtsmethoden. Hier wurde dem RU besondere Rückständigkeit vorgeworfen: Der altmodische Unterrichtsstil, das Auswendiglernen von Bibelsprüchen, die immer gleiche frontalunterrichtliche Beschäftigung mit Bibeltexten und die einseitig lehrerbestimmte unterrichtliche Interaktion wurden als demotivierend und langweilig kritisiert und nicht selten als missionarisch-repressiver Methodeneinsatz diffamiert.

Problemorientierung wurde in dieser Krisensituation zum religionspädagogisch programmatischen Stichwort, das dem RU auch

31 *H. Kittel*, aaO., 25.

32 *M. Stallmann*, Evangelischer Religionsunterricht, Düsseldorf 1968, 87–133.

in methodischer Hinsicht eine große Vielfalt neuer Wege und Möglichkeiten eröffnen sollte. Allgemeindidaktisch ging das einher mit einer verstärkten Hinwendung der Religionspädagogik zur lerntheoretischen Didaktik, was insgesamt eine deutliche Aufwertung der methodischen Fragen bedeutete. Dem tat auch die Curriculumtheorie keinen Abbruch, in deren Fahrwasser die *problemorientierte Religionspädagogik* zu Beginn der siebziger Jahre zunehmend geriet, gehörte doch die Frage der Lernorganisation unabdingbar zum Curriculum hinzu und durfte keinesfalls vernachlässigt werden. Der im curricularen Methodeneinsatz liegenden Gefahr, die Methoden in technizistischer Reduktion einseitig als technokratisch bestimmte, zweckrationale Strategien zur Effektivitätssteigerung zu benutzen, erlag die Religionspädagogik in der Regel nicht. Das verhinderten u.a. die Erkenntnisse aus Sozialpsychologie und Erziehungspsychologie und später auch der kommunikativen Didaktik, die im intentionalen Einklang mit der problemorientierten Religionspädagogik kooperatives und offenes Lernen favorisierten.

Zur wichtigen methodischen Errungenschaft für den RU wurde in diesem Zusammenhang vor allem die Gruppenarbeit, die in der von Frontalunterricht und Plenumsarbeit beherrschten Evangelischen Unterweisung so gut wie nicht vorkam. Aus methodischer Sicht gilt es hier allerdings, die große Bandbreite zu beachten, in der gruppenunterrichtliche Ansätze religionspädagogisch integriert wurden: Sie reicht von der Gruppenarbeit als Methode und Sozialform über die Gruppenpädagogik im Sinne eines Unterrichtsprinzips bis hin zur Gruppendynamik, die das Verhalten von und in Gruppen untersucht und (religions-)unterrichtlich zu nutzen sucht. Konzeptionell schlug sich Letzteres vor allem im *therapeutischen Religionsunterricht* nieder, der im Zuge der von ihm angestrebten Sozialisationsbegleitung und -aufarbeitung der Gruppenarbeit besondere Bedeutung beimaß. Wenn er sich als »symbolische Interaktion« definierte, so war damit stets die »Praxis der Interaktion« mitgemeint, die sich vorzugsweise in der »Form von Gruppenarbeit« realisierte, »in der frontale Vorgänge durch partnerschaftliche oder sich in kleinen Gruppen vollziehende Lernabläufe abgelöst« wurden[33]. Gruppenarbeit wurde in diesem therapeuti-

33 *D. Stoodt*, Die Praxis der Interaktion im Religionsunterricht, in: EvErz 23/1971, 1–10, bes. 6.

schen Konzept gleichsam zur vorherrschenden, weil letztlich allein sachgemäßen Methode. Das »roch« nicht nur bedenklich nach »dogmatischem« Methodenmonismus, sondern belegte auch in beispielhafter Deutlichkeit die oben gemachte Feststellung von den normativen und intentionalen Implikationen von Unterrichtsmethoden. Die weitere religionspädagogische Entwicklung beschied diesem gruppenunterrichtlich dominierten Konzept keinen Erfolg, was freilich der Beliebtheit gruppenunterrichtlicher Verfahren im problemorientierten RU der siebziger Jahre keinen Abbruch tat[34].

Neben der Gruppenarbeit setzte der religionspädagogische Neuaufbruch eine bunte Fülle methodischer Einfälle, Aktivitäten und Experimente frei. Darunter waren auch zwei interessante Vorschläge, die Projektmethode für den RU fruchtbar zu machen[35]. Auch diese Methode entwickelte konzeptionelle Prägekraft und plädierte für einen projektorientierten RU, der in handlungsbezogener Intention auf interdisziplinäre Kooperation und fächerübergreifende Organisation setzte. Ohne sich konzeptionell durchsetzen zu können, vermittelte er doch immerhin projektmethodische Elemente und Impulse, die für jeden RU beherzigenswert sein konnten. Sie wurden ähnlich dem Gruppenunterricht zum Widerspruch gegen die einseitige Praxis des Frontalunterrichts, seine ›Kopflastigkeit‹, das ›Ping-Pong-Spiel‹ von Frage und Antworten, das Missverhältnis zwischen Lehrer- und Schülerbeteiligung und die dominierende Versprachlichung von Unterricht. Demgegenüber waren vor allem Handlungsorientierung und ganzheitliche Ansprache gefragt (s.u. IV). Eine breite Palette neu und wieder entdeckter Unterrichtsmethoden bemühte sich darum: Zum Teil rekrutierten sie sich als musische Möglichkeiten und Anregungen aus dem Bereich der Musik- und Kunstpädagogik, zum Teil gehörten sie zum weiten Feld des Spiels, das mit seinen vielen ›Spielarten‹ in der problemorientierten Religionspädagogik zweifelsohne methodische ›Karriere‹ machte. Es förderte die Kreativität der Schüler, mobilisierte Erfahrungen und Gefühle, verlangte kooperatives Han-

34 Vgl. *R. Lachmann*, Zum Stand der Diskussion über die Methoden im Religionsunterricht, 116f.

35 *B. Suin de Boutemard*, Projektunterricht: Beispiel Religion, Düsseldorf 1973; *H. Weber*, Projektgruppen im Religionsunterricht, Heidelberg 1973.

deln und ermöglichte kritisch begleitendes Nachdenken. So genutzt konnte das Spielen religionsunterrichtlich geradezu zum Unterpfand ganzheitlichen Lernens avancieren. Das wiederum inspirierte andere Methoden, die einseitig kognitiv dominierte ›Landschaft‹ des RU affektiv und pragmatisch aufzubrechen und zu bereichern, und löste auch an herkömmlichen Unterrichtsmethoden fruchtbare Neuentdeckungen aus. Auffälligstes Beispiel dafür wurde das religionsunterrichtliche Erzählen, das mit *W. Neidharts* Erzählbüchern eine erstaunliche methodische Wiedergeburt feierte[36], die bis heute mit zahlreichen Theoriebeiträgen und noch viel mehr praktischen Erzählbeispielen positiv weiterwirkt.

Der methodische ›Frühling‹, den die verschiedenen konzeptionellen Neuansätze dem RU unter dem übergreifenden Dach problemorientierter Religionspädagogik bescherten, mündete im Zuge konzeptioneller Abklärung und Konsolidierung Mitte der siebziger Jahre auch methodisch ein in eine Zeit der Bündelung und Bilanzierung. Aus ihr erwuchsen dann in den achtziger Jahren in zunehmender Zahl praktische Methodenbücher für die Hand praktizierender Religionslehrer und Pfarrer. Sie vermittelten in leicht fasslicher und handhabbarer Weise das reiche Methodenrepertoire, das in den vergangenen zwei Jahrzehnten religionsdidaktisch erschlossen worden war. Für die Praxis des RU brachte das sicher einen erfreulichen Zugewinn an methodischer Handlungsfähigkeit, besonders dann, wenn das reichhaltige Methodenangebot auch voll ausgeschöpft wurde. Was freilich bis auf eine Ausnahme[37] bislang noch völlig fehlt, sind religionspädagogische Veröffentlichungen, welche die Methodenfrage in ihren grundsätzlichen Problemstellungen wissenschaftlich bedenken. Religionspädagogisch würde dazu sowohl die Auseinandersetzung mit der Methodenforschung auf pädagogischem Gebiet wie die Reflexion der religionsspezifischen Grundsatzfragen in religionsunterrichtlich-methodischer Hinsicht gehören. Wo das ausgeklammert bleibt und man sich mit theorieloser Praxisanleitung meint begnügen zu können, besteht die Gefahr unkritischen Methodengebrauchs, welcher der

36 *W. Neidhart/H. Eggenberger (Hrsg.)*, Erzählbuch zur Bibel, Lahr/Zürich/Einsiedeln/Köln [6]1990; *W. Neidhart*, Erzählbuch zur Bibel, Bd. 2, Lahr/Düsseldorf/Zürich [2]1993.

37 *H.-G. Heimbrock*, Lern-Wege religiöser Erziehung, Göttingen 1984.

komplexen Gewichtigkeit der Methoden im unterrichtlichen Interdependenzfeld nicht gerecht zu werden vermag und deshalb möglicherweise Folgen zeitigt, die religionsunterrichtlich unerwünscht sind. Hier ist die Religionspädagogik aufgefordert, in Zukunft auch die Methodik zum wesentlichen Gegenstand ihres wissenschaftlichen Interesses und Forschens werden zu lassen. Ein Anfang soll dazu mit vorliegendem Kompendium gemacht werden.

4. Methoden im fachspezifischen Rahmen des Religionsunterrichts

Als aufschlussreiches Kernproblem religionsdidaktischer Methodenbeschäftigung erweist sich immer wieder die Frage: Gibt es fachspezifische Unterrichtsmethoden für den RU? bzw. radikaler gefragt: Gibt es spezielle, ausschließlich dem RU eigene Unterrichtsmethoden? Wie unser kurzer geschichtlicher Rekurs gezeigt hat, wurde diese Frage durchaus kontrovers beantwortet und ist auch heute – obwohl kaum mehr diskutiert – durchaus noch nicht abschließend geklärt. Von methodistischer Begeisterung für *die* »evangeliumsgemäße Methode« und methodenmonistischer Favorisierung einer ganz speziellen Methode über methodeneuphorische Offenheit für alle Methoden bis hin zu methodenskeptischem Vorbehalt allem Methodischen gegenüber findet sich ein ganzes Arsenal unterschiedlicher religionspädagogischer Methodeneinstellungen. Wie diese im Einzelnen ausfallen, hängt ab vom jeweiligen konzeptionellen Verständnis und den Zielvorstellungen des RU, womit sich in gewisser Weise das oben behauptete Primat religionsunterrichtlicher Intention bestätigt. Das trifft auch auf die hier geleistete Methodenreflexion zu, die bezogen ist auf einen RU, der sich für seinen Teil – d.h. in schulischer Bescheidung und Relativierung – der Aufgabe der »Kommunikation des Evangeliums« in der öffentlichen Schule unserer säkular-pluralistischen Welt verpflichtet weiß[38].

Fragt man demgegenüber nach speziellen Methoden des RU, so bekommt man auch heute noch nicht selten zur Antwort: Beten

38 Vgl. *R. Lachmann*, Grundsymbole christlichen Glaubens, Göttingen 1992, 11ff.

und Meditation. Dahinter verbirgt sich in der Regel die Auffassung, dass das eben die Spezialmethoden seien, um den Schülern auf genuin religionsunterrichtlichem Wege zum Glauben zu verhelfen. Dem ist zum einen entgegenzuhalten, dass hier das Gebet entgegen seinem Wesen als Methode missverstanden und methodistisch instrumentalisiert ist, und zum anderen und Entscheidenden, dass hier auch der Glaube missbräuchlich verstanden ist, als könne man ihn so einfach religionsunterrichtlich vereinnahmen und zielmäßig verfügbar machen. Das kann und darf religionsunterrichtliches Beten nicht wollen, und das kann und darf auch keine religionsunterrichtliche Methode leisten wollen, sei sie auch noch so fachspezifisch auf den RU zugeschnitten, wie etwa die Meditation, in der besonders katholische Religionspädagogen ein methodisches Spezifikum des RU sehen[39]. Allerdings lässt sich auch die Meditation nicht als ausschließlich dem RU eigene Methode behaupten, begegnet sie doch auch im Deutschunterricht oder in den musischen Fächern und sollte – zumindest als meditative Perspektive und Dimension – schulischem Unterricht prinzipiell nicht abgehen. Dementsprechend meinen wir als *Erstes* verallgemeinernd feststellen zu können, *dass es eine allein dem RU angemessene Methode nicht gibt.*

Dieser Satz gilt auch, obwohl oder besser: gerade weil es in dem angestrebten RU in vielfältiger Weise um den christlichen Glauben geht. Denn dieser Glaube ist im vollen Sinne seines Gehalts und seiner Wirkung nicht lernbar; als im letzten Gott-gewirktes Heil schaffendes Gnadengeschenk entzieht er sich unterrichtlich methodischer Verfügbarkeit und Machbarkeit ebenso wie seiner religionspädagogisch zielmäßigen Verplanung. Daraus folgt als *zweiter Grundsatz* religionsdidaktischen Methodenverständnisses, dass sich im Blick auf den *Glauben* all unser methodisches Handeln im Vorfeld abspielt und stets und ständig unter propädeutischem Vorzeichen und Vorbehalt gesehen werden muss. Damit ist ein für allemal jeglicher Methodismus ausgeschlossen, der sich anmaßt, unbedingt sichere Wege und Verfahren zum Glauben anbieten zu können. Evangeliums- und glaubensmächtige Methoden kann und darf es weder theologisch noch pädagogisch geben. Das wäre

39 Vgl. *H. Kurz*, Methoden des Religionsunterrichts, München [4]1998, 139 und *H. Herion*, Methodische Aspekte des Religionsunterrichts, Donauwörth [3]2000, 67.

Perversion und Verlust des Liebes- und Freiheitsgehaltes des Evangeliums und würde auch dem pädagogischen Anspruch widersprechen, für den jeder entmündigende Zwang ausgeschlossen bleiben muss. Hier ist an die relative Konvergenz zwischen theologischer und pädagogischer Unverfügbarkeit zu erinnern; denn wie sich der Glaube methodischer Machbarkeit entzieht, so entziehen sich auch die Ziele im erzieherisch relevanten Haltungsbereich weitgehend direkter unterrichtlicher Erreichbarkeit. Insofern partizipiert auch die Pädagogik am propädeutischen Vorbehalt, den wir auf den Methodengebrauch im RU veranschlagen müssen. Entsprechend wird dieser (doppelte) Vorbehalt zur ständigen kritischen Instanz gegenüber allen Verabsolutierungen, Dogmatisierungen und Manipulierungen auf methodischem Gebiet. Über dieser kritischen Perspektive darf freilich nicht der befreiende Effekt vergessen werden, den das propädeutische Vorzeichen gleichermaßen in sich trägt. Es entlastet das religionsunterrichtliche Methodenhandeln von der Aufgabe, bei den Schülern Glauben schaffen zu müssen, befreit von methodischen Fixierungen und Tabus und schenkt insgesamt eine theologisch entkrampfte Aufgeschlossenheit für das reiche Methodenrepertoire, das vom RU genauso genutzt werden möchte wie von jedem anderen Schulfach. So verhilft die wahrgenommene *propädeutische Relativierung alles Methodischen* dem RU zu einem freieren und lockeren Umgang mit alten und neuen Methoden und ermutigt und ermuntert auch im RU zu methodischer Entdecker- und Experimentierfreude. Dass damit wiederum kein Freibrief für maß- und wahllosen Libertinismus in Methodendingen ausgestellt ist, sondern im Gegenteil mit dem Maß methodischer Freiheit sich auch das Maß methodischer Verantwortlichkeit erhöht, versteht sich von selbst.

Der so betont herausgestellte propädeutische Charakter religionsunterrichtlich-methodischen Handelns bedeutet nun freilich nicht zugleich auch die völlige Irrelevanz des Glaubens für den religionsunterrichtlichen Methodeneinsatz. Das ergibt sich allein aus dem Umstand, dass die »Kommunikation des Evangeliums«, so es sich denn glaubensmäßig im RU ereignen sollte, nur auf menschliche Weise erfolgen kann. Auch die besondere Intentionalität und thematische Eigenart des RU bedingen keine Methoden und Faktoren höherer Ordnung, die didaktischer und methodischer Verantwortung enthoben wären. Entsprechend verfügt der RU über keine wie auch immer geartete »Methode Gottes«, sondern hat sich in nüchterner Bescheidenheit damit abzufinden, dass sich der Evangeliumsglaube, wenn überhaupt, auf dem Wege und »in Gestalt menschlicher Methoden« erschließt[40]. Und in dieser Beziehung gewinnt dann der Glaube, auch wenn wir strikt an seiner methodischen Unverfügbarkeit festhalten, doch so etwas wie eine *korrektive Funktion* für den religionsunterrichtlichen Methodeneinsatz. Er spielt mindestens insofern eine methodenrelevante Rolle, als den Schülern durch methodische Maßnahmen oder Unfähigkeiten der Zugang zum Christentum und seinen Glaubensinhalten nicht derart verschlossen werden darf, dass es in, mit und über der religionsunterrichtlichen Sachbeschäftigung und -begegnung nicht mehr zur Glaubensereignung und -vergewisserung kommen kann. Prohibitiv formuliert ist das *ein dritter und letzter Grundsatz*, den es beim Umgang mit Unterrichtsmethoden im fachspezifischen Rahmen des RU zu beachten gilt. Auch das begründet keinen methodischen Sonderstatus des RU, kann aber sehr wohl zusätzliche kritische Sensibilität für bewusst verantworteten Methodengebrauch im RU mobilisieren.

5. Kriterien religionsunterrichtlichen Methodeneinsatzes

Keine verordnete Fixierung auf eine spezifisch religionsunterrichtliche Methode, kein Methodenmonismus, -dogmatismus oder -skeptizismus, stattdessen aufgeschlossene Freude an der Methodenvielfalt auch für den RU! Das ermöglicht flexiblen und undoktrinären Methodeneinsatz, was allerdings keinesfalls – noch einmal sei es betont – mit wahllos unkritischem Methodengebrauch verwechselt werden darf. Um das zu verhindern, bedarf es Kriterien, an denen die Auswahl adäquater Methoden zu messen und zu orientieren ist. Unter Berücksichtigung der maßgeblichen Unterrichtsfaktoren gilt hier der Satz: Wer verantwortlich entscheiden will, *wie* er zu unterrichten hat, muss wissen, *wozu* er *was an wen unter welchen Umständen* vermitteln möchte. Daraus folgen als leitende Kriterien verantwortlichen Methodeneinsatzes Ziel- und Sachgemäßheit, Schüler- und Lehrergemäßheit sowie Situationsgemäßheit. Begründete Methodenauswahl verlangt die Beachtung dieser

40 *E. Paul*, Methoden, in: *E. Feifel u.a. (Hrsg.)*, Handbuch der Religionspädagogik, Bd. 2, Gütersloh/Zürich 1974, 145–171, bes. 148.

Kriterien, die in ihrer Interdependenz weder einseitige Isolierung noch Verabsolutierung zulassen. Deshalb ist auch das Ausspielen von adressatenorientierten Methoden gegen inhaltsorientierte Methoden unzulässig[41]; eine Methode, die nur dem Anspruch der Sachgemäßheit genügt, ist ebensowenig zu verantworten wie eine Methode, die sich einseitig der Schülergemäßheit ausliefert. Gefragt ist dagegen ein multifaktoriell verantworteter Methodeneinsatz.

5.1 Ziel- und Sachgemäßheit. Entsprechend dem oben herausgestellten Primat zielorientierter Inhaltlichkeit empfiehlt es sich, diese beiden Kriterien stets in engem wechselseitigen Verbund zu handhaben. Das zeigt sich besonders beim methodenkritischen Bedenken der Inhalte des RU, das in der Regel zielbezogen erfolgt. Dem kommt gerade religionsunterrichtlich auch die Eigenart der zu behandelnden Bibel- und Glaubensinhalte entgegen, die mit ihrer kerygmatischen oder kommunikativen Grundintention eo ipso auf Vermittlung angelegt sind. Insofern bilden für die religionsunterrichtlich begründete Methodenauswahl Intention, Inhalt und Kommunikation ein untrennbar zusammengehörendes Kriterienbündel, an dem sich die methodischen Entscheidungen für die Einzelstunden und Einzelschritte messen lassen müssen. Wie wir gesehen haben, vermitteln sich dabei die konzeptionellen Grundvorstellungen bis hinein in das Methodenhandeln konkreten RU, setzen ihm Grenzen, signalisieren Prioritäten und schenken Impulse. Das kann deutlich werden an dem hier vertretenen Verständnis von RU, für den die agapegemäße Kommunikation des Evangeliums den bestimmenden Kerngehalt der methodenkritisch eingeforderten Ziel- und Sachgemäßheit ausmacht[42]. Daran gemessen entscheidet es sich, welches Lernverständnis mit welchen methodischen Konsequenzen den religionsunterrichtlichen Verstehens- und Verständigungsprozess maßgeblich bestimmen darf. Hier stehen die inhaltlichen und normativen Implikationen der verschiedenen Methoden zur Debatte und können die Kriterien der Ziel- und Sachgemäßheit zum Anlass werden, um in einen normativen Dis-

41 Vgl. *M. Bönsch*, Variable Lernwege, 23ff.

42 Vgl. *G. Adam/R. Lachmann*, Was ist Gemeindepädagogik?, in: *dies. (Hrsg.)*, Gemeindepädagogisches Kompendium, Göttingen ²1994, 13–54, bes. 49f.

kurs mit den zu beurteilenden Unterrichtsmethoden einzutreten. Wo sie grundsätzlich dem agapemäßig verlangten dialogischen Lernen widersprechen, scheiden sie als dem schulischen RU inadäquate Methoden aus. Sie würden weder der religionsunterrichtlichen Zielsetzung gerecht, noch den Inhalten, die ohne Beachtung stimmiger Beziehungsdimension nicht zu ihrer Wahrheit gelangen können.

5.2 Schüler- und Lehrergemäßheit. Wirksamer Methodeneinsatz hat die vielschichtigen Voraussetzungen auf Schüler- wie Lehrerseite zu berücksichtigen. Zumindest im Blick auf die *Schüler* gilt dieser – adressatenbezogene – Maßstab relativ unbestritten. Entwicklungsstand der Schüler, vorhandene Kräfte, Fähigkeiten und Fertigkeiten wollen dabei genauso beachtet werden wie der Aspekt der sozialen Beziehungen und vor allem die methodischen Vorerfahrungen, welche die Schüler mitbringen. Erfolgreicher Methodengebrauch verlangt Vertrautheit mit den angewendeten Unterrichtsmethoden und da, wo sie noch nicht bekannt sind, Schaffung der nötigen Voraussetzungen durch Übung. Lernmäßig lassen sich hier für die einzelnen Schulklassen relativ gleiche Bedingungen schaffen. Schwieriger gestaltet es sich in dieser Beziehung mit den je individuellen Schülermerkmalen und spezifischen Lernvoraussetzungen, denen das Kriterium der Schülergemäßheit möglichst optimal gerecht werden soll. Hier kommt das Ideal »adaptiven Unterrichts«[43] an seine mit dem Klassenunterricht gesetzten natürlichen Grenzen; denn nicht jeder Schüler kann bei jeder Methode entsprechend seiner jeweiligen Individuallage uneingeschränkt auf seine ›Kosten‹ kommen. Das kann nur Einzelunterricht leisten. Für den Normalfall schulischen Unterrichts empfiehlt hier das Kriterium der Schülergemäßheit differenzierten Umgang mit unterschiedlichen Methoden, häufigen Methodenwechsel und den Einsatz alternativer Unterrichtsmethoden. So bleibt schülergerechter Methodeneinsatz gewährleistet, der den Schüler in seiner Individuallage wahrnimmt und als selbstständiges Subjekt achtet. Gerade Letzteres ist als pädagogischer und religionspädagogischer Anspruch unverzichtbares Implikat der Schülergemäßheit: Es hat darüber zu wachen, dass die eingesetzten Methoden den Schüler

43 *M. Bönsch*, Variable Lernwege, 38ff.

nicht zum lerndienlichen Objekt verzwecken, sondern ihn im Prozess methodischen Entscheidens und Handelns als zunehmend mitbestimmendes Subjekt ernst nehmen. Schülergemäßer Methodengebrauch im RU bedeutet somit zugleich Arrangement mit den Lernvoraussetzungen der Schüler und Engagement für deren Subjekthaftigkeit im Zeichen einer Erziehung zu Mündigkeit und Liebe[44].

Wie jeder schülergemäß bedachte Methodeneinsatz im Unterricht an der Individualität seiner Schüler seine Grenze und Entsprechungsrelativierung erfährt, so gilt das auch für den *Lehrer*. Nicht jeder Lehrer wird in gleichem Maße alle Methoden beherrschen und handhaben können. »Da gibt es Vorlieben und Präferenzen, Abneigungen und Grenzen«, Begabungen und Beschränkungen[45]. Dessen hat sich der Lehrer zunächst nüchtern und selbstkritisch bewusst zu werden. Freilich nicht, um sich damit abzufinden, sondern als Anstoß und Aufforderung zum Methodenlernen. Zwar bleibt unbestritten, dass nicht jeder Lehrer jede Methode wird optimal anwenden können, gleichzeitig aber wird man – da die Anwendung von Unterrichtsmethoden bis zu einem gewissen Grad erlernbar ist – von jedem eine bestimmte Kompetenz im Umgang mit den vorhandenen Methoden erwarten dürfen. Als Voraussetzung für eine frei verantwortete Methodenentscheidung verlangt das sicher eine gründliche Kenntnis der Methoden, ihrer Vorzüge und Schwächen, ihrer Möglichkeiten und Grenzen. Indes reicht das keineswegs aus: Hier sind – am besten in Kooperation mit Kollegen – flankierende Beobachtungen und Erfahrungen und vor allem Übungen notwendig, um das eigene eingefahrene Methodenrepertoire wirklich auch praxiserprobt ausweiten zu können. Insofern fordert das Kriterium der Lehrergemäßheit vom Lehrer zum einen die Beachtung je seiner spezifischen Lehrvoraussetzungen, und ist zum anderen kritischer Dauerimpuls zum Lernen, Üben und Experimentieren auf methodischem Gebiet.

44 Vgl. *G. Adam/R. Lachmann*, Was ist Gemeindepädagogik?, 50; *M. Bönsch*, Variable Lernwege, 49ff.

45 *R. Winkel*, Die siebzehn Unterrichtsmethoden, in: *H. Gudjons/R. Teske/R. Winkel (Hrsg.)*, Unterrichtsmethoden: Grundlegung und Beispiele, Braunschweig [2]1987, 11–23, bes. 21.

5.3 Situationsgemäßheit. Der Spielraum für methodisches Entscheiden und Handeln wird nicht nur durch die Voraussetzungen auf Schüler- und Lehrerseite begrenzt, sondern ebenso durch die institutionell-strukturellen und technisch-organisatorischen Vorbedingungen, welche die unterrichtliche Realsituation ganz wesentlich mitbestimmen und deshalb bei allen Methodenentscheidungen angemessen in Rechnung gestellt werden müssen. Wenn *Terhart* die Unterrichtsmethoden unter der Überschrift »Schule hat Methode« betont »als Strukturproblem der Schule« beachtet sehen will[46], mahnt er mit Recht die Wichtigkeit der Berücksichtigung der »Zwangsinstitution« Schule für effektives Methodenhandeln an.

Religionsunterrichtlich wird dabei die *Schule als eigenständiges methodisches Bedingungsfeld* zum wichtigen Unterscheidungsmerkmal gegenüber allem gemeindepädagogischen Methodeneinsatz in den verschiedenen kirchlichen Handlungsfeldern. Das gilt es zu beachten, wenn man Unterrichtsmethoden aus dem RU so ohne weiteres meint, auf *gemeindliche Arbeitsbereiche* wie Kindergottesdienst, Konfirmandenunterricht oder Jugendarbeit übertragen zu können, oder auch umgekehrt, wenn versucht wird, gemeindepädagogisch bewährte Methoden und Praktiken undifferenziert für den schulischen RU zu vereinnahmen. In beiden Fällen würden die institutionellen und strukturellen Vorgegebenheiten von hier Gemeinde und da Schule in ihrer jeweiligen Besonderheit nicht ernst genug genommen mit der möglichen Folge methodisch verschulter Gemeindearbeit auf der einen Seite oder methodisch ›entschulten‹ RU auf der anderen Seite. Beides kann nicht im Interesse realistischen Methodeneinsatzes liegen, was nicht ausschließt, dass sich der schulische RU etwa von der gemeindlichen Jugendarbeit methodisch anfragen und inspirieren lässt und in modifizierter Form methodische Anregungen aus der gemeindepädagogischen Arbeit für seine religionsunterrichtliche Praxis fruchtbar macht. Beispiele aus der jüngsten Vergangenheit der Religionspädagogik belegen nicht nur die Gefahren, sondern vor allem auch die Chancen solcher methodischen Inspiration und Wechselwirkung.

Situationsbezogene Methodenentscheidungen im RU sind auf einer gleichsam übergreifenden Ebene stets bedingt und begrenzt durch die *strukturell-institutionellen Vorgaben der Organisation Schule*, die

46 *E. Terhart*, Lehr-Lern-Methoden, 59ff.

über Klassenzimmer und Schulgebäude hinaus am gesamten Schulsystem teilhaben. Wie jedes andere Schulfach ist eben auch der RU in der Regel an den Einzelstundenzeittakt von 45 Minuten gebunden, steht im wahllosen Kontext mit anderen Fächern und hat sich mit dem mehr oder weniger häufig stattfindenden Lehrerwechsel zu arrangieren. Letzterer kann besonders in der Grundschule zu einer Besonderheit des RU werden, bedingt durch die grundgesetzliche Maßgabe, dass der RU nach Konfessionen getrennt zu erteilen ist. Aus ihr können für den RU weitere strukturelle Folgewirkungen wie Auflösung des Klassenverbandes, Zusammenlegung von Schülergruppen aus verschiedenen Klassen, Neukonstituierung von Gruppenkonstellationen und regelmäßiger Raumwechsel resultieren, die bei methodischen Entscheidungen im RU nicht außer Acht gelassen werden dürfen. Dabei müssen diese *Strukturspezifika schulischen RU* methodisch nicht nur erschwerend wirken, sondern sie können durchaus auch positiv zu Buche schlagen: Ein ausschließlich dem RU vorbehaltenes ›Religionszimmer‹ z.B. kann durch die Art und Weise seiner Einrichtung und Ausstattung flexiblem und effektivem Methodeneinsatz in der religionsunterrichtlichen Praxis sehr förderlich sein, wohingegen der Umzug in jeweils andere und fremde Klassenzimmer sich methodisch äußerst nachteilig und hinderlich auswirken kann. Situationsgemäßer Methodengebrauch bedarf somit, will er wirklich das reiche Angebot an Methoden, das der schulisch-unterrichtliche Markt der Möglichkeiten bereithält, nutzen, in jedem Fall geeigneter *Räumlichkeiten* und angemessener technischer *Ausstattung*. Bewegliches Mobiliar, diverse Tafeln, Overhead-Projektoren, Verdunkelungsmöglichkeiten und Projektionswände – um nur einiges zu nennen – gehören heute unabdingbar dazu, um schulischem Methodenhandeln und -entscheiden den Spielraum zu eröffnen, den es braucht, um eine möglichst produktive und progressive Unterrichtsgestaltung zu gewährleisten. Neben diesen relativ konstanten Situationsbedingungen institutionell-struktureller, räumlicher und technischer Art sind von jedem Lehrer schließlich noch *die je aktuellen Situationsumstände* zu berücksichtigen, denen er sich in seinem konkreten Unterricht mehr oder weniger unvorhergesehen ausgesetzt sehen kann. Das können akute Unterrichtsstörungen sein, eine nachfolgende Mathematikarbeit oder vorangegangenes Fußballspielen im Sportunterricht. Hier müsste der Lehrer in gleichsam situativer Sensibilität seine methodischen Entscheidungen treffen und gegebenenfalls von seinem für die Stunde geplanten methodischen Arrangement abweichen und auf eine andere situationsgerechte Methode ›umschalten‹. Das zeigt nicht nur noch einmal die Grenzen methodischer Planung und Vorbereitung auf, sondern zeichnet zugleich den Lehrer als wahren Methoden-Meister aus, der aus seinem reichen Fundus an Methodenerkenntnissen und -erfahrungen heraus in methodischer Freiheit in der Lage ist, die hic et nunc ›richtige‹ Unterrichtsmethode auszuwählen und unterrichtlich umzusetzen. ›Richtig‹ ist diese Methode nach unseren Kriterien dann, wenn es dem Lehrer mit ihr gelingt, angesichts vorgefundener situativer Gegebenheiten sowohl Lernziele wie Sachansprüche und Voraussetzungen auf Schüler- und Lehrerseite miteinander zu ›verschweißen‹. Diesem ›Schweiß‹ gebührt in der konkreten Schulwirklichkeit der ›Preis‹ methodischer Handlungskompetenz. Ihr will vorliegendes Methodenkompendium vor- und zuarbeiten und mit seinen einzelnen Beiträgen gediegene Methodenkenntnisse, Problembewusstsein und methodische Urteils- und Kritikfähigkeit vermitteln.

Literaturhinweise

H. Meyer, UnterrichtsMethoden, 2 Bde., Frankfurt a.M. [11]2000.

R. Lachmann, Zum Stand der Diskussion über die Methoden im Religionsunterricht, in: JRP 6/1989, 111–131 (Literatur!).

E. Terhart, Lehr-Lern-Methoden, Weinheim/München [3]2000.

H. Herion, Methodische Aspekte des Religionsunterrichts, Donauwörth 1990.

M. Bönsch, Variable Lernwege, Paderborn u.a. [3]2000.

Sozial- und Interaktionsformen

II.
Sozialformen des Unterrichts

Gottfried Adam

Im einführenden Artikel »Methodische Grundfragen« hat *Rainer Lachmann* bereits darauf hingewiesen, dass hinsichtlich der Klassifizierung der Sozialformen ein breiter pädagogischer Konsens besteht.

1. Einführender Überblick

Die Sozialformen geben »die Art und Weise an, wie im Unterricht der Umgang, die Interaktion zwischen Schüler und Lehrer und den Schülern untereinander organisiert und strukturiert ist«[1]. Auf diese Weise wird die Beziehungs- und Kommunikationsstruktur des Unterrichts geregelt. Dabei geht es um Einzelarbeit, Partnerarbeit, Gruppenunterricht und Frontalunterricht.

In der Praxis verknüpft sich die Sozialform mit den unterrichtlichen Aktivitäten von Lehrkräften und Schülerinnen und Schülern. Dabei ist zu bedenken, dass erst die jeweilige Sozialform, und d.h. ja auch die Sozialbeziehungen, *und* die Art der Aktivität von Lehrern und Schülern zusammen das komplexe Bild der Unterrichtswirklichkeit einigermaßen angemessen in den Blick kommen lassen. Dabei ist zu sehen, dass es durchaus innere Entsprechungen zwischen beiden Kriterien gibt: Dem Frontalunterricht korrelieren z.B. in starkem Maße Lehrervortrag, Demonstration und Lehrerfrage einerseits sowie die Sozialform Klassenunterricht andererseits. Mit der Sozialform Gruppenunterricht verbinden sich dagegen eher Schülervortrag, Lehrerimpuls, Denkanstoß und Diskussion. Der *Begriff* der Sozialformen des Unterrichts ist relativ jung. In der älteren schulpädagogischen Literatur wurde von Unterrichtsformen,

1 *R. Lachmann*, Methodische Grundfragen, s.o. I, 2.1,19.

Unterrichtsverfahren oder Unterrichtstechniken gesprochen[2]. Betrachten wir die vier grundlegenden Sozialformen hinsichtlich der Interaktionsstrukturen zwischen Schülerinnen/Schülern und den Lehrkräften sowie zwischen den Schülerinnen/Schülern untereinander, so ergibt sich folgendes Bild[3]:

Einzelarbeit

Frontalunterricht

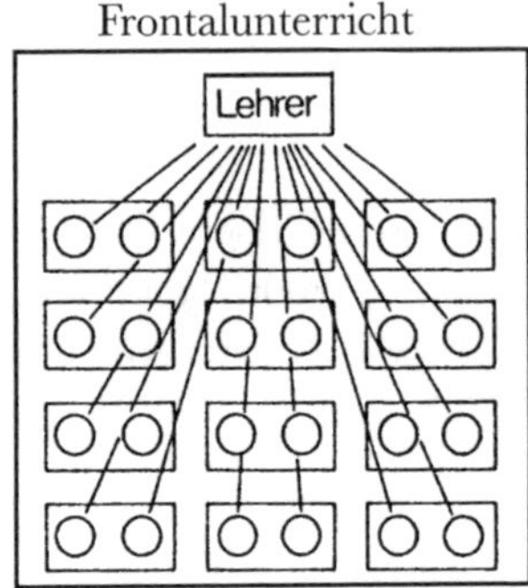

Partnerarbeit

Aus arbeitsmethodischen Gründen, nicht aus grundsätzlichen Erwägungen wird der »Gruppenunterricht« in einem eigenen Artikel behandelt (s.u. III). Ferner ist auf die Ausführungen zum Programmierten Lernen (s.u. VI) zu verweisen. Der Programmierte

2 *K. Aschersleben*, Einführung in die Unterrichtsmethodik, Stuttgart u.a. [3]1979, 91. – Vgl. z.B. das weit verbreitete Werk von *K. Stöcker*, Neuzeitliche Unterrichtsgestaltung, München [8]1960, 120ff., in dem von Unterrichtsformen gesprochen wird.

3 Nach *E. Kösel*, Sozialformen des Unterrichts, Ravensburg [5]1976, 11, 15 und 18.

Unterricht stellt eine Sonderform der Einzelarbeit dar, wird aber aus arbeitsmethodischen Gründen ebenfalls in einem eigenen Artikel behandelt. Hinsichtlich des Frontal- bzw. Klassenunterrichts ist auf den Artikel »Gesprächsmethoden« (s.u. VII) zu verweisen, in dem die einschlägigen Fragen nach Lehrer- und Schülerfrage, Impuls, Lehrervortrag etc. erörtert werden, die unmittelbar zur Frage des Klassenunterrichts hinzugehören.

2. Frontalunterricht bzw. Klassenunterricht

Statt von Frontalunterricht kann man mit gleichem Recht auch von Klassenunterricht reden. Die gängigen Assoziationen zum Begriff »Frontalunterricht« sind negativer Art, so dass eine merkwürdige Situation entsteht: auf der einen Seite hat der Frontalunterricht ein ausgesprochenes Negativ-Image, auf der anderen Seite ist er die am häufigsten verwendete Sozialform des Unterrichts.

2.1 Ein Blick zurück. Die ursprüngliche Sozialform des Unterrichts war über mehrere Jahrtausende hinweg der Einzelunterricht. Selbst dort, wo es so etwas wie einen Klassenverband gab, fand der Unterricht primär in der Form der Einzelarbeit als individuelle Interaktion zwischen Lehrer und Schüler statt. Seit den ersten Schulen in Ägypten und Babylon vollzog sich »Unterricht in einem schlichten Dreischritt: (1) Instruieren, (2) Memorieren, (3) Rezitieren. Das heißt, die Schüler erhielten vom Lehrer die Aufgabe, eine Textstelle auswendig zu lernen, taten dies in Stillarbeit und hatten die gelernten Texte wörtlich oder daraus Details wiederzugeben«[4].

Frontalunterricht in diesem Verständnis gibt es erst seit Einführung der Jahrgangsklassen im Barockzeitalter. *W. Ratke* und *J.A. Comenius* haben sich dafür besonders eingesetzt. Durch *J.F. Herbart* und seine Schüler wurde der Frontalunterricht zur Normalform des Schulehaltens. Dadurch wurde auch die flächendeckende Einführung des Schulunterrichts mitermöglicht. Der klassische Frontalunterricht der Herbartianer[5] war (1) die erste unterrichtsmethodisch anspruchsvolle Didaktik, vor allem hinsichtlich der Lehrerfrage,

4 *K. Aschersleben*, Moderner Frontalunterricht, Frankfurt a.M. 1985, 10.
5 *K. Aschersleben*, aaO., 26.

berücksichtigte (2) erstmalig in der Geschichte der Schule eine Lernpsychologie, führte (3) zu einer durchdachten und differenzierten Unterrichtsplanung und verbesserte (4) die Disziplinierungsmöglichkeiten im Unterricht und erlaubte so einen effektiven Unterricht in großen Klassen.

Die Vertreter der *Reformpädagogik* haben vor allem folgende Punkte kritisiert: (1) Herbarts Psychologie als Grundwissenschaft sei zu spekulativ und einseitig lernpsychologisch orientiert, (2) erzieherische, vor allem sozialerzieherische Ziele der Schule würden vernachlässigt, (3) die Eigenständigkeit der Kinder wie die individuellen Unterschiede zwischen ihnen würden unterdrückt bzw. nicht berücksichtigt und (4) die Systematisierung der Unterrichtsplanung verführe zu einem Schematismus (»Lektionismus«).

Der Schulunterricht in der *Zeit des Dritten Reiches* wurde weitgehend durch einen autoritär gehandhabten Frontalunterricht bestimmt. Die Entwicklungstendenzen in der Zeit nach 1945 charakterisiert *Ernst Meyer* in folgender Weise[6]. Am Ende des Zweiten Weltkrieges war der Unterricht vor allem durch Lehreraktionen gekennzeichnet, während die soziale Interaktion zwischen allen Beteiligten kaum Beachtung fand. Die Realisierung der Ideen der Reformpädagogik war in Ansätzen stecken geblieben. Sozialformen wie Partnerarbeit, Kleingruppen- und Großgruppenarbeit waren in der Schulwirklichkeit kaum vorhanden. Zahlreichen Pädagoginnen und Pädagogen wurde in der Reflexion der Kriegsjahre deutlich, dass die Schule die Aufgabe einer Demokratisierung und Humanisierung von Erziehung und Unterricht zu leisten habe. Dieses bedeutete aber, dass der Unterricht nicht nur einseitig in Informationsweitergabe und Abhören der gegebenen Informationen stattfinden konnte, sondern dass auch produktive Denkakte ihren Platz erhalten mussten.

»Die Vollzugsweisen des Unterrichts konnten daher nicht mehr nur die Lehreraktion in der *frontalen Arbeit* mit der *Darbietung* als geschlossene Vorführung des Unterrichtsgegenstandes und die Schüleraktion Einzelarbeit als vom Lehrer eingeleitete Inangriffnahme einer Aufgabe sein, es mussten mannigfache Sozialformen hinzutreten, die auf ein Lernen als Form interaktiver Vollzüge zielten und somit sowohl die Inhaltsdimen-

6 *E. Meyer*, Sozial- und Aktionsformen im Unterricht, in: *J. Petersen/G.-G. Reiner (Hrsg.)*, Pädagogische Positionen, Donauwörth 1991, 178–190, bes. 178f.

sion als auch die soziale Beziehungsdimension gleichberechtigt berücksichtigen«[7].

Zu Recht wendet sich E. Meyer gegen einen Methodenmonismus und plädiert für methodische Variation und Vielfalt. Dies gilt umso mehr, als wir bislang über keinerlei gesicherte Ergebnisse darüber verfügen, ob die eine Sozialform der anderen überlegen ist. Es ist vielmehr davon auszugehen, dass von den Zielsetzungen her zu entscheiden ist, welches die jeweils angemessene Sozialform für eine unterrichtliche Phase darstellt.

2.2 Frontalunterricht/Klassenunterricht – Was ist das? Die Diskrepanz ist offensichtlich: Der Frontalunterricht hat seit Jahren ein ausgesprochenes Negativ-Image, aber in der unterrichtlichen Praxis spielt er eine entscheidende Rolle. *Hilbert Meyer* trifft den Nagel auf den Kopf, wenn er schreibt: »*So wenig Frontalunterricht wie möglich – aber wenn schon, dann bitte ohne schlechtes Gewissen und mit didaktisch-methodischer Phantasie!*«[8] – Wodurch ist der Frontalunterricht charakterisiert? Der folgende Steckbrief stellt entscheidende Strukturmerkmale heraus:

»– Im Frontalunterricht übernimmt der *Lehrer* die wesentlichen Steuerungs-, Kontroll- und Bewertungsaufgaben.
- Die direkte Zusammenarbeit der Schüler untereinander wird nur begrenzt zugelassen – die *Kommunikation zwischen dem Lehrer und den Schülern* steht im Vordergrund der Aufmerksamkeit.
- In der Mehrzahl der Fächer müssen die Schüler den größten Teil der Zeit *sitzend* zubringen und dabei *nach vorn* zum Lehrer an die Tafel bzw. in das Heft oder Schulbuch schauen.
- Frontalunterricht ist überwiegend *thematisch* orientiert. Dies heißt, dass eine *kognitive Strukturierung* des Unterrichtsablaufs vorherrscht.
- Die Wirklichkeit, die durch das methodische Handeln von Lehrer und Schülern im Unterrichtsprozess hergestellt wird, ist überwiegend sprachlich, nur zum Teil bildlich und kaum über aktive Schülerhandlungen vermittelt. Dabei ist der Sprechanteil des Lehrers regelmäßig höher als der aller Schüler einer Klasse zusammen ...
- Der *typische Ablauf einer Frontalunterrichtsstunde* könnte folgendermaßen aussehen:

7 Ebd., 179.
8 *H. Meyer*, UnterrichtsMethoden II, Frankfurt a.M. [11]2000, 193 (Kursivierung: G.A.).

  - Stundeneröffnung (Begrüßung, Organisatorisches)
  - Unterrichtseinstieg (oft in Form der Wiederholung oder Hausaufgabenkontrolle)
  - Darbietung neuen Stoffs
  - Ergebnissicherung (Tafeltext, wiederholende Übung, Zusammenfassung durch Lehrer oder Schüler usw.)
  - Stellen der neuen Hausaufgaben ...
- Typische *Medien* sind Tafel, Schulbuch, Arbeitshefte, Overhead-Projektor, Anschauungstafeln usw.
- Eine fest institutionalisierte *Unterrichtskritik* ist selten. Eher wird während oder nach Konflikten die Qualität des Unterrichts und der Lehrerarbeit thematisiert«[9].

In der gegenwärtigen Diskussion wird eine Reihe von Argumenten für bzw. gegen den Frontalunterricht geltend gemacht. Kritisch wird herausgestellt[10]:

(1) Der Frontalunterricht vernachlässige *sozialerzieherische* Aspekte des Unterrichtsgeschehens.

(2) Der Frontalunterricht führe zu *autoritärer Bindung* an den Lehrer. Es würden demokratische Umgangsformen unterdrückt, die Entwicklung zur Selbstständigkeit und Reife werde bei den Schülerinnen und Schülern behindert.

(3) Der Frontalunterricht werde der *Individualität der Schülerinnen und Schüler* nicht hinreichend gerecht, da sich der Lehrer am Leistungsstand der Klasse als Ganzer orientiere und so die einen überfordere und die anderen unterfordere.

(4) Der Schüler lerne im Frontalunterricht nur *rezeptiv*. An der jeweiligen Interaktion können jeweils nur der momentan fragende oder antwortende Schüler beteiligt sein, inwieweit die anderen mit dabei seien, sei schwer auszumachen.

Demgegenüber werden folgende Vorteile geltend gemacht:

(1) Der Frontalunterricht sei *ökonomisch*, weil er Zeit sparen helfe. Diese Sozialform ermögliche es der Lehrkraft, alle Schüler gleichzeitig anzusprechen.

9 Ebd., 182f.

10 Eine übersichtliche Zusammenstellung der Argumente bietet *K. Aschersleben*, Einführung in die Unterrichtsmethodik, 97–101; sowie *ders.*, Moderner Frontalunterricht, 29–50. Im folgenden beziehe ich mich darauf.

(2) Der Frontalunterricht sei eine methodisch sehr *einfache* Sozialform des Unterrichts. Der Lehrer könne sich leichter als beim Unterrichtsgespräch an ein bestimmtes Vorbereitungsschema halten und der Unterricht sei eher überschaubar und könnte von daher effektiver sein.

(3) Der Frontalunterricht erleichtere *disziplinarische* Maßnahmen. Die Lehrkraft könne während des Lehrervortrags oder beim Frageunterricht in der Regel alle Schüler im Auge behalten und über Blickkontakt kontrollieren.

(4) Der Frontalunterricht eigne sich besonders gut für *Unterrichtsinhalte mit geringerem Schwierigkeitsgrad*, sowie für Situationen, in denen gleiches Vorwissen oder gleiches Vorverständnis bei den Schülerinnen und Schülern angenommen werden könne.

Offensichtlich ist Frontalunterricht geeignet, um eine Thematik, deren selbstständige Erarbeitung durch die Schülerinnen und Schüler einfach zu zeitaufwendig wäre, in konzentrierter, lehrgangsartiger Form effektiv zu behandeln. Frontalunterricht ist zudem notwendig, um die Ergebnisse von Einzel-, Partner- und Gruppenarbeit auszuwerten, in der Gesamtklasse »publik zu machen«. H. Meyer spricht weiterhin davon, dass er für eine vergleichende mündliche Leistungsbeurteilung unverzichtbar sei. Frontalunterricht sei jedoch schlecht, wenn den Schülern vorgegaukelt werde, sie hätten das Zepter in der Hand. »Der Lehrer solle zu seinem Gewaltmonopol im Frontalunterricht stehen – aber er sollte sparsam davon Gebrauch machen!«[11]

2.3 Praxis des Frontalunterrichts: Mit der Tafel arbeiten. Der Frontalunterricht lebt u.a. vom Lehrergespräch, d.h. der lehrerzentrierten Gesprächsführung (s.u. VII, 3.2). Weiterhin stellen Arbeitsblatt, Overheadprojektor (s.u. XVI, 2), Arbeitsaufträge, Techniken des Drannehmens u.a. das Handwerkszeug des Frontalunterrichts dar. Ein wichtiger Aspekt ist die Tafelarbeit, die nach H. Meyer »das Rückgrat des Frontalunterrichtes«[12] ist. Darum sei darauf näher eingegangen. Es ist überraschend, dass in der neueren pädagogischen[13] wie religionsdidaktischen Diskussion[14] Tafel und Tafelbild

11 *H. Meyer*, UnterrichtsMethoden II, 193.

12 Ebd., 217.

13 Vgl. ebd., 217–222; ferner: *R. Bühs*, Tafelzeichnen kann man lernen, Braunschweig 1986.

14 Eine Ausnahme bildet der Beitrag von *G. Büttner*, Dem Wesen der

kaum eine Rolle spielen. – Die Arbeit mit der Tafel kann verschiedene *Funktionen* haben:

- Sie kann *Informationszwecken* dienen.
- Sie kann als *Sammlungs- und Ordnungsfläche* verwendet werden, indem z.B. wichtige Stichworte angeschrieben, schwierige Worte festgehalten, Hausaufgaben notiert werden.
- Mit ihrer Hilfe können *Lernprozesse strukturiert und visualisiert* werden.
- Auf ihr können *Arbeitsergebnisse* sichtbar gemacht und festgehalten werden.
- Die Tafelarbeit hat auch immer eine *Disziplinierungsfunktion.* Sie ist ein Mittel, mit dem der Leistungsstand der Schülerin bzw. des Schülers, die an die Tafel gerufen werden, kontrolliert wird. Auf indirektem Wege diszipliniert sie dadurch, dass die Aufmerksamkeit aller Schüler durch die Benutzung der Tafel in bestimmter Weise gelenkt wird. Sie wirkt auch dadurch formierend, dass bestimmte Schülerbeiträge als Unterrichtsergebnis festgehalten werden.

Folgende *Typen von Tafelbildern* listet *E.J. Korherr* auf:

(1) *Das Sprechzeichnen:* Durch einfache figürliche und symbolische Formen werden die Grundgedanken einer Erzählung an der Tafel festgehalten.

(2) *Die illustrierende Faustskizze:* Ein Einzelelement, ein Begriff, ein Gedanke etc. werden zur Veranschaulichung oder Erläuterung an der Tafel festgehalten.

(3) *Das Tafelbild als Denkimpuls* dient im Unterrichtsgespräch als Anregung für den nächsten Textschritt.

(4) *Das Tafelbild als Arbeitsanleitung:* Es beinhaltet eine Aufgabe, die die Schülerinnen und Schüler in Einzel- oder Gruppenarbeit lösen sollen.

(5) *Das Fehlerbild:* Es dient der lustbetonten Wiederholung. Die Schülerinnen und Schüler sollen in einer Art Wettspiel vorhandene Fehler entdecken.

(6) *»Das geschlossene Tafelbild«:* Ein solches Tafelbild soll »Plakatwirkung« haben. Es visualisiert eine Lerneinheit im ganzen.

(7) *Die Verhaltensskizze:* Hierbei geht es um Bewusstwerden der Verhaltens- oder Sachzusammenhänge, um ein Herausschälen der Struktur und ihrer Elemente, um Darstellung innerer Beziehungen oder Abläufe.

(8) *Die Ablaufsskizze:* Dabei geht es um Veranschaulichung in einfacher,

Sache Gestalt verleihen. Tafelbild und Tafelanschrieb im RU der Sekundarstufen I und II, in: Rh 1986, H. 1, 47–52. Vgl. zuvor: *E.J. Korherr*, Methodik des Religionsunterrichts (Studientexte zur Lehrerbildung und Lehrerfortbildung), Wien/München 1977, 53–57.

stilisierter Form. Der Skizze geht es vor allem um Inhaltselemente (z.B. der Wanderung Abrahams). Was hervorgehoben werden soll, wird dabei größer gezeichnet. Bei der Ablaufskizze geht es um Inhaltselemente – im Gegensatz zur Verhaltensskizze, bei der es um Bezugs- und Sinnstrukturen geht[15].

Im Umgang mit der Tafel ist es notwendig, einige Regeln zu beachten. Dazu gehört, dass das Tafelbild vor den Augen der Schülerinnen und Schüler entsteht, dass es für alle in der Klasse gleich gut zu lesen ist und dass klare Regelungen bezüglich des Abschreibens des Tafeltextes getroffen werden. Die Wandtafel stellt für alle Schulstufen ein wichtiges Arbeitsmittel dar.

2.4 Zur künftigen Entwicklung des Frontalunterrichts. Während *Karl Aschersleben* deutlich für eine Wiedergewinnung des herkömmlichen Frontalunterrichts eintritt, suchen *Ernst Meyer* und *Wincenty Okoń* nach einer Lösung »in der Mitte« zwischen Gruppenunterricht und Frontalunterricht, indem sie nach dem *Gesamt*lernprozess fragen, in dem keine Komponente fehlt oder unterdrückt wird. Meyers Untersuchungen münden in der These, »dass es neben dem ›eigenständigen Frontalunterricht‹ einen in den gesamten Methodenverbund ›*integrierten Frontalunterricht*‹ verstärkt geben muss, der zur Bewältigung von *Problemen und Aufgaben* im Unterricht unerlässlich ist«[16].

Diese Überlegungen machen deutlich, dass Frontalunterricht selbst Wandlungen unterworfen ist. Es gilt, die Stärken und Schwächen dieser Sozialform und ihre Leistungsmöglichkeiten für den Unterricht realistisch einzuschätzen, um nicht einer pauschalisierenden Negativ-Bewertung des Frontalunterrichts zu erliegen. Denn: »Die Vorstellung manches Berufsanfängers, man könne, ja man müsse den Frontalunterricht vernachlässigen, damit der Gruppenunterricht und die Projektarbeit gelinge, ist auf jeden Fall unsinnig! Die beste Voraussetzung für das Gelingen des Gruppenunterrichts ist ein gut gemachter Frontalunterricht!«[17]

15 *E.J. Korherr*, Methodik des Religionsunterrichts, 56.
16 *E. Meyer/W. Okoń*, »Frontalunterricht«, Frankfurt a.M. 1983, 156.
17 *H. Meyer*, UnterrichtsMethoden II, 193 – s. auch das Themaheft »Frontalunterricht gut gemacht« der ZP 50/1998, H. 5 sowie *K. Ascherleben*, Frontalunterricht – klassisch und modern. Eine Einführung, Neuwied u.a. 1999.

3. Partnerarbeit

Bei der Partnerarbeit bearbeiten jeweils zwei Schülerinnen/Schüler eine Aufgabe gemeinsam[18]. Zumeist handelt es sich dabei um Tischnachbarn. Diese Sozialform ist rasch zu erlernen und bietet keine besonderen Schwierigkeiten; sie ist auch fast immer zu verwenden. Sie stellt eine Alternative und Abwechslung zum Klassenunterricht oder anderen lehrerzentrierten Unterrichtsformen dar.

3.1 Zum Profil. Die Partnerarbeit kommt in zweifacher Weise in den Blick: einmal als Vorform der Gruppenarbeit und zum andern als selbstständige Sozialform. Es liegt auf der Hand, dass man zur Einübung in die Gruppenarbeit zunächst mit der Partnerarbeit beginnt, wobei man die Zweier-«Gruppe« als die kleinste Form einer Gruppe betrachtet. Der Weg führt von der Partnerarbeit weiter zur Kleingruppenarbeit mit drei bis sechs Kindern hin zur Arbeit in der großen Gruppe (s.u. IV).

Die Partnerarbeit wäre aber falsch eingeschätzt, wenn man sie nur als Vorform der Gruppenarbeit begreifen würde. Ihr besonderes Profil kann man deutlicher erkennen, wenn man nach den Unterschieden zwischen Partner- und Gruppenarbeit fragt[19]:

Kriterium	*Partnerarbeit*	*Gruppenarbeit*
Zeitdauer	auch kurzfristig	stabiler
Gruppendynamik	problemloser	komplexer
Arten	—	arbeitsgleich, -teilig
Zusammensetzung	beliebig, primär als Sympathiegruppe	nach Leistung, Interesse und Sympathie
Kontrolle	durch Lehrer	im Gruppenbericht
Funktion	1. eigenständig 2. Ersatz für Einzelarbeit 3. Vorform für Gruppenarbeit	eigenständig
		sorgfältige Planung

18 Vgl. dazu die Ausführungen bei *K. Aschersleben*, Einführung in die Unterrichtsmethodik, 143ff.; *H. Kurz*, Methoden des Religionsunterrichts, München [4]1998, 36f.

19 Nach *K. Aschersleben*, aaO., 145.

Verlauf	wie Stillarbeit einzuschieben	als 3. Phase im Gruppenunterricht

In Auswertung von vorliegenden empirischen Untersuchungen kommt Aschersleben zu dem Ergebnis, dass die Partnerarbeit der Einzelarbeit überlegen ist, sofern es um die Frage nach dem größeren Lernerfolg geht. Dies gilt besonders dann, wenn die Partnerarbeit im Wechsel mit der Einzelarbeit durchgeführt wird. Es zeigte sich weiterhin, dass höhere soziale Reife des einen oder beider Partner sich positiv auf die Lernleistungen der beiden Partner auswirkte. Bei leichten Aufgaben konnte für die Partnerarbeit keine Überlegenheit gegenüber der Einzelarbeit nachgewiesen werden, während dies bei mittelschweren und schwierigen Aufgaben der Fall war. Offensichtlich ist die Partnerarbeit eine Sozialform, die den Unterrichtenden methodisch nicht überfordert. Aus der Sicht der Schülerinnen und Schüler erlaubt diese Sozialform größere Aktivität, sie wird auch von älteren Schülerinnen und Schülern noch als altersgemäße Methode akzeptiert. Bereits in der Grundschule lässt sich Partnerarbeit wirksam einsetzen, so dass man die Grundschule geradezu als *die* geeignete Schulform für Partnerarbeit bezeichnen kann[20].

3.2 Zur Praxis der Partnerarbeit. Partnerarbeit wird gerne bei Trainingsaufgaben eingesetzt. Hier hat sie sich auch bewährt. Doch darüber hinaus verhilft sie zu einer verstärkten Sensibilisierung im Blick auf die Selbst- und Partnerwahrnehmung und trägt zur Förderung der Kooperationsbereitschaft bei. Eine Partnerarbeit wird etwa in folgender Weise durchgeführt:

- Der Lehrer stellt mündlich oder schriftlich den Partnern einen klaren Arbeitsauftrag und bittet, die Arbeit zu beginnen. Das geschieht zunächst vom Lehrerpult aus.
- Die beiden Partner bedenken die Aufgabenstellung. Wird sie nicht verstanden oder ist sie strittig, muss zunächst zwischen den beiden Partnern Einvernehmen über die Zielrichtung des Arbeitens hergestellt werden.
- Im Gespräch erarbeiten die Partner eine gemeinsame Lösung. Gegebenenfalls sind auch unterschiedliche Ansichten zu dokumentieren.

20 Ebd., 144.

- Es wird ein Bericht über das Arbeitsergebnis verfasst.
- Der Religionslehrer bittet nach der vereinbarten Zeit, die Arbeit zu beenden und die Ergebnisse vorzutragen. Evtl. kann bei Bedarf der zeitliche Rahmen für die Partnerarbeit etwas erweitert werden.
- Ein Schüler trägt den jeweiligen Bericht in der Gesamtgruppe vor[21].

Es ergeben sich manchmal Schwierigkeiten, wenn einzelne Schüler lieber allein sitzen und für sich arbeiten wollen. Hier erweist sich ein persönliches Gespräch oft als hilfreich, um die Motive eines solchen Verhaltens zu klären. – Während der Partnerarbeit geht die Lehrkraft umher, um die Arbeiten der Schülerinnen und Schüler zu begleiten, um individuelle Hilfen zu geben, wo es nötig ist, um zu sehen, welche Lösungswege die Schülerinnen und Schüler einschlagen und um herauszufinden, wie sie mit der Arbeit vorankommen. Bei der Auswertung ist es hilfreich, wenn man solche Schülerinnen und Schüler drannimmt, welche die Arbeit besonders gut erledigt haben oder an deren Fehlern offene Fragen, schwierige Probleme erörtert werden können.

4. Einzelarbeit

Die Einzelarbeit wird auch Stillarbeit oder Alleinarbeit genannt. Bei dieser Sozialform ist das einzelne Kind Träger des unterrichtlichen Geschehens. Diese Sozialform wurde vor allem in der besonderen Situation der einklassigen und wenig gegliederten Schulen verwendet. Im übrigen wird sie vor allem auch im Zusammenhang mit dem Klassenunterricht, als ein Element desselben, praktiziert.

Die Einzelarbeit verwirklicht die Forderung nach Individualisierung des Unterrichts konsequent. Die Amerikanerin *Helen Parkhurst* ist hier am weitesten gegangen, als sie mit dem Dalton-Plan den Klassenverband insgesamt aufgelöst hat. Gemäß diesem Konzept arbeiten die Kinder einzeln, selbstständig und selbstverantwortlich. Die Aufgabe der Schule wird darin gesehen, dem Schüler zu helfen, dass er seine eigenen Gedanken entwickelt und seine ganze Kraft an die Aufgabe des Lernens setzt. Der Lehrer wird zum

21 In Anlehnung an *B. Jendorff*, Religion unterrichten – aber wie?, München [3]1997, 72.

Berater. Über Lerntempo und Stoffauswahl entscheiden die Schülerinnen und Schüler.

Alois Roth spricht von zwei Grundformen der Alleinarbeit: der bloßen Stillbeschäftigung und der produktiven Alleinarbeit[22]. Bei der bloßen *Stillbeschäftigung* geht es darum, dass die Zeit, in der der Lehrer für eine Abteilung der zu Unterrichtenden nicht unmittelbar zur Verfügung steht, genutzt wird. Als organisatorische Notwendigkeit dient sie dem Zweck, schriftlich zusammenzufassen und wiederzugeben, abzuschreiben und Übungen anzufertigen; dazu kommen Niederschriften über Erlerntes und Erlebtes.

Die *produktive Alleinarbeit* zielt gegenüber der vorwiegend nur übenden Beschäftigung darauf, dass der Schüler/die Schülerin durch Auseinandersetzung mit dem Gegenstand selbst Erkenntnisse gewinnt und selbstständig zu Kenntnissen gelangen kann. Ihr zentrales Anliegen ist die Ermöglichung der Selbstständigkeit des Schülers. Die Alleinarbeit stellt eine »positive Möglichkeit dar, die Starre des Frontalunterrichts aufzulockern, den Unterricht zu differenzieren und dem Leistungsanspruch der Schüler besser gerecht werden zu können. Diese unterrichtliche Sozialform hat daher in allen Klassen, in allen Schulstufen und in allen Schularten ihre Berechtigung«[23].

Die Sozialform der Einzelarbeit ermöglicht es in diesem Sinne, in hohem Maße dem Prinzip der Individualisierung des Unterrichts Rechnung zu tragen. Die Schülerinnen und Schüler können aktiv sein, sie haben Gelegenheit zu selbstständiger Arbeit, der Lernfortschritt ist feststellbar durch Selbstkontrolle, durch Partnerkontrolle oder Lehrerkontrolle.

Die Alleinarbeit kann als Vor-, Nach- und Weiterarbeit ihren methodischen Ort haben. Vor der Behandlung eines Themas eignen sich die Schüler/Schülerinnen bereits bestimmte Kenntnisse an. Solche vorbereitende Stillarbeit gewöhnt an selbstständiges Arbeiten, reizt zum Nachdenken. Die Nacharbeit ist am häufigsten anzutreffen; sie ist primär Reproduktion des Behandelten und beschränkt sich auf Wiederholung, Übung und Festigung. Die Weiterarbeit schließt sich an den unmittelbaren Unterricht an und ergänzt somit das im Unterricht Erarbeitete.

22 *A. Roth*, Die Elemente der Unterrichtsmethode, München [3]1973, 134.

23 Ebd., 134.

Wichtig sind klare und präzise *Aufgabenstellungen*, wobei der schriftlichen Arbeitsanweisung der Vorrang zu geben ist. Der Lehrer bzw. die Lehrerin sollte sich folgende Fragen stellen:

»– In welchem Maße ist der zur Arbeit vorliegende Sachverhalt (ein Thema oder Teilthema, eine Arbeit oder Teilarbeit) geeignet, lehrerunabhängig vom Schüler erledigt zu werden? ...
– Welche Arbeitshilfen, Arbeitsmittel oder Arbeitsmaterialien sind zur selbständigen Schülerarbeit notwendig? ...
– Welche didaktische Stellung hat die Alleinarbeit? ...
– Welche Schwierigkeiten könnten im Verlauf der Schülerarbeit auftreten, und welche speziellen Arbeitshilfen müssten dann gegeben werden?«[24]

5. Gemeindepädagogische Reflexion

Für die pädagogische Arbeit im Rahmen der Gemeinde hat zweifellos die *Gruppenarbeit* ein besonderes Gewicht (s.u. III.6). Dies gilt durchgängig für alle gemeindepädagogischen Handlungsfelder: vom Elementarbereich über die Kindergottesdienst-, Konfirmanden- und Jugendarbeit bis hin zur Erwachsenenbildung. Oft wird mit dem Stichwort der außerschulischen Bildungsarbeit darauf aufmerksam gemacht, dass in der kirchlichen Arbeit mit Kindern, Jugendlichen und Erwachsenen ein Lernen stattfinde, das sich vom curricular strukturierten Schulunterricht grundlegend unterscheide. Bisweilen wird auch mit dem Stichwort der Entschulung auf das »Kontrastprogramm« gemeindlichen Lernens hingewiesen. Dies ist richtig, sofern es um die Freiheit vom stundenmäßigen Lerntakt, um Arbeiten, die benotet werden, und das Ausstellen von Zeugnissen geht. Freilich kann sich eine solche Perspektive und Aussage nur auf einen rigide verstandenen und durchgeführten Frontalunterricht beziehen. Ansonsten wird man sich hier vor falschen Alternativen hüten müssen. Es sei nur daran erinnert, welche Veränderungsprozesse im Blick auf Stil und Formen schulischen Lernens mit der Freiarbeit in den Blick kommen.

24 *W. Grünfeld*, Allein-, Partner-, Gruppenarbeit: Arbeitsformen im indirekten Unterricht, in: *D. Zilleßen (Hrsg.)*, Religionspädagogisches Praktikum, Frankfurt 1976, 119–123, bes. 120.

Der Frontal-/Klassenunterricht ist jene Sozialform, die am Lernort Gemeinde eher weniger vorkommt, ja die Ausnahme darstellt. Man denke an die Formen kirchlicher Arbeit mit Kindern, an die Jugendarbeit mit ihren freien Formen und die Erwachsenenbildung mit dem selbstbestimmten Lernen. Traditionellerweise hatte der Frontalunterricht (etwa als Katechismusunterricht) allerdings einen festen Platz im Konfirmandenunterricht. Im Rahmen der Konfirmandenarbeit ist diese Sozialform insoweit durchaus sinnvoll, wenn es um lehrgangsartige Einheiten geht, in denen grundlegendes Wissen vermittelt werden soll. Freilich muss es ein Anliegen gemeindepädagogischer Verantwortung sein, darauf zu achten, dass die in der Konfirmandenarbeit klassische Tendenz zum Frontalunterricht »aufgebrochen« wird, indem Aufgaben zur Partner- und Gruppenarbeit, evtl. auch Einzelbearbeitung, gegeben werden und Freizeiten, Gemeindepraktika, Gemeindeinterviews etc. in die Konfirmandenarbeit einbezogen werden.

Die *Wandtafel* ist in der Gemeindearbeit auch ein weniger angemessenes Medium, vielmehr werden hier sinnvollerweise stärker Flipchart und Pinnwand Verwendung finden[25].

Die *Einzelarbeit* ist im Rahmen der gemeindlichen Lernprozesse weniger häufig anzutreffen und angebracht als im schulischen Rahmen, was zweifellos auch damit zusammenhängt, dass am Lernort Gemeinde der Aspekt von Gemeinschaft einen anderen Stellenwert hat als in der Schule. Das drückt sich dann auch darin aus, dass hier stärker gemeinschaftliche Lernprozesse ihren Ort haben.

Literaturhinweise

K. Aschersleben, Frontalunterricht – klassisch und modern. Eine Einführung, Neuwied u. a. 1999.

E. Meyer/W. Okoń, »Frontalunterricht«, Frankfurt a.M. 1983.

H. Meyer, UnterrichtsMethoden II. Praxisband, Frankfurt a.M. [11]2000.

H.-E. Nuhn, Partnerarbeit als Sozialform des Unterrichs, Weinheim u. a.a 1995.

25 Weiteres bei *T. Langner-Geissler/U. Lipp*, Pinnwand, Flipchart und Tafel (Mit den Augen lernen. Seminareinheit 3), Weinheim/Basel [2]1994.

III.
Gruppenunterricht

Christine Reents

Im Folgenden verstehe ich Gruppenunterricht als eine von fünf Sozialformen des Unterrichts neben Frontalunterricht, individueller Arbeit, Partnerarbeit und dem selbstregulierten freien Kreisgespräch.

Ich möchte in den Gruppenunterricht einführen durch (1) einen knappen Überblick über Wurzeln des Gruppenunterrichts, (2) eine theologische Zwischenreflexion über unterschiedliche theologisch-anthropologische Überzeugungen und ihre Folgen für Erziehungsvorstellungen, (3) eine Arbeitsdefinition, (4) Gesichtspunkte der Planung, (5) einen Hinweis auf religionspädagogische Reflexionen zum Gruppenunterricht und (6) ein Abwägen des Pro und Contra.

Aus Raumgründen fehlen methodisierte Hilfen zur Beobachtung und Analyse von unterrichtlichen Kleingruppenprozessen, Trainingshilfen und Diagnosebögen zur Selbstkontrolle der Lehrenden und Lernenden[1] und zur Effizienzkontrolle sowie erprobte Beispiele aus dem Religionsunterricht.

Das Literaturverzeichnis beschränkt sich auf fachdidaktische Literatur; erziehungswissenschaftliche Arbeiten werden in den Fußnoten genannt.

1. Wurzeln[2]

Gruppenunterricht mit Kleingruppenarbeit beruht auf einer Reihe von erziehungswissenschaftlichen, sozialpsychologischen und

1 Vgl. *E. Meyer*, Trainingshilfen zum Gruppenunterricht, Oberursel 1981; *ders.*, Gruppenunterricht, Oberursel [8]1983, 237–268 (dieses Schlusskapitel findet sich nur in der 8. Auflage).

2 Vgl. *E. Meyer*, Gruppenunterricht, Oberursel 1954; *G. Hörmann*, Gruppenkonzepte, in: *E. Meyer (Hrsg.)*, Planung und Analyse von Gruppenprozessen, Grafenau 1979, 11–30.

politischen Theorien, deren Darstellung hier auf vier Aspekte beschränkt werden soll:

1.1 Reformdidaktischer Ansatz: Gemeinschaftserziehung. Im deutschen Sprachraum waren es die Reformpädagogen (*Berthold Otto* [1859-1933], *Georg Kerschensteiner* [1854-1932], *Hugo Gaudig* [1860-1923], *Peter Petersen* [1884-1952] u.a.), die im ersten Drittel unseres Jahrhunderts bis 1933 gruppenpädagogische Ansätze entwickelten und realisierten. Das Interesse dieser »Urgroßväter« galt einer neuen Gemeinschaftserziehung, in der sich alle frei entfalten, voneinander lernen und miteinander verantwortlich sein sollten. In der selbstständig planenden und arbeitenden Gruppe sollte sich ein Teamgeist entwickeln; Selbsttätigkeit und Eigenständigkeit sollten in der Gemeinschaft der Lernenden gefördert werden. Zudem wollte die »Aktivitätsdidaktik«[3] der Arbeitsschulbewegung Grundlagen für das spätere Berufsleben schaffen (*Kerschensteiner*). Hier konnten Theoretiker und Praktiker des Gruppenunterrichts nach dem Zweiten Weltkrieg anknüpfen. Die Reformpädagogik verhielt sich den Kirchen gegenüber zumeist distanziert, vermittelte jedoch der Religionspädagogik Impulse.

1.2 Lebensnähe. In den USA beobachtete der Pädagoge und Psychologe *John Dewey* (1859-1952) Kinder außerhalb des Unterrichts und entdeckte das natürliche Lernbedürfnis und die Aktivität von Kindern. Er konzipierte eine Erziehung, die sich auf das Neugierverhalten stützt. In einer Schule, die eine anregende, wirklichkeitsnahe Umwelt bietet, bestimmen die Lernenden ihre eigenen Arbeitsziele (learning by doing); der Lehrkraft kommt eine Moderatorenrolle zu. Ziele sind: die autonome Entwicklung des Menschen in einer demokratischen Gesellschaft, Kooperation, Toleranz und soziales Mitgefühl, aber auch Fortschritt und Leistungssteigerung.

1.3 Gruppenprozesse. Der 1933 aus Deutschland emigrierte jüdische Sozialpsychologe *Kurt Lewin* (1890-1947)[4] erforschte seit 1946 das

3 *E. Meyer*, Gruppenunterricht, 32; *H. Röhrs*, Die Reformpädagogik, Hannover u.a. 1980.

4 *K. Lewin*, Die Lösung sozialer Konflikte, *hrsg. v. G. Weiß*, Bad Nauheim (1953) [3]1968.

Verhalten in sozialen Organisationen, die in ihnen ablaufenden Interaktionen, psychischen Prozesse und Gesetzmäßigkeiten. Die Entdeckung der Gruppendynamik führte in den USA zu vielfältigen Varianten von gruppendynamischen Bewegungen. Seit Anfang der siebziger Jahre fand die Gruppendynamik in der Bundesrepublik Deutschland in der außerschulischen[5] und schulischen[6] Bildungsarbeit sowie in einem Teil der theologisch-kirchlichen[7] Arbeit Resonanz. Angewandte Gruppendynamik wurde in der Bildungsarbeit und in der Seelsorge neu entdeckt und zugleich theologisch heftig kritisiert als Programm menschlicher Selbsterlösung. Diese oft einseitige theologische Polemik erschwerte eine selbstkritische Sensibilisierung für gruppendynamische Prozesse. Ich halte es für die Kooperation von Lehrenden und Lernenden für hilfreich, zu geschärfter Selbst- und Fremdwahrnehmung zu finden. Es gilt, die oft verdrängte Beziehungsebene bewusst wahrzunehmen, um durch einen angemessenen Umgang mit der Emotionalität zu Verstehen, Offenheit, zum Klären von Konflikten und sozialen Spannungen, zum Abbau von Sperren und Hemmungen zu finden. Leider gelingt das nicht immer; es kann auch das Gegenteil erreicht werden. Die unterschwelligen Spannungen und Ängste können sich als stärker erweisen. Die Beobachtung gruppendynamischer Prozesse ist für das Gelingen von Gruppenunterricht wichtig. Zum Beispiel: Wer bestimmt in der Gruppe? In welcher Relation stehen Inhalts- und Beziehungsebene? Rückmeldung über Verhaltensweisen (Feedback). Handelt es sich um eine informelle Gruppe (z.B. Familie) oder um eine formelle, sekundäre Gruppe (z.B. Schulklasse, Konfirmandengruppe)?

1.4 Soziales Lernen[8]. Ende der sechziger Jahre kommt ein weiterer Akzent in die Diskussion um den Gruppenunterricht: das kritisch-

5 *T. Brocher*, Gruppendynamik und Erwachsenenbildung, Braunschweig (1967) [12]1976.

6 *E. Meyer (Hrsg.)*, Handbuch Gruppenpädagogik – Gruppendynamik, Heidelberg 1977; *D. Freudenreich*, Gruppendynamik und Schule (Erträge der Forschung, Bd. 242), Darmstadt 1986.

7 *K.W. Dahm*, Art. Gruppendynamik, in: TRE 14, Berlin/New York 1985, 289–294; *J. Scharfenberg (Hrsg.)*, Glaube und Gruppe, Göttingen/Freiburg 1980.

8 Vgl. *H. Vettinger*, Gruppenunterricht, Düsseldorf 1977; *H. Meyer*, Un-

kommunikative soziale Lernen als Befähigung zum Abbau überflüssiger Herrschaft. Ziel jeder Lehrkraft soll es danach sein, die Entlassung der Schülerinnen und Schüler aus dem Herrschaftsbereich der Unterrichtenden anzustreben, sich zurückzuziehen und den Lernenden dadurch Emanzipation zu ermöglichen. Hier wird Emanzipation als »herrschaftsfreie Kommunikation«[9] verstanden. Es wird die Auffassung vertreten, im Diskurs der Kleingruppe lasse sich Schülermitbestimmung als Unterrichtsprinzip am ehesten realisieren, da die herkömmliche hierarchische Rollenverteilung nicht existiere und da die Unterrichtsgestaltung stärker als üblich an den Bedürfnissen und Interessen der Lernenden ausgerichtet werden könne.
Außerdem verfolgt der Gruppenunterricht das Ziel, die Teamfähigkeit zwischen den Beteiligten zu verbessern. Es kommt darauf an, gemeinschaftsfähige Formen des christlichen Glaubens überzeugend zu gestalten.

2. Theologische Zwischenreflexion

Zusammenfassend ist festzustellen, dass allen gruppenpädagogischen Konzeptionen ein optimistisches Menschenbild zugrunde liegt. Als autonomes soziales Wesen soll der Mensch seine Kommunikations- und Kooperationsfähigkeit dazu einsetzen, sich eine humanere Schule, eine humanere Lebenswelt zu schaffen.

Diese positive Einschätzung des Menschen rief theologische Abwehrreaktionen hervor, da menschliche Autonomie oft als Gegensatz zum Glauben an Gott verstanden wird. Menschliche Selbstverwirklichung sei nach dem Urteil einiger Theologen Sünde, Abfall von Gott, eine Pseudoreligion und falsche Heilslehre. Warum also solche Modetrends mitmachen? Diese theologischen Vorbehalte richteten sich vor allem gegen gruppendynamische und emanzipatorisch-kritische Formen der Gruppenpädagogik.

Ich möchte das mit den Vorbehalten verbundene Verständnis von Sünde als Autonomie mit *Dorothee Sölle* in Frage stellen. Sie definiert Sünde nicht als Autonomiestreben, sondern als »Isolati-

terrichtsMethoden II, Frankfurt a.M. [11]2000, 240–242; *R. Gutte*, Gruppenarbeit, Frankfurt a.M. 1976.

9 *H. Vettinger*, aaO., 41ff.

on, ... als Beziehungslosigkeit zu uns selber, zu unseren Nächsten, zur Schöpfung und zur menschlichen Familie«[10]. Von diesem theologischen Ansatz her halte ich die mehr oder minder gelingenden Kommunikationsprozesse von Kleingruppen für Hilfen zum Leben in Beziehungen. Schließlich verstehe ich Gott nicht als absoluten Herrscher, der die wachsende Autonomie der Menschen verhindern will, sondern als den Gott des Lebens[11] und der Liebe[12]. Dieser Glaube impliziert die Vision einer Mündigkeit, die die Mündigkeit der Mitmenschen gleichermaßen berücksichtigt und fördert. Die Hoffnung auf eine Kirche als Gemeinschaft von Brüdern und Schwestern[13] muss das Mühen um ein kommunikatives, kooperatives Miteinander zur Folge haben.

Gruppenunterricht kann dazu helfen, dass veränderte theologische Grundüberzeugungen im Erziehungsalltag konkret werden. Zur Begründung ist zudem wichtig, dass Religions- und Konfirmandenunterricht m.E. als Lerngemeinschaft und als wenigstens partiell praktiziertes Zusammenleben aufzufassen sind. Ohne einen Überschuss an theologisch-utopischer Hoffnung lässt sich dieses Lernverständnis nicht durchhalten.

3. Arbeitsdefinition: Was gehört zum Gruppenunterricht?

Gruppenunterricht ist eine Sozialform des Unterrichts, in der durch zeitlich begrenzte Aufgliederung der Gesamtgruppe in mehrere Kleingruppen von etwa drei bis sechs Menschen arbeitsfähige Kleingruppen entstehen. Jede Kleingruppe arbeitet kooperativ an der Lösung einer sachlich und zeitlich klar begrenzten Aufgabe, die entweder vom Unterrichtenden gestellt oder selbst definiert wurde. Die Gruppe erwirbt sich sachlich-inhaltliche und sprachliche Kompetenz und übt gleichzeitig soziales Verhalten ein.

10 *D. Sölle*, Gott denken, Stuttgart 1990, 89.

11 Vgl. die Rede vom lebendigen Gott: Ps 42,3; 84,3; Jer 2,13; 10,10; Mt 16,16; 22,32 u.ö.

12 Vgl. 1Joh 4,7–21.

13 Vgl. Mt 20,25–26 und die These 4 der Barmer »Theologische(n) Erklärung zur gegenwärtigen Lage der Deutschen Evangelischen Kirche« (Mai 1933), in: *A. Burgsmüller/R. Weth (Hrsg.)*, Die Barmer Theologische Erklärung, Neukirchen-Vluyn 1983, 37.

Da sich die Mitglieder der Gruppe gegenseitig ergänzen, ist zu erwarten, dass die durch Kooperation gefundene Aufgabenlösung vielschichtiger, durchdachter, sinnvoller, überzeugender ist als die durchschnittliche Einzelleistung.

Die Lehrenden treten während der Gruppenarbeitsprozesse zurück; ihre Aufgaben bestehen im Vorbereiten, Moderieren und Sichern von Ergebnissen. Die Arbeitsergebnisse sollten in späteren Unterrichtsphasen der Gesamtgruppe zur Verfügung gestellt werden, um den Lernprozess aller zu fördern und um den Mitgliedern jeder Arbeitsgruppe ein Feedback zu geben.

Kleingruppenarbeit ist *arbeitsgleich*, wenn alle Kleingruppen das gleiche Thema bzw. die gleiche Aufgabe bearbeiten und dadurch am Schluss einen nahezu gleichen Informationsstand erreichen. Kleingruppenarbeit ist *arbeitsteilig* oder *themendifferenziert*, wenn die Kleingruppen unterschiedliche Teilaufgaben bearbeiten, die aber in einem inneren Zusammenhang stehen. Arbeitsteilige Gruppenarbeit ist schwieriger als arbeitsgleiche Gruppenarbeit. Erstere empfiehlt sich dort, wo heterogene Lerngruppen vorhanden sind, die durch innere Differenzierung auf ihrem jeweiligen Niveau arbeiten sollen. Sie kann sich auch aus zeitökonomischen und anderen Gründen empfehlen.

Außerdem sind Mischformen möglich. Ich nenne dafür zwei Beispiele:

- Ein Text – viele Methoden als Darstellungsformen.
- Je eine Aufgabe wird von zwei Gruppen bearbeitet, so dass eine gegenseitige Ergänzung und Kontrolle auch bei arbeitsteiliger Gruppenarbeit möglich ist.

Solche Mischformen können die Auswertung erleichtern.

Im Gruppenunterricht sind wie im Unterricht überhaupt mehrere Ebenen zu beachten: die inhaltliche, die intentionale, die emotionale und die soziale Ebene in verbaler und nonverbaler Hinsicht. Gruppenprozesse und Arbeitsprodukte bzw. -ergebnisse stehen in einem inneren Zusammenhang.

Als wichtige Funktionen des Gruppenunterrichts sind die Selbstständigkeit, Kooperationsfähigkeit und Solidarität der Lernenden zu fördern.

4. Gesichtspunkte der Planung

4.1 Zur Bildung von Kleingruppen[14]. Die Gruppenbildung lässt sich nicht nach einem einheitlichen Schema regeln, da sie von einer Reihe von Faktoren abhängig ist.

a) Individuelle Bedürfnisse und Voraussetzungen: z.B. Freundschaften, Integration von Außenseitern, Sympathie und Antipathie, vorheriges Bekanntsein, Geschlecht.

b) Soziale Voraussetzungen und soziales Klima in der Lerngruppe, Integration von Jugendlichen aus verschiedenen Klassen z.B. im Kurssystem oder in konfessionellen Lerngruppen, in neu zusammengesetzten Konfirmandengruppen u.Ä., Erfahrungen mit Mitschülerinnen und Mitschülern, mit Nachbarn und weitere hemmende oder fördernde, bereits vorhandene soziale Beziehungen.

c) Fähigkeiten, Begabungen, Leistungen, Interessen, Arbeitstempo (Spezialistengruppen).

d) Aufgabenstellung, arbeitstechnische Voraussetzungen.

Für den ersten Schritt halte ich es für angemessen, Jugendlichen die Chance zu geben, die Gruppe selbst zu bestimmen, in der sie mitarbeiten möchten. Wer mit Formen des indirekten Zwanges arbeitet (z.B. durch Abzählen, mit Losverfahren durch Ziehen von Teilstücken zerschnittener Bilder u.ä.), wird häufig beobachten, dass sich die Wendigen mit ihren Wünschen gegen jede Fremdbestimmung durchsetzen (z.B. durch Tauschen der Lose u.ä.).

Im zweiten Schritt bedarf die freie Gruppenbildung genauer Beobachtung und ggf. vorsichtiger Korrektur. Folgende Fragen sind wichtig: Ist die Gruppe arbeitsfähig? Ist sie zu groß oder zu klein? Wer blieb übrig? Wer hemmt wen? Wer hilft wem? Wie ist ein Ausgleich möglich?

Ein Rotationssystem kann dazu helfen, dass möglichst viele lernen, mit anderen zu kooperieren; es kann aber auch zu Unruhe führen.

Die Gruppenbildung mit Hilfe von Soziogrammen[15] kann die Gruppenbildungen der Kinder und Jugendlichen überprüfen. Al-

14 Vgl. *V. Svajcer*, Strategie der Gruppenbildung, in: *B. Forsberg/E. Meyer (Hrsg.)*, Einführung in die Praxis der schulischen Gruppenarbeit, Heidelberg 1973, 35–47.

15 Vgl. *E. Meyer*, Gruppenunterricht, 84–91.

lerdings gilt die Soziometrie als relativ unzuverlässiges Hilfsmittel, da sie nur die erwünschten, nicht die bestehenden Beziehungen aufzeigt.

Die Gruppengröße richtet sich nach der Aufgabenstellung, nach den vorhandenen Arbeitsmitteln, nach der Kooperationsfähigkeit, nach Platzverhältnissen, manchmal auch nach der Zahl der Helferinnen und Helfer. Wichtig ist, dass die Gruppe überschaubar, kommunikations- und arbeitsfähig ist. In der Regel ist das bei einer Gruppengröße von zwei bis maximal sechs Teilnehmenden zu erwarten.

Systematische Schülerbeobachtung bei der Gruppenarbeit führt zu Klärungen.

4.2 Altersstufen. Über die Möglichkeiten der Gruppenbildung in den verschiedenen Altersstufen lässt sich kaum Allgemeingültiges sagen. Nach den durch unser Schul- und Bildungssystem gegebenen Voraussetzungen unterscheidet *Wolfgang Klafki*[16] drei Stufen des Gruppenunterrichts in der Grundschule nach ihrem Anspruchsniveau:

a) Die Stufe der konkreten Handlungen der Kinder im Spiel und mit gegenständlichen Materialien.

b) Die Stufe der bildlichen Rekonstruktion und Variation als Vollzug erster Abstraktionen.

c) Die Stufe der sprachlich formulierten Verallgemeinerung.

4.3 Aufgabenbereiche. Die Wahl der Sozialform richtet sich nach dem Aufgabentypus. Für Kleingruppenarbeit sind nach *Ernst Meyer* drei Aufgabenbereiche besonders geeignet:

a) Aufgaben, die vom Neugierverhalten, vom natürlichen Lernbedürfnis, vom Frage- und Forschungstrieb ausgehen.

Beispiele:
- Fragen zu einem Text oder Thema stellen, z.B. zu einer Wundererzählung, zur Gottesfrage u.a.
- Vergleiche von Texten, Bildern u.a.
- Zu einem umstrittenen Bibelwort Pro- und Kontraargumente finden, etwa: »Liebet eure Feinde ...« (Mt 5,44).

16 In: *W. Klafki/E. Meyer/A. Weber (Hrsg.)*, Gruppenarbeit im Grundschulunterricht, Paderborn/München 1981, 15.

- Lösungen zu einem Konflikt suchen.
- Eine Geschichte zu Ende erzählen.
- Dialoge bzw. Rollen entwerfen.

b) Aufgaben, die das Gestalten, Konstruieren, Entwerfen erfordern.

Beispiele:
- Zu einem Text pro Gruppe eine Diareihe malen.
- Als Wettbewerb: Welche Gruppe baut den höchsten Turm aus beweglichem Material, z.B. aus Bierdeckeln? Die gruppendynamischen Erfahrungen können das Verständnis von Gen 11, 1–9 erleichtern.
- Sandkastenmodelle arbeitsteilig gestalten, z.B. ein Dorf in der Jesuszeit.
- »Brot backen« im Rahmen der symboldidaktischen Erarbeitung des Themas »Brot«.

c) Aufgaben, die auf Wiederholung und Aneignung zielen, die ein Üben und Trainieren verlangen.

Beispiele:
- Rollen zu einer Spielszene einüben.
- Sich in einer Gruppe für eine Teilaufgabe entscheiden und sich diese aneignen, z.B. arbeitsteilige Mitarbeit bei einem Jugendgottesdienst, Memorieren von Texten mit sinngestaltendem Vortrag.

d) Einen vierten Aufgabenbereich möchte ich unter gruppendynamischem Aspekt ergänzen: Aufgaben, die die Selbstbeobachtung der Schülerinnen und Schüler fördern.

Beispiel:
- Spiel ohne Regeln.
  Zu einem von der ersten Gruppe entworfenen Spielbrett erfindet die nächste Gruppe schriftlich Spielregeln und spielt diese einmal durch. Die dritte Gruppe erprobt die Regeln der anderen. Die Wahrnehmung der Gruppenbeobachter und -beobachterinnen, der Austausch der Spielregeln sowie das abschließende Kreisgespräch können zu verbesserter Selbstwahrnehmung, Ich-Stärkung, Selbstkritik und gemeinsamem Austausch von Kritik beitragen.

4.4 Zur Rolle der Unterrichtenden und der Lernenden. Hilbert Meyer[17] fasst die Aufgaben der Lehrenden und Lernenden zusammen.

Lehrende müssen üben, zu beobachten, zuzuhören, abzuwarten, vorsichtig zu beraten, Mut zu machen und Gelungenes zu

17 UnterrichtsMethoden II, 248f.

loben. Sie müssen »Holzwege« zulassen. Sie müssen Materialien aufbereiten, Spiel- und Arbeitsformen vorschlagen, Arbeitsergebnisse bündeln und zur ansprechenden Veröffentlichung im Plenum beitragen. D.h. Lehrende müssen ein Rollenverständnis mit Teamgeist entwickeln. Sie sind Moderatoren, Organisatoren und Beobachter.

Lernende müssen weiter bereit sein und lernen, selbstständig zu denken, zu fühlen und zu handeln. Sie müssen konkrete Phantasie entwickeln, Arbeitsschritte konkret planen, sich mitteilen und verständigen, Arbeitsergebnisse sichern, sich nicht nach vorn drängeln und Solidarität mit der Gruppe üben.

Gruppenarbeit erfordert von Lehrenden und Lernenden ein hohes Maß an Selbstdisziplin, Teamfähigkeit und Bereitschaft, sich mit einem Thema intensiv zu befassen. Theologisch interpretiert heißt das, an der Überwindung der Beziehungslosigkeit zu arbeiten (vgl. unter 2).

4.5 Organisationsschema. a) *Vorstellen des neuen Unterrichtsthemas*, erste inhaltliche Hinführung mit Begründung.

b) *Arbeitsaufträge*, die für jeden sichtbar sind, die entweder durch Lehrende vorgegeben oder gemeinsam mit der Lerngruppe entwickelt sind. Die Arbeitsanweisungen müssen allen Begabungen und Interessen einer Gruppe gerecht werden. Es kann eine Hilfe sein, die Methode der Auswertung von vornherein mit zu bedenken.

c) *Kleingruppenbildung*, arbeitsgleich oder arbeitsteilig oder Mischformen, notfalls auch als Nebeneinander von Partner- und Gruppenarbeit.

d) *Phase der Kleingruppenarbeit* mit klarer zeitlicher Begrenzung.

e) *Auswertungsphase, Präsentation der Ergebnisse.* Es ist wichtig, dass die Lernenden das Ergebnis ihrer Arbeit wahrnehmen (Feedback, Erfolgserlebnis) und sich gegenseitig informieren. Andererseits ist die Schlussphase besonders schwierig, da Interesse füreinander und gegenseitiges ruhiges Zuhören zwar unentbehrlich, doch nicht selbstverständlich sind. Methodisch ist hier viel Phantasie nötig. Je nach Aufgabenstellung haben sich folgende Möglichkeiten bewährt: Pro-Kontra-Diskussion, Expertenrunde, Interview, Wandzeitung, anschauliche grafische Gestaltung, Darstellung als Pantomime, Standbild, Sketch, Streitgespräch, eindrucksvoller Tafelanschrieb, Ausstellung, Austausch schriftlicher Protokolle ...

4.6 Behinderungen[18]. Kooperation und eigenständiges Arbeiten in Kleingruppen kann durch eine Reihe von Faktoren beeinträchtigt werden.

a) Konformismus: Die Übereinstimmung mit der Gruppe ist mir wichtiger als eigene Ideen und Überzeugungen.

b) Selektive Wahrnehmung: Ich nehme nur das auf, was mir »in den Kram passt«.

c) Narzissmus: Ich zeige den anderen, wie gut ich bin, z.B. durch langes Reden.

d) Konkurrenzverhalten: Ich sichere mir Vorteile, mache einen möglichst guten Eindruck, will Sieger bleiben.

e) Autoritätsabhängigkeit: Ich unterstütze die Ansichten des Chefs, Gruppenführers, opinion-leaders ... und sehe nur ihn.

f) Verdrängung: Peinliches lasse ich nicht laut werden, lenke ab, fordere zur Sachlichkeit auf.

g) Perfektionismus: Schwächen gebe ich nicht zu. Ich beiße mir lieber die Zunge ab, anstatt andere etwas zu fragen.

h) Verschlossenheit: Meine wahren Gefühle wie Angst, Unruhe, Verletzlichkeit ... gehen niemanden etwas an.

i) Sicherheitsbedürfnis: Ich lehne Veränderungen ab und fühle mich in geordneten, bewährten Bahnen sicher.

k) Faulheit: Ich tue nur, was unbedingt sein muss; die anderen werden's schon erledigen.

5. Gruppenunterricht und Religionspädagogik

5.1 Richtlinien- und Lehrplanbezug. Seit den einschneidend sich verändernden Richtlinien und Lehrplänen der siebziger Jahre wird das Lernen in Gruppen mit folgenden pädagogischen Gründen intensiver gefordert: schrittweise Gemeinschaftserziehung, Befähigung zu Selbst- und Mitbestimmung, zu Selbsttätigkeit und Rücksichtnahme, Lebensnähe der Bildung und Erziehung, verbesserte Chancen der Schülerbeteiligung. Die evangelische Religionspädagogik bejaht diese pädagogischen Prinzipien und beteiligt sich an ihrer Realisierung. Ein Beispiel aus Niedersächsischen Richtlinien soll als Beleg dienen. Zur »Organisation von Lernprozessen« gilt der Grundsatz: »Der Unterricht ist grundsätzlich so anzulegen, dass die Schüler zunehmend Fähigkeiten und Fertigkeiten erwer-

18 Nach *Schulz von Thun*, abgedruckt in: *K. Frey*, Die Projektmethode, Weinheim/Basel [4]1991, 117–119.

ben, die selbstständiges und kooperatives Arbeiten fördern. Hierzu trägt ein angemessener Wechsel zwischen Frontalunterricht, Einzel-, Partner- und Gruppenarbeit bei«[19].

5.2 Rezeption des Gruppenunterrichts in der Religionspädagogik. Erst seit rund zwei Jahrzehnten fand die Religionspädagogik breitenwirksame Zugänge zum Gruppenunterricht. Diese späte Rezeption einer heute zumindest theoretisch weithin überzeugenden Sozialform des Unterrichts hat zum Teil theologische Gründe.

Wer als katholischer Christ das »Gebiet des Religiösen« als »ein Reich objektiver Werte« versteht, die Menschen sich nicht selbst erarbeiten können[20], wer als evangelischer Christ davon ausgeht, dass Gottes Wort als Geschenk von außen Menschen verkündigt werden müsse (Röm 10,17), der kann von seinem theologischen Vorverständnis her schwer Arbeitsformen bejahen, die zu Selbsttätigkeit und produktiver Findigkeit befähigen wollen. Zur Begründung wird angeführt, das Evangelium lasse sich nicht erarbeiten. Dem Worte Gottes gebühre Ehrfurcht. Wer biblische und dogmatische Belehrung anstrebt, achtet auf Formen der Darbietung, auf Hören und Verstehen. Kleingruppenarbeit wird allenfalls als Möglichkeit des Vertiefens, Aneignens und Übens angesehen.

Andererseits ist Gruppenunterweisung schon lange eine Selbstverständlichkeit im Kindergottesdienst; ältere Helferinnen und Helfer erzählen und gestalten mit Kindern[21]. Zudem wirkten sich Ansätze der Reformpädagogik in der Jugendarbeit auf die Bibelgruppenarbeit der Schülerarbeit aus[22]. Leider ist der Zusammenhang von Sozialformen, Methoden und Konzeptionen in der Geschichte der Religionspädagogik noch kaum erforscht[23].

19 In: *Der Niedersächsische Kultusminister (Hrsg.)*, Die Arbeit in der Orientierungsstufe. Erlass vom 30. April 1987, 9.

20 *H. Führich/G. Gick*, Der Gruppenunterricht (Pädagogische Wende. Schriftenreihe zur inneren Schulreform), Ansbach 1971, 78f.

21 Vgl. *C. Berg*, Gottesdienst für Kinder, Gütersloh 1987, 66ff.

22 Vgl. *J. Henkys*, Bibelarbeit, Hamburg 1966.

23 Vgl. *H. Kittel*, Evangelische Unterweisung und Reformpädagogik, Lüneburg 1947; *W. Haertens*, Arbeitsschulprinzip im Religionsunterricht, in: Lexikon der Pädagogik des Deutschen Instituts für wissenschaftliche Pädagogik in Münster, Bd. I, Freiburg 1952, 196–198; *H. Angermeyer*, Die evangelische Unterweisung an höheren Schulen, Mün-

Seit Beginn der siebziger Jahre, also seit der konzeptionellen Wende von verkündigenden zu erfahrungsnahen, problemoffenen Konzeptionen, gewinnt der Gruppenunterricht seinen Ort in der didaktischen Theorie der evangelischen[24] und katholischen[25] Religionspädagogik aus folgenden Gründen: Er beachtet die Bedürfnisse von Kindern und Jugendlichen, lässt soziale Lernprozesse nicht außer Acht, ermöglicht freiere Arbeit, innere Differenzierung, stärkere Schülerbeteiligung, mehr Selbstständigkeit und Solidarität. Nicht zuletzt trägt ein verändertes Bibelverständnis zur Öffnung des Religions- und Konfirmandenunterrichts für kommunikative Sozialformen bei. Seit Mitte der sechziger Jahre wird ein selbstständiger experimenteller Umgang[26] mit biblisch-christlicher Tradition erprobt in der Überzeugung, dass sich die befreiende Wahrheit der christlichen Botschaft nur im Dialog erweisen oder bestreiten lasse. Die Behandlung biblischer Themen und Texte wird aus dem Bildungsauftrag der Schule begründet; deshalb muss sie den Aufgaben und Arbeitsweisen der Schule entsprechen.

6. Chancen und Schwierigkeiten der Kleingruppenarbeit im Religionsunterricht und in der Konfirmandenarbeit

In der didaktischen Theorie ist Gruppenarbeit eine weithin befürwortete Sozialform. Die Erziehungswirklichkeit dagegen sieht anders aus; *Hilbert Meyer*[27] referiert fünf Untersuchungen aus den

chen 1957; *K. Linke*, Sind die theologischen Einwände gegen die Reformpädagogik berechtigt?, in: EvErz 10/1958, 202–207.

24 Vgl. *Chr. Reents*, Erziehung zum kritisch-produktiven Denken im Religionsunterricht der Grund- und Orientierungsstufe, Gütersloh 1974, 117–121; *K. Frör*, Grundriss der Religionspädagogik im Umfeld der modernen Erziehungswissenschaft, Konstanz 1975.

25 *F. Kaspar*, Gruppenpädagogische Unterrichtsverfahren für den Religionsunterricht, Stuttgart/München 1971; *E. Paul*, Methoden, in: *E. Feifel u.a. (Hrsg.)*, Handbuch der Religionspädagogik, Bd. 2, Gütersloh u.a. 1974, 145–172.

26 *H.B. Kaufmann*, Muss die Bibel im Mittelpunkt des Religionsunterrichts stehen? (1966), in: *G. Otto u.a. (Hrsg.)*, Schule und Kirche vor den Aufgaben der Erziehung (Sonderheft Theologia Practica), Hamburg 1968, 79–83, bes. These 3 und 5.

27 Vgl. UnterrichtsMethoden II, 62.

Jahren 1971-1986, die besagen, »dass die traditionelle Monopolstellung des Frontalunterrichts«[28] ungebrochen ist. Diese Widersprüchlichkeit soll abschließend thesenartig im Blick auf RU und Konfirmandenarbeit zusammengefasst werden.

6.1 Kommunikation des Evangeliums als soziales Lernen. Das Gespräch um den christlichen Glauben darf nicht als Einbahnstraßenkommunikation vom Lehrenden zum Lernenden verlaufen. Ein kooperativer Unterrichtsstil entspricht dem Verständnis der Gemeinde als Leib Christi, in dem jedes Glied gleich wertvoll und wichtig ist (1. Kor 12, 1-31). Die Gaben und Begabungen der einzelnen Gruppenglieder sind für das Zusammenleben einer mündigen Gemeinde unentbehrlich[29].

6.2 Freies Unterrichtsklima und Unterrichtserfolg. Kleingruppenarbeit kann dem psychischen Bedürfnis nach Kontakten zu anderen, nach Gespräch, Anerkennung und Erfolg entgegenkommen. Wegen der größeren Freiräume kann jedoch auch die Lernverweigerung intensiver zum Ausdruck kommen in Form von Drückebergerei, Desinteresse, Disziplinschwierigkeiten u.ä. Wegen der Wechselwirkungen zwischen Lernklima, Sozialform und Unterrichtserfolg ist es jedoch nicht ratsam, auf offene Lernformen zu verzichten, sondern diese in zäher Geduld mit klar begrenzten Aufgaben, mit Zeitlimit, mit Helferinnen und Helfern beobachtend zu erproben und einzuüben. Wer sich selbst etwas erarbeitete, behält in der Regel einen positiven Bezug zum Thema. Allerdings bleiben undurchdachte Experimente mit Gruppenunterricht problematisch.

6.3 Förderung der Integration. Im konfessionellen RU kommen die Kinder und Jugendlichen gelegentlich aus unterschiedlichen Klassen. Im Kurssystem der Sekundarstufe II kennen sich die Lerngruppen zumindest am Anfang kaum. Dasselbe gilt für die Konfirmandenarbeit mit Jugendlichen, die zwar zumeist in einer lokal begrenzten Gemeinde wohnen, jedoch verschiedene Schulen be-

28 Ebd.

29 Dem Einwand, eine Lerngruppe im RU dürfte nicht als christliche Gemeinde angesprochen und vereinnahmt werden, gebe ich partiell recht.

suchen. Wie weit kann Gruppenunterricht die Integration heterogener formeller Gruppen[30] fördern oder behindern? Welche Hilfestellungen sind erprobt? Leider fehlt eine Klärung dieser für die Fachdidaktik unseres Faches wichtigen Frage durch Erprobung und Beobachtung.

6.4 Mehr Chancengerechtigkeit durch Methodenwechsel. Um der Chancengerechtigkeit willen und um Lernen in kognitiver, affektiver und sozialer Dimension zu ermöglichen, halte ich die Erhöhung des Anteils von Gruppenarbeit im RU und in der Konfirmandenarbeit von der Sache her geboten. Der Wechsel der Arbeits- und Sozialformen kann zur Motivation beitragen.

6.5 Voraussetzungen bei den Lehrenden. Viele Pfarrerinnen und Pfarrer, Lehrerinnen und Lehrer fanden während ihrer Ausbildungszeit wenig Möglichkeiten, Kleingruppenarbeit im Unterricht theoretisch zu reflektieren, in der Praxis zu beobachten und zu trainieren. Wer zudem das Monologisieren im Berufsalltag in Ansprachen und Predigten gewohnt ist, ist manchmal zu wenig dialogfähig und kann die Selbstentfaltung der Lernenden behindern. Außerdem klagen manche Kolleginnen und Kollegen in Schule und Pfarramt, der intensive vorbereitende Arbeitseinsatz überfordere sie. Erschwerend kommt hinzu, dass sich Lernende und Lehrende oft zu wenig kennen. Wie können wir Lehrenden selbst unsere Voraussetzungen verbessern?

6.6 Voraussetzungen der Lernenden. Vielfach fehlen im Religions- und Konfirmandenunterricht grundlegende inhaltliche Voraussetzungen, um eine Aufgabe selbstständig zu bearbeiten. Außerdem ist das deutend-mehrdimensionale Symboldenken der Religion vielen so wenig vertraut, dass kooperativ-kreatives Lernen schwieriger ist als bei anschaulich-konkreten Sachfächern. Die dritte Schwierigkeit ist, dass manche Kinder und Jugendliche zu lehrerfixiert reagieren, dass sie wenig an selbstständig entdeckendes Lernen gewöhnt sind.

6.7 Sachliche Voraussetzungen. Ungünstige räumliche und zeitliche Bedingungen können die Zusammenarbeit in Kleingruppen er-

30 Formelle Gruppen sind Zwangsgemeinschaften, z.B. Schulklassen.

schweren. Gruppentische und mindestens ein großer Raum sind wichtig; eine Doppelstunde sollte zur Verfügung stehen. Der Lärmpegel darf sich nicht zu störend auswirken, wenn mehrere Gruppen in einem Raum kooperieren. Eine anregende Lernumgebung ist wichtig.

Zusammenfassend bleibt festzuhalten, dass eine längerfristig praktizierte Kleingruppenarbeit das entdeckende Lernen im Religions- und Konfirmandenunterricht und die Sensibilität für andere fördern kann. Kreative Unterrichtsformen können dazu beitragen, das Klima aggressiver Gewalt und das Klima des Schweigens zu überwinden. Sie können zum Umdenken helfen. Allerdings müssen die Schwierigkeiten wie bei jedem Unterricht realistisch analysiert und soweit möglich durch Training reduziert werden.

Literaturhinweise

O. Betz/F. Kaspar, Die Gruppe als Weg (Einführung in Gruppendynamik und Religionspädagogik), München 1973.

R. Blühm, Möglichkeiten des Gruppenunterrichts, in: ChL 27/1974, 146–152.

W. Eisinger, Das Lernen in Gruppen im Spiegel der Religionspädagogik, in: *K. Wöhler (Hrsg.)*, Gruppenunterricht. Idee, Wirklichkeit, Perspektive (Auswahl, Reihe B 105), Hannover 1981, 121–133.

D. Gerts, Arbeits- und Sozialformen/Medien, in: *Comenius-Institut (Hrsg.)*, Handbuch für die Konfirmandenarbeit, Gütersloh (1984) [2]1985, 347–380.

F. Kaspar, Gruppenpädagogische Unterrichtsverfahren für den Religionsunterricht, Stuttgart/München 1971.

W. Neidhart, Die Konfirmanden als Gruppe, in: *Comenius-Institut (Hrsg.)*, Handbuch für die Konfirmandenarbeit, Gütersloh (1984) [2]1985, 113–127.

E. Paul, Methoden, in: *E. Feifel/R. Leuenberger/G. Stachel/K. Wegenast (Hrsg.)*, Handbuch der Religionspädagogik, Bd. 2, Gütersloh u.a. 1974, 145–172.

E. Schmidt-Uhl, Lernen in Freiheit, Lernen in Gruppen – Basis und Chance auch für Religionsunterricht, Religionspädagogik und Kirche in Ost und West, in: *E. Meyer/R. Winkel (Hrsg.)*, Unser Konzept: Lernen in Gruppen, Hohengehren 1991, 329–341.

IV.
Projektunterricht

CHRISTINE REENTS

Projektarbeit hat sich in der Schule in Projektwochen und zum Teil auch innerhalb des Fachunterrichts bewährt. Religionspädagogisch gesehen handelt es sich jedoch im Erziehungsalltag oft um eine Rarität[1]. Wo mögen Gründe für diese Beobachtung liegen?

1. Zum Begriff

»Projekt« meint seit dem Ende des 17. Jahrhunderts »ein vorhaben und der plan dazu«[2]; Lessing macht z.B. »projecte zu tragödien

1 Vgl. *U. Schäfer*, Internationale Bibliographie zur Projektmethode in der Erziehung 1895–1982 (Internationale Bibliographien zur Bildungsforschung, Bd. 1/2), 2 Teile, Berlin 1988. Der neueste bibliographische Stand kann als Computerauszug erbeten werden bei folgender Adresse: Deutsches Institut für Internationale Pädagogische Forschung, Postfach 900 280, 6000 Frankfurt a.M. 90. – *D. Hänsel/H. Müller (Hrsg.)*, Das Projektbuch Sekundarstufe, Weinheim/Basel 1988, 275–278; *W. Emer u.a.*, Wie im richtigen Leben ... Projektunterricht für die Sekundarstufe II (AMBOS 29), Bielefeld 1991. Leider fehlt in dieser Dokumentation aus dem Bielefelder Oberstufenkolleg der RU. – Eine Dokumentation von Projekten mit Themen des evangelischen RU aus Schulen in Baden-Württemberg findet sich unter dem Titel: Projekttage. Projekte. Einkehrtage. Studienfahrten u.a., in: entwurf 3/1986, 48–63. Vgl. außerdem: entwurf 2/85, 3–5; 3/88, 33–34; 1/89, 22–31, 36; 2–3/90, 103–105, 106–108. – Zum katholischen RU vgl. *W. Nastainczyk*, Aktuelles Plädoyer für Projektarbeit im Religionsunterricht, in: *M. Lang/N. Weidinger (Hrsg.)*, Maßstäbe weitergeben – Entscheidungen ermöglichen. FS A. Gleißner, München 1989, 147–156.

2 *J. Grimm/W. Grimm*, Deutsches Wörterbuch, Bd. 13, Leipzig 1889, 2163–2164.

und komödien«[3]. Im 19. Jahrhundert sprach man in den neuen Technischen Hochschulen von Projekten[4], wenn die Ingenieurstudenten am Ende eines Lehrgangs ihr neu erworbenes Wissen selbstständig anwenden und eine Brücke, ein Haus oder eine Maschine entwerfen sollten. Projektarbeit war auch ein Teil der Abschlussprüfung[5]. Zu Beginn unseres Jahrhunderts entstand in den USA eine Projektbewegung; damals wurde der Begriff von der Hochschule auf die Schule übertragen. *John Dewey* gebrauchte den Projektbegriff »im ursprünglichen Sinne, d.h. im Sinne des praktischen ›konstruktiven‹ Tuns«[6].

2. Historische Wurzeln

Projektlernen und Gruppenunterricht haben in unserem Jahrhundert weithin gemeinsame Wurzeln: die Reformpädagogik in Europa, eine pragmatisch-demokratisch-sozialreformerische Pädagogik in den USA[7], Arbeitsschulkonzepte nicht nur in der ehemaligen Sowjetunion und die Innovationszeit der sechziger und siebziger Jahre in Europa.

Da Projektlernen aus unterschiedlichen Wurzeln hergeleitet wird, fehlt ein eindeutiger Projektbegriff. In den USA stimmten die führenden Vertreter der Projektmethode darin überein, »dass das Projekt eine Methode des ›praktischen Problemlösens‹ sei, die sich durch drei Merkmale auszeichnete: (1) Schülerorientierung ... (2) Wirklichkeitsorientierung ... (3) Projektorientierung«[8].

Auf diesem historischen Hintergrund unterscheidet *Gudjons* zwei

3 Ebd., 2164.
4 Vgl. *M. Knoll*, John Dewey und die Projektmethode, in: Bildung und Erziehung 45/1992, 89–108.
5 *K. Frey*, Die Projektmethode, Weinheim/Basel [4]1991, 30.
6 *M. Knoll*, aaO., 94.
7 Vgl. *M. Knoll*, »Niemand weiß heute, was ein Projekt ist«. Die Projektmethode in den Vereinigten Staaten, 1910–1920, in: Vierteljahresschrift für Wissenschaftliche Pädagogik 67/1991, 45–63; *K. Frey*, aaO., 29–55; *H. Gudjons*, Handlungsorientiert lehren und lernen, Bad Heilbrunn [3]1992, 61–66; *B. Suin de Boutemard*, Projektunterricht – Geschichte einer Idee, die so alt ist wie unser Jahrhundert, in: *J. Bastian/ H. Gudjons (Hrsg.)*, Das Projektbuch, Hamburg (1986) [3]1991, 62–77.
8 Vgl. *M. Knoll*, aaO., 94.

Varianten des Projektverständnisses: »sozialkonservativ-technologisch und ... eher sozialreformerisch-politisch«[9]. Wer Projektlernen im sozialreformerisch-politischen Sinn vertritt, sieht darin nicht nur eine Methode, sondern eine »Philosophie der Erziehung«[10]. Diese zielt auf demokratisches Handeln in überschaubaren Gruppen in Schule und Hochschule, Gesellschaft und Kirche. Die Kooperation zwischen verschiedenen Lebensbereichen ist anzustreben, z.B. durch Elternmitarbeit. Seit Mitte der siebziger Jahre wurde der Projektunterricht als Beitrag zur inneren Schulreform wiederentdeckt.

3. Schritte, Merkmale und Planung eines Projekts

Im Anschluss an *John Dewey* und *William H. Kilpatrick* stellt *Herbert Gudjons*[11] die vier Projektschritte dar; diese entsprechen einem vollständigen Denkakt:

3.1 Zielsetzungen (purposing). Im ersten Schritt ist eine umfassende, problemhaltige »Sachlage«[12] aus einer Themensammlung auszuwählen.

(a) Der Begriff »Sachlage« soll den Realitätsbezug des Vorhabens zum Ausdruck bringen. Der Bezug zu Alltagssituationen bzw. zu Störungen des Alltagslebens ist für ein Projekt konstitutiv.

(b) Ein Projekt muss sich an den Interessen der Beteiligten orientieren[13]. Hier geht es um ein Wechselverhältnis zwischen den bereits vorhandenen Interessen der Beteiligten und der Chance neuer Erfahrungen. *Dewey* dachte an die dauerhaften Interessen des Kindes: das Interesse am Forschen und Erkunden, das Interesse am sozialen Umgang, am künstlerischen Ausdruck und am konstruktiven Schaffen[14].

(c) Kopf- und Handarbeit sollten miteinander verbunden werden.

9 *H. Gudjons*, Handlungsorientiert lehren und lernen, a.a.O., 61.
10 *B. Suin de Boutemard*, Projektunterricht: Beispiel Religion. Düsseldorf 1973, 24–27.
11 *H. Gudjons*, a.a.O., 68–92.
12 Ebd., 69.
13 Ebd., 70.
14 Vgl. *M. Knoll*, John Dewey und die Projektmethode, 93.

(d) Da Projekte nicht der Hobbypflege dienen sollen, ist die »gesellschaftliche Praxisrelevanz« unverzichtbar. Es gilt zu überlegen, für wen das Projekt hilfreich, für wen es anstößig oder provozierend sein könnte.

(e) Projektaufgaben überschreiten Fächergrenzen; sie sind interdisziplinär anzulegen. Neuerdings wird auch fachinterne Projektarbeit propagiert.

(f) Projekte leben von der Kooperation aller Beteiligten. Sie fördern die Teamfähigkeit.

(g) Eine griffige Themenformulierung ist wichtig.

3.2 Planung (planning). Es gilt, einen Plan zur Bearbeitung der Aufgabe kooperativ zu entwickeln. Selbstorganisation und Selbstverantwortung der Jugendlichen in Gruppen stehen nicht im Widerspruch zur vorbereitenden Planungsarbeit der Lehrenden. Die Planungsarbeit muss offen und revisionsfähig bleiben. Projekte bieten die Chance, Teilprobleme zu benennen, Arbeitsschritte zu entwickeln und das Planen zu lernen.

3.3 Ausführung (executing). Die Aufgabe ist denkend und handelnd gemeinsam zu lösen. Sie muss so gewählt sein, dass sie unter Beteiligung möglichst vieler Sinne und Handlungsformen kommunikativ und kooperativ bearbeitet werden kann. Es geht um Lernen durch eigene Erfahrung, durch Denken und Handeln im sozialen Miteinander.

3.4 Präsentation und Beurteilung (judging). Die gefundenen Lösungen sind zu veröffentlichen bzw. zu präsentieren und an der Realität zu überprüfen.

(a) Aktions- und Kooperationsprodukte, z.B. Podiumsdiskussionen.

(b) Vorführungs- und Veranstaltungsprodukte, z.B. Theaterstück, Videoclip ...

(c) Dokumentationsprodukte, z.B. Broschüre, Gutachten.

(d) Ausstellungsprodukte.

(e) Gestaltungsprodukte.

3.5 Planungsschema. Die bisherigen Überlegungen lassen sich bündeln und etwa in der Weise in einem Planungsschema zusammenfassen, wie *H. Gudjons* das unter Bezug auf Ausführungen von

J. Bastian (Das Projektbuch, Bd. II, Hamburg 1990, 256) vorgelegt hat[15]:

Anleitung zur kooperativen Projektplanung
(eine Zusammenfassung in Stichworten)

1. Vor Beginn eines Projektunterrichts:
1.1 Überprüfung der Voraussetzungen: *Eigene* Veränderungs- und Lernbereitschaft? Voraussetzungen der Schüler(innen)?
1.2 Projektvorplanung des Lehrers/der Lehrerin, inhaltlich und organisatorisch – Projektskizze
1.3 Vorinformation der Klasse über »Projektunterricht«
1.4 Sachinformationsphase zum Thema oder Verzicht darauf
2. Der Planungsprozess in der Gesamtklasse
2.1 *Ideensammlungs- und Assoziationsphase*
in Kleingruppen, jeweils Wandzeitung oder Karteikarten (Inhaltlicher Lernbestand? Interessen? Arbeitsmethodische Fähigkeiten?)
2.2 *Thematische Schwerpunkte bilden*
Lehrer/in ordnet (evtl. mit Schülergruppe gemeinsam) die Karten bzw. Ideen nach tragfähigen Schwerpunkten
– Themen wegfallen lassen – Hilfe: Klebepunktverfahren
– Themen verschieben
In der Regel: Nicht mehr als fünf Themenschwerpunkte bilden!
2.3 *Schülergruppen/Projektarbeitsgruppen bilden*
Hilfe: Erstwahl und Zweitwahl mit Namen auf Karteikarten notieren lassen, Gruppen entsprechend zusammensetzen, auf ähnlich große Gruppen achten
Variante zu 2.1-2.3: Erst eine Entscheidung über ein gemeinsames Projekt treffen, dazu thematische Aspekte entwickeln und dann die nötigen Arbeitsgruppen bilden (Beispiel: Theaterstück mit entsprechenden »Zuständigkeiten«, also Bühnenbild, Technik, Spielergruppe, Plakatwerbung usw.)
3. Gruppenplanung
3.1 *Zeitrahmen bekanntgeben*
3.2 *Ziel, genaue Fragestellung, Produkt festlegen*
(»Was soll am Ende stehen, was wollen wir erreichen?«)
3.3 *Gruppenarbeitspläne entwickeln* – Intensive Beratung nötig, Materialpakete bereitstellen. – Auf schriftliche Fassung achten

15 *H. Gudjons*, Handlungsorientiert lehren und lernen, 85. – Ein ähnliches Ablaufschema findet sich bei *H. Meyer*, UnterrichtsMethoden II, 337. Vgl. außerdem: *K. Frey*, aaO., 16–20.

4. Planungen im Klassenplenum vorstellen
4.1 *Vortragen, Rückmeldungen, Änderungen* – Evtl. hat der/die Lehrer/in die Planungen vorher durchgesehen und kommentiert/korrigiert
4.2 *Gesamtplanung der Klasse (Wandzeitung) mit Phasen, Terminen, Aktivitäten usw. aufhängen*, z.B.

	Mo. 14.5.	Mi. 16.5.	Mo. 21.5.
Gr. 1			
Gr. 2			
Gr. 3			

4.3 *Produktpräsentation klären*, Organisation, Termine, Räume usw.
5. Regelmäßige Koordinationsgespräche in der Gesamtklasse im Projektverlauf

4. Projektlernen in Gemeinde und Religionsunterricht

4.1 Theologische Zuordnung. Der Pfarrer und Sozialwissenschaftler *Bernhard Suin de Boutemard*, der vor über zwanzig Jahren mit einer Landgemeinde praktische Erfahrungen in der Projektarbeit[16] sammelte, nennt als theoretische Begründung einen sehr weiten, z.T. fast befreiungstheologischen Argumentationszusammenhang. Im Folgenden handelt es sich nicht um Projektthemen, sondern um deren implizit hinter den Themen stehende theologische Legitimation.

Suin de Boutemard nennt das protestantische Prinzip als Bindung an Gottes Wort und »Sensibilisierung für individuelle Glaubens- und Gewissensfreiheit«[17]. Er nennt das erste Gebot als Basis der Freiheit von anderen Göttern und Herren. Am Beispiel der Jothamfabel (Ri 9) entfaltet er den Streit um die Legitimation von Herrschaft im frühen Israel[18]. Er begründet Projektarbeit als wechselseitige Hilfe sowohl chris-

16 *B. Suin de Boutemard*, Projektarbeit in Gemeinden, Berlin u.a. 1979.
17 Ebd., 53.
18 *B. Suin de Boutemard*, Bildung und Lernen in der Alternativbewegung, in: *J. Harms/D. Kiesel/A. von Loesch/B. Suin de Boutemard (Hrsg.)*, Alternativökonomie und Gemeinwirtschaft (Arnoldshainer Texte, Bd. 25), Frankfurt a.M. (1984) ²1987, 137–158.

tologisch als auch ekklesiologisch aus dem Priestertum aller Getauften und kirchengeschichtlich aus Reformbewegungen zumeist genossenschaftlicher Prägung[19].

Durch diese umfassende theologische Legitimation gewinnt das Projektlernen im gemeindepädagogischen Kontext für Suin de Boutemard etwas Unbedingtes. Die praktischen Schwierigkeiten dieses Ansatzes in der Konfirmandenarbeit[20] und im RU kommen kaum in den Blick.

4.2 Schwierigkeiten des Projektlernens. Während die Positiva des Projektlernens zumeist breit dargestellt werden, werden die Schwierigkeiten[21] kaum analysiert. Beides soll aus religionspädagogischer Sicht angesprochen werden.

(1) Ideale Anforderungen oder Überforderung? Jugendliche, die oft mit wenig Engagement am Religions- und Konfirmandenunterricht teilnehmen, wünschen sich für Projektwochen nur selten von sich aus ein Thema mit religiösem Schwerpunkt. Wahrscheinlich wären sie bei der selbstständigen Erarbeitung häufig überfordert. Oder haben wir Lehrenden es versäumt, den Jugendlichen attraktive religiöse Themen vorzuschlagen und ihrer Eigeninitiative mehr zuzutrauen?

(2) Mehr Handlungsspielraum oder »Gammelei«? Während sich engagierte Kollegen und Kolleginnen, Schüler und Schülerinnen mit beträchtlicher Mehrarbeit für das Gelingen eines Projektes einsetzen, gibt es sowohl unter den Lehrenden als auch unter den Lernenden immer auch »Trittbrettfahrer und -fahrerinnen«. Diese beschweren sich dann manchmal über den zu geringen Erfolg der Projektarbeit. Muss es um der überzeugenden Zielsetzung freiwilliger Projektarbeit willen in Kauf genommen werden, dass die Arbeitsverteilung ungerecht werden könnte?

(3) Praktisch-konstruktives Tun oder »Gedankenturnerei«? Praktisches konstruktives Tun ist für Projektlernen konstitutiv; dabei muss die Isolation der Fächer überwunden werden. Wo spielt »praktisches Problemlösen« im RU eine wichtige Rolle? Könnte

19 *B. Suin de Boutemard*, Projektunterricht: Beispiel Religion, 83–89.

20 Ein interessantes Beispiel dokumentiert *F. Gothe*, Ökologisches Lernen und religiöse Erziehung, in: religio 6/1992, H. 1, 32–55; H. 2, 36–59.

21 Vgl. *H. Meyer*, aaO., Bd. II, 338f.

mangelnde religionspädagogische Projektarbeit vielleicht ein Indiz dafür sein, dass wir zu viel Kopfarbeit treiben?

(4) Finanzierung teurer Projekte oder Fachunterricht? Bei Projekten können Mehrkosten für Material und Fahrten anfallen, die bei der Haushaltsplanung rechtzeitig zu bedenken sind. Sind freiwillige Beiträge möglich? Ist nicht der herkömmliche Fachunterricht billiger und einfacher realisierbar? Oder: was ist langfristig wirklich preiswerter?

(5) Fächerübergreifendes Lernen oder konfessionelle Schranken? Obwohl viele Themen des konfessionellen evangelischen und katholischen RU sowie des Ethikunterrichts sich für Projektlernen eignen, scheint die Konfessionalität des RU eher ein Hindernis für Projektarbeit zu sein.

(6) Freie Lehrer- und Themenwahl als Risiko oder als Chance – für wen? Jugendliche haben nur selten die Chance, sich ihre Lehrerinnen oder Lehrer und ihre Themen wenigstens für einen begrenzten Zeitraum frei auszuwählen. Haben wir Religionspädagogen vielleicht ein bisschen Angst, dass wir selbst mit unseren Themen abgewählt werden könnten, wenn wir es wagen, uns zur Wahl zu stellen? Warum ist Projektunterricht eine religionspädagogische Rarität im Erziehungsalltag? Stimmt es wirklich, dass sich die eingefahrene Erziehungsrealität auf Dauer stärker durchsetzt als die reale Utopie der humaneren Schule, der humaneren Gemeinde?

Literaturhinweise

A. Erziehungswissenschaft einschließlich Schulpädagogik

J. Bastian/H. Gudjons, Das Projektbuch, Hamburg, Bd. I 1980, Bd. II 1990.

K. Frey, Die Projektmethode, Weinheim/Basel (1982) [4]1991.

H. Gudjons, Handlungsorientiert lehren und lernen. Schüleraktivierung. Selbsttätigkeit. Projektarbeit (Erziehen und Unterrichten in der Schule), Bad Heilbrunn (1986) [3]1992.

Ders., Neue Tendenzen im Projektunterricht, in: Pädagogik 43/1991, 43.

H.B. Kaufmann (Hrsg.), Projektlernen in der gymnasialen Oberstufe, Münster 1987.

H. Meyer, UnterrichtsMethoden, Frankfurt a.M. [11]2000 (I, 143f, 213; II, 334–340).

B. Religionspädagogik und Gemeindepädagogik

B. Suin de Boutemard, Projektunterricht: Beispiel Religion, Düsseldorf 1973.

Ders., Schule, Projektunterricht und soziale Handlungsperformanz, Diss. phil. München 1975.

Ders., Projektarbeit in Gemeinden (Beiträge für Gemeindepädagogik), Berlin/Gelnhausen/Stein 1979.

Ders., Projektunterricht – Geschichte einer Idee, die so alt ist wie unser Jahrhundert, in: *J. Bastian/H. Gudjons (Hrsg.)*, Das Projektbuch, Hamburg (1986) [3]1991, 62–77.

Ders., Der Beitrag der Projektpädagogik zur Praxis und Wissenschaft der Gemeindepädagogik, in: *F. Barth (Hrsg.)*, Gemeindepädagogik im Widerstreit der Meinungen (schritte ... Veröffentlichungen der Evangelischen Fachhochschule, Nr. 2), Darmstadt 1989, 119–141.

V.
Fragen – Begegnen – Forschen
Lernen außerhalb des Klassenzimmers

Klaus Wegenast

1. Zur Einführung

Heinrich Roth hat in seiner erstmals 1957 erschienenen »Pädagogischen Psychologie des Lehrens und Lernens«[1] die »originale Begegnung« als »methodisches Prinzip«, ja als Schlüssel für den Erfolg jeglichen Unterrichts herausgestellt. *Originale Begegnung* ist für ihn die »Herbeiführung einer fruchtbaren Begegnung zwischen Kind oder Jugendlichem und einem ausgewählten Ausschnitt der geistig erkannten und gestalteten Welt, dem Kulturgut« (116). Seit dem Erscheinen dieses Buches sind über drei Jahrzehnte vergangen. Inzwischen ist vieles vergessen worden, was uns damals faszinierte und viele Lehrerinnen und Lehrer zu bemerkenswerten unterrichtlichen Unternehmungen veranlasst hat. Roth forderte damals eine rechte »Inbeziehungsetzung« von Kind und Sache und sprach davon, dass der gewählte Gegenstand für das Kind in einen für es spezifischen Bedeutungszusammenhang gestellt werden müsse. Nur dann könne es zu einem Anreiz kommen, sich auf eine Sache einzulassen. Kurzum, das originale Kind soll so mit dem originalen Gegenstand in Verbindung gebracht werden, »dass das Kind fragt, weil ihm der Gegenstand Fragen stellt« (118). Bei solchen Forderungen ist sich Roth dessen eingedenk, dass es im Leben eines Kindes eine Fülle von Gegenständen gibt, die es zwar täglich vor Augen hat, ohne dass es aber je zu einer »Begegnung« gekommen wäre. Hier sind Lehrer und Lehrerin gefragt, wie sie ihre Schülerinnen und Schüler mit solchen Alltags-Gegenständen so konfrontieren können, dass spontane Wissbegier, ja fragende

1 Hier zitiert nach der 4. Aufl., Hannover 1960.

Spannung entsteht, welche elementar auf eine Lösung hindrängt. In solchen Zusammenhängen redete *Friedrich Copei* schon viel früher von einem sog. »fruchtbaren Moment im Bildungsprozess«[2] im Sinne einer »verstehensmäßigen Aneignung im Rahmen einer Begegnung«, die das Sehen zum Entdecken und Begreifen werden lässt. Ein solcher Moment kann nach Copei dann eintreten, wenn es gelingt, eine lebendige Bereitschaft von Kindern zu wecken, welche sie in die Lage versetzt, sich auf eine geistige Auseinandersetzung mit dem Unterrichtsgegenstand einzulassen.

Es wäre jetzt sinnvoll, mit Hilfe bekannter entwicklungspsychologischer Modelle nach altersstufengemäßen »Gegenständen« zu fragen und exemplarische herauszustellen. Dazu fehlt uns der Platz. Möglich erscheint es aber, einige methodische Hinweise für zwei verschiedene Altersstufen zu geben.

2. Kirchliche Heimatkunde in der Grundschule

Kirche ist für Kinder und nicht nur für sie zuerst einmal ein bestimmtes Gebäude mit Turm und farbigen Fenstern. Am Sonntag finden dort Versammlungen von »Gläubigen« statt. Man nennt sie Gottesdienste. Es gibt dort Taufen und Hochzeiten, Konfirmationen und Trauerfeiern. Zu allen diesen Veranstaltungen gehören bestimmte Personen, von denen man schon etwas gehört hat: der Pfarrer/die Pfarrerin, der Küster/Mesner/Sigrist, der Organist/die Organistin. Manche kennen auch die Gemeindeschwester. Die Kindergärtnerin, obwohl kirchliche Angestellte, wird nicht gleich mit der Kirche in Verbindung gebracht. Das alles veranlasst Kinder in der Regel jedoch noch nicht zu tieferen Überlegungen über das, was Kirche eigentlich ist. Das gilt selbst für solche Kinder, die in ihrer Familie eine religiöse Sozialisation erfahren haben. Die Kirche als Gemeinschaft der Glaubenden, als Leib Christi, als Dienstgemeinschaft für die Welt... liegt jenseits kindlicher Vorstellungen.

Angesichts dieses Tatbestandes gilt es für den RU in der Grundschule, aus dem weiten Spektrum kirchlicher Wirklichkeit *das* für eine Erschließung auszuwählen, was für die gegenwärtige Lebens-

2 *Fr. Copei,* Der fruchtbare Moment im Bildungsprozess, Heidelberg [2]1950.

und Denkwelt einer Grundschulklasse »fragwürdig« erscheint, vielleicht sogar Bedeutung gewinnen kann für heute und morgen. Bei solchem Fragen und Forschen stoßen wir rasch auf die »anschaubare« Kirche im Dorf oder im Stadtteil, die zum heimatlichen Lebensraum der Kinder gehört. Wenn wir dessen eingedenk sind, dass Kinder auch schon im ersten Schuljahr die Möglichkeit haben, Einzelheiten aus ihrem Lebensweg geistig zu begreifen und mit Hilfe konkret-gegenständlichen Denkens zu zergliedern und nach ihrer Funktion zu fragen, werden wir schon bald auf »Gegenstände« stoßen, die wir ins Blickfeld der Kinder bringen wollen, um ihnen die Möglichkeit zu eröffnen, sich mit ihnen zu beschäftigen, Fragen zu stellen, zu forschen etc. Damit ist der Weg frei für eine »originale Begegnung« mit der Chance, dass es zu einem »fruchtbaren Moment« im Lernprozess kommt.

Hans Heinrich Mahler hat in diesem Zusammenhang eine *kirchliche Heimatkunde* entwickelt, die mir vorbildlich erscheint, weil sie die Tür zu weiteren Lernprozessen offen lässt und verschiedene Bereiche von Inhalten des Religionsunterrichts einander zuzuordnen erlaubt[3].

Sein »Plan« umfasst die Organisation von Begegnungen mit der sichtbaren Kirche und vielen in und an ihr anschaubaren Einzelheiten, aber auch mit »Personen« und »Ereignissen«. An erster Stelle schlägt er eine von der Lehrkraft zu inszenierende *Sachbegegnung* mit dem Kirchengebäude und seinen verschiedenen Teilen vor. Aus einem oberflächlichen »Sehen« der Kirche neben anderen Gebäuden des Dorfes (Schule, Rathaus, Fabriken, Wohnhäuser, Geschäfte, Banken etc.) soll ein »Wahrnehmen«, ein »Anschauen«, eben eine Begegnung werden. Hier wachsen den Kindern Fragen zu. Chor, Empore, Kanzel, Turm, Langschiff, Sakristei, Taufstein, Orgel, Altar, Grabplatten, Kruzifix etc. werden entdeckt. In katholischen Kirchen ist noch anderes zu sehen, das man nicht so rasch »identifizieren« kann (Beichtstuhl, ewiges Licht, Altäre, Weihwasserkessel etc.).

Nach dem Anschauen und dem Wachsen der Fragehaltung kommt es in einem »zweiten Durchgang« zu einem *offenen Gespräch* und zu ersten Reflexionen. Ein Denkanstoß oder spontane Fragen

3 *H.H. Mahler,* Originale Begegnung im Religionsunterricht, in: EvErz 21/1969,218–233.

der Kinder markieren den Anfang. »Wozu das alles?«, »Was tut man da?« Ihr habt jetzt viel gesehen ...

Ergebnisse erster Reflexionen können sehr verschieden sein: Ort der Stille mitten im Trubel des Alltags / Festsaal, wo man singt und sich freut, Nachdenkenswertes hört, miteinander betet etc. / Menschen trauern da miteinander, sie planen, tauschen sich aus etc. Möglich sind auch »Erinnerungen« an Erlebtes, Deutungen von Einzelheiten etc.

Diese »Runde« kann mit einem Lied, das von der Orgel begleitet wird, abgeschlossen werden. Zu denken ist an EKG 129: Tut mir auf die schöne Pforte.

Bildnerisches Gestalten des Gebäudes oder besonders wichtig erscheinender Teile der Kirche gehört in die nächste Lektion. Wir verwenden Plastilin oder Ton. Möglich ist auch das Malen mit Deckfarben.

Andere »Gegenstände«, die den Kindern bekannt sind, aber bisher unverständlich blieben, sind die *Glocken.* Bei einer *Sachbegegnung* besteigen wir den Kirchturm, sehen die Glocken genau an: die Betglocke, das Totenglöcklein, die großen Glocken. Wir schreiben die Inschriften ab und identifizieren die Symbole. Vielleicht gibt es auch lateinische Inschriften und vor allem Jahreszahlen. Was sie wohl bedeuten? Im zweiten Durchgang fragen wir nach dem Sinn der Glocken, nach den Zeiten, zu denen sie geläutet werden. Hier kann auch ein altes Nachtwächterlied weiterhelfen: Hört ihr Leute, lasst euch sagen ... Die nächste Lektion Muttersprache kann der »wandelnden Glocke« von Goethe gewidmet sein. Das Gedicht wird vorgelesen und die Kinder sprechen darüber. *Bildnerisches Gestalten* ist auch hier möglich (wir formen Glocken aus Ton, bauen aus Holz einen Glockenstuhl, machen Vorschläge für Inschriften und einzuprägende Symbole). Ähnliche Unterrichtsarrangements können auch anderen »Einzelheiten« gewidmet sein (Taufstein, Altar, Chor, Orgel, Sakristei, Bilder, Krypta ...).

Wie immer, jede Unterrichtseinheit beginnt mit einer *Sachbegegnung,* der *Phasen des Gesprächs* und verschiedene *Farmen bildnerischen Gestaltens* folgen. Sie dienen in je verschiedener Weise der Vertiefung der in der originalen Begegnung möglich gewordenen Lernprozesse. In allen Phasen erfährt die Lehrkraft nicht nur etwas von den Interessen der Kinder, sondern gewinnt auch Eindrücke vom Verstehensniveau und der Sprachfähigkeit der Schülerinnen und Schüler. Neue Akzente, auch ungeplante, werden möglich. Auch ein Abdriften von vorgängig Geplantem ist nicht auszuschließen. Das muss kein Unglück sein, weil nur so »Unstetiges« im Raum der Erziehung sichtbar wird und fruchtbar gemacht werden kann. Auf keinen Fall sollten Kinder aber den Eindruck gewinnen, gegängelt zu werden.

Von hoher Bedeutung ist der »kreative« Teil des Unterrichtsprozesses, weil in seinem Umkreis eigenständige Verarbeitungen des Erlebten möglich erscheinen. Kinder umkreisen das Verstandene, das ihnen zur lebendigen Wirklichkeit werden kann. Ein klärendes Wort, eine kurze Interpretation, eine Korrektur, ein Lob können Impulse sein für ein Weiterdenken und -fragen.

3. Lernorte außerhalb des Klassenzimmers in der Sekundarstufe[4]

Situationsnaher und erlebnisträchtiger Unterricht, der komplexe Lebenssituationen verstehen, Handlungsräume erschließen, eigenes und fremdes Leben vergleichen lässt und zu eigenem Urteil veranlasst, ist im Klassenzimmer mit Tafel und Overheadprojektor, Texten und Bildmedien zwar möglich, aber in der Regel ein Glücksfall. Wenn es dann als ausgeschlossen erscheint, Erfahrungsfelder auch außerhalb des Klassenraums zu erschließen und so motivierende Handlungsräume zu gewinnen, ist die Gefahr groß, dass einmal mehr Lehre und Leben auseinanderfallen. Kurzum, der Unterricht im Schulzimmer ist ergänzungsbedürftig. Das ist auch deshalb so, weil Fernsehen, Film und Video die unseren Schülern und Schülerinnen übrig gebliebenen Erfahrungsräume zunehmend bedeutungslos erscheinen lassen. Der Rest ist dann Zweckrationalismus im Rahmen eines Berechtigungswesens schulischer Leistungskontrollen. Schlagworte, die in diesem Zusammenhang als Signale für Neues begegnen, sind:

- Rückgewinnung von Erfahrungsräumen
- Projektunterricht
- Entdeckendes Lernen
- Situationsbezogenes Lernen

4 *K.-H. Burk/Cl. Claussen (Hrsg.),* Lernorte außerhalb des Klassenzimmers, 2 Bde., 1980/81, Frankfurt (Arbeitskreis Grundschule e.V.).

Was den RU anbetrifft, geht es dabei nicht um Formen der Einübung in Lebensvollzüge der Kirche, aber doch um Erkundungen und Begegnungen mit Orten und Menschen, die Religion sinnenhaft entdecken und erleben lassen, Aktivitäten anregen, Emotionen auslösen und Fragen stellen. Zu denken ist, was die Sekundarstufe I anbetrifft, z.B. an den *Besuch eines Friedhofs* unter der Fragestellung »Wie du einmal begraben werden willst«. Friedhöfe sind nicht nur in ganz besonderer Weise Spiegel unserer Religion, sondern auch der Gesellschaft überhaupt. »Willst du eine Ortschaft kennen lernen, sieh' dir zuerst den Friedhof an.« Oder anders gewendet: Wir erfahren viel, welche Einstellung Menschen zum Leben haben, wenn wir sehen, wie sie den Tod inszenieren. Es ist mir nicht möglich, hier ein ganzes Projekt zum Thema Tod/Friedhof/Leben vorzustellen, aber der Platz reicht für einen Vorschlag, wie ein Gang auf den Friedhof strukturiert sein könnte.

Denkbar ist eine Aufteilung der Klasse in Gruppen mit verschiedenen Beobachtungsaufträgen, die auf verschiedene Interessen Rücksicht nehmen, aber auch ein Gang der ganzen Klasse mit für alle Schülerinnen und Schüler gleichen Fragestellungen.

Mögliche Fragen:
- *Der Friedhof am Ort* Wo liegt er? Wie groß ist er? Was ist zu seiner Gestaltung zu sagen? Wie würdet ihr ihn beschreiben?
- Sucht besonders auffällige Grabstätten und beschreibt sie! Was wollten die, welche diese Grabstätten gewählt und entworfen haben, sagen?
- Welche Art von Grab macht euch besonderen Eindruck?
- Welche Art von Grab würdet ihr für euch wünschen?
- Beschreibt das Grab eines Verstorbenen, der so alt ist, wie ihr jetzt selbst seid!
- Vergleicht Gräber aus verschiedenen Zeiten!
- Welche Symbole begegnen auf den Grabsteinen am häufigsten?
- Merkt euch Sprüche und Textstellen aus der Bibel, die ihr auf den Gräbern entdeckt habt!

Bei der Auswertung (möglichst Doppellektion) sollte die Frage nach den Vorstellungen vom eigenen Grab nicht vergessen werden: Familiengrab, Gemeinschaftsgrab, Einzelgrab / Einheitsgrabstein ...? Und was sagen die Gräber über das Leben? Warum sind bei uns die Gräber ausgerichtet wie angetretene Infanterie? Warum gibt es heute Bestimmungen, die wenig Individuelles ermöglichen? Wie war das in anderen Jahrhunderten, bei anderen Völkern und in anderen Religionen? Wie steht es mit der Feuerbestattung und der Erdbestattung? In diesem Zusammenhang gehört auch die Lektüre einer Friedhofsordnung. Wir können auch einen Friedhofsbildhauer zuziehen.

Weitere wichtige Anregungen finden wir in dem vorzüglichen Themenheft »Friedhöfe erzählen« (Zeitschrift für Religionsunterricht und Lebenskunde RL 19 (1990), Heft 3, Theologischer Verlag Zürich).

Andere Projekte mit Lernortwechsel, die ich für möglich und wichtig halte:

Kirchenbau in unserer Stadt: Ich habe selbst ein solches Projekt in einer 10. Klasse Gymnasium durchgeführt.

Fragen von Schülern nach durchaus verschiedenen Stilen des Kirchenbaus, aber auch nach der Funktion von Kirchen, waren der Ausgangspunkt. Wir planten nach Vorgesprächen gemeinsam eine zweitägige Stadtexkursion. Die Organisation lag in den Händen einer Schülergruppe, welche zusammen mit mir die interessanten Objekte auswählte, die Fragestellungen abklärte, den Omnibus für die Rundfahrt bestellte, die Route festlegte. Der Kunsterzieher wurde für Erläuterungen, was Baustile anbetrifft, beigezogen. Dann unternahmen wir einen »Rundgang durch 7 Jahrhunderte«. Hauptgesichtspunkte bei der Besichtigung der Kirchen waren:

- Die Baugeschichte und ihre Einordnung in die Geschichte der Kirche am Ort: Wer baute? Wer bestimmte Ort, Ausstattung, Stil etc.? Pfarrer und Vertreter der Baukommission sowie Künstler berichteten auf Grund der vorher eingereichten Fragen.
- Die Bestimmung der einzelnen Teile einer Kirche unter der Fragestellung nach Funktion und »Geist« (Theologen und Architekten)
- Sich wiederholende Stilmerkmale am Bau
- Unverständliches

Besonders interessant waren Vergleiche zwischen modernen und modernsten Kirchen, bei denen es schwer fiel, zwischen katholischen und evangelischen zu unterscheiden, und Kirchen aus dem 12., 14. und 19. Jahrhundert. Wichtige Beobachtungen wurden photographisch festgehalten, für wesentlich gehaltene Äußerungen der Berichterstatter (Pfarrer, Architekten, Künstler) protokolliert.

Für jede Kirche war eine Kleingruppe »verantwortlich«, die fragte, protokollierte, Baubeschreibungen kopierte, Postkarten zusammenstellte, Publikationen studierte. Das Ergebnis war beachtlich. Nicht nur der Geist verschiedener Jahrhunderte wurde erfragt, sondern es konnten auch unterschiedliche Auffassungen von Gottesdienst am Bau abgelesen werden. Eine Dokumentation mit kunstgeschichtlichen, theologischen und ekklesiologischen Teilen entstand, die vor allem auch in der Eltern- und Lehrerschaft Interesse und Beachtung gewann.

Wichtig erschien mir in allen Phasen des Projekts, dass alle Schüler intensiv mitarbeiteten, planten, organisierten, beobachteten, reflektierten, dokumentierten und urteilten. Die Auswertung des Projekts in weiteren vier Doppellektionen führte zu der genannten Dokumentation, die zeigte, dass es auch in der Sekundarstufe I einen Zugang zu Kirche und Glauben über Anschaubares gibt, das jetzt in verschiedenen Dimensionen erschlossen werden kann.

Ein ähnliches Projekt, das im Rahmen einer Fahrradwanderung durchgeführt wurde, beschreibt *Hans-Walter Nörtersheuser* in der Zeitschrift ru 1982(12), S. 52–55.

Weitere Themen, die zu einem Lernortwechsel motivieren:

- *Kinder leben in Heimen.* Dieses Projekt geht über eine Nachfrage beim Jugendamt und bei Fürsorgebehörden nach Einrichtungen der Heimerziehung, der Jugendhilfe etc. Schülergruppen erstellen Fragekataloge und wählen zwei oder drei Einrichtungen aus, die besucht werden sollen. Es folgen die Besuche, die zum Ziel haben, Kooperationsmöglichkeiten auszuloten, Spielabmachungen zu treffen, gemeinsame Unternehmungen zu planen ...

  In alledem geht es um emphatisches Sich-Einfühlen-Können in andere Lebensformen und Lebensschicksale und um die Frage, warum sich Kirchen in diesen Bereichen engagieren.
- *Christliche Gemeinschaften anderer Konfession und anderer Sprache, anderer Sitten und anderer Vorstellungen.* Wir erkundigen uns bei der Arbeitsgemeinschaft christlicher Kirchen, welche Gemeinschaften es in der Stadt gibt. Vielleicht kann das auch mit Hilfe des Telefonbuchs geschehen. In einem ersten Durchgang machen wir uns über die einzelnen Konfessionen kundig, sammeln Fragen und versuchen Kontakte herzustellen. Drei verschiedene Gruppen besuchen dann an einem Sonntag Gottesdienste »der anderen« und vereinbaren ein Gespräch mit Verantwortlichen, das die verschiedenen Gruppen dokumentieren. Ortstermine am Werktag können mit Hilfe von Kollegen »verblockt« werden, vielleicht sogar durch Anlagerung facherübergreifender Teile des Projekts interdisziplinär gestaltet.
- *Die Kirchen und die Dritte Welt.* In Zusammenarbeit mit dem Geographielehrer planen wir eine Einheit, die wirtschaftliche, religiöse und politische Zusammenhänge aufzuklären versuchen soll und auch Klarheit darüber schaffen möchte, welche Möglichkeiten eine Klasse in Deutschland oder der Schweiz hat, um etwas zu tun.

  Das Projekt kann mit dem Besuch eines Dritteweltladens beginnen und bei einer Verkaufswoche in der Schule enden, anlässlich derer Filme angeboten werden zu Problemen der Dritten Welt, Pfarrer und Geschäftsleute aus Ländern der Dritten Welt zu Orientierungsveranstaltungen kommen, vielleicht sogar eine Patenschaft vereinbart wird. Entwicklungsprojekte der Kirchen können in diesem Rahmen vorgestellt und diskutiert werden. Im Musikunterricht kann die Musikkultur eines afrikanischen Landes erarbeitet werden.

Der Phantasie ist keine Grenze gesetzt. Dass solche Unternehmungen einen hohen Einsatz von Lehrern, Lehrerinnen, Schülerinnen und Schülern verlangen, muss wohl nicht eigens gesagt werden.

4. Forschendes Lernen oder Kirchengeschichte im Erfahrungsraum der jugendlichen Lebenswelt

Martin Widmann hat schon 1970 die Elementarisierung als didaktische Hauptaufgabe eines kirchengeschichtlichen Unterrichts bezeichnet[5]. Dazu gehört für ihn auch der Versuch, die für die »Gegenwart und Zukunft des Schülers wichtigen und seiner jeweiligen Altersstufe und sozialen Lage entsprechenden geschichtlichen Phänomene zu bestimmen« (7). Um dieser Aufgabenstellung gerecht zu werden, plädiert Widmann später für Versuche, im Rahmen einer »kirchlichen Heimatkunde« Schülerinnen und Schüler mit dem eigenen »Herkommen« zu konfrontieren[6]. Im Hinterkopf hat er dabei die Warnung Martin Waisers: »Wenn es sich um Heimat handelt, wird man leicht bedenkenlos. Heimat, das ist der schönste Name für Rückständigkeit.« Kirchliche Heimatkunde soll also nicht im Provinziellen versumpfen oder in heimatverbundener Frömmigkeit, sondern zumindest auch die Leidensgeschichte als Befreiungsgeschichte im Rahmen der Kirchengeschichte bedenken. Dazu gehört auch Peinliches und solches, das nicht dazu dient, Fremdenverkehrs-Geschäftsinteresse an Klöstern und Kirchen zu fördern. Widmann lebt in Oberschwaben, in Weingarten, im »Himmelreich des Barock«. Neben den Klöstern und ihrer Geschichte gibt es Erinnerungen an den grässlichen Bauernkrieg um 1525, an Konzentrationslager und Judenverfolgung zwischen 1934 und 1945, an die Unterdrückung der Täufer der Reformationszeit. Widmann recherchierte, kopierte Dokumente, fertigte einfache »Heimatkarten«. »Wo ist dein Bruder Abel?«, heißt die Grundfrage, mit der

5 *M. Widmann*, Geschichte der Alten Kirche im Unterricht (HRU 7), Gütersloh 1970.

6 *M. Widmann*, Oberschwaben im Religionsunterricht. Kirchengeschichtliche Heimatkunde, in: ru 12/1982, 10–15

er z.B. die Jahre 1919–1945 in Oberschwaben durchmustert: Wo sind die Kirchen, die Christen, wenn die Demokratie zerstört, bekennende Christen verbannt, Juden und Zigeuner verfolgt und getötet, unheilbare Kranke »abgespritzt« werden?[7]

Im Klassenunterricht werden zuerst die »Memorabilia« erschlossen. Abschnitte aus Biographien, historischen Arbeiten, Aktenausschnitten aus Stadt- und Ortsarchiven etc. werden in Gruppen unter bestimmten Fragestellungen bearbeitet. Diese Gruppen berichten im Plenum und planen Exkursionen, Befragungen etc. Orte, Jahreszahlen und Ereignisse werden dann in die Karten eingetragen.

- Die Ermordung Matthias Erzbergers 1921
- Die Abtransportierung des Bischofs von Rottenburg Johann Baptista Sproll 1938 durch die Gestapo
- Die Verbannung von Günther Dehn, des Proletarierpfarrers aus Berlin
- Die Judenverfolgung, angefangen bei der Reichskristallnacht in Ulm, Laupheim und Buchau bis zur Deportation in die Vernichtungslager
- Die Konzentrationslager in Oberschwaben

  Eine große Vorarbeit des Lehrers/der Lehrerin ist gefragt: Recherchen in Archiven, Sammlung der einschlägigen Literatur, Nachfragen in Pfarrämtern und bei Gemeinden.

Nach dieser literarischen Phase kommen Exkursionen:

- Fahrt an einem Samstag zum Grab Erzbergers auf dem Biberacher Friedhof und zur Gedenktafel für 600 getötete Sowjetbürger beim Evangelischen Friedhof in Biberach. Dazu gehört auch eine Begegnung mit Zeitzeugen
- Exkursion zum KZ-Friedhof bei Birnau am Bodensee
- Besuch in der Anstalt Pfingstweide bei Tettnang, wo die Vernichtung »lebensunwerten Lebens« im Dritten Reich 1938 begonnen wurde. Es gab erbitterten Widerstand. Wir lassen uns informieren.

Hierher gehört auch die Klassenreise per Fahrrad im Rahmen einer Schullandwoche.

Wolfgang Wallach hat mit einer 10. Klasse aus Hamburg in Oberschwaben Spuren des Bauernkriegs im Zusammenhang mit der

7 Literatur zu den einzelnen »Themen« gibt *M. Widmann* an.

Reformation erkundet[8]. Er beginnt in vier Doppellektionen mit Grundinformationen über die Reformation und ihre Beziehung zur Bauernbewegung. Weil die Reise bevorsteht, ist Motivation gesichert. Lehrer und Schüler planen in diesem Zeitraum die Reise und ihre Stationen:

- Waffenausstellung im Schloss der Truchsessen von Waldburg mit eindrucksvollen Exponaten der Bewaffnung von Bauern und Rittern des Schwäbischen Bundes
- Besuch des Archivs in Memmingen mit vielen Dokumenten über den Bauernkrieg und die Beziehungen zwischen Bauern und der oberdeutschen Reformation
- Besuch des Bauernkriegdenkmals in Gebrazhofen und der Burgen in der Umgebung. Fragestellung: Leben der Ritter und der Bauern. Hier haben Rollenspiele mit Planspielelementen einen Ort
- Besuch eines Klosters der Gegend mit dem Ziel, die Stellung der Klöster im Krieg zu vergegenwärtigen.

Ich breche ab: Wichtig bei allen Projekten forschenden Lernens mit Exkursionen ist die gemeinsame Planung von Klassen und Lehrkräften, die sorgfältige Auswahl der Dokumente, die Einführung in das Lesen von Dokumenten, die Kategorien- und Kriterienklärung für eine Aufarbeitung von Gesehenem und Gelesenem, die klare Aufgabenstellung an Gruppen und Einzelne, die saubere Dokumentierung des Erforschten und nicht zuletzt eine klare Strukturierung der Arbeit im Blick auf Intentionen und erstrebte Ergebnisse.

Literaturhinweise

H. Behr/H.F. Rupp, Vom Leben und Sterben. Juden in Greglingen, Würzburg 1999.

T. Klie (Hrsg.), Der Religion Raum geben. Kirchenpädagogik und religiöses Lernen, Münster 1998.

R. Degen u.a. (Hrsg.), Lernort Kirchenraum. Münster 1998.

8 Bauernkrieg und Reformation in Oberschwaben, in: ru 12/1982, 16–19.

VI.
Programmiertes Lernen und programmierte Medien – eine Lernform religiöser Erziehung?

Philipp Wegenast

Viele mit Erziehung, Bildung und Ausbildung in Sachen Religion und Theologie befasste Kolleginnen und Kollegen stehen eher ratlos vor den Mengen von neuen Produkten der Informationstechnologie und Elektronik, die – täglich auf den Markt kommend – mehr und mehr auch den Alltag der Schule erobern. Auf der einen Seite bemerken sie, dass seit geraumer Zeit große Anstrengungen unternommen werden, um die Verbreitung von Computern und der zu ihrer Bedienung notwendigen »Computer literacy« bis ins letzte Dorf vorzutreiben[1], auf der anderen Seite warnen namhafte Psychologen, Pädagogen und Medienwissenschaftler vor den unkontrollierbaren und noch unerforschten Folgen des Computereinsatzes und des Konsums der sog. neuen Medien[2].

Dazu kommt bei (Religions)lehrern und -lehrerinnen die zuweilen merkwürdige Situation, dass ihre Schülerinnen und Schüler offensicht-

1 Die Diskussionen um die Einführung der Informatik und des Informatikunterrichts und entsprechende bildungstheoretische Gedankenproduktionen etwa um die »neue Bildungskrise« (vgl. *K. Haefner,* Die neue Bildungskrise. Herausforderung der Informationstechnik an Bildung und Ausbildung, Reinbek 1985) gehören hierher.

2 Die Spannweite der Kritik reicht von philosophisch begründeten Bedenken gegen eine Simulation der Wirklichkeit (*J. Baudrillard,* Agonie des Realen, Berlin 1978; *ders.,* Der symbolische Tausch und der Tod, München 1982) über pädagogische Befürchtungen, die Wirklichkeit verschwinde zusehends hinter Medienkonstruktionen (*H. v.Hentig,* Das allmähliche Verschwinden der Wirklichkeit. Ein Pädagoge ermutigt zum Nachdenken über die Neuen Medien, München/ Wien 1984) bis zu Warnungen vor der Vernichtung einer sinnvollen Kindheit (*N. Postman,* Das Verschwinden der Kindheit, Frankfurt/M. [10]1986) und Warnungen vor dem Verzicht auf die Vernunft (*J. Weizenbaum,* Die Macht der Computer und die Ohnmacht der Vernunft [stw 274], Frankfurt/M. 1977).

lich wesentlich mehr von den Dingen verstehen als sie selbst und auch dazu in der Lage sind, sie beim Einsatz von Medien zu beraten.

Meine Aufgabe ist es, zuerst einige Begriffserklärungen zu geben, einen kurzen *Abriss der Entwicklung* des Verhältnisses zwischen »programmierten Medien« und pädagogischem Handeln vorzustellen, um dann abschließend Folgerungen für die religionspädagogische Praxis zu ziehen.

1. Begriffserklärungen

Programmierte Medien sind eine Errungenschaft des 20. Jahrhunderts und das Ergebnis der Zusammenarbeit verschiedener, keineswegs nur technisch-naturwissenschaftlicher Disziplinen. Auf der Seite der Pädagogik führte diese Kooperation u.a. zum Konzept des »Programmierten Unterrichts«, in dem die Lernprozesse zum Teil oder auch vollständig durch programmierte Medien inszeniert werden. Dieser programmierte Unterricht ist nicht nur eine Methode im Sinne einer Verfahrensweise, mit deren Hilfe sich Lernende ihre gesellschaftliche und natürliche Umwelt aneignen, sondern ein vollständiges Unterrichtskonzept. Es beinhaltet eine Gesamtorientierung für jegliches unterrichtliche Handeln, auch der expliziten und impliziten Unterrichtsprinzipien, der allgemein- und fachdidaktischen Intentionen, der Organisationsgrundsätze und nicht zuletzt der Rollen von Lehrern und Lehrerinnen, Schülerinnen und Schülern.

Das Grundproblem ist dabei das jeweils in Dienst genommene Medium:

- Wie ist es programmiert?
- Welche technische Beschaffenheit besitzt es (Printmedium, Software für den Computer ...)?
- Wie wird das Medium im Lernprozess eingesetzt?

Je nachdem wie diese Fragen beantwortet werden, verändern sich die Parameter des Unterrichts. Weil das Medium Teile oder sogar die Gesamtheit von üblicherweise der Lehrperson zugerechneten Aufgaben übernimmt, gilt es, auf eine Reihe von Problemen hinzuweisen. Sie betreffen sowohl das Medium als auch die jeweiligen Interaktionen der Lerngruppe, die durch das Medium motiviert werden, dann aber auch den technischen Nachvollzug von Lernvorgängen (oder Lern-Algorithmen, vgl. u.) aufgrund definierter Befehlsreihen.

Die folgende Übersicht gibt die verschiedenen Kategorien von Medien gemäß ihrem kognitiven Differenzierungsgrad wieder[3].

Kategorie/ Charakteristikum	Nichtsprachliche oder primäre Medien	Sprachliche oder sekundäre Medien	Algorithmische oder tertiäre Medien
Kognitiver Differenzierungsgrad[4]	gering	hoch	sehr hoch
Beispiele	Wahrnehmungen (Form, Farbe, Schall, Geruch, Geschmack etc.)	Symbolisierungen (Lautsprache, Bildsprache, Gestik etc.)	Ordnungen (Schrift, Skizzen, Noten, elektronische Medien etc.)
Notwendige mentale Kompetenz[5]	sehr gering	groß	sehr groß
Technische Hilfsmittel notwendig	nein	nein	ja
Erkenntnisweise Überlieferbarkeit von Botschaften im jeweiligen Medium	Erlebnis nicht überlieferbar (Situation)	Erfahrung teilweise überlieferbar (mündliche Tradition)	Theorie überlieferbar (schriftliche Tradition)

3 Die Einteilung geht davon aus, dass Medien Informationsträger sind und dass aufgrund einer anzunehmenden Ökonomie des menschlichen Gehirns der Mensch Formen von komplexitätsreduzierenden (mental höher geordneten) Informationsträgern wie etwa Sprache und Schrift ausgebildet hat. Die Strukturierung in der folgenden Graphik verfolgt ein medienpädagogisches Interesse.

4 Unter »kognitiver Differenzierungsgrad« verstehe ich den Grad der Differenzierung des für eine kompetente Rezeption des Mediums notwendigen Wissens und Könnens (= enaktives Wissen).

5 Kompetenz ist die mentale Fähigkeit eines Menschen, die medialen Botschaften einerseits zu konstruieren, andererseits auch zu entschlüsseln (rekonstruieren).

1.1 Zu den primären Medien. Eine organische Kompetenz für hier angesiedelte Wahrnehmungsvorgänge ist uns angeboren. Andererseits bauen sämtliche menschliche Wissensbestände auf der Ausbildung dieser Kompetenz auf, wobei für diese Ausbildung wiederum primärmediales Geschehen (= Erlebnisse) notwendig ist. Wir können also sagen, dass alle erworbenen menschlichen Wissensbestände auf solchen primärmedialen Erlebnissen aufbauen. Sprache und Schrift sind ohne sie undenkbar. Wenn etwa in religionspädagogischen Zusammenhängen von »Gefühlen« oder auch von »Einstellungen« die Rede ist, so haben wir es in der Regel mit Versuchen zu tun, primärmediales Erleben hervorzurufen bzw. darzustellen[6]. Allerdings wäre es verfehlt, Primärmedialität einseitig als Kennzeichen für das Religiöse im Menschen zu behaupten. Diese Ansicht würde verdecken, dass im Grunde alle Erfahrungen ein primärmediales Voraus haben.

1.2 Zu den sekundären Medien. Mit dem Erwerb der Sprache ist das Erlernen einer kaum vorstellbaren Menge von mentalen Prozessen verbunden, die beherrscht werden müssen, um von primärmedialen Erlebnissen soweit abstrahieren zu können, dass sie z.B. in Silben, Worte, Sätze, d.h. in Sprache als Form hochintegrierten Wissens zu fassen sind[7]. Wie komplex diese Fertigkeiten sind, lässt sich daran ermessen, dass es nach wie vor nur sehr begrenzt möglich ist, sprachverstehende Maschinen herzustellen. Hinter der Einsicht der neueren Religionspädagogik, dass »Symbole zu lernen geben« *(P. Biehl)*, steht ebenfalls die Erkenntnis, dass es beim Lernen nicht nur um ein sprachliches Erfassen von Wissen gehen kann, sondern darüber hinaus um die Rückkoppelung unzähliger

6 Von der hier nahe liegenden Vermutung aus, dass sich Religion im Grunde nicht auf eine höhere mediale Stufe übertragen lässt, sie also genuin primärmedial sei, und primärmediales Geschehen grundsätzlich aller Sprache und Schrift vorausliegt, könnte u.U. Licht in einige Probleme gebracht werden, die im Gespräch zwischen sprachzentrierter Theologie und erlebnisbezogener Spiritualität bestehen.

7 Das macht den Begriff »Sprachspiele« *(L. Wittgenstein)*, bzw. das Phänomen, dass aufgrund der Beobachtung von gleichen Situationen ohne normierte z.B. tertiärmedial gewonnene Beobachtungshinsichten kaum je ein Konsens darüber hergestellt werden kann, was wahrgenommen worden ist, verständlicher.

der Sprache vorausliegender geschichtlicher, primärmedialer Erlebnisse.

1.3 Zu den tertiären Medien. Indem wir zwischen sekundärmedialen Informationen und ihren weiblichen und männlichen Produzenten und Adressaten ein Verfahren einfügen, welches einen großen Teil der Information weitestgehend unabhängig von geschichtlichen Situationen überlieferbar macht, verwandeln wir eine sekundärmediale Botschaft in eine sog. tertiärmediale. Damit vervielfältigen sich allerdings – das wird häufig nicht gesehen – die Verstehensprobleme. Die Schrift, das Tonband, der Film zwingen uns dazu, die verschlüsselte Botschaft zuerst in eine sekundärmediale Information und dann auch noch in primärmediales Erleben zurückzuübersetzen[8]. Die Erwartung, dieser schwierige Übersetzungsprozess müsse sich vereinfachen lassen, so dass der Mensch auf unproblematische Weise seinen Erlebnis- und Erfahrungsschatz vervielfältigen könnte, hat im Verlauf der Geschichte nicht nur zu einer Vervielfältigung von Verfahren geführt, die alle das Ziel haben, einen möglichst umweglosen Lernprozess, gleichsam eine 1:1-Vermittlung von Wirklichkeit zu ermöglichen, sondern darüber hinaus auch zu mannigfachen Misserfolgen der »Hermeneutik«.

Wichtigste tertiäre Medien sind die Schrift, Orientierungsskizzen, Noten, aber auch alle Formen audiovisueller Medien und nicht zuletzt die sog. programmierten Medien.

Das Neue an diesen *programmierten* Medien ist, dass der Algorithmus[9] unabhängig von inhaltlichen, sekundärmedialen Informatio-

8 Auf die Bibel als schriftliches Zeugnis bezogen heißt das, dass die Exegese einen Weg vom tertiären Medium Schrift zur gesprochenen (denkbaren) Sprache zeigen können und verantworten müsste und die Hermeneutik bis hin zu analogen primärmedialen Erlebnissen zu führen hätte. Wie kein anderer hat *Rudolf Bultmann* im Nachgang zu *S. Kierkegaard* und *M. Luther* dieses Problem erkannt und in Angriff genommen. Auch der Versuch *Kurt Schoris* in seiner Berner Dissertation »Das Problem der Tradition«, Stuttgart 1992, den Strukturalismus für die Exegese zu rezipieren, ist in diesem Zusammenhang zu nennen.

9 Ein Algorithmus ist ein Verfahren, bei dem aufgrund eines Systems von Regeln eine bestimmte Klasse von Größen (Eingabeinformatio-

nen, vor allem als Folge von expliziten oder impliziten Befehlen verläuft, welche die Rezipienten und Rezipientinnen konsequent zum Ziel eines intendierten Lernprozesses führen[10].

Wie leicht einzusehen ist, bedarf es für die Herstellung solcher Programme einer genauen Kenntnis der Struktur des menschlichen Lernens, das es zu rekonstruieren gilt. Diese Notwendigkeit hat im Zusammenhang mit der Entwicklung einschlägiger Programme zu intensiven Forschungen in den Bereichen der Psychologie, insbesondere der Lernpsychologie, der Kybernetik sowie der Informationstheorie (Informatik) geführt[12].

2. Programmiertes Lernen – Probleme und Geschichte

Das Konzept des »programmierten Lernens« geht davon aus, dass der Lernvorgang durch ein Programm rekonstruierbar sei.

Dementsprechend fragen die Theoretiker dieser Lernform danach, was das Lernen des Menschen charakterisiert und wie solches Lernen in einem Programm zu rekonstruieren ist. Dabei konnte man lange Zeit nur auf behavioristische Antwortversuche zurückgreifen. Die kognitionswissenschaftliche Lerntheorie und neue Wissensbestände aus der Informatik halfen weiter[13]. Aller-

nen, Aufgaben ...) in eine neue Klasse von Größen (Ausgabeinformationen, Aufgabentransformationen ...) umgewandelt werden kann. Sämtliche logisch reproduzierbaren Verfahren lassen sich in Form von Algorithmen wiedergeben.

10 Die Unterscheidung von »Inhalt« und »Verfahren« und ihre Aufteilung lässt sich gut an der Organisation von Computer-Hard- und Software verdeutlichen: Hier wird auf der Hardwareseite jeweils eine Verfahrenseinheit (Prozessoreinheit) und eine Speichereinheit unterschieden, auf der Seite der Software Verfahrens- und Inhaltsbefehle.

11 Programme sind in Befehle gefasste Algorithmen.

12 In der sog. Kognitionswissenschaft sind diese Wissenschaftszweige unter der einheitlichen Aufgabenstellung der Untersuchung der kognitiven Aktivität des Menschen, bzw. der »mentalen Repräsentation« von Wirklichkeit durch den Menschen und deren medialen Simulation zusammengeschlossen (vgl. *H. Gardner,* Dem Denken auf der Spur. Der Weg der Kognitionswissenschaft, Stuttgart 1989).

13 Eine Definition von »Lernen«, die in der Kognitionspsychologie heute weitestehenden Konsens findet, lautet: »Lernen bezieht sich auf die Veränderung im Verhalten oder im Verhaltenspotential eines

dings gibt es noch viele Schwierigkeiten zu bewältigen. Einen großen Schritt vorwärts bedeutete die Indienstnahme der Computertechnologie, vor allem in den letzten zehn Jahren. Sie führte zu einer Differenzierung der Programme und überraschenderweise auch zu einer zunehmenden Akzeptanz des programmierten Lernens bei Lehrkräften und Schülern.

2. 1 Entstehung und Kritik. Als Geburtsstunde des »Programmierten Unterrichts« lässt sich das Erscheinen des Aufsatzes »The Science of Learning and the Art of Teaching« des amerikanischen Behavioristen *B.E Skinner* im Jahre 1954 angeben[14]. Skinner stellt dort fest, dass man sich »nicht ohne einen Schock jenem praktischen Zweig der Verhaltenspsychologie zuwenden (kann), der sich direkt mit dem Lernprozess befasst, nämlich mit der Erziehung«.

Offensichtlich hat Skinner diesen Schock überwunden und in der Folge die Idee einer »Lernmaschine« entwickelt, die Lernen (hier verstanden als sichtbares, beobachtbares bzw. messbares Verhalten [response]), in bestimmten (kognitiven) Problemsituationen (stimuli) durch die Rückkoppelung des zu Lernenden mit bestimmten Verstärkungszusammenhängen (reinforcement), wie Lob, kein Lob oder Strafe, herzustellen vermag.

Diese Idee hat in den USA großes Interesse gefunden[15]. Im deutschsprachigen Raum war das Interesse eher gering. Erst die sog. »realistische Wendung« *(H. Roth)* in der pädagogischen Forschung änderte daran etwas.

Organismus hinsichtlich einer Situation, die auf wiederholte Erfahrung in dieser Situation zurückgeht.« *(G.H. Bower/E.R. Hilgard,* Theorien des Lernens, 2 Bde., Stuttgart 1983). Zwischen einer eher behavioristischen und einer eher kognitivistischen Forschung gibt es Unterschiede, weil die eher dem Behaviorismus Nahestehenden mehr deduktiv nach Möglichkeiten des Lehrens fragen, während die kognitivistisch Orientierten induktiv nach dem Geschehen und den Techniken des Wissenserwerbs forschen.

14 Deutsche Fassung abgedruckt in: *W. Correll (Hrsg.),* Programmiertes Lernen und Lehrmaschinen. Eine Quellensammlung zur Theorie und Praxis des programmierten Lernens, Braunschweig 1965, 66–84, bes. 71 f.

15 Zu denken ist z.B. an den »Sputnikschock«, aber auch an den »Atomschock« nach der Zündung der ersten Atombombe in der Sowjetunion (vgl. *A.A. Lumsdaine,* Educational Technology, Learning and In-struction, Chicago 1964, 371ff.).

Eine internationale Konferenz zum Problem des programmierten Lernens im Jahre 1963, die in Berlin stattfand, war dann das Signal für die weiteren europäischen Entwicklungen. Die jetzt in Buchform oder auf Endlospapier für spezielle mechanische oder halbautomatische Lernmaschinen erscheinenden Lernprogramme stammten in der ersten Phase vor allem aus Fachgebieten, in denen es keine Schwierigkeiten machte, operationalisierbare Ziele anzugeben, also aus der Mathematik und einigen Naturwissenschaften.

Das folgende Beispiel stammt jedoch aus einem religionspädagogischen Versuch[16]:

»Aufgabe: Lies Dir bitte folgende Geschichte aufmerksam durch:
(...) (Markus 12, 1–9)

1. Überlege, ob alle Einzelheiten dieses Bildes gut zueinander passen?
   (0 Ja!)
   (0 Nein!)
2. Die Geschichte von den bösen Weinbauern ist
   (0 eine Beispielgeschichte [Seitenangabe])
   (0 ein Gleichnis [Seitenangabe])
   (0 eine Allegorie [Seitenangabe])

Kreuze die Antwort an, die Du für richtig hältst, und lies dann dort weiter, wo der Pfeil Deiner Antwort Dich hinschickt.«

Je nachdem, welche Antwort gegeben wird, erhält der/die Lernende folgende Antwort:

(Beispielgeschichte)
»Da verpachtet ein Mann seinen Weinberg, und als er die Miete holen lassen will, schlagen die Pächter erst die Boten und dann den Sohn tot. Wofür könnte das ein Beispiel sein? Wer lässt sich wie der Mensch, von dem das Bild erzählt, erst alle Knechte erschlagen und schickt dann auch noch seinen geliebten Sohn zu solchen Grobianen? Müssen die vielen Einzelheiten nicht übersetzt werden, damit wir ihren Zusammenhang verstehen? Immer, wenn man die Einzelheiten eines Bildes erst in die Wirklichkeit übersetzen muss, bevor man sieht, dass sie zusammenpassen, besteht der Verdacht, dass es sich bei der Geschichte um
   (0 eine Beispielgeschichte)
   (0 ein Gleichnis)
   (0 eine Allegorie) handelt. Seite 14« [Seitenangabe der nächsten Aufgabe]

16 *H. Hememam,* Wie lesen wir das Neue Testament? Lernprogramm, Hannover/Zürich/Köln 1970.

(Gleichnis) (...) [Wie bei der Beispielgeschichte EW.]

(Allegorie) »Du hast es verstanden« Die Geschichte von den bösen Weinbauern ist eine Allegorie, denn man kann die verschiedenen Einzelheiten, die darin vorkommen, nur verstehen, wenn man sie in die Wirklichkeit übersetzt. Seite 14« [Seitenangabe der nächsten Aufgabe]

Die Struktur des Beispiels ist denkbar einfach:
>>1 Exposition von Information, an der gelernt werden soll
2 Problematisierung der Information in einer Frage
3 Antwort des Lernenden
4 »Analyse« der Antwort durch das Programm (Verzweigung)
5 Rückmeldung
6 Präsentation einer weiteren Information etc. >>
Schritte 1 und 2 entsprechen offensichtlich dem Stimulus bei Skinner, der 3. entspricht dem response und der 4. erbringt ein reinforcement, wie wir es aus der Theorie des operanten Konditionierens kennen. Die auffälligen »Umwegmöglichkeiten« oder »Verzweigungen« in der Arbeit von Heinemann sind bereits eine wesentliche Weiterentwicklung im Vergleich zu den rein linearen Programmen Skinnerscher Prägung[17].

Die Probleme solcher Programme sind die Probleme der Lerntheorie. Der Behaviorismus ist aufgrund der Prämisse, dass die stimulus-response-Verbindung die kleinste Einheit menschlicher Verhaltensänderung sei, offensichtlich einem atomistischen Ansatz verpflichtet und kann deshalb höhere Strukturgesetze menschlichen Denkens und Lernens kaum erfassen. Das wäre aber Voraussetzung für den Entwurf von Lernprogrammen, die z.B. Einsicht fördern und nicht nur dressieren[18]. Dennoch fand das skizzierte behavioristische Modell programmierten Lernens z.B. in der informationstheoretisch-kybernetischen Didaktik“ und auch in Tei-

17 Vgl. hierzu auch *NA. Crowder,* in: *W. Correll (Hrsg.),* Zur Theorie und Praxis des programmierten Lernens (WdF CXC), Darmstadt 1969.

18 Vgl. *H. Aebli,* Programmierte Ausbildung in didaktischer Sicht (1966), in: *W.S.Mcklis* (Hrsg.), Programmiertes Lernen, Bad Heilbrunn 1969, 109–121, bes. 120f.

19 Vgl. *F.v. Cube,* Kybernetische Grundlagen des Lernens und Lehrens, Stuttgart (1965) [4]1982. (Das Problem mathematischer Modelle der Didaktik, dass sie als Modelle notwendig eine Reihe von relevanten Aspekten der gesellschaftlichen und natürlichen Umwelt ausblenden müssen, wird durch v.Cube, dem es in erster Linie um die [technische] Machbarkeit von Lernen geht, vernachlässigt.) und *K.-H. Flech-*

len der Verhaltenspsychologie[20] Zustimmung. Lehren und Lernen wird dort vor allem als zielgerichtetes Handeln verstanden und dementsprechend in sog. Regelkreisen organisiert[21]. Verhaltensänderungen gelten von nun an als Lernziele. Hier liegen auch die Wurzeln für die Entwicklung sog. Lernzieltaxonomien und der Forderung nach einer Operationalisierung der Lernziele.

Die bald einsetzende pädagogisch-didaktische Kritik richtete sich vor allem gegen die Verplanung der Schülerin und des Schülers, klagte den Anspruch des Menschen auf Selbstbestimmung ein und wehrte sich auch gegen Verobjektivierung bestimmter Inhalte. Motiv der Kritik war dabei unter anderem die Gesellschaftstheorie der Frankfurter Schule[22].

2.2 Heutige Formen. Mit dem Erscheinen der ersten erschwinglichen (Personal-) Computer auf dem Markt um die Mitte der siebziger Jahre stand ein Präsentationsmedium zur Verfügung, welches vor allem das Problem der bisher zu geringen Angepasstheit der Programme an die Lernenden zu beheben schien. Es kam dazu, dass das in der behavioristischen Lerntheorie durchaus starr-sequentiell vorgestellte Denken und Lernen jetzt durch die Rezeption kognitivistischer Lerntheorien *(J. Piaget)* zumindest überwunden werden konnte. Lernprozesse wurden so als hochkomplexe Geschehensabläufe begriffen, in denen schon gelernte Denkschemata dadurch umstrukturiert werden, dass neues Wissen durch Assimilation erweitert und früher erworbenes Wissen an neues akkomodiert wird. Die Lernenden sind so nicht länger nur passive Konsumenten von Lernumgebungen, sondern sind aktive selbstorganisierende Teil-

sig, Die technologische Wendung in der Didaktik (Konstanzer Universitätsreden 23), Konstanz 1969.

20 Dazu: *W. Correll,* Pädagogische Verhaltenspsychologie, München/Basel'1971.

21 Eine Darstellung, wie sich Unterricht oder auch Erziehung innerhalb des Regelkreises verstehen lassen, findet sich in *F. v.Cube,* Art. Programmierter Unterricht, in: *D. Lenzen (Hrsg.),* Enzyklopädie Erziehungswissenschaft, Bd. 4, Stuttgart 1985, 646–653.

22 *H. Blankertz,* Theorien und Modelle der Didaktik, München, 4. erw. Aufl. 1970; *K. Mollenhauer,* Theorien zum Erziehungsprozess, München 1972; *K.-H. Schäfer/K. Schaller,* Kritische Erziehungswissenschaft und Kommunikative Didaktik, Heidelberg 1971.

haberinnen und Teilhaber am Lernprozess. Als Folge des Booms der Computertechnologie in den achtziger Jahren und weiterer Fortschritte in der kognitionspsychologischen Forschung entstanden noch bessere »Programmierte Medien«, die eher »heimlich« auf Erziehung und Bildung Einfluss nahmen. Aus Platzgründen hier nur eine Auflistung mit Kurzkommentar:

Form des programmierten Mediums	Einflussmöglichkeit der Lernenden
1. Computerverwaltete Instruktion	Das Lernen wird in erster Linie
2. Computergestützte interaktive Instruktionen 2. 1 Tutorielle Instruktion 2.1.1 Intelligente tutorielle Systeme 2.1.2 Übungsprogramme 2.1.3 Computerspiele	durch die Lehrenden (Programm) gesteuert
3. Computerunterstützte Simulation	
4. Hypertext und Hypermedia	
5. Programmierung durch den Lernenden	Das Lernen wird in erster Linie durch die Lernenden gesteuert

(1) *Computerverwaltete Instruktion (Cvl).* Von Cvl reden wir dann, wenn Lehrende ihre Arbeit teilweise oder auch ganz mit Hilfe des Computers organisieren. Sie legen Datenbanken an über ihre Schüler und Schülerinnen. Sie entwerfen ihre Lektionen und ganze Einheiten auf dem Computer. Sie archivieren gelungene Entwürfe. Der Computer wirkt hier nicht direkt als Unterrichtsmedium, wirkt aber indirekt auf unterrichtliche Vollzüge ein, bis hin in das kommunikative Verhalten der Lehrenden[23]. Speziell für die Religionspädagogik finden sich hier neben kleinen Datenbankprogrammen[24] vor allem die verschiedenen Ausgaben von »Computer-Bibeln«, die mitunter eine Textsuche oder auch einen Textvergleich ganz erheblich vereinfachen.

23 Die Wirkungsforschung des Computers steckt noch in den Anfängen (vgl. *G. Krummheuer,* Die menschliche Seite am Computer. Studien zum gewohnheitsmäßigen Umgang mit Computern im Unterricht, Weinheim 1989).

24 Etwa die Macintosh-Anwendung MacPastor.

(2) *Computergestützte interaktive Instruktionen (CII).* Unter verschiedensten Abkürzungen (CAL, CAT, CAV, CUU etc.[25]) werden heute Programme für die CII angeboten. Der Computer spielt hier eine aktive Rolle im Rahmen der Steuerung von Lehr-Lern-Prozessen. Der Lernende tritt in einen Dialog mit dem Programm, in den verschiedene Lehr-/Lernfragen eingeflochten sind. Das Programm bietet darüber hinaus eine Menge von (zu lernender) Information verschiedenster medialer Struktur (Bilder, Film- bzw. Tonsequenzen, Texte). Der Lernende kann den Dialog in begrenztem Ausmaß beeinflussen, kann ihn bspw. abbrechen, beschleunigen oder bestimmte Stationen überspringen. CII ist üblicherweise von bestimmten technischen Einrichtungen abhängig, die fähig sind, die oft erheblichen Datenmengen zu verarbeiten (Bildplatte, CD-Rom-Laufwerk, große Festplatte und Arbeitsspeicher, starker Prozessor etc.).

Gegenwärtig können wir zwischen folgenden Formen der CII unterscheiden:

Computergestützte Tutorielle Instruktion (CTI). Die Lernprogramme der CTI sind letztlich die direkten Nachfahren der Skinnerschen Lernprogramme. Sie dienen dazu, Lernenden einen bestimmten Stoff und/oder Verfahren in möglichst kurzer Zeit beizubringen bzw. einzuüben. Zu dieser Form zählen z.B. die Lernprogramme, die oft zusammen mit Standardprogrammen mitgeliefert werden und die dazu dienen, die Benutzer dieser Programme in die vielfältigen Möglichkeiten der Programme einzuführen. Unterarten der CTI sind *erstens: die intelligenten tutoriellen Systeme (ITS),* die aufgrund der Kommunikation der Lernenden mit dem Programm ein Modell des Wissensstandes des Benutzers oder der Benutzerin herstellen und dann im Vergleich desselben mit dem im Computer gespeicherten Expertenwissen den Lehrgang an die Möglichkeit der oder des Lernenden anpassen[26]; *zweitens: Übungsprogramme,* deren Ziel es ist, isolierten Stoff wie etwa Vokabeln oder den Aufbau der Bibel einprägen zu helfen, und *drittens: Spielprogramme,* die in erster

25 CAT = Computer-Aided-Tutoring (oder auch -Testing), CAL = Computer-Aided-Learning, CAV = Computer-Aided-Video, CUU = Computerunterstützte Unterweisung.

26 *G.C. Kunz/F. Schott,* Intelligente Tutorielle Systeme, Göttingen/Toronto/Zürich 1987.

Linie der Unterhaltung dienen und eine Kombination von Instruktion und Drill darstellen[27].

(3) *Computerunterstützte Simulation.* Hier handelt es sich um künstliche Modelle, in denen realistische Umstände nachgestellt erscheinen, die der/die Lernende durch seine/ihre Einflussnahme verwandeln kann. Die Lernenden erfahren auf diese Weise die prozessual vernetzten Folgen ihrer Einflussnahme auf ein bestimmtes Modell, lernen aber auch das Modell als Abbild primärer Wirklichkeit kennen.

(4) *Hypertext und Hypermedia.* Für diese Medien liegt ein Vergleich mit dem traditionellen Buch nahe. Bücher sind Texte, die in einer bestimmten Abfolge gelesen werden sollen. Ein »Hypertext« eröffnet der Leserin und dem Leser dagegen die Möglichkeit, einen Text nicht »der Reihe nach« zu lesen, sondern erschließt einen Text durch eine größere Anzahl von eingebauten »Verweisen« (sog. »links«), über die sich der Gesamttext auf sehr verschiedene Weise – nämlich je nachdem wie wir den Verweisen folgen – erschließen lässt. Das Neue an dieser Textpräsentation liegt darin, dass sie anstelle von Registern, Anmerkungen und Indices durch Knopfdruck verschiedenste Hintergrundinformationen (Assoziationen) abrufen lässt. Bei »Hypermedia« sind neben Texten auch Bilder oder Filmsequenzen eingebunden und abrufbar. Wahrscheinlich sind Hypertexte die angemessenste Form der Darstellung von sekundärmedialem Wissen auf dem Computer. Als theologische Applikation von Hypertext existieren bereits verschiedene Bibelausgaben (vgl. o.), auch etwa solche, die eine Synopse verschiedener Textübersetzungen oder -quellen ermöglichen[28].

(5) *Programmierung durch den Lernenden.* Hier handelt es sich um einen Spezialfall »Programmierten Lernens«. Wenn hier die Aufgabenstellung nicht gerade das Lernen einer Programmiersprache

27 Im Spielprogramm lernt der/die Benutzer/in einerseits verschiedene Aufgaben auf dem Weg zum Spielziel zu lösen, andererseits übt er/sie diese Fertigkeiten durch das wiederholte Spielen ein. Zur Frage der Computerspiele verweise ich auf *J.H. Knoll u.a.*, Das Bildschirmspiel im Alltagjugendlicher. Untersuchungen zum Spielverhalten und zur Spielpädagogik, Opladen 1986 und *M. Radde* u.a., Jugendzeit – Medienzeit, Daten, Tendenzen, Analysen für eine jugendorientierte Medienerziehung, München 1988 sowie die dort angegebene Literatur.

28 Vgl. *J. Meisen,* Hypertext & Hypermedia, Boston etc. 1990.

z.B. im Informatikunterricht intendiert, sondern Lernende aus eigenem Antrieb versuchen, ein bestimmtes Problem in einem Programm zu formulieren, dann liegt eine Lernform vor, die dem Strukturlernen durch Anwendung einer bestimmten Sprache ähnlich ist. Im Idealfall können Lernende durch die Ausformulierung eines Problems in einem Programm auf die Vielzahl von Schwierigkeiten aufmerksam werden, die in dem gewählten Problem stecken[29].

Alle Programmformen müssen nicht voneinander isoliert Verwendung finden, sondern es besteht die Möglichkeit, verschiedene Programmformen zu »mischen«; z.B. eine computergestützte Simulation mit einem Spielprogramm und ein Lernprogramm mit einem Hypertext.

Ausblick: Es ist abzusehen, dass die Hard- und Software in nächster Zeit noch weiter perfektioniert werden und die mediale Modellierung des Menschen damit weiter eskaliert. So wird es wahrscheinlich eine Hardware-architektonische Wende geben weg vom Ein-Prozessor-Rechner und hin zu Baumustern, die der menschlichen Gehirntätigkeit mehr entsprechen. Ebenso ist ein zunehmender Einfluss von Informationstechnologie auf die Schulen erwartbar etwa auch über den »Umweg« der neueren informationstechnischen Lerntheorien.

29 Problematisch ist, dass es gegenwärtig noch keine so hochdifferenzierte Programmsprache gibt, die so einfach ist, dass sie auch für nicht eigens ausgebildete Personen verständlich ist und die geeignet ist, komplexere Probleme, wie das der Autorität in einfachen Befehlsschritten beschreiben zu können (vgl. zum Problem auch *S. Papert,* Mindstorms – Kinder, Computer und Neues Lernen, Basel/Boston/Stuttgart 1982 und *H.L. und S.E. Dryfus,* Künstliche Intelligenz. Von den Grenzen der Denkmaschine und dem Wert der Intuition, Reinbek 1987. (Dreyfus/Dreyfus entwickeln ein fünfschrittiges Modell des Fertigkeitenerwerbs, in dem sie darstellen, wie Fertigkeiten dann zu Intelligenz werden, wenn sie intuitiv und nicht mehr rein analytisch angewendet werden, wie dies etwa in Computermodellen der Intelligenz der Fall zu sein scheint.)

3. Möglichkeiten für eine Rezeption in der Religionspädagogik

Die Religionspädagogik wird in den vor uns liegenden Jahren nicht umhin können, sich mit programmierten Medien auseinander zusetzen.

3.1 Reflexion der Möglichkeiten und Grenzen. Sie wird einerseits Möglichkeiten und Grenzen ihres Einsatzes im Rahmen religiöser Erziehung zu bedenken haben, andererseits die Auswirkungen der mediatisierten Umwelt auf das religiöse Lernen untersuchen müssen. Dabei sollte darauf geachtet werden, dass zwischen allgemeindidaktischen und medienbezogenen Problemen im Blick auf die Frage einer Vermittlung religiöser Inhalte und der Konstruktion religiöser Lernprozesse unterschieden wird.

Zu den *medienbedingten Schwierigkeiten* gehören:

(1) Das Problem des Transfers von tertiärmedial Gelerntem auf primäre Erlebnisse und Zusammenhänge hin[30].

(2) Das Problem der Abhängigkeit programmierter Medien von spezifischen technischen Einrichtungen, die mitunter zu Formen von Einzelarbeit nötigen[31].

(3) Das Problem der Programmierung der Medien. Je stärker lehrerzentriert ein Lernen mit programmierten Medien erscheint, desto höher muss die Qualität des Programms sein[32].

30 Wie schwierig es ist, hier zu Lösungen zu kommen, lässt sich an den andauernden Bemühungen der Medienwirkungsforschung und der Existenz einer Vielzahl von Theorien zu deren Problem ablesen.

31 Es wäre aber verfehlt zu meinen, dass alles programmierte Lernen notwendig auch Einzelarbeit sein müsse.

32 Bewertungskriterien für die Qualität eines Programms sind etwa: 1. Die inhaltliche Begrenztheit des Programms; 2. Die inhaltliche Korrektheit des Programms; 3. Die technische und didaktische Präzision; 4. Die Sinnhaftigkeit jeder einzelnen Lerneinheit; 5. Die praktische Bewährung und die Verwertung der Ergebnisse der Erprobung des Versuchsprogramms. (Vgl. *W. Correll*, Programmiertes Lernen und schöpferisches Denken, München/Basel 1966). Daneben aber spielen auch die LernerInnenadaptivität, die Bedienerfreundlichkeit und die äußere Gestaltung des Programms eine maßgebliche Rolle bei der Bewertung.

Allgemein-didaktische Probleme sind:

(1) Wann ist der Einsatz für das Lernen einer Gruppe oder für ein Unterrichtsarrangement notwendig?

(2) Welche Art von Aufgaben lassen sich am ehesten mit Hilfe programmierter Medien lösen? – Etwa nur die Vermittlung isolierter Stoffe, die im Nachhinein noch erschlossen werden müssen, oder auch andere?

(3) Welche Inhalte sind am ehesten geeignet, durch programmierte Medien vermittelt zu werden?

(4) Welche Funktion kommt der Lehrkraft im Blick auf den Einsatz programmierter Medien zu?

(5) Welche Voraussetzungen müssen die Lernenden erfüllen, damit der Einsatz programmierter Medien lohnend erscheint?

(6) Welcher Umgang mit programmierten Medien empfiehlt sich, damit Lernen in verschiedenen Ebenen (kognitiv, emotional, sozial) gefördert werden kann?

Die so geordneten Probleme sind mitzudenken, wenn über die von der Religionspädagogik zu verantwortenden Handlungsfelder religiöser Erziehung in Gesellschaft und Kirche verhandelt wird. Wenn wir uns dessen bewusst bleiben, dass alle religionspädagogischen Bemühungen zumindest auch Versuche sind, Menschen aller Altersstufen, aller Schichten und verschiedenster Begabungen mit dem Evangelium zu konfrontieren, scheint es kaum ausreichend, lediglich von Lernprozessen zu reden und danach zu fragen, was gelernt werden sollte. Ist denn ein »Verstehen« des Evangeliums, welches Einverständnis meint, mit seinem Anspruch überhaupt lernbar? Diese Frage gilt auch noch, wenn wir dessen eingedenk bleiben, dass es in religiösen Lernprozessen auch um Handlungsanweisungen und Lebensorientierungen geht. Es ist offenbar, dass nennbare Mengen von Information kaum die Bedingung sein können für solches Einverständnis. Oder doch? Aber welchen Stellenwert haben da möglicherweise Informationen sekundär- und tertiär-, aber auch primärmedialer (die Lehrerinnen als Vorbilder) Art? Anders gewendet lautet diese Frage, wie sich religiöses Wissen und Glauben zueinander verhalten. Kann nicht alles Wissen nur in paradoxer Weise etwas zum Glauben beitragen, z.B. wenn es den »Menschen als Frage« durchsichtig macht? *H.-D. Bastion* spricht in diesem Zusammenhang davon, dass es seiner Meinung nach im RU nicht zuerst um die Bereitstellung von theologischen Antworten auf religiöse Fragen gehe, sondern um die Transformation menschlicher Fragen. Religionsdidaktik habe es deshalb damit zu tun, Anfragen des Evangeliums so mit Fragen heutiger Menschen zu konfrontieren, dass eine wechselseitige Erschließung mit dem Ziel des Glaubens (als »Wissen« um Gott als die Antwort auf unser Fragen) stattfindet[33].

Ich meine, dass zwischen bloßem Wissen von Information (»Repetitionswissen«, »Faktenwissen« ...) und einem durch Einsicht verstärkten Verstehen (»Transferwissen«, Wissen-Warum, Urteilen-Können, Probleme-Sehen, etc.) ebenso wie zwischen diesem und dem Glauben als Ergriffen-Sein und der Entscheidung für den Glauben ein qualitativer Unterschied besteht.

Da es die Aufgabe der Religionspädagogik ist, verständlich zu machen, was der Glaube meint und wozu er uns veranlassen möchte, muss sie den beschriebenen Unterschied kennen, aber nicht müde werden, auf allen Ebenen des Wissens über Religion und Glaube und ihre Relevanz für Leben, Handeln und Denken Unterricht als Information und als Reflexionsangebot zu planen und durchzuführen. Dabei wird ein induktives »bottom-up«-Denken mindestens ebenso wichtig wie ein deduktives »top-down«-Denken von der Tradition zu den Situationen heutiger Menschen. Das bedeutet in beiden Fällen die Pflicht zu einem gleichursprünglichen Fragen nach den Adressaten und nach den vermittelnden Inhalten.

3.2 Verantworteter Einsatz programmierter Medien. Von den Ergebnissen solcher Reflexion her lässt sich m.E. ein theologisch und didaktisch verantworteter Einsatz programmierter Medien im Rahmen religiöser Erziehung vorstellen. Programmierte Medien könnten z.B. Basis sein für die Arbeit an weitergehender Interpretation oder für die Erarbeitung von Handlungsabläufen. An dieser Stelle gibt es noch viel zu tun. Vor einer Integration programmierter Medien in zu planende Lernprozesse sollten z.B.

– die anthropogenen und soziokulturellen Voraussetzungen der Lernenden ebenso in Erfahrung gebracht werden wie der »Sitz im Leben« ihres religiösen Fragens nach Gott und Welt, Sinn und Unsinn ...

– Dazu gehören auch die Reflexionen über die Entwicklung des

33 *H.-D. Bashan,* Theologie der Frage, München 1969, 292ff.

moralischen und religiösen Urteils bzw. über den eigenen Beitrag der Lernenden zum religiösen Lernprozess. Was die Inhalte anbetrifft, wäre zu untersuchen,

– welche Motivation für eine Vermittlung vorgängig gesichert werden sollte und wie sie im Verlauf des Unterrichtsprozesses mit und ohne programmierte Medien gesichert werden kann,

– welche Funktion im Leben der Adressatinnen und Adressaten sie haben können und sollen,

– welches Wissen, Können und welche Einstellungen für eine angemessene Vermittlung eines Inhalts vorausgesetzt werden muss.

Erst dann wird über den Einsatz eines programmierten Mediums entschieden werden können. Was bisher auf dem Markt an religionspädagogisch gemeinten programmierten Medien angeboten wird, dient vornehmlich der Bereitstellung von Sach- und Verfahrenswissen[34].

Medienverzeichnis

Bücher in Auswahl

M. Eisele (in Zusammenarbeit mit der Arbeitsstelle Internet, GEP), Internet-Guide Religion, Gütersloh 2001.

A. Mertin, Internet im Religionsunterricht, Göttingen 2000.

Medien in Auswahl

Deutsche Bibelgesellschaft, Die Multimedia Bibel, Stuttgart 2000. (CD ROM. Kartenarchiv. Kartenmaterial der Lutherbibel und der Thompson-Studienbibel. Foto-Galerie. 800 Bilder nach Schlagworten. Videosequenzen zur Geschichte Israels. Bibel-Quiz. Lutherbibel. Revidierte Fassung von 1984 mit Apokryphen. Sach- und Worterklärungen zur Lutherbibel. Konkordanz. Jerusalemer Bibellexikon mit über 1000 Seiten Information)

Deutsche Bibelgesellschaft, EuBit 1. Europäischer Bibelkurs interaktiv. Neues Testament, Stuttgart 2001. (CD-ROM. Einführung in 70 Kunstwerke zu Bibeltexten. Musikbeispiele. Evangelien und Apostelgeschichte)

34 Ähnlich hat wohl das Anwendungsfeld des Programmierten Unterrichts *H. Heinemann* (Programmiertes Lernen im Religionsunterricht? Entstehung, Erprobung und Einsatz eines Lernprogramms, Hannover/Darmstadt/Dortmund/Berlin 1973, 117ff.) verstanden.

Katholisches Bibelwerk, Quadro Bibel plus, Stuttgart 2000.
(CD-ROM. Die vier großen deutschen Übersetzungen. Einheitsübersetzung der Heiligen Schrift. Gute Nachricht Bibel. Lutherbibel 1984. Revidierte Elberfelder Bibel. Mit Lexikon zur Bibel. Mit Evangelien und Psalmen der neuen Zürcher Übersetzung)

Deutsche Bibelgesellschaft, Meersburger Bibelquiz, Stuttgart 2000.
(CD-ROM. 6 Schwierigkeitsstufen. Für 1–2 Spieler. 1111 Fragen)

H. Küng, Spurensuche, Hannover 1999.
(Interaktive Reise zu den Weltreligionen, ihrer Geschichte, ihren Traditionen und ihren Verbreitungsregionen)

W. Vogel, Religion, Mainz-Weisenau 2000.
(170 Texte aus allen Gebieten der Religion, dazu viele Bilder und Karten sowie ein Kurzlexikon mit ca. 2000 Einträgen)

Internetadressen

Evangelische Kirche in Deutschland (EKD): Neben vielen Informationen zur Kirche in Deutschland finden sich unter „Kirche interaktiv" auch einige Online-Quiz-Spiele.
http://www.ekd.de

Bible online: Die von der International Bible Society gesponserte Online-Bibel. Eignet sich zum Nachschlagen des Bibeltextes in zahlreichen Sprachen.
http://bible.gospelcom.net

Reliweb: Eine gut gestaltete Homepage, die umfassend informiert über Aktivitäten zum Religionsunterricht im Internet.
http://www.reliweb.de

FWU Institut für Film und Bild in Wissenschaft und Unterricht gemeinnützige GmbH, Bavariafilmplatz 3, Grünwald.
http://www.fwu.de/fwu/index.html

Zeitschriften

Computer und Unterricht. Erfahrungen, Meinungen, Modelle und Software für die Unterrichtspraxis aller Schulstufen, E. Friedrich Verlag, Seelze/Velber.
http://www.friedrich-verlagsgruppe.de

Medien praktisch. Medienpädagogische Zeitschrift für die Praxis, Gemeinschaftswerk der evangelischen Publizistik e.V. (GEP), Frankfurt/M.
http://www.medienpraktisch.de
http://www.gep.de

Sprachorientierte Unterrichtsmethoden

VII.
Gesprächsmethoden im Religionsunterricht

Rainer Lachmann

1. Die Unverzichtbarkeit des Unterrichtsgesprächs

Die empirischen Befunde sprechen eine deutliche Sprache: Das Unterrichtsgespräch im weiteren Sinne ist heute an unseren Schulen die mit Abstand am häufigsten begegnende Methode. Nach einer Erhebung zum Methodenrepertoire von Lehrern entfallen 58% sämtlichen Unterrichts auf Gesprächsmethoden, wobei mit 49% das gelenkte Unterrichtsgespräch konkurrenzlos dominiert[1]. Der RU macht hier keine Ausnahme; er gehört zweifellos zu den gesprächsintensiven Fächern der Schule und sollte, ja muss das auch sein, will er seinen genuinen Auftrag nicht verleugnen. Das gilt grundsätzlich, unbenommen des kritischen Vorbehalts gegen die Gefahr einer gesprächsartigen Monostruktur des Unterrichts und im Wissen um die Grenzen und missbräuchlichen Möglichkeiten dieser Methode und die hohen Anforderungen, die ein differenzierter Umgang mit den verschiedenen Gesprächsmethoden an den (Religions-) Lehrer stellt[2]. Denn *H. Meyer* hat sicher Recht, wenn er unter Berufung auf *Diesterweg das* Gespräch als »die mit Abstand schwierigste und anspruchsvollste Unterrichtsmethode« qualifiziert[3]. Diese Kunst zu lernen, ist der Religionslehrer zeitlebens aufgefordert; das macht die Last und Lust seines Methodenhandelns im RU aus und behaftet ihn insofern bei einer besonderen Verantwortlichkeit, als für den RU gerade das Gespräch herausgehobene religionsdidaktische Dignität für sich beanspruchen kann.

1 Vgl. *H. Meyer,* UnterrichtsMethoden, II, Frankfurt a.M. ^{11}2000, 60ff. u. *H. Glöckel,* Vom Unterricht, Bad Heilbrunn ^{3}1996, 61f.

2 Vgl. *H. Meyer,* aaO., 280–296; *E. Terhort,* Lehr-Lern-Methoden, Weinheim/München ^{3}2000, 95ff.

3 *H. Meyer,* aaO., 290.

Ohne das Unterrichtsgespräch methodenmonistisch verabsolutieren zu wollen, sprechen gewichtige Gründe für die These: *Ein RU ohne Gespräch ist undenkbar und religionspädagogisch nicht zu verantworten*. Das schließt etwa gegenüber der Behauptung, dass »die vortragende Lehrform ... beim R.U. die Oberhand« haben müsse[4], den Anspruch relativer Priorität der Gesprächsmethode für den RU ein. *Anthropologisch* gesehen liegt das begründet im Menschen als einem durch und durch dialogischen Wesen, das, um menschlich zu werden und zu bleiben, unbedingt des zwischen- und mitmenschlichen Gespräches bedarf. *Theologisch* entspricht diese dialogische Grundstruktur des Menschen seiner Geschöpflichkeit, die sich u.a. darin äußert, dass der Mensch der Anrede Gottes gewürdigt wird und darauf antwortet. Das konvergiert *religionspädagogisch* mit dem Grundauftrag des RU, der nach seinen schulischen Möglichkeiten an der übergreifenden Aufgabenstellung der »Kommunikation des Evangeliums« *(Ernst Lange)* partizipiert. Diese Kommunikation aber ist im Unterschied zu Predigt oder Verkündigung prinzipiell dialogisch angelegt und zielt durchgängig auf ein Verstehen und Verständigen, das miteinander sprechen, aufeinander hören und zueinander finden will. Dabei erinnert die gleichsam symbiotische Verschränkung mit dem Evangelium von der Liebe und Menschenfreundlichkeit Gottes diese Kommunikation nicht nur an ihren im letzten stets lebensbejahenden und lebensförderlichen Grundsinn, sondern bindet sie zugleich in kritischer Entsprechung und Verpflichtung an diese Liebe und verlangt religionsunterrichtlich agapegemäße Kommunikation. Diese verträgt sich nicht mit autoritär-dirigistischen Methoden, sondern verlangt partnerschaftlich strukturiertes Gespräch, zwanglose Argumentation und gefragte und antwortende Rechenschaftsablegung. Religionsdidaktisch kommt das dem Umgang mit der christlichen Wahrheit entgegen, die in den Schulen unserer säkular-pluralistischen Ge-

4 Vgl. das eindrückliche Zitat *Franz Spiragos* bei *H. Herum,* Methodische Aspekte des Religionsunterrichts, Donauwörth [3]2000, 82. Eine ähnliche Auffassung ist auf protestantischer Seite z.B. bei *G. v. Zezschwitz* angelegt, der dem »akroamatisch-positiven Bibelunterricht« als der »offenbarungsmäßig-positiven Lehrart« »die erste Stelle, sowohl in der Methodenlehre wie überall im Einzelnen des Unterrichtsverfahrens« einräumt (System der christlich kirchlichen Katechetik II, 2.1, Leipzig[2]1874, VIII u. 5 – vgl. u. 119f.).

sellschaft nicht mehr bloß behauptet und monologisch weitergegeben werden kann, sondern im offenen Diskurs erörtert werden will. Im Sinne ökumenischen Lernens sind hier auch in methodischer Hinsicht »Dialog und Konziliarität« verlangt[5]. Die christliche Wahrheit hat sich vor anderen Positionen zu bewähren, muss sich den Fragen der Menschen aussetzen und sich klären im engagierten Gespräch. Dabei sind die Schüler als gleichberechtigte Gesprächspartner vorausgesetzt. *Pädagogisch* drückt sich darin »eine Einstellung zum Schüler aus, die ihm selbstständiges Denken zutraut, ihn als Partner ernst nimmt und auf ihn hört, seine Gesprächsfähigkeit als eigenes Lehrziel fördern will, weil sie im Gespräch eine Form humanen Zusammenlebens sieht«[6].

Solch multiple Begründung, die stets das gelingende, d.h. formal und inhaltlich gut geführte Gespräch voraussetzt, enthält ein hohes Maß an Erwartungen und Ansprüchen an die religionsunterrichtliche Gesprächskultur. Demgegenüber bedarf es unbedingt der realistischen Perspektive methodischer Reflexion, welche das Gespräch differenzierend und relativierend auf seine Bedingungen, Grenzen und Möglichkeiten hin bedenkt. Dabei erweist sich vor allem das pauschale Reden von Gespräch als unsachgemäß, weil es dem Reichtum an unterschiedlichen Gesprächsmethoden nicht gerecht wird. Ein Blick in die Methodengeschichte soll hier erste Einsichten in die Vielfalt je historisch bedingter Gesprächsformen vermitteln und geschichtliche Wurzeln, Entwicklungen und typische Ausprägungen heute geübter Gesprächsmethoden im schulischen Unterricht aufzeigen.

2. Geschichtliche Schlaglichter

Das Gespräch ist eine *Urform menschlicher Rede,* in der Menschen miteinander gesprochen, Meinungen ausgetauscht und sich untereinander belehrt und verständigt haben. Die Übung dieser Grundanlage und -fähigkeit gehörte deshalb von allem Anfang an zu den unverzichtbaren Zielen erzieherischen Handelns und entwickelte sich sehr bald zu methodisch bewusst bedachter und geübter

5 Vgl. *Kirchenamt der EKD (Hrsg.),* Ökumenisches Lernen, Gütersloh 1985,61fr.

6 *H. Glöckel,* Vom Unterricht, 70.

Gesprächspflege. In unserem Kulturraum liegen dazu die Wurzeln und Anfänge im antiken Griechenland mit seinen Gerichtsreden und vor allem den sokratischen Dialogen, wie sie uns *Platon* in klassischer Form überliefert hat. Danach war *Sakrates* darum bemüht, die in jedem Menschen verborgen schlummernde Wahrheit und Erkenntnis durch geschicktes gesprächsweises Fragen ans Licht zu bringen, zu entbergen und zu »entbinden« (Mäeutik = Geburtshilfe). Methodengeschichtlich wurde er damit zum namengebenden Vorbild der aufklärerischen Sokratik.

Neben Sokrates wurde besonders im religionsunterrichtlichen Kontext *Jesus* als Kronzeuge meisterlicher Gesprächsführung bemüht, dessen Streitgespräche bereits im 18. Jahrhundert als methodische Meisterstücke gepriesen und mit dem Urteil bedacht wurden: »hier ist mehr als Sokrates«[7]. Und in der Tat lässt sich das Gespräch als charakteristische »Kommunikationsform in der Bibel« qualifizieren, die methodisch vielgestaltig als Lehrgespräch, Streitgespräch oder auch partnerschaftlicher Dialog begegnet[8]. Besonders die von Jesus überlieferten Gespräche lassen dabei in ihrer unkonventionellen Art der Ansprache und Zusprache etwas von dem liebenden Geist des Evangeliums erspüren, den Jesus mit seinem Auftreten und Reden leibhaftig verkörperte und ereignete. Die geschichtliche Entwicklung von der Urgemeinde zur mehr und mehr institutionalisierten Kirche bedingte methodisch gesehen einen »Wandel des biblischen Dialogs zu einer monologischen Konzeption der Kirche«, in der das Gespräch sich zunehmend zur Lehrpredigt verwandelte[9]. Nur vereinzelt wurde – wie anfangs z.B. in den Katechetenschulen und später in manchen Orden – auch das Lehrgespräch gesucht und gepflegt. Die Praxis des eigentlich katechetischen Unterrichts blieb davon freilich weitgehend unberührt; eine echte unterrichtliche Gesprächskultur entwickelte sich in der alten und mittelalterlichen Kirche nicht. Einzige Ausnahme machten hier die *Disputationen* an den Universitäten des Mittelalters, die in streng geregelter dialektischer Dialogform verliefen. Nach den Vorstellungen *Abälards* und seiner Schrift »Sic et non«

7 *Chr. G. Salzmann,* Ueber die wirksamsten Mittel Kindern Religion beyzubringen, Leipzig ²1787, 171ff.

8 *H.-J. Thilo,* Art. Gespräch, in: TRE Bd. XIII, Berlin/New York 1984, 147–151, bes. 148.

9 Ebd.

stellten danach zwei Parteien, die jeweils von einem Magister angeführt wurden, These und Gegenthese auf, die sie im Verlauf des Gespräches bestritten bzw. verteidigten, wobei ein dritter Magister die Rolle des Schiedsrichters übernahm. Anklänge an diese Gesprächsform finden sich heute nicht nur in mancherorts noch dialogisch geführten Doktorprüfungen und wissenschaftlichen Gesprächen, sondern vor allem in den methodischen Reglements und Arrangements formvollendet geführter Debatten.

Die Reformation wirkte in methodischer Hinsicht vor allem durch *Luthers Katechismen* und da insbesondere durch den in Frageform verfassten Kleinen Katechismus. Nicht unbeeinflusst durch die Beicht- und Bekenntnisfragen der mittelalterlichen Beichtpraxis wurde dieses katechetische Erzbuch der Reformation auch methodisch zur Musterform der »Fragbücher« und Fragart der nachfolgenden Zeit der Orthodoxie. Vorrangig sind Luthers Katechismusfragen wohl als Examensfragen zu begreifen, die ihren genuinen Ort im Glaubens-, Lehr- und Visitationsexamen der reformatorischen Zeit hatten. Insofern sind sie an erster Stelle Muster für die *Methode des fragweisen Examinierens.* Doch ist, wie ein interessantes Votum Luthers in seiner Deutschen Messe beweist, mit diesen Katechismusfragen noch mehr intendiert als bloßes examinierendes Abfragen: Luther will durch seine Fragen und Antworten bei den Lernenden erreichen, »was eyn iglichs bedeute und wie sie es verstehen«[10]. Damit sind in diesen Examensfragen bereits auch Elemente einer zergliedernden Methode angelegt, die sich in der Folgezeit des 16. und 17. Jahrhunderts zur dominierenden *Methode des sog. »Katechisierens«* weiterentwickeln sollte. Charakteristisch für diese Methode ist ihr deduktiver Ansatz: sie wird »als eine Unterredung über ein auswendig gelerntes Pensum«“ bzw. »als fragweise Zergliederung positiv gegebener Stoffe« definiert, wobei sie anfangs als »zergliedernde Examenkatechese« dem Examinieren noch sehr nahestand[12], während sie sich später im Verlauf

10 *M. Luther,* Deutsche Messe (1526) nach: *O. Clemen (Hrsg.),* Luthers Werke in Auswahl, Bd. 3, Berlin [5]1959, 294–309, bes. 298.

11 *Chr. G. Salzmann,* Ueber die wirksamsten Mittel, 41; vgl. *R. Lachmann,* Der Religionsunterricht Christian Gotthilf Salzmanns, Bern/Frankfurt a.M. 1974, 160ff.

12 *G. v.Zezschwitz,* System der christlich kirchlichen Katechetik II, 2.1, 103ff..

des 18. Jahrhunderts durch Aufnahme von Anregungen aus der neuen sokratischen Lehrart bereits weiterzuentwickeln begann in Richtung eines freier gehandhabten katechetischen Lehrgesprächs. Bevorzugter Zergliederungsstoff des Katechisierens waren in den ersten beiden Jahrhunderten nach der Reformation die Katechismen, ab Ende des 17. Jahrhunderts in methodisch völlig gleicher Weise die biblischen Geschichten. Hier wurden die berühmten 1714 erstmals erschienenen »Biblischen Historien« von *Johann Hübner*, die sich mit zahlreichen Auflagen und Neubearbeitungen über sechzehn Jahrzehnte hindurch als katechetische Best- und Longseller erwiesen, auch methodisch zum verbreiteten Vorbild für das katechisierende Zergliedern eines vorgegebenen biblischen Textes.

Dieser Bibeltext wird nach der »Hübnerschen Methode« in einem ersten Schritt Satz für Satz durch Fragen zergliedert, deren sich »der Lehrmeister« bedient, »wenn er das Kind probieren will, ob es durch das offt / wiederholte Lesen etwas von der Historie gemercket, und dem Gedächtniß eingedrücket hat«[13]. Mit anschließenden »nützlichen Lehren« und »gottseligen Gedancken« will Hübner neben dem Gedächtnis auch den Verstand und Willen der Kinder ansprechen, um so mittels seiner speziellen Methode möglichst ganzheitlich wirken zu können.

Ein stürmischer und engagierter Methodenaufbruch und -umbruch erfolgte mit dem Aufkommen der sog. *»Sokratik«* oder *»sokratischen Lehrart«*, die seit etwa den siebziger Jahren des 18. Jahrhunderts unter dem maßgeblichen Einfluss der Philanthropen, vor allem *Carl Friedrich Bahrdts*, fast allgemeine Anerkennung und Geltung in der aufklärerisch-religionspädagogischen Landschaft gewann.

Die Sokratik wurde gewissermaßen zur »Modetheorie und -praxis« der Aufklärung. »Unzählige Schriften behandeln sie, unzählige Praktiker üben sie, unzählige Theoretiker preisen sie«[14]. Wohl nie zuvor und wohl auch nie danach erfreute sich eine Gesprächsmethode solcher Beliebt-

13 *J. Hübner*, Zweymahl zwey und funffzig Auserlesene Biblische Historien Aus dem Alten und Neuen Testamente, Leipzig 1731 *(hrsg.* v. *R. Lachmann* u. *Chr. Reents*, Nachdruck, Hildesheim/Zürich/New York 1986), Vorrede 3f.

14 *M. Schian*, Die Sokratik im Zeitalter der Aufklärung, Breslau 1900, 1 u. 48.

heit und Popularität. Sie gab einer ganzen Epoche ihr modisches Gepräge und fand z.B. in den Arbeiten *von Fr. Chr. Graeffe, C. Daub* oder *G. F. Dinter* gerade auch in religionspädagogischer Hinsicht beachtliche Ausprägungen sokratischer Theoriebildung. Ihr Erfolg hatte viele Gründe[15]; einer war sicher der, dass sich das induktiv fragende, entbindende und entwickelnde sokratische Verfahren entgegen dem bis dahin religionsunterrichtlich gebräuchlichen mechanischen Memorieren und unbeholfenen Fragen des Examinierens und Katechisierens als eine Methode empfahl, die sich – orientiert an der kindlichen Fassungskraft und Kräfteentwicklung – als »lebendiges, Denken voraussetzendes Frage- und Antwortverfahren« verstand und betätigte[16].

Gekonnt praktiziert wurde die sokratische Lehrart zum historischen Vorläufer und Wegbereiter der heutigen Methode des fragend-entwickelnden Gesprächs, jener anspruchsvollen Gesprächsform, »in der der Lehrer durch die geschickte Nutzung der Vorkenntnisse der Schüler sowie ihres logischen oder psychologischen Argumentationsvermögens einen Sach-, Sinn- oder Problemzusammenhang aus der Sicht und in der Sprache der Schüler fragend entwickelt«[17].

Bis zu Beginn des 19. Jahrhunderts herrschte die Sokratik relativ unbestritten. Dann zeigten sich zunehmend – bedingt durch Überspitztheiten und Einseitigkeiten bis hin zu methodischen Exzessen – entgegenstehende Einflüsse und Gegenbewegungen, die schließlich dazu führten, dass mit den vierziger Jahren die Zeit der sokratischen Lehrart zu Ende ging. Ihr enger Verbund mit der aufklärerisch rationalistischen Theologie führte in der nachaufklärerischen Religionspädagogik, was den Methodengebrauch betraf, zu einer geradezu restaurativen Gegenreaktion, die nicht nur den Namen Sokratik völlig aus ihrem methodischen Sprachgebrauch verbannte, sondern sich mit ihm zugleich auch wieder von der fragend-entwickelnden Gesprächsform und ihren Errungenschaften distanzierte. So attestierte *G. v. Zezschwitz* der »gläubigkirchlichen« Katechetik seines Jahrhunderts »Apathie gegen eingehendere

15 Vgl. *R. Lachmann,* Wechselnde Moden in der Religionspädagogik, in: *ders.*, Religionspädagogische Spuren, Göttingen 2000, 106–126, bes. 108–112.

16 *M. Schian,* aaO., 305.

17 *H. Meyer,* UnterrichtsMethoden II, 281.

Darstellung und Regelung der entwickelnden Methode« und kreidete ihr hinsichtlich ihres Einsatzes von Gesprächsmethoden im Unterricht einseitige Bevorzugung von Examens- und Zergliederungsfragen und d.h.: von examinierender und katechisierender Lehrart an[18].

Obwohl v. Zezschwitz selbst profilierter Vertreter einer kirchlich-gläubigen Katechetik war, plädierte er in seinem umfangreichen Band über »Die erotematische (= fragende) Unterrichtsform« entschieden für den religionsunterrichtlichen Einsatz der »dialektisch-didaktischen Methode«. Darunter versteht er als »frag- oder gesprächsweise Entwicklung« die »entwickelnde Fragemethode«, die er als »centrale Methode des eigentlichen Lehrverfahrens auch für den Christenthumsunterricht« ausweist[19]. Leitendes Interesse dabei ist, den auf »akroamatische« (= vortragende) Weise »auctoritariv« zu übermittelnden offenbarungsmäßigen Stoff zum »erkenntnismäßig angeeigneten Geistesbesitz des Subjectes« werden zu lassen[20].

Damit rehabilitierte v. Zezschwitz die sokratische Lehrart unter unverdächtigem Namen und verschaffte dem fragend-entwickelnden Gespräch fortan einen festen Platz im Methodenrepertoire jedweder Katechetik und Religionspädagogik[21].

Neue Bewegung und kritische Infragestellung brachte in den ersten drei Jahrzehnten des 20. Jahrhunderts die Reformpädagogik. Die Kritik setzte an der ausschließlichen Lehrerleitung und der einseitigen Übung nur der Gedächtnis- und Verstandeskräfte der Schüler an, worin in der Tat examinierende, zergliedernde und entwickelnde Gesprächsmethoden bei aller Unterschiedenheit im Einzelnen übereinstimmten. Die absolute Dominanz der Lehrerfrage wurde unter den leitenden reformpädagogischen Prinzipien der Selbsttätigkeit und Selbstständigkeit zum Hauptkritikpunkt an den konventionellen Gesprächsformen des Unterrichts. *Hugo Gaudig* nennt die Lehrerfrage »das fragwürdigste Mittel der Geistesbildung«

18 *G. v. Zezschwitz,* System der christlich kirchlichen Katechetik II, 2.1., 5.
19 *G. v. Zezschwitz,* aaO., 9.
20 *G. v. Zezschwitz,* aaO., 6.
21 Vgl. *G. v. Zezschwitz,* aaO. II, 2.2, 304 u. 392f.
22 Nach *W. Grünfeld,* Frage – Impulse – Besprechung – Entwickelnde Unterrichtsformen, in: *D. Zilleßen (Hrsg.),* Religionspädagogisches Praktikum, Frankfurt a.M./Berlin/München 1976, 95–100, bes. 96.

und »den ärgsten Feind der Selbsttätigkeit«[22]. An ihrer Stelle werden im Kontext des Arbeitsschulgedankens die »Schülerfrage« und die »freie Aussprache« favorisiert, die bald auch für reformpädagogisch aufgeschlossene Religionspädagogen wie vor allem *Otto Eberhard* oder auch *Friedrich Mebergall* und *Hermann Tögel*[24] zum unverzichtbaren Repertoire des RU gehören sollten. Niebergall spricht in diesem Zusammenhang von einer »völligen Revolutionierung des Schulstaates« und beschreibt das von Schülerfragen und Unterhaltung bestimmte Gespräch als eine Lernform, an der »sich wirklich alle oder möglichst viele selbsttätig beteiligen«[25]. Der Lehrer nimmt sich dabei möglichst weit zurück, schweigt oder beschränkt sich auf Impulse und kleinere Gesprächshilfen und gibt Raum zum »freien Unterrichtsgespräch« zwischen den Schülern. Dabei dürfte sich diese freie Gesprächsform religionsunterrichtlich nur in Ausnahmefallen ausgeweitet haben bis hin zum »Freien Gesamtunterricht« nach *Berthold Otto*, in dem von den Schülern nicht nur der Verlauf, sondern auch noch das Thema bestimmt werden konnte.

Die Entwicklung, welche die Religionspädagogik seit den 30er Jahren in Richtung Verkündigungskonzeption und Evangelische Unterweisung nahm, war der Pflege und Übung religionsunterrichtlicher Gesprächskultur vor allem in ihren freieren Formen wenig zuträglich und förderlich. Erst die religionspädagogische Wende knapp vierzig Jahre später bescherte dem RU unter der übergreifenden didaktischen Maßgabe der Problemorientierung auch in methodischer Hinsicht einen ungemein kreativen Neuaufbruch. Hier wurde auch das Unterrichtsgespräch in seiner methodischen Vielgestaltigkeit wiederentdeckt, wobei besonders die Diskussion zum schillernden Zauberwort religionspädagogischen Fortschritts wurde. Darüber hinaus begegneten im Kontext der Gruppenarbeit des sog. therapeutischen RU erstmalig auch Ansätze seelsorgerlich-therapeutischer Gesprächsführung.

23 Vgl. *K.E. Nipkow*, Otto Eberhard (1875–1966), in: *H. Schröer/D. Zilleßen (Hrsg.)*, Klassiker der Religionspädagogik, Frankfurt a.M. 1989, 2 10–222, bes. 216.

24 *R. Kabisch/H. Tögel*, Wie lehren wir Religion? Göttingen [7]1931, 261f.

25 *Fr. Niebergall*, Der neue Religionsunterricht, Langensalza o.J., 181.

3. Formen des Unterrichtsgesprächs

Der Blick zurück in die Methodengeschichte des Gesprächs hat unabweisbar deutlich werden lassen, dass angesichts der Vielgestaltigkeit an Ausprägungen und Typen von Unterrichtsgespräch nur in definierter Unterscheidung und Differenzierung geredet werden kann. Deshalb kommen wir bei allem Wissen um die Schwierigkeiten klassifizierender Definitionen nicht darum herum, die Fülle unterrichtlicher Gesprächsformen nach drei Hauptarten zu ordnen: dem Lehrgespräch, dem Schülergespräch und der Diskussion. Dabei steht außer Frage, dass in der Unterrichtswirklichkeit häufig Mischformen, Überschneidungen und gleitende Übergänge von einer Gesprächsart in die andere begegnen. Wo das bewusst geschieht, kann es Zeichen methodischer Flexibilität oder gar Virtuosität sein, wo nicht, besteht die Gefahr methodischer Profillosigkeit und nivellierender Routine, die gerade in puncto Gesprächsmethode sehr leicht in das von *H. Meyer* mit Recht kritisch problematisierte »so genannte gelenkte Unterrichtsgespräch« ausarten kann[26].

3.1 Die Plauderei. Gleichsam als eine Vorform unterrichtlichen Gesprächs kann die Plauderei gelten. Sie ist eine offene und *lockere Unterhaltung* zwischen Schülern und Lehrer, die sich dadurch auszeichnet, dass sie »im allgemeinen weder ausgesprochen zielstrebig noch planmäßig« verläuft[27], sondern stärker situativ und assoziativ spontan um scheinbare Belanglosigkeiten aus dem Alltag und Privatbereich von Schülern und Lehrer kreist. Häufig verbunden mit kurzem Erzählen der Schüler kann die Plauderei schnell und beliebig von einem Gegenstand zum anderen springen und ansprechen, was den Einzelnen gerade an Erlebnissen, Problemen und Fragen bewegt und umtreibt. Der Lehrer hält sich dabei mehr oder weniger zurück, gewährt unterrichtlichen Freiraum, ermuntert gegebenenfalls Schüchterne zum Mitreden und plaudert mit, wenn er von seinen Schülern angesprochen und angefragt wird. Wichtig und förderlich besonders auch für den RU wird eine solche Unterhaltung dann, wenn es dem Lehrer gelingt, bei seiner Plauderei eine gewisse Rollendistanz zu üben und den Schülern als

26 Vgl. *H. Meyer,* aaO., 282–288.
27 *H. Meyer,* aaO., 280.

Person und Mitmensch ein Stück weit Anteil zu geben an seinem Leben und Erleben außerhalb der Schule. Wo der Lehrer solchermaßen taktvoll mitplaudert und sensibel und aufgeschlossen die Schülerunterhaltung wahrnimmt, gewinnt er nicht nur tiefere Kenntnisse von seinen Schülern, sondern dient auch der Kontaktnahme und der Entwicklung eines guten sozialen Klimas in der Klasse und schafft nicht zuletzt eine Vertrauensbasis, die gerade für einen RU, der sich um eine agapegemäße Kommunikation bemüht, unabdingbar ist. Besonders in den Klassen der Grundschule und der Sonderschule empfiehlt sich der Einsatz dieser in gewisser Weise propädeutisch fungierenden Gesprächsform, die entweder situativ bei dringender Gelegenheit erfolgen kann oder auch bedingt institutionalisiert als fest installierte Plauderei am Wochenbeginn oder an anderen markanten Punkten des Schullebens. Auch für die höheren Klassen kann die Unterhaltung, wird sie gekonnt eingesetzt, durchaus sinnvoll sein. Allerdings muss der Lehrer hier stets davor auf der Hut sein, dass das zwanglose Plaudern nicht in nichtssagendes »Labern« umschlägt bzw. von den Schülern dahingehend missbraucht wird, ihren Lehrer zum immer peinlichen, insgeheim belächelten oder gar verachteten »Schwätzen« zu verführen.

3.2 Das Lehrgespräch. Das Lehrgespräch als *gelenktes oder gebundenes Unterrichtsgespräch* deckt in der unterrichtlichen Praxis einen breiten methodischen Handlungsraum ab. Er wird auf der einen Seite begrenzt vom fragenden Examinieren und zergliedernden Katechisieren, denen in ihrer strengen Ausprägung – wie schon *v. Zezschwitz* feststellte – alle Züge echten Gesprächs abgehen, und auf der anderen Seite von Methoden freier Gesprächsführung, wobei natürlich auf beiden Seiten die Übergänge jeweils fließend sind. Den Kernbereich des Lehrgesprächs macht das fragend-entwickelnde Gespräch aus oder besser – weil ohne Fixierung auf das Fragen: das *entwickelnde Lehrgespräch.*

Diese Gesprächsmethode ist *lehrerzentriert,* d.h. charakterisiert durch eine mehr oder weniger starke Lehrerlenkung. Der Lehrer gibt durch Fragen und Impulse den Gesprächsverlauf an und ist zielgerichtet darum bemüht, die Klasse zu einem bestimmten Ergebnis hinzuführen. Das bedingt eine *linear-sukzessive Struktur* des Lehrergesprächs und eine Lehrer-Schüler-Interaktion, in der die Schülerantworten, -fragen und -einwände überwiegend über den

Lehrer laufen. Interaktionen unter den Schülern bilden dabei zwar die Ausnahme, müssten aber ebenso wie kritische Fragen an den Lehrer möglich sein, will das entwickelnde Lehrgespräch nicht zum monotonen ›Ping-Pong‹ von Lehrerfragen und Schülerantworten verkommen. Das stünde seiner wesentlichen Intention entgegen, wonach es nicht primär um examinierendes Abfragen von Wissen und Auswendiggelerntem oder gar um überprüfendes Fragen in disziplinierender Absicht geht. Vielmehr ist es dem entwickelnden Lehrgespräch in der guten Tradition des sokratischen Gesprächs vorrangig darum zu tun, den Schülern im geschickten Umgang mit ihren Vorerfahrungen und Vorkenntnissen, ihren Vorverständnissen und Missverständnissen, die es jeweils zu entdecken, zu ›entbinden‹ und anknüpfend zu verarbeiten gilt, einen Sach-, Sinn- oder Problemzusammenhang fragend, entwickelnd und in Teilen auch besprechend zu erschließen.

Soll das so definierte entwickelnde Lehrgespräch auch nur annäherungsweise gelingen, muss es nach Sprache, Fragenart, Verstehensvoraussetzungen und Argumentationsvermögen radikal schülergemäß angelegt sein. Lehrerseits setzt das interessierte Aufmerksamkeit und möglichst umfassende Kenntnisse über die Schüler voraus und verlangt von der Lehrkraft ein hohes Maß an Gesprächsfähigkeit. Dazu gehört nicht nur das Beherrschen der Frage- und Impulstechniken, sondern vor allem eine grundlegende kommunikative Kompetenz, die es versteht, mit den erfragten und provozierten Schüleräußerungen so sachkundig, flexibel und geistesgegenwärtig umzugehen, dass sie dem angestrebten Ziel dienen, ohne die Schüler einem »Klipp-Klapp-Mechanismus« auszuliefern, »der Fragen stellt«, die »nicht interessieren, und Antworten erwartet, die nur der Lehrer kennt«[28]. Wie in jedem echten Gespräch darf der Schüler auch im Lehrgespräch nicht zum mechanisch funktionierenden Fragenbeantworter degradiert werden, sondern muss je in seiner Eigenart und mit seinen Voraussetzungen als Gesprächspartner ernst genommen werden. Im Idealfall, wie ihn *H. Meyer* treffend beschreibt[29], heißt das für den Lehrer:

28 *R. Winkel,* Die siebzehn Unterrichtsmethoden, in: *H. Gudjons/R. Take/R. Winkel (Hrsg.),* Unterrichtsmethoden: Grundlegung und Beispiele, Braunschweig[2]1987, 11–23, bes. 18.

29 *H. Meyer,* aaO., 288.

»Er nutzt« der Schüler ›natürliche‹ Neugier, ihre Vorkenntnisse und ihre Kombinationsfähigkeiten, um sie zum einsichtigen Nachvollziehen der im Gesprächsgegenstand enthaltenen Fragen oder Probleme zu bewegen. Der Lehrer schmiegt sich förmlich den Denkbewegungen der Schüler an, er geht auf Missverständnisse ein, er lässt Um- und Irrwege zu, ja er schlägt selbst aus diesen Um- und Irrwegen noch sein Kapital für die Problemanalyse — aber er verzichtet keineswegs darauf, den Lernprozess der Schüler zu lenken.«

Wie gesagt, ein Ideal, das – versucht man es im (Religions-) Unterricht zu verwirklichen – hohe Anforderungen an Lehrer wie Schüler stellt. Trotzdem: Sich seines Anspruchs ständig bewusst zu sein, kann vor den sattsam bekannten, weil täglich geübten tendenziell manipulativen und repressiven Praktiken gängelnder Gesprächsführung bewahren und zum kritischen Ansporn werden, sich immer wieder und immer von neuem in der so anspruchs- wie verheißungsvollen Kunst des entwickelnden Lehrgesprächs zu üben. Dabei gilt es zu beachten, dass es offenere und geschlossenere Formen des Lehrgesprächs gibt und sich im Unterrichtsverlauf immer wieder methodische Übergangssituationen ergeben, in denen von einem methodisch versierten Lehrer die Fähigkeit und Bereitschaft erwartet wird, einen fälligen Methodenwechsel vorzunehmen und etwa in ein Lehrgespräch einen Lehrervortrag einzuschieben oder es in ein freies Schülergespräch übergehen zu lassen. Flexibilität und Offenheit, die grundsätzlich zur methodischen Kompetenz eines jeden Lehrers gehören sollten, sind ganz besonders beim Lehrgespräch vonnöten. Nur das kann Gewähr dafür bieten, dass das gelenkte Gespräch im Unterrichtsalltag nicht zur unbedachten monoton-routinierten Einheitsmethode mit all ihren problematischen Seiten und Begleiterscheinungen verkümmert.

Gerade wenn man wie wir das hohe Lied auf die für den RU unverzichtbare Gesprächsmethode singt und gleichzeitig mit *Diesterweg* ihren hohen Schwierigkeitsgrad betont, muss in entlastender Absicht auch festgestellt werden, dass sich gerade für den Anfänger im Unterrichten an dieser Methode viel erlernen lässt. Neben den erforderlichen Voraussetzungen – Aufgeschlossenheit für die Schüleräußerungen, hinreichendes Sach- und Erfahrungswissen, Konzentrationsfähigkeit und geistesgegenwärtige Flexibilität – hängt für das Gelingen gerade des entwickelnden Lehrgesprächs viel ab von der Fragetechnik und Impulskompetenz des Lehrers. Diese lassen sich auf verschiedenen Wegen systematisch analysieren und trainieren und können damit von jedem mindestens normal begabten Lehrer gelernt, geübt und beherrscht werden. Dabei wird das gute Lehrgespräch je nach Erfordernis und Gelegenheit sowohl mit Fragen wie mit Impulsen arbeiten und immer darauf aus sein, dass die Schüler mit ihren Antworten und Gesprächsbeiträgen möglichst aktiv in den Denkprozess und Argumentationsgang einbezogen werden. Halboffene wie offene Fragen können dabei ebenso wie Denkanstöße dazu verhelfen, dass das Lehrgespräch sich nicht im zu eng begrenzten Hin und Her von Lehrerfrage und Schülerantworten erschöpft, sondern auch Raum gibt für selbstständiges Denken und kritische Argumentation. Hier bedeutet sicher das Aufkommen und der Einsatz von Impulsen oder Denkanstößen methodischen Fortschritt, zumal dann, wenn er sich als Relativierung und (reform-) pädagogischer Protest gegen das uneingeschränkte Vorherrschen der Lehrerfrage im Unterricht artikulierte. Verbal, mimisch oder auch durch beredtes Schweigen können Gesprächsimpulse dazu beitragen, die einspurige reaktive Struktur eines fragend-antwortenden Unterrichtsgesprächs aufzubrechen und zu öffnen – weg von der Denklinie des Lehrers – hin zum Denkfeld der Schüler.

Indes so wichtig impulsgebende Handlungselemente für jedes entwickelnde Lehrgespräch auch immer sein mögen, so verkehrt wäre es auf der anderen Seite, nun krampfhaft alle Fragen aus dem Unterrichtsgespräch ausschalten zu wollen. Auf überlegt und gekonnt eingesetzte Fragen kann schlechterdings kein gesprächsweise angelegter Unterricht verzichten. Und hier macht der RU keine Ausnahme. Bedingung ist, dass *die fragende* Entwicklung nicht zur methodisch ausschließlichen Fragemonotonie wird und der Lehrer – als Teil seiner methodischen Grundausstattung – die Kunst der Frage und des Fragens auch wirklich beherrscht. Scheitern doch gerade viele entwickelnde Lehrgespräche daran, dass der Lehrer einfach falsch, unverständlich oder unpräzise fragt oder sich in seinem Unterricht einseitig nur auf geschlossene »kurz-schrittige Informations- und Sachfragen« beschränkt, ohne die halboffenen oder offenen »Fragen nach Meinung und Beurteilung« genügend einzusetzen[30]. Hierbei kommt es darauf an, dass der Lehrer sich je über die didaktische Funktion seiner Fragen im Klaren ist und weiß, ob sie im von ihm gelenkten Unterrichtsgespräch Steue-

30 *H. Kurz*, Methoden des Religionsunterrichts, München [4]1998, 30.

rungs-, Polarisierungs-, Aktivierungs-, Überprüfungs- oder eine andere Funktion wahrnehmen sollen[31]. Das verlangt funktional entsprechende Fragen und insgesamt eine korrekte Fragetechnik des Unterrichtenden. Dazu gehört unbedingt das Wissen um die verschiedenen *Fragearten* und – nicht zu vergessen – *Frageunarten im entwickelnden Lehrgespräch*. Die wichtigsten sind folgende:

- *»Bestimmungsfragen«* bzw die so genannten *»W-Fragen«,* die mit einem Fragewort (wer/wie/wo/warum/wie viele ...?) beginnen und möglichst klar und eindeutig ausfallen sollten. Sie sind als Sach-, Wissens- und Begründungsfragen wichtiges und unverzichtbares Handlungselement in jedem Lehrgespräch und dürfen nicht – etwa zugunsten eines rein impulsgebenden Unterrichts – verteufelt werden. Auf ihre sorgfältige und korrekte Formulierung ist zu achten!
- *»Definitionsfragen«* (Was ist ein Gebet?); sie stellen sehr hohe Anforderungen an das kindliche Abstraktionsvermögen und sollten deshalb, wo möglich, durch Aufforderungen zu Beschreibungen und Umschreibungen ersetzt werden.
- *»Feststellungsfragen«* (Ist das so?) oder *»Alternativfrage«* (Ist das so oder so?); sie sollten sehr sparsam und – wenn überhaupt – nur didaktisch wohl überlegt eingesetzt werden, weil sich mit ihrem einengenden Prüfungscharakter leicht suggestiv-repressive Tendenzen verbinden können.
- *»Suggestivfragen«* (Du wirst doch wohl nicht daran zweifeln, dass...?); auf sie ist ganz zu verzichten, da sie den gefragten Schüler unpädagogisch manipulativ beeinflussen und besetzen, was sich besonders der RU, der ohnehin ständig unter Indoktrinations- und Manipulationsverdacht steht, auf keinen Fall ›leisten‹ kann.
- *»Entscheidungsfragen«* (»Ist Christus mit dem Menschen Jesus von Nazareth identisch?«); sie lassen ähnlich wie die mehr sachorientierten Feststellungsfragen nur ein Ja oder Nein zu und sind damit wenig gesprächsfördernd; bewegen sie sich, wie häufig im RU, im Meinungs- und Haltungsbereich, kommen sie in die Nähe von Bekenntnisfragen und sind religionspädagogisch inakzeptabel.
- *»Bekenntnisfragen«* (Glaubst Du an Jesus Christus, Deinen Heiland?); sie sind sowohl pädagogisch wie theologisch illegitim und dürfen im RU nicht gestellt werden, weil sie den Schülern zu nahe treten, unehrliche Antworten provozieren und taktlos die Grenze religionsunterrichtlichen Wirkens und Bewirkens überschreiten würden.
- *»Ergänzungsfragen«* (Jesus wurde verhaftet im...?); sie sind formal-sprach-

31 *W. Grünfeld*, Frage – Impulse – Besprechung – Entwickelnde Unterrichtsformen, 95f.

lich ein Unding und nehmen in ihrer naiv primitiven Entlastungsfunktion die Gefragten nicht wirklich ernst.

- *»Kettenfragen«;* sie kommen in der unterrichtlichen Praxis besonders häufig vor und resultieren meist aus der unexakten Formulierung der Ausgangsfrage. Das bedingt dann eine kettenartige Kumulation aneinander gehängter Fragen, die als vermeintliche Zusatz- und Hilfsfragen den Schülern die Anfangsfrage verständlicher machen sollen, meist aber das Gegenteil bewirken[32].

Gekonnt praktiziertes Fragen achtet neben der richtigen Fragestellung darauf, dass die Fragen gut gestreut werden, dass zwischen Frage und Antworten angemessene Besinnungspausen eingelegt werden und dass mit den Schülerantworten – und das ist das A und O jedweden gelingenden Lehrgesprächs – richtig umgegangen wird: Der Lehrer muss mit den gegebenen Antworten geradezu ›wuchern‹! Das verbietet ihre »abkanzelnde« Qualifizierung als »falsch«, wo sie nicht auf der Denklinie des Lehrers liegen, erfordert Lob, Bestätigung und Ermutigung und verlangt vor allem die Fähigkeit und den Willen der Lehrkraft, auch aus weniger befriedigenden Antworten noch etwas für den Unterricht zu ›machen‹. Nicht ohne Bedeutung ist bei all dem schließlich noch die Sitzordnung: Hier müsste auch für das entwickelnde Lehrgespräch die frontalunterrichtliche Sitzordnung zugunsten einer mehr kreisförmigen oder hufeisenförmigen Anordnung, wo möglichst jeder jeden sehen kann, aufgelöst werden. Das liegt in der Konsequenz dessen, was auf Schülerseite mit einem guten Lehrgespräch an mitgehender, mitdenkender und mitarbeitender Argumentationsfähigkeit intendiert ist, und sollte die Lehrer augenscheinlich daran erinnern, mit ihrem gelenkten Unterrichtsgespräch nicht der stupid gängelnden »Ping-Pong-Fehlform« zu verfallen.

3.3 Das Schülergespräch. Im Unterschied zum Lehrgespräch handelt es sich beim Schülergespräch um ein *freies oder offenes Unterrichtsgespräch,* das auch unter den Bezeichnungen »Unterrichtsgespräch«[33], »Erfahrungsgespräch«[34] oder »Arbeitsgespräch«[35] begegnet. Es be-

32 Vgl. *W. Grünfeld,* aaO., 96f.; *H. Meyer,* aaO, 205–209.

33 So sehr unspezifisch *H. Kurz,* Methoden des Religionsunterrichts, 31ff.

34 So m.E. zu »spezifiziert« *W.G. Euer,* Gesprächsführung und Diskussionsleitung, in: *D. Zilleßen (Hrsg.),* Religionspädagogisches Praktikum, Frankfurt a.M./Berlin/München 1976, 89–95, bes. 90f.

35 *P. Müller,* Methoden in der kirchlichen Erwachsenenbildung, München 1982, 116.

stimmt sich im Wesentlichen von den Schülern her, die sich *zusammensetzen* (nicht *auseinandersetzen* wie bei der Diskussion!), um im gemeinsamen Gespräch einen »Sach-, Sinn- oder Problemzusammenhang« zu erarbeiten. Dabei kommt es entscheidend darauf an, dass die Schüler »ihre eigenen Erfahrungen und Phantasien«, ihre Vorstellungen und Meinungen und ihre besonderen Probleme und Schwierigkeiten in das Gespräch einbringen und miteinander besprechen[36]. Auf Schülerseite heißt das vor allem, sich der eigenen Erfahrungen bewusst zu werden, sie auszusprechen und der Meinung anderer auszusetzen und – wo möglich – sich über sie miteinander zu verständigen.

Was die *Lernstruktur* anlangt, ist das Schülergespräch nicht wie das Lehrgespräch linear-sukzessiv, sondern *konzentrisch* angelegt und kreist um ein Thema oder Problem aus der Erfahrungswelt der Schüler. Wichtig ist, dass die Schüler mit dem Gesprächsthema etwas anfangen können und ihnen dessen Lebensrelevanz so einleuchtet, dass sie das Engagement und die Anstrengung gewinnbringenden Miteinander-Redens aufbringen. In der Regel empfiehlt es sich dabei, zunächst eine gemeinsame Erfahrungs- und Informationsgrundlage zu schaffen, um erst dann – gegebenenfalls durch geeignete Texte, Medien oder Nachrichten motiviert und informiert – in das problem- und erfahrungsorientierte Gespräch der Schüler untereinander ›einzusteigen‹.

Die Lehrerlenkung ist beim Schülergespräch stark reduziert oder ganz zurückgenommen, ohne dass der *Lehrer* seine Lehr- und Erziehungsfunktion völlig aufgibt. Grundsätzlich ist er im Schülergespräch gleichberechtigter Gesprächspartner, der je nach Alter und Gesprächsfähigkeit der Schüler mehr oder weniger starke Hilfen im Bereich der Gesprächsführung und Gesprächsdisziplin gibt. Normalerweise wird er das Gespräch organisieren und darauf achten, dass die Spielregeln eingehalten werden. Ansonsten nimmt er sich mit eigenen Gesprächsbeiträgen so weit wie möglich zurück und verzichtet vor allem auf ständig wertende und korrigierende Eingriffe in das Gespräch. Wo der Lehrer sich trotzdem einschalten muss, was besonders bei Klassen, die in dieser Gesprächsmethode noch unerfahren und ungeübt sind, häufiger vorkommen kann, soll dies weniger lenkend und bestimmend geschehen als vielmehr eindeutig helfend und ermutigend. Das kann

36 *I. Mager,* aaO., 291.

ebenso heißen, leistungsschwächere Schüler im Gespräch zu unterstützen und zum Mitreden zu ermuntern, wie dafür zu sorgen, dass das Schülergespräch nicht versandet oder an Disziplinlosigkeit scheitert. Im inhaltlichen Bereich muss der Lehrer mit seinen Eingriffen besonders zurückhaltend und vorsichtig sein. Hier hat er immer wieder zu entscheiden, »an welchen Stellen er Schüleraussagen unbedingt korrigieren muss«, weil sie andernfalls »aufgrund eines ›Fehlers‹ negative Folgen bei der Gruppe oder bei einzelnen Schülern« bewirken könnten[37]. Die Schwierigkeit liegt dabei für den Lehrer natürlich darin, solche ›Fehler‹ eindeutig zu indizieren, was vielleicht im Wissens- und Sachbereich noch einigermaßen möglich ist, sich aber im Erfahrungs- und Einstellungsbereich als äußerst problematisch darstellt. Hier könnten gegebenenfalls die Ergebnissicherung und -sichtung, um die sich der Lehrer beim Schülergespräch ebenfalls zu kümmern hat, zum Ort und Anlass werden, um problematische Wertäußerungen noch einmal eigens aufzugreifen und kritisch zu bedenken. Methodisch könnte das den Übergang vom Schülergespräch zur Diskussion erfordern, was vom Lehrer nicht nur methodisches Geschick, sondern auch Gespür für den rechten ›Kairos‹ zum Methodenwechsel verlangt. Das gilt es besonders gegenüber dem Schülergespräch zu beachten, das von seinem Grundanliegen her keine Streitatmosphäre verträgt und deshalb von einer zur Unzeit aufkommenden Diskussion nur ›sabotiert‹ werden könnte. Keine andere Art unterrichtlichen Gesprächs ist so dringend auf ein Klima vertrauensvoller Offenheit und gegenseitiger Achtung angewiesen wie gerade das Schülergespräch. Dabei hängt für sein Gelingen viel davon ab, wie es der Lehrer versteht, seinen schwierigen Doppelpart als Gesprächspartner und Gesprächshelfer zu spielen. Hier bedarf es konzentrierter Aufmerksamkeit und sensibler Begleitung des Gesprächsgangs und vor allem viel Takt und Fingerspitzengefühl im Umgang mit den verbalen und nonverbalen Äußerungen der Schüler. Wo ein Lehrer sich das angelegen sein lässt, fördert er die Gesprächsbereitschaft seiner Schüler und eröffnet ihnen Spiel- und Übungsräume, um in der schweren Kunst selbstständiger Gesprächs-

37 *F. Kamman,* Methoden der vierpoligen Interaktion, in: *H. Gudjons/R. Teske/R. Winkel (Hrsg.),* Unterrichtsmethoden: Grundlegung und Beispiele, Braunschweig ²1987, 87–103, bes. 97.

führung, an der für den Erfolg von Schülergesprächen alles gelegen ist, voranzukommen.

Was die strukturellen Bedingungen und organisatorischen Regelungen betrifft, verlangt das Schülergespräch undispensierbar und geradezu demonstrativ – als sichtbaren Ausdruck seiner wesentlichen Intention, miteinander, untereinander und zueinander reden zu wollen – die *Form des Kreis- bzw. Rundgesprächs.* Wo die Schülerzahl zu groß ist, empfiehlt sich die Bildung von größeren Gruppen, in denen dann das Schülergespräch anspruchsgemäß gepflegt werden kann. Dabei ist daran zu erinnern, dass sich ja gerade die Gruppenarbeit über weite Strecken als Arbeits- und Schülergespräch vollzieht und ihr Erfolg ganz wesentlich von der Fähigkeit der Gruppe zum Schülergespräch abhängt. Hier gibt es methodische Interdependenzen, die gesehen und genutzt werden wollen. Im übrigen sollte das Schülergespräch, um seinen Charakter als freies und lockeres Unterrichtsgespräch nicht reglementierend zu verspielen, auf allzu strenge Gesprächsregeln, Rednerlisten und andere Formalitäten tunlichst verzichten und mehr auf die Überzeugungs- und Durchsetzungskraft humaner Verständigung auch im Unterrichtsgespräch setzen. Dass solcher hehren Hoffnungsperspektive die alltägliche Schul- und Unterrichtswirklichkeit oftmals radikal entgegensteht, zwingt gerade angesichts des anspruchsvollen Schülergesprächs zu realistischer Bescheidenheit und einer Methodik der kleinen (Fort-) Schritte, die das Schülergespräch jahrelang (!) übt und sich freut, wenn es ab und an und vielleicht immer häufiger ›wirklich‹ klappt.

Nach allem bisher zum *Schülergespräch* Gesagten erübrigt sich beinahe der Hinweis auf die geradezu kongeniale Beziehung zwischen der Methode des Schülergesprächs und einem *RU,* dem es nach seinen schulischen Möglichkeiten um die »Kommunikation des Evangeliums« zu tun ist. Diese verpflichtet den RU nicht nur zu agapegemäßer Kommunikation, sondern auch zur existenziellen Verifikation des Evangeliums an den Erfahrungen der Schüler. Damit aber gehören Erfahrungsorientierung und dialogische Vermittlung qua liebevollem Verstehen und Verständigen essenziell zum christlichen RU und konvergieren in solch wesentlichem Ausmaß mit der Methode erfahrungs- und problemorientierten Schülergesprächs, dass kein guter RU es sich auf Dauer leisten kann, diese Methode als für seine Praxis irrelevant zu ignorieren.

3.4 Die Diskussion. Diskussion steht hier nicht nach dem verbreiteten populären Verständnis für alltägliche Gespräche oder anstehende Nachfragen und Aussprachen nach einem Vortrag, sondern meint im qualifizierten Sinn eine Gesprächsform, in der es im Wesentlichen um die Auseinandersetzung mit Problemen und kontroversen Meinungen geht. Im Gegensatz zu den eher integrativ bemühten Gesprächsmethoden des Lehr- und Schülergesprächs dominiert bei der Diskussion eine *konfrontative Struktur,* die auf die Klasse oder Gruppe stärker desintegrierend wirkt. Es werden Meinungen geäußert und gegeneinander gesetzt, Positionen bezogen, Argumente ausgetauscht, geprüft und verworfen und versucht, den anderen zu überzeugen.

Wichtigste Voraussetzung für eine echte Diskussion ist, dass ihr Thema oder Gegenstand überhaupt kontroverse Auffassungen und Bewertungen zulässt. Wo eine Sachlage eindeutig ist oder unbestritten gleiche Meinung herrscht, erübrigt sich eine Diskussion. Daraus ergibt sich als didaktische Maßgabe für jede Unterrichtsdiskussion, dass den Schülern die kontroverse Strittigkeit des Diskussionsgegenstandes bewusst sein bzw. bewusst gemacht werden muss. Hier heißt es für den Lehrer durch den Einsatz geeigneter Medien bei den Schülern Problembewusstsein und Interesse zu wecken und sie, wenn möglich, dazu zu bringen, persönlich Stellung zu beziehen und einen eigenen Standpunkt einzunehmen. Wo das gelingt, sind die Schüler motiviert zu argumentieren und aufgeschlossen, sich durch entsprechende Informationen fehlende Argumente zu beschaffen. Das kann durch einen vorgeschalteten Lehrervortrag ebenso geschehen wie durch problemorientierte Gruppenarbeit oder Partnerarbeit, ja sich im Idealfall sogar auch erübrigen, wenn die Diskussion gleichsam spontan und ungeplant aus einem gehaltvollen Lehr- oder Schülergespräch erwächst. Schließlich kann es durchaus auch nötig werden, eine Diskussion zu unterbrechen, um eine Phase vertiefter Besinnung oder ergänzender Information einzuschieben. Hier sind methodisch viele Wege möglich, um der Diskussion zu Format und Erfolg zu verhelfen. Worauf sie bei allem nicht verzichten kann, sind inhaltliche Vorgaben, Ernsthaftigkeit engagierter Stellungnahme und die Anstrengung kritischen Denkens und Argumentierens. Sind diese Bedingungen erfüllt, entgeht die Diskussion der immer wieder beschworenen Gefahr, sich in belanglosem Geschwätz und vorurteilsbestimmtem »Gequatsche« zu erschöpfen.

In formaler Hinsicht lässt sich eine solche zum bloßen Gerede entartete Diskussionspraxis, die man gerade auch im RU nicht selten antrifft, dadurch verhindern, dass man sich strikt an die *Regeln* hält, die für eine qualifizierte Diskussion gelten. Sie konzentrieren sich in der Rolle des *Diskussionsleiters,* der ausdrücklich bestimmt wird und darauf zu achten hat, dass die Spielregeln und Zeiten der Diskussion auch eingehalten werden. Im Einzelnen hat er folgende *Aufgaben* wahrzunehmen:

- er eröffnet und schließt die Diskussion
- er führt eine Rednerliste in der Reihenfolge der Wortmeldungen
- er erteilt und entzieht das Wort
- er sorgt für Ordnung und die Einhaltung der Redezeit
- er gibt gegebenenfalls Diskussionsimpulse, stellt klärende Nachfragen und kann zur Verdeutlichung und Vergewisserung Diskussionsvoten »spiegeln«
- er kann Zwischenbilanzen ziehen und hat das Diskussionsergebnis zusammenzufassen[38].

Gegenüber den Gesprächsmethoden des Lehr- und Schülergesprächs liegt hier ein erheblich höherer Grad an »Verregelung« vor. Das müssen die *Schüler* wissen, die Regeln im Einzelnen akzeptieren und den Umgang mit ihnen in der unterrichtlichen *Diskussionspraxis* lernen und regelrecht üben. Entsprechend den Regeln der Diskussionsleitung heißt das für sie:

- sie reden nur nach Wortmeldung und Aufforderung
- sie lassen den anderen ausreden und gehen, wenn möglich, auf seinen Gesprächsbeitrag ein
- sie halten sich an Thema und Problemstellung der Diskussion
- sie vermeiden Äußerungen, die verletzen, und versuchen, Kritik an der eigenen Meinung zu ertragen
- sie identifizieren sich mit ihrer Rolle in der Diskussion: als Befürworter einer Position, als Gegner, als Beobachter oder auch als Diskussionsleiter[39].

Über die *Rolle des Lehrers* in der Diskussion gehen die Meinungen auseinander. In der Regel fungiert der Lehrer selbst als Diskussions-

38 Vgl. *H. Kurt,* Methoden des Religionsunterrichts, 33; *W.G. Esser,* Gesprächsführung und Diskussionsleitung, 93f.

39 Vgl. *H. Meyer,* aaO., 293.

leiter, was von den hohen Anforderungen her, die an einen guten Diskussionsleiter zu stellen sind, durchaus auch berechtigt ist. Andererseits besteht in diesem Fall die ständige akute Gefahr, dass der Lehrer ›aus der Rolle fällt‹ und die Diskussion umfunktioniert zum Lehrgespräch, das er führt und dirigiert. Besonders in der Phase der Neueinführung und Einübung der Diskussion in einer Klasse hilft hier nur methodische Disziplin des Lehrers, der sich strikt an die Regeln der Diskussionsleitung zu halten hat und sich nicht scheuen darf, seine Rolle wie die Diskussion insgesamt in gleichsam methodischer Metareflexion mit den Schülern zusammen kritisch zu bedenken. So kann seine Diskussionsleitung zum bedachten Musterfall werden, an dem die Schüler lernen und die Voraussetzungen gewinnen können, um mit der Zeit selbst die Diskussionsleitung zu übernehmen. Das sollte der Lehrer anstreben und so weit ›treiben‹, dass zu guter Letzt die Klasse oder Gruppe selbst den geeignetsten Schüler zum Diskussionsleiter bestimmt. Noch mehr als beim Schülergespräch muss sich dabei der Lehrer in seiner »Rolle als didaktisch-methodischer Steuermann« zurücknehmen[40]. Das schließt es freilich nicht aus, dass der Lehrer bei der Diskussionsvorbereitung wie bei der Diskussion selbst als Helfer und Berater der Diskutanten fungiert.

Wo solchermaßen unterrichtliches Diskutieren – beginnend mit Anfangsübungen gegen Ende der Grundschule – die ganze Schulzeit hindurch ausdrücklich und kontinuierlich geübt und gepflegt wird, besteht die begründete Aussicht, bei den Schülern ein Mehr oder Weniger an Diskussionsfähigkeit anbahnen zu können. Dazu gehört, dass Schüler in der Lage sind, ihre eigene Meinung sprachlich und argumentativ geschickt zu artikulieren, andere Meinungen zu tolerieren und in engagierter Auseinandersetzung trotzdem partnerschaftlich und rücksichtsvoll miteinander zu streiten. Mehr als mit den anderen Gesprächsmethoden leisten hier Unterricht und RU, der im »Streit um die Wirklichkeit« der Diskussion nicht entraten kann, einen wichtigen Beitrag zur Einübung demokratischer Gesprächskultur und demokratischen Verhaltens.

Eine Variante der Diskussion, die ihren genuinen Ort und Ursprung in den Parlamenten der westlichen Demokratien – vor allem Großbritanniens – hat, ist schließlich die *Debatte*, die in ihrer

40 *E. Terhart*, Lehr-Lern-Methoden, 92.

höchstgradigen Verregelung und politischen Abzweckung verständlicherweise an der Schule wenig bekannt und geübt ist. In Anlehnung an die »Geschäftsordnungen politischer Entscheidungsgremien« geht es dabei mit strenger Rollenverteilung um das »Pro und Contra« zu einem gestellten Antrag mit dem Ziel, ihn anzunehmen, abzulehnen oder zu modifizieren[41]. Für den RU bietet sich der Einsatz dieser Gesprächsmethode weniger an; von Ausnahmen abgesehen reichen für seine kommunikativen und argumentativen Belange die Regeln, Möglichkeiten und Anliegen unterrichtlicher Diskussion völlig aus.

4. Gemeindepädagogischer Ausblick

Die für den RU behauptete Unverzichtbarkeit der Gesprächsmethoden gilt grundsätzlich auch für *die gemeindepädagogischen Arbeitsfelder*, so weit sie sich der gemeinsamen Aufgabe der »Kommunikation des Evangeliums« verpflichtet wissen. Weder Kindergartenarbeit noch Konfirmandenunterricht, Jugendarbeit oder Erwachsenenbildung und Altenarbeit werden in ihren Aktionen und Interaktionen ganz auf das Gespräch verzichten können. Anteil und Art der Gesprächsmethoden bemessen sich dabei nach Alter, Bedürfnissen und Erfordernissen der Lernenden und den Möglichkeiten, die das jeweilige didaktische Handlungsfeld mit seinen je besonderen institutionell-strukturellen Bedingungen und religionspädagogischen Interessen und Intentionen gewährt. Hier bewährt sich die vorgenommene Unterscheidung nach verschiedenen Gesprächsmethoden; sie ermöglicht einen je der Lernsituation und -intention angepassten Methodeneinsatz und die anteilsmäßig differenzierte Kombination von Gesprächsverfahren mit anderen Methoden. Variiert nach den jeweiligen gemeindepädagogischen Konzepten, die verfolgt werden, könnte etwa in der *Kindergartenarbeit* mit Formen der Plauderei begonnen werden bei ersten Akzenten in Richtung erfahrungsorientiertem Kindergespräch oder ansatzweisem Lehrgespräch, im *Konfirmandenunterricht* könnte vielleicht das erfahrungs- und problemorientierte Gespräch mit möglichen therapeutischen Ambitionen dominieren, in der *Jugendarbeit* die Diskussion oder das methodisch nicht formierte

41 *H. Meyer*, aaO., 295f.

Miteinandersprechen, in der *Erwachsenenbildung]^* nach Projekt die ganze Palette an »kommunikativen und kooperativen Gesprächs- und Arbeitsmethoden« ausgeschöpft werden[42] und in der *Altenarbeit* möglicherweise das »seelsorgerliche Gespräch« von Person zu Person vorherrschen. Für den Gesprächseinsatz im schulischen RU dürfte dabei vergleichsweise das Lehrgespräch besonders dominant sein. Gleichzeitig macht der Blick über den religionsunterrichtlichen Zaun in andere religionspädagogische Arbeitsfelder deutlich, dass es neben den von uns unterschiedenen und beschriebenen unterrichtlichen Gesprächsmethoden noch andere Gesprächsarten gibt, die in Lernbereichen außerhalb der Schule angesiedelt sind. Sie sind, wie etwa das therapeutische oder »seelsorgerliche Gespräch«[43], nicht für den RU gedacht und geeignet, können aber trotzdem eine religionsunterrichtliche Bereicherung darstellen, indem sie bisher vernachlässigte oder übersehene Aspekte und Dimensionen menschlicher Gesprächspraxis eröffnen und Anstöße geben, sie unter schulischen und religionsunterrichtlichen Bedingungen zu bedenken. Im übrigen zeigt auch die Beschäftigung mit Gesprächsmethoden außerhalb schulischen Unterrichts noch einmal, dass es in praxi die eine und reine Methode nicht gibt, sondern gekonnter Methodengebrauch auf flexibel gehandhabte Methodenkombinationen und -transformationen angewiesen ist. Das gilt nicht zuletzt für die ›konzertante‹ Vielfalt der Gesprächsmethoden, die ihren Charme und ihre Chancen erst dann wirklich ausspielen, wenn ein meisterlicher Lehrer die Klaviatur ihrer vielen Spielarten beherrscht.

Literaturhinweise

D. Zilleßen (Hrsg.), Religionspädagogisches Praktikum, Frankfurt a.M./ Berlin/München 1976.

H. Kurz, Methoden des Religionsunterrichts, München [4]1998.

H. Gudjons/R. Teske/R. Winkel (Hrsg.), Unterrichtsmethoden: Grundlegung und Beispiele, Braunschweig [2]1987.

H. Meyer, UnterrichtsMethoden II: Praxisband, Frankfurt a.M. [11]2000.

42 *P. Müller,* Methoden in der kirchlichen Erwachsenenbildung, 6.

43 Vgl. *H.-J. Thilo,* Art. Gespräch, 150f. mit weiterführender Literatur bes. zum »seelsorgerlichen Gespräch«.

VIII.
Erzählen

Gottfried Adam

Zu allen Zeiten hat in der christlichen Erziehung und im christlichen Unterricht das Erzählen[1] zu einer bevorzugten Methode gehört, um den Auftrag zur »Kommunikation des Evangeliums« *(Ernst Lange)* wahrzunehmen.

1. Erzählen – eine elementare Weise menschlicher Kommunikation

Dem korrespondiert der empirisch feststellbare Sachverhalt: Wir kommunizieren als Menschen in unserem Leben häufig und zugleich selbstverständlich auf dem Wege des Erzählens miteinander. Wir tun dies, um etwas mitzuteilen, um jemandem Anteil zu geben an den eigenen Erfahrungen, um eine Beziehung aufzunehmen oder zu vertiefen usw. Erzählen ist dabei zunächst als allgemeiner Ausdruck zu verstehen, der auch andere Begriffe umfassen kann: berichten, mitteilen, schildern, beschreiben, wiedergeben usw.

1.1 Erzählen im Alltag. Das Erzählen dient dazu, Unerwartetes mitzuteilen, Neues weiterzugeben. Manche Erzählforscher sind sogar der Meinung, dass in der Weitergabe des Unerwarteten der letzte Grund für das Erzählen liege[2].

1 Zu diesem Artikel insgesamt sei verwiesen auf G. *Adam,* Kleine Erzähllehre, in: *ders.,* Religiöse Begleitung und Erziehung von Menschen mit geistiger Behinderung, Würzburg ²2000, 38–72.

2 Zum Ansatz beim alltäglichen Erzählen vgl. *K. Ehlich (Hrsg.),* Erzählen im Alltag, Frankfurt 1980; sowie *ders.,* Alltägliches Erzählen, in: *W. Sanders/K. Wegenast (Hrsg.),* Erzählen für Kinder – Erzählen von Gott, Stuttgart 1983, 128ff.

»Psst! Ruhe! Opa erzählt wieder, wie er das erste Mal mit dem Flugzeug nach New York geflogen ist.« – Auch ein solcher Satz macht eine Funktion des Erzählens deutlich. Es wird etwas wiederholt. Eine Geschichte wird zum wiederholten Male erzählt.

»Erzähl doch was« – so mag die Großmutter beim Besuch ihrer Kinder und Enkel sagen. Sie signalisiert damit: Ich möchte Anteil haben an dem, was im Leben mir nahestehender Menschen passiert.

Diese zwei Beispiele zeigen, wie wichtig das Erzählen im Alltag ist. Beim Erzählen bedienen wir uns unterschiedlicher Sprachformen: Wir erzählen einen Witz, eine Anekdote, ein Märchen, ein Erlebnis, eine Beispielgeschichte, eine biblische Geschichte, eine leidvolle Erfahrung. – Das eine Mal geht es um ein sehr kurzes, z.T. vordergründiges Erzählen, ein anderes Mal handelt es sich um ein sehr tief gehendes Erzählen. Häufig ist der Erzähler oder die Erzählerin selbst in das Geschehen verwickelt. So hat das Erzählen auch die Aufgabe, eine gemeinsame Welt herzustellen, Gemeinsamkeit herbeizuführen, in der Menschen aneinander Anteil nehmen, in der Sprecherin und Hörer miteinander integriert werden.

- Martin besucht nach seinem Skiurlaub seinen Freund. Er erzählt ihm von seinen Erlebnissen.
- Nach der Schule wollen Vater oder Mutter wissen, wie es war, er/sie fordert Martina auf: »Erzähl doch mal! Wie war es denn heute in der Schule?«

Eine innere Funktion des Erzählens kommt in den Blick, wenn wir z.B. eine (biblische) Geschichte erzählen, in der es um den Sinn unseres Lebens geht, – oder wenn wir von Leid, das uns betroffen hat, erzählen. Erzählen und die Verarbeitung persönlicher Fragen und Erlebnisse hängen offensichtlich unmittelbar zusammen. Bei solcher Tiefenfunktion des Erzählens im Alltag passiert es, dass etwas Neues und Unerwartetes erzählt wird, das zum Staunen provoziert, das vielleicht auch zum wiederholenden Erzählen drängt.

Der Forschungsansatz beim alltäglichen Erzählen fragt primär nicht nach literaturwissenschaftlichen Gattungen, sondern setzt bei den erzählerischen Vollzügen im Alltag an. Von daher ergeben sich für die Fragen des Erzählens in Unterricht und christlicher Erziehung weiterführende Perspektiven.

Von der Husserlschen Phänomenologie herkommend, hatte

Wilhelm Schapp schon Vorjahren darauf aufmerksam gemacht, dass wir Menschen immer in Geschichten verstrickt sind.

»In solche Geschichten sind auch wir, unsere Nachbarn, Freunde und Bekannten, ist jeder Einzelne stets verstrickt. Mit Geschichten, die uns beschäftigen, schlafen wir abends ein, sie begleiten uns und verfolgen uns bis in die Träume hinein und stehen beim Erwachen wieder neben uns. In all diesen überlieferten oder von uns selbst erlebten Geschichten gibt es den Verstrickten oder die Verstrickten, die gleichsam als Mittelpunkt der Geschichte zusammenhalten. In diesem Punkt stimmen alle Geschichten, auch wenn sie sonst keine Berührungspunkte miteinander haben, überein«[3].

1.2 Das Christentum als Erzählgemeinschaft. Ende der sechziger, Anfang der siebziger Jahre geriet das Geschichtenerzählen in der unterrichtsmethodischen Debatte in Misskredit, weil, so wurde argumentiert, es die Zuhörerinnen und Zuhörer »einlulle«, statt sie zur Selbstständigkeit zu befähigen. Inzwischen ist aber in Theologie und Pädagogik sowie in der Sprachwissenschaft und in der Literatur die Bedeutung des Erzählens wiederentdeckt worden.

In der Theologie vollzog sich das unter dem Stichwort »narrative Theologie«[4], d.h. erzählende Theologie.

Neben dem Argument wurde die Berechtigung der Narration herausgestellt. Erzählerische Wiedergabe handelt nicht von denkerischen Systemen, sondern berichtet von Handlungen. Solche Geschichten stellen eine Aufforderung an den Zuhörer dar, glaubend, hoffend und wirkend in die Geschichte »einzusteigen«, sich auf die Geschichte und das mit ihr Weitergegebene einzulassen.

Aus *sprachwissenschaftlicher Sicht* hat *Harald Weinrich* den hohen Stellenwert des Erzählens hervorgehoben.

»Die biblische Tradition legt die Frage nach der Erzählung nahe ... Die Bibel enthält zwar im Alten wie im Neuen Testament auch Texte, die nicht erzählender Natur sind ..., aber ich sage sicher nicht zu viel, wenn ich behaupte, dass die wichtigsten, die religiös relevanten Texte Erzählungen sind. Jesus von Nazareth tritt uns vornehmlich als erzählte Person,

3 *W. Schapp,* In Geschichten verstrickt, Frankfurt am Main [3]1985, 1.
4 Vgl. *B. Wacker,* Zehn Jahre »Narrative Theologie« – Versuch einer Bilanz, in: *W. Sanders/K. Wegenast (Hrsg.),* aaO., 1983, 13ff.

häufig auch als erzählter Erzähler, entgegen, und die Jünger erscheinen als Zuhörer von Erzählungen, die ihrerseits die gehörten Erzählungen weiter- und nacherzählen. So sind diese Erzählungen schließlich auch auf uns gekommen, und wenn wir etwa unseren Kindern die biblischen Geschichten nacherzählen (aber hoffentlich nicht wörtlich reproduzierend!), so treten wir auf diese Weise unsererseits in eine ununterbrochene Erzähltradition ein. Das Christentum ist Erzählgemeinschaft«[5].

Auch aus *literarischer Sicht* war in den siebziger Jahren das Phänomen der Wiederkehr des Erzählens wahrzunehmen.

Die gegenwärtige Zahl von biographischen und autobiographischen Veröffentlichungen macht deutlich, dass Erzählen und Verarbeitung persönlicher Fragen und Erlebnisse unmittelbar zusammenhängen. Der Rückgriff auf traditionelle Erzählformen war auf einmal von dem Verdacht befreit, rückwärts gewandt zu sein. Selbst das Märchen passte wieder ins Bild. Auf einmal sind es die Geschichten von Menschen, nicht die Sachberichte, die wieder interessant sind.

Aus *pädagogischer Sicht* wurde darauf hingewiesen, dass menschliche Gemeinschaften Erzählgemeinschaften sind. In den Geschichten, die wir von uns erzählen und die wir von anderen hören, können wir uns unserer personalen und sozialen Identität bewusst werden, können wir nach dem Sinn des Lebens fragen und den Lauf unseres Lebens interpretieren und verstehen. Geschichten vermögen uns Kraft zu einem neuen Anfang, Mut zum Leben zu geben. Der Pädagoge *Friedemann Maurer* stellt fest:

»In der Überlieferung und im Weiterspinnen der Geschichten konstituiert sich das Band der Generationen, spiegelt sich die inwendige Erfahrung kultureller und sozialer Gemeinschaft. Ohne Geschichten könnten wir nicht leben, wären wir nicht menschlich, auch wenn sie uns bedrängen und krank machen können – als eine unsichtbare und dunkle Bürde‹, die den Gang des Menschen beschwert (Nietzsche). Geschichten machen uns frei. Lebendige Gemeinschaften sind deswegen Erzählgemeinschaften, weil in ihnen die Sprache der Geschichten und Erzählungen neben dem analytischen Verständnis unserer Wirklichkeit seinen eigenen Wert hat«[6].

5 *H. Weinrich,* Narrative Theologie, in: Concilium 9/1973, 330.
6 *F. Maurer,* Lernen und Erzählen, in: *ders.,* Lebenssinn und Lernen, Langenau-Ulm [2]1992, 135–144, 139f.

Der holländische Theologe *Kornelius H. Miskotte* hat das einmal auf die Formel gebracht: *Gut erzählen heißt, so erzählen, »dass Mitte, Ursprung und Ende aller Dinge von Ferne sichtbar werden*[7].

Das neue Fragen nach dem Erzählen und dem narrativen Zugang zur Wirklichkeit hat *Peru Luumi* im Blick auf den Auftrag des RU reflektiert und dabei herausgestellt, dass in der heutigen Welt und Schule die Verwendung des Erzählens nicht nur eine bloß methodische Frage, sondern eine ›Existenzfrage‹ sei. Es gehe darum, zu welchen Persönlichkeiten die Kinder und Jugendlichen sich entwickelten, wie sich ihr Weltbild, aber auch ihr Glaube entwickele. Es gehe um die Entwicklung der ganzen Person, des Gefühlslebens, der Kreativität, des Wissens und des Willens. Er betont: »Mit der Narration ist der Religionspädagogik eine Möglichkeit gegeben, die nicht nur auf den Religionsunterricht begrenzt ist, sondern für alle Persönlichkeitsbereiche der Schüler von Bedeutung ist. Das Verwenden dieser Möglichkeit verlangt jedoch einen ständigen Einsatz von allen, die auf die Kraft der Imagination und Kreativität vertrauen. ›Entscheidend ist‹, wie *K. Schilling* sagt, ›dass sich der ganze Mensch betroffen fühlt. Genau dies will ein narrativ ausgerichteter Religionsunterricht bewirken«[8].

2. Erzählen als Unterrichtsmethode – Geschichtliche Schlaglichter

Das Erzählen taucht als *bewusst gewählte Unterrichtsmethode* relativ spät, erstmals bei *Christian Gotthilf Salzmann*, auf[9]. In seinem religionspädagogischen Hauptwerk »Über die wirksamsten Mittel, Kindern Religion beizubringen« ist etwa ein Viertel des Umfanges der Erzählmethode vorbehalten. Salzmann bezeichnet die Erzählung als »das wirksamste Mittel, Kindern Religion beyzubringen« und legt deswegen eine Theorie der erzählenden Unterweisung vor. Er meint, nach vielem Nachdenken und auf Grund vonan-

7 Nach *D. Steinwede*, An. Erzählen, in: *W. Langer (Hrsg.)*, Handbuch der Bibelarbeit, München 1987, 262.

8 *P. Luumi*, Möglichkeiten und Grenzen des Erzählens, in: WzM 42 / 1990, 290.

9 Vgl. zum folgenden *R. Lachmann*, Die Religions-Pädagogik Christian Gotthilf Salzmanns, Jena [2]2002.

gestellten Versuchen kein den Fähigkeiten der Kinder angemesseneres Mittel finden zu können, um ihnen die Wahrheit zu vermitteln. Er verweist darauf, dass Erzählungen für Kinder reizvoll seien, dass diese gern Erzählungen hören, und dass diese »Begierde nach Erzählung« es ermögliche, einen annehmlichen und angenehmen RU zu erteilen.

Das empirisch aufweisbare Verlangen der Kinder nach Erzählung ist das eine. Doch darüber hinaus sieht er dies Verlangen als »starke Stimme der Natur«, ja Gottes Werk selbst, der durch die Natur spricht, der den Kindern das Verlangen nach Erzählungen eingepflanzt habe. Zudem verweist er darauf, dass die Heilige Schrift größtenteils aus Geschichten bestehe, und führt das Beispiel Jesu an, der die Methode des Erzählens ständig verwendet habe. Zudem benennt er noch namhafte Pädagogen seiner Zeit als Kronzeugen für das Erzählen. Salzmanns diesbezügliche Überlegungen fasst *Rainer Lachmann* in folgende sechs Punkte zusammen:

- Der Erzähler muss alle abstrakten Begriffe und allgemeinen Ausdrücke zu umgehen versuchen.
- Er hat die den Kindern eigene Sprache zu gebrauchen.
- Es wird ihm empfohlen, die Erzählung gestalterisch zu erweitern.
- Personen sollen redend eingeführt werden und in direkter Rede reden.
- Der Erzähler hat sich durch Ton, Miene und Stellung des Körpers in die Rolle des Redenden zu versetzen und mit allen Mitteln zur Veranschaulichung beizutragen.
- Die Zeitdauer der Erzählungen soll kurz und knapp bemessen sein, so dass die Kinder durch sie nicht überladen werden.

Johann Friedrich Herbart spielt mit seiner Theorie des »darstellenden Unterrichts« – als der dritten Grundform neben dem analytischen und synthetischen Unterricht – für die Entwicklung der Erzählmethode ebenfalls eine zentrale Rolle. Seine Schüler bauen theoretisch und praktisch auf seinem Ansatz auf.

Aber das Erzählen tritt bei ihnen – wie bei Herbart – »fast nur als Beschreibung (so, ›dass der Schüler zu sehen glaube‹) auf. Erst die Bremer Schulreformer *H. Scharrelmann* und *Fr. Gansberg* schöpfen die Fülle der Möglichkeiten des Erzählens voll aus«[10]. Sie haben die Lehrererzählung in die Mitte aller Fächer gerückt, dem freien

10 *W. Klafki*, Art. Erzählen, in: *H.-H. Groothoff/M. Stallmam (Hrsg.)*, Neues Pädagogisches Lexikon, Stuttgart/Berlin [5]1971, 299.

mündlichen und schriftlichen Erzählen der Kinder zur Anerkennung verholfen, die Erkenntnis der Bedeutung des Erzählens und Hörens angebahnt und damit die Bildungsaufgabe der Erziehung zum Erzählen- und Hörenkönnen bewusst gemacht.

Klafki weist darauf hin, dass Scharrelmann und Gansberg für das Erzählen Prinzipien aufgestellt haben, die z.T. bis heute gültig sind:

»a) ›Detailliere‹ (male kennzeichnende Einzelheiten anschaulich aus);
b) ›motiviere‹ (lasse die Beweggründe der handelnden Personen sichtbar werden);
c) ›lokalisiere‹ (lasse das erzählte Geschehen an konkret geschilderten Orten spielen);
d) ›analogisiere‹ (erzähle in Analogie zu der besonderen Erlebnis- und Erfahrungswelt der jeweiligen Schüler, so dass z.B. große historische Gestalten aus der Sicht der dem Kinde näherstehenden einfachen Menschen geschildert werden);
e) ›dynamisiere‹ (übersetze das Nebeneinander verschiedener Sachverhalte in die zeitliche Abfolge z.B. einer Entdeckungsreise, führe fertige ›Ergebnisse‹ – Erfindungen, geschichtliche Leistungen – auf ihren Entstehungsprozess zurück)...
Problematisch sind die von den Bremern empfohlenen Prinzipien des ›Modernisierens‹ biblischer Texte und des ›Personifizierens‹ im Sachunterricht (z.B. der Tierkunde). Hier zeigt sich die Grenze des von *Scharrelmann* und *Gansberg* einseitig gepflegten künstlerischen Erzählens«.

Die Prinzipien oder zumindest Unterrichtstechniken der Detaillierung, Motivierung und Modernisierung haben sich im Bereich der Religionspädagogik wirkungsgeschichtlich wohl am deutlichsten auf die Praxis ausgewirkt. Wenn man die Tiefenfunktionen des Erzählens bei Scharrelmann genauer analysiert, ergibt sich folgendes Gesamtbild[12]:

»– Das innere Anschauungsvermögen aktivieren
– vorhandene Vorstellungen hervorrufen
– an die Ereignisse des Tages anknüpfen (den Unterricht)
– den heimatkundlichen Stoff in ein großes Ganzes fassen
– irgendeine Sache erklären
– einen Gegenstand schildern

11 Ebd.
12 Nach *B. Kalb*, Narrative Sprachintervention. Diss. München 1987, 227.

- ein Totes beleben
- Einstieg in die gesamte Unterrichtsarbeit eines Tages
- Einleitung einer Stunde
- die Kinder zum Mitteilen, Plaudern bringen
- die sprachliche Ausdruckskraft der Kinder entwickeln
- das Vertrauen in die eigene Darstellungsfähigkeit stärken
- Selbsterlebtes versprachlichen helfen
- ethisch wirken, Normen vermitteln
- Denken, Nachdenken aktivieren
- Sachwissen anbieten.«

Diese Tiefendimensionen des Erzählens lassen sich im Blick auf die pädagogische Arbeit in die drei Bereiche des Sprachelernens, der unterrichtsmethodischen Dimension und der erzieherischen Funktion des Unterrichts sortieren, was ein differenziertes Bild ergibt. Der Ansatz von Scharrelmann und Gansberg ist ausgesprochen aufschlussreich und perspektivenreich. Die Grenzen ihres Konzeptes liegen darin, dass sie einerseits mit ihrer Zielsetzung der »formalen Kraftbildung« die Inhalte vernachlässigen und dass sie andererseits die Unterrichtsarbeit als Ganzes ihrem Wesen nach als Kunst begriffen haben.

Trotz unterschiedlicher Konzepte war der Herbartschule wie dem Kreis um Scharrelmann/Gansberg gemeinsam, dass das Erzählen im Unterricht von Bedeutung ist. In der Schule wurde viel erzählt. Besonders in den Nebenfächern, in denen es keine Schulbücher gab, war dies eine unterrichtliche Notwendigkeit.

Die gegenwärtige Situation ist dadurch gekennzeichnet, dass nach einem Rückgang des Erzählens und seiner Kultur in den sechziger und siebziger Jahren (wobei der RU sich dabei in einer positiven Ausnahmesituation befand) seit Anfang der achtziger Jahre verstärkt ein Prozess der Neubesinnung auf Theorie und Praxis des Erzählens eingesetzt hat.

Die *gegenwärtige religionspädagogische Diskussion* um das Erzählen im Blick auf die religiös-christliche Erziehung ist im evangelischen Bereich durch zwei große Erzählpositionen gekennzeichnet, die einerseits durch *Dietrich Steinwede* und andererseits durch *Walter Neidhart* repräsentiert werden. Im ersten Falle handelt es sich um eine Bibel orientierte Konzeption, die sich um Texttreue gegenüber der biblischen Vorlage bemüht[13], im anderen Falle geht es um

13 Vgl. dazu *D. Steinwede*, Werkstatt Erzählen, Münster 1974; *ders.*,

ein Konzept, für das die Phantasiearbeit des Erzählers bzw. der Erzählerin und deren eigener Glaube eine besondere Funktion erhalten[14].

3. Erzähltypen – religionspädagogisch buchstabiert

Im RU haben wir es mit unterschiedlichen Erzählformen zu tun. Da gibt es zunächst die *biblischen Erzählungen,* die von besonderem Gewicht sind, weil sie die für unser Christsein heute gültige Deutung des menschlichen Lebens als ein Leben vor Gott beinhalten. Auf Grund der narrativen Grundstruktur der biblischen Überlieferung ist Erzählen eine herausragende Methode für biblischen Unterricht (s.u. IX, 3.2).

Im Zusammenhang der Bemühungen um das *Erzählen biblischer Geschichten* haben sich seit den siebziger Jahren neben der unmittelbaren (1) Nacherzählung neue Erzählformen herausgebildet, die dem Verständnis der biblischen Geschichten dienen wollen: (2) die Umwelterzählung, (3) das biblische Summarium, (4) Erzählungen zur Entstehung biblischer Texte, (5) Rahmenerzählungen und (6) Verlaufsgeschichten. Dazu kommt die Methode des (7) Weiter-Erzählens.

An *nichtbiblischen Erzählungen* sind zu nennen: (8) problemorientierte Erzählungen und (9) biographische Erzählungen/Christengeschichten, (10) historische Erzählungen im Blick auf die Kirchengeschichte. Auch hinsichtlich der ethischen Thematik ist das narrative Moment wieder neu gewichtet worden (dazu vgl. Nr. 8 und 9). Schließlich ist noch auf die (11) Erzählungen zum Kirchenjahr hinzuweisen.

Angesichts der Vielfalt der Typen von Erzählungen wird im

Biblisches Erzählen, Göttingen 1981; *ders.*, Biblisches Erzählen in der religiösen Unterweisung für Kinder, in: *W. Sanders/K. Wegenast (Hrsg.)*, Erzählen für Kinder – Erzählen für Gott, 52–67; *ders.*, Erzählen, in: *W. Langer (Hrsg.)*, Handbuch, 257–262.

14 Siehe W. *Neidhart/H. Eggenberger (Hrsg.)*, Erzählbuch zur Bibel 1. Theorie und Beispiele, Lahr u.a. [6]1990; *W. Neidhart*, Erzählbuch zur Bibel 2. Geschichten und Texte für unsere Zeit weiter-erzählt, Lahr u.a. [2]1993.

Folgenden auf eine eingehende Erörterung aller Typen verzichtet. Sie werden jeweils nur knapp charakterisiert[15].

(1) *Biblische Nacherzählung/Texterzählung.* Dies ist die übliche und klassische Form, eine biblische Geschichte zu erzählen. Unter Bezug auf den biblischen Text wird im Blick auf den Verstehenshorizont der Zuhörerinnen und Zuhörer eine biblische Geschichte nacherzählt.

(2) *Umwelterzählung* (auch *Sack-* oder *Hintergrunderzählung* genannt). Hierbei geht es um Einblicke in und Informationen über die Zeit, Geschichte und Umwelt der Bibel, um den kultur- und religionsgeschichtlichen, politischen und geographischen Hintergrund (Beispiele: Isaak und Claudius von *U. Wölfel,* Passah im Tempel).

(3) Das *biblische Summarium.* Es gibt eine gebündelte Zusammenfassung, einen Überblick über einen größeren Sachzusammenhang (z.B. Passion, der Mann aus Nazareth).

(4) *Erzählungen zur Entstehung biblischer Texte.* Es ist oft hilfreich, wenn man weiß, in welcher Situation ein biblischer Text entstanden ist, wenn wir die literarische Ursprungssituation kennen.

(5) *Rahmenerzählung.* Rahmengeschichten wollen nicht die Entstehung eines Textes (wie Nr. 4) veranschaulichen, sondern das Problem darlegen, um das es im Text geht.

(6) *Verlaufsgeschichten.* »Die Verlaufsgeschichten versuchen, die biblischen Geschichten, wie sie von den biblischen Autoren für die Leser ihrer Zeit geschrieben wurden, mit heutigen gestalterischen Mitteln für Schüler verschiedener Altersstufen umzuformen«[16].

(7) *Weiter-Erzählungen.* Diese Art von Erzählungen charakterisiert *W. Neidhart* dahingehend, dass der heutige Erzähler nicht die Aufgabe habe, möglichst objektiv die Erzählabsicht und die Theologie des biblischen Erzählers zu übernehmen, »sondern ich muss in meiner Geschichte von dem reden, was ich glaube, was für mich wahr ist«[17]. Dies hat zur Konsequenz, dass bei diesen Weiter-Erzählungen der biblische Text den Zuhörerinnen und Zuhörern bereits bekannt sein muss.

15 Beispiele für die im Folgenden behandelten Typen von Erzählungen finden sich bei *D. Steinwede,* Werkstatt Erzählen; *W. Neidhart,* Erzählbuch ZUR Bibel 1 und 2 und *F.G. Friemel/C.-P. März,* Geschichten, nicht nur biblische, Leipzig 1988.

16 *W. Neidhart/H. Eggenberger,* aaO., 275.

17 *W. Neidhart,* Erzählbuch zur Bibel 2, 8.

(8) *Problemorientierte Erzählungen.* In den Situationen des Alltags stellt sich die Frage nach christlichen Verhaltensweisen und Motivationen für Handlungen von Menschen. Hier kann bisweilen eine entsprechende Geschichte hilfreich sein, um einen Erfahrungsbereich zu bearbeiten.

(9) *Biographische Erzählungen/Christengeschichten.* Hier geht es z.B. um Geschichten von Personen, die aus christlicher Motivation gehandelt haben bzw. handeln (z.B. Martin Luther King, Mutter Teresa, Albert Schweitzer). – Oft kann eine »Verlängerung« biblischer Geschichten in die Gegenwart erfolgen, indem von Einstellungen und Verhaltensweisen von Menschen heute gesprochen wird, die denen in biblischen Geschichten entsprechen (z.B. die Haltung des Vertrauens, die Überwindung der Angst im Glauben). Hier wird auch deutlich, dass die Christengeschichten immer von den Christusgeschichten her zu sehen sind.

(10) *Historische Erzählungen.* Hierbei handelt es sich um Erzählungen darüber, wie kirchengeschichtliche Ereignisse abgelaufen sind (z.B. Leben und Werk Martin Luthers oder Franz von Assisis, der Reichstag zu Worms)[18].

(11) *Erzählungen zum Kirchenjahr.* Im Zusammenhang der großen Kirchenjahresfeste hat besonders das Weihnachtsfest seine besondere Bedeutung. Die Geschichten im Zusammenhang des Kirchenjahres können etwa vom religiösen Brauchtum handeln und Begründungen für religiöses Brauchtum liefern. Sie tragen auf ihre Weise dazu bei, im Rahmen des Kirchenjahres zu leben und sich darauf vorzubereiten.

4. Erzähl-Werkstatt

Die Ausarbeitung von eigenen Erzählentwürfen kann auf eine Reihe von Regeln zurückgreifen, die sich als hilfreich erwiesen haben[19].

18 Beispiele bei *D. Steinwede,* Erzählbuch zur Kirchengeschichte I/II, Lahr u.a. ^{2}1987/1987.

19 Vgl. zum gesamten Abschnitt die Ausführungen bei *D. Steinwede,* Werkstatt Erzählen, 19flT. sowie *W. Neidhart/H. Eggenberger (Hrsg.),* Erzählbuch zur Bibel l, 56–84.

4.1 Zum Erzählstil. Beim Erzählen biblischer Geschichten geht es im Kern darum, das Evangelium weiterzusagen, Kindern und Jugendlichen einen Zugang zum christlichen Gottesglauben zu eröffnen. Dabei sollte man sich vier möglicher Gefahren bewusst sein.

Die erste Gefahr besteht darin, dass man die Geschichten *historisiert,* d.h. in einer Weise darbietet, dass sie als vergangene Geschichten erzählt werden, so dass sie bei den Hörerinnen und Hörern zu dem Eindruck führen: Das geht mich nichts weiter an. Sprachlich wäre das dann etwa gegeben, wenn wir vornehmlich im Perfekt statt im Präsens oder in der Vergangenheitsform, die eine Dauer anzeigt, erzählen würden.

Ein zweites, mögliches Missverständnis besteht in der *Psychologisierung.* Wir dürfen über die biblischen Personen nicht mehr erzählen, als im Text steht. Vor allem müssen wir uns enthalten, etwas darüber zu sagen, was Gott sich wohl gedacht haben mag. Die »Psychologie Gottes« ist uns entzogen. Aber auch andere Psychologisierungen können problematisch sein.

Bei *Anne de Vries* kann man hierzu einige lehrreiche Beobachtungen machen. Die Heilung des Gelähmten (Mk 2, 1ff) wird z.B. in folgender Weise erzählt: »Die Decke war sein Bett. Darauf musste er immer liegen, der arme Mann. Und wenn es Zeit zum Essen war, musste er gefüttert werden wie ein Kind. Aber dass sein Körper krank war, war nicht einmal das Schlimmste. Das Herz des Mannes war auch krank. Er hatte so viel Böses in seinem Leben getan. Nun fürchtete er sich vor Gott. Er dachte, dass Gott böse auf ihn sei und ihm seine Sünden nicht vergeben würden«[20].

Eine weitere Gefahr besteht darin, die Erzählungen in einen Jargon der Gegenwart zu übersetzen und/oder in falscher Weise zu *modernisieren.*

Bei *H. Scharrelmann* finden sich für diesen Fehler vielfältige Beispiele. So bleibt z.B. Jakob einmal zu Ostern in der Schule sitzen, weil er im Winter wochenlang krank gewesen war. Esau bekommt immer bessere Zeugnisse und wird ein Jahr früher konfirmiert und bekommt ein Jahr früher eine silberne Taschenuhr[21].

20 *A. de Vries,* Die Kinderbibel 1961, 173f.
21 *H. Scharrelmann,* Wege zur Kraft, Hamburg 1910, 27.

Eine weitere Fehlform stellt das *Moralisieren* dar. Die biblischen Geschichten wissen bei allem Reden von den Vorzügen des Menschen doch, dass alle Menschen Sünder sind und dass von daher Christsein nur in Gebrochenheit realisiert wird. Die »Helden des Alten Testamentes« werden ja auch gerade in ihrer Menschlichkeit und Fragwürdigkeit herausgestellt. Dies ist zu bedenken, weil ja nicht das moralische Vorbild der letztlich entscheidende Zusammenhang ist, um den es in den biblischen Texten geht, sondern das Angenommenwerden, das Geliebtwerden, die Nähe Gottes, das Dasein Gottes für uns. Bei aller Unterschiedlichkeit der Einzelaussagen besteht die Einheit der Bibel in dem Dasein Gottes für uns und der Möglichkeit des Angenommenwerdens.

4.2 Regeln der Textgestaltung. Für die Aufgabe, biblische und andere Erzählungen in eine verständliche Sprache zu bringen, sind folgende Gesichtspunkte wichtig:

- Die *Sätze* sollten *kurz* sein. Sie sollten in der Regel aus vier bis sieben ein- bis zweisilbigen Wörtern bestehen.
- Jeder Satz sollte möglichst nur *eine Aussage* enthalten.
- Nur wenige *neue Begriffe* sollten in einer Geschichte auftauchen. Sie müssen dann erläutert, umschrieben werden.
- *Wesentliche Aussagen* sind im Text zu *wiederholen*. Das kann so geschehen, dass man eine gleiche Aussage mehrfach in der Erzählung wiederholt. Oder dass man wichtige Sätze einfach unmittelbar wiederholt.
- *Fremde Begriffe* sind nach Möglichkeit in eine den Adressaten verständliche Sprache zu übersetzen. Abstrakte Begriffe sind dabei zu vermeiden. Abstrakte Begrifflichkeit kann in verbale Formen umgesetzt werden (z.B. »Armut«: Sie leben ohne festes Einkommen, sie besitzen kein Haus, sie haben selten eine ausreichende Mahlzeit am Tag usw.). Es ist wichtig, anstelle des Oberbegriffes einzelnes zu benennen, statt Begriffe zu benutzen, den Vorgang zu beschreiben.
- *Indirekte Rede* sollte vermieden werden. Kennzeichen der indirekten Rede ist die Konjunktivform, die die Satzkonstruktion schwierig macht. Auf diese Weise kommt häufig die Hauptaussage, um die es eigentlich geht, in den Nebensatz. (Statt: »Wir glauben, dass Gott uns liebt« ist die Wendung besser: »Wir glauben: Gott liebt uns!«). Die wörtliche Rede erleichtert das Aufnehmen, Zuhören und eine mögliche Identifikation.
- *Eigenschaftswörter* sind verantwortungsvoll zu gebrauchen, weil sie in aller Regel Wertungen des Sprechenden hereinbringen. Hier muss man sehr vorsichtig sein. Vergleichen Sie z.B. oben einmal den Gebrauch der Eigenschaftswörter bei Steinwede und Anne de Vries.

- Hinsichtlich der *Zeitform* geht es darum, dass man in der Vergangenheitsform (oder besser in der Gegenwartsform) erzählt. Auf diese Weise werden schwierige Satzkonstruktionen vermieden. Die Geschichte kann (sie muss es nicht!) den Hörern so eher gegenwärtig werden.
- Die *Sprache* der Erzählung soll *anschaulich* sein. Die Aussagen sollten plastisch sein, so dass sie vor dem »inneren Auge« der Hörer konkret werden. Es ist überaus hilfreich, wenn die Aussagen so formuliert werden, dass man das Gesagte auch malen oder auf andere Weise darstellen könnte.

4.3 Entfaltendes Erzählen. »Entfalten heißt: Die Grundlinien des Textes ausziehen, seine Grundgedanken ausführen, seine Bilder auszeichnen«[22]. Mit diesem Zitat von D. Steinwede ist das Entscheidende zum Ausdruck gebracht: Das Erzählen beschränkt sich nicht einfach darauf, den biblischen Text nahezu wortwörtlich wiederzugeben, sondern erweitert den Text in seinem Wortbestand. Das kann aus den verschiedensten Gründen geschehen:

Es kann sein, dass ich in die Erzählung *Sachinformationen* einbeziehe, die so nicht im biblischen Text stehen, die aber für den heutigen Hörer bzw. die Hörerin zum Verständnis wesentlich sind. Dann nehme ich etwa Informationen über die Zeit Jesu, die jüdische Religion oder ähnliches in die Nacherzählung auf.

Es kann sein, dass der biblische Text *schwierige Begriffe* enthält und dass ich von daher eine Umschreibung vornehmen muss.

Es kann sein, dass eine Aussage im Zusammenhang des Textes aus *theologisch-inhaltlichen Gründen* wesentlich ist, so dass ich um der Aufmerksamkeit der Hörerinnen und Hörer willen die Aussage entfalte, wiederhole, variiere.

Es kann sein, dass der Text in seiner biblischen Fassung so *kurz* ist, dass es in der Kürze des Nacherzählens dem Hörer und der Hörerin schwer gelingt, das Gesagte in sich aufzunehmen.

Für alles Entfalten stellt sich die Frage nach der *Texttreue:* Darf ich meiner Phantasie freien Lauf lassen, wohin sie will? Oder gibt es Grenzen der Phantasiearbeit und wo liegen Grenzen, die ich nicht ohne Schaden überschreiten darf? Mir scheint es hilfreich zu sein, zwischen Texttreue und Worttreue zu unterscheiden.

Worttreue bedeutet im engeren Sinne, dass ich nur die Wörter des

22 *D. Steinwede,* Werkstatt Erzählen, 52. Zur Sache im ganzen vgl. 52–114.

biblischen Textes einfach wiederhole oder evtl. die Freiheit habe, einzelne, schwierige Wörter durch andere Wörter zu ersetzen, die für Kinder, Jugendliche oder Erwachsene verständlicher sind.

Texttreue bedeutet dagegen, dass ich nicht sklavisch an die einzelnen Wörter gebunden bin, sondern dass ich dem biblischen Text in seiner inhaltlichen Aussage verpflichtet bin. In aller Regel werde ich auch den Aufbau und die Abfolge des biblischen Textes nicht verändern. Aber beim sprachlichen Entfalten variiere ich den Wortlaut, wiederhole die Aussagen, evtl. mit verschiedenen sprachlichen Wendungen, bringe evtl. zusätzliche Informationen ein und kann auf diese Weise den Text entfalten. Wie das im Einzelnen geschieht, wird in den folgenden Punkten konkretisiert.

(1) *Sprachliches Entfalten.* Die sprachliche Entfaltung kann man am besten erkennen, wenn man unterschiedliche Nacherzählungen miteinander vergleicht. Liest man die beiden Nacherzählungen des sog. Kinderevangeliums in Mk 10, 13–16 bei *Anne de Vries* und *Dietrich Steinwede*, so kann man deutlich sehen, wie die sprachliche Entfaltung im Einzelnen vorgenommen wird[23].

Der äußere Vergleich der beiden Nacherzählungen mit dem biblischen Text zeigt, was mit Entfalten gemeint ist: Die Nacherzählung ist länger. Nun reicht es natürlich nicht aus, einfach als Ziel des entfaltenden Erzählens die Verlängerung des Textes herauszustellen. Das Entscheidende ist, dass durch die Entfaltung die Aussage des Textes für die Hörerinnen und Hörer besser verstehbar wird, nicht dass nebensächliche Aspekte über Gebühr betont werden.

(2) *Sachkundliches Entfalten.* Machen wir uns den Vorgang, dass Sachinformationen in die Nacherzählung einbezogen werden, wiederum an einem Beispiel deutlich. In der Geschichte von der Heilung des Gelähmten lesen wir in Mk 2, 4:

»Und da sie ihn nicht konnten zu ihm bringen wegen der Menge, deckten sie das Dach auf, wo er war, machten ein Loch und ließen das Bett herunter, auf dem der Gelähmte lag.«

D. Steinwede[24] erweitert folgendermaßen:

23 *A. de Vries,* Die Kinderbibel, 197–198 und *D. Steinwede,* Was ich gesehen habe, Göttingen/München 1976, 129–131.
24 *D. Steinwede,* aaO., 64.

»Da gingen die vier um das Haus herum, dort war eine Treppe, die führte aufs Dach. Das Dach war flach. Und sie nahmen den Kranken und trugen ihn aufs Dach. Das Dach war flach. Und oben fingen sie an zu graben. Sie kratzten den Lehm aus der Decke. Sie zogen Zweige von Schilf hervor, das Flechtwerk zwischen den Balken. Sie gruben hindurch, durchbrachen das Dach. Sie machten ein großes Loch. Und sie ließen das Bett mit dem Lahmen herab, gerade vor Jesus hin.«

Hier werden in den Erzählfluss einige Sachinformationen über die damaligen Häuser eingebracht, die einerseits dem besseren Verständnis und andererseits der wiederholenden Variation dienen. Sachliches Entfalten will also Dinge zur Sprache bringen, die Hörerinnen und Hörern zur Zeit Jesu bekannt waren und beim Hören selbstverständlich mitgehört wurden, während sie für die heutigen Hörerinnen und Hörer unbekannt sind, zumindest nicht unmittelbar mitgehört werden.

(3) *Entfalten von Motiven.* Es ist uns verwehrt, unsere Phantasie einfach spielen zu lassen. Zur Spannung einer Erzählung gehört es, dass Motive der handelnden Personen nicht nur vorhanden sind, sondern der Hörerin bzw. dem Hörer auch deutlich werden. So kann es nötig sein, in die Entfaltung des Textes Motive mit hineinzunehmen. Das kann bisweilen auch deshalb sachlich geboten sein, damit die Hörerin bzw. der Hörer nicht unbesehen Partei ergreifen. Beim Gleichnis vom Barmherzigen Samariter sind wir leicht geneigt, beim unmittelbaren Hören den Priester und den Leviten zu »verdammen«. In Lk 10, 31 lesen wir: »Es traf sich aber, dass ein Priester dieselbe Straße hinzog; und als er ihn sah, ging er vorüber.«

Um den Hörerinnen und Hörern die Möglichkeit zu geben, sich zumindest in die Situation des Priesters hineindenken zu können, kann man in der Nacherzählung zwei mögliche Motive ansprechen: die Furcht, selbst überfallen zu werden und die Bestimmung des jüdischen Gesetzes, derzufolge ein Priester, der Tempeldienst tut, sich nicht verunreinigen darf. Wer aber ein totes Tier oder einen toten Menschen berührt, verunreinigt sich.

Das Entfalten von Motiven kann hilfreich sein, damit die Hörerin und der Hörer sich in die Situation von Personen hineinversetzen können. Man muss freilich darauf achten, die Motivdarstellung nicht zu überdehnen.

(4) *Entfalten aus theologischen Gründen.* Dazu wiederum ein Beispiel aus dem eben bereits verwendeten Text aus der Heilung des Gelähmten. In Mk 2, 5 lesen wir in der Fassung der Luther-Bibel:

»Als nun Jesus ihren Glauben sah, sprach er zu dem Gelähmten: ›Mein Sohn, deine Sünden sind dir vergeben‹«.

Dieser Text kann etwa in folgender Weise erzählt werden:

Jesus sieht den Gelähmten vor sich.
Er sieht die Männer, die ihn bringen.
Er sieht die Mühe, die sie sich gemacht haben.
Er sieht ihre Hoffnung, und ihr Vertrauen.
Er erkennt ihren Glauben.
Da spricht Jesus zu dem Gelähmten:
Mein Sohn, deine Sünden sind dir vergeben
Deine Schuld ist vergeben.
Gott denkt nicht mehr daran.
Gott nimmt dich an.

Der Vergleich zwischen biblischem Text und Erzählfassung macht deutlich, wie in der Erzählung die zentrale Aussage des Textes sozusagen in »Großaufnahme« erscheint. Man hat vom Mittel der Zeitlupe gesprochen, wenn auf diese Weise ein zentraler Satz erweitert, umschrieben und im Großformat dargestellt wird.

Für solches sprachliche Entfalten kann man viel lernen, wenn man zu einem biblischen Text verschiedene deutsche Übersetzungen miteinander vergleicht. Dann sieht man, wie z.T. unterschiedliche Hauptwörter und Tätigkeitswörter verwendet werden. Auf diese Weise kann man selber sprachliches Material an die Hand bekommen, um die Textaussage zu entfalten.

(5) Situatives Entfalten. Das Erzählen bezieht sich auf die Erfahrungen der Hörerinnen und Hörer. Darum kann es gegebenenfalls sinnvoll sein, die in den biblischen Texten angesprochenen Lebenssituationen mit heutigen Grunderfahrungen zu verknüpfen. In der Regel wird das als Hinführung geschehen – bisweilen kann eine solche Passage auch am Ende oder im Verlauf der Erzählung ihren Ort haben.

Beispiel Angst: Manchmal habe ich Angst. Es gibt Situationen in meinem Leben, wo mir angst und bange wurde. Z.B. als Kind ... (Es schließt sich ein Gespräch an, dann folgt die Erzählung von der Stillung des Sturmes: Mk 4,35ff.)

Auch von Jesus wird uns eine Geschichte erzählt, bei der seine Jünger richtig Angst hatten, wo sie vergessen hatten, dass Jesu Wort gilt: Ich bin doch immer bei Euch!

Solche Hinführung in der Erzählung ist zugleich ein Stück Auslegung. Wichtig ist es, für die Hörerinnen und Hörer deutlich zu machen, was Hinführung und was Nacherzählung des biblischen Textes ist. Dies kann durch eine Pause und durch verschiedenartige Betonung geschehen und/oder durch einen verbindenden Satz.

4.4 Zur Ausarbeitung eines Erzählentwurfs. Bei der Ausarbeitung eines Erzählentwurfs wird es in der konkreten Praxis so sein, dass man *am Anfang* zunächst einige Male den gesamten Entwurf Wort für Wort schriftlich ausarbeitet. Allerdings wird die Erzählung dann nicht abgelesen, sondern möglichst frei vorgetragen. Allein schon der Gedanke und das Wissen, dass man einen ausgearbeiteten Entwurf auf dem Lehrertisch liegen oder in der Mappe vorliegen hat, gibt ein großes Maß an Sicherheit im Blick auf den freien Vortrag.

Später genügt es, dass man den Anfang und das Ende der Erzählung wortwörtlich ausarbeitet. Weiterhin gilt es, die Gliederung präzise zu formulieren. Evtl. sollten noch der zentrale kerygmatische Satz, die zentrale theologische Aussage ausformuliert werden. Alles Weitere braucht nur in Stichworten festgehalten zu werden.

Als *grundlegende Schritte* bei der Ausarbeitung eines Erzählentwurfs ergeben sich von daher:

- *Aneignung des Textes (bzw. Themas)* und seiner Aussage: Hierbei sind für biblische Texte unterschiedliche Übersetzungen sowie Bibelkommentare zu Rate zu ziehen (Klärung der Sachaussage). Frage: Wie geht es mir eigentlich mit dem Text? (Klärung des persönlichen Verhältnisses zur Textaussage)
- Überlegen: *Wer sind meine Zuhörerinnen und Zuhörer?* Was betrifft sie? Wo geht es im Text um ihr gegenwärtiges und zukünftiges Leben? Was wird im Text in exemplarischer Weise deutlich? Wo sind Verstehensschwierigkeiten zu erwarten? Wo ist mit Zustimmung zu rechnen, wo ist Widerspruch zu erwarten? Hier kommen alle Fragestellungen der didaktischen Analyse zum Zug.
- *Ausarbeitung:* Den Text noch einmal vor dem eigenen, inneren Auge Revue passieren lassen; die Bildfolge festlegen; die Phan-

tasiearbeit einbringen; Personen, Schauplätze und Gefühle fixieren; den Anfang ausformulieren; das Ende der Erzählung fixieren[25].

4.5 Exkurs: Freies Erzählen oder Vorlesen? Nicht jeder ist ein geübter Erzähler. So stellt sich die Frage, ob man nicht auch vorlesen kann, statt frei zu erzählen. Nun besteht kein Zweifel daran, dass der freie Vortrag, die mündliche Rede, die der Erzählung angemessenste Form darstellt. Aber das Vorlesen biblischer und nichtbiblischer Geschichten gehört ebenfalls zur Praxis christlicher Erziehung. Man kann gar nicht alles frei erzählend bewältigen. So geht es letztlich nicht um eine Alternative zwischen Vorlesen und Erzählen, sondern um das rechte Miteinander beider Kommunikationsformen.

In diesem Zusammenhang ist darum kurz auf die Frage des Vorlesens einzugehen, einmal im Blick darauf, dass Vorlesen seine eigenen Gesetzmäßigkeiten hat, und zum anderen im Blick darauf, dass das Vorlesen ein Weg zum freien Erzählen sein kann. Für das Erzählen kann man sich eine gute Vorlage suchen. Es gibt eine Reihe von guten Beispielsammlungen biblischer und nichtbiblischer Erzählungen. Jeder und jede wird selbst durch den Gebrauch darauf kommen, welches die ihm gemäße Erzählweise ist.

Beim *Vorlesen* einer Geschichte ist darauf zu achten, dass man nicht sklavisch am Text haften bleibt. Vielmehr sollte man von Anfang an den Blickkontakt mit den Hörerinnen und Hörern halten. Die Möglichkeit dazu ist durch die jeweiligen Sinnabschnitte der Vorlage gegeben. Auch das Sprechen muss beim Vorlesen sinngemäß und spannungsvoll sein, wie das auch beim Erzählen der Fall ist. Es darf nicht zu langsam oder zu schnell gesprochen werden. Es ist auf Deutlichkeit zu achten, auf sinngemäße Betonung, auf angemessene Lautstärke und darauf, dass die gefühlsmäßige Seite nicht zu kurz kommt.

In einer Broschüre der Deutschen Lesegesellschaft wird dazu ausgeführt[26]:

25 Schritte der Ausarbeitung eines Erzählentwurfes finden sich u.a. bei *E. Dieterich,* Erzähl doch wieder! Ein Lese- und Arbeitsbuch zum Erzählen biblischer Geschichten, Stuttgart 1988, 70fF. sowie *G. Urbach (Hrsg.),* Biblische Geschichte Kindern erzählen, Gütersloh [2]1982,35ff. *(D. Steinwede)*, 70 *(W. Neidhart)*.

26 *Deutsche Lesegesellschaft e. V.*, Vorlesen und Erzählen, Mainz 1984, 11.

»Ob Bilderbücher gezeigt, ob Geschichten vorgelesen oder erzählt werden – nie sollte der Text monoton heruntergerasselt, genuschelt oder in einer starren Körperhaltung vorgetragen werden. Der gesamte Körper des Vortragenden muss miterzählen, jedoch sollten die sprachlichen Mittel ebenso wie *Mimik* und *Gestik* sparsam eingesetzt werden, um die Wirkung zu erhöhen. Wichtig ist das Gesicht des Vorlesers, dessen Ausdruck den Text miterleben lässt und dadurch die Textaussage unterstützen kann. Man sollte dabei versuchen, möglichst viele Kinder während des Vortrags anzuschauen. Damit erhöht man die Konzentration und die persönliche Betroffenheit der Kinder.
Halten Sie also ständig engen *Kontakt zu den Kindern,* sei es, dass sie sich unmittelbar zu den Bildern äußern und Fragen stellen können oder dass sie durch Fragen Kinder zur Aufmerksamkeit und zum Nachdenken anregen. Durch *Blickkontakte* erfahren Sie auch die Reaktionen der Kinder, die, aus welchen Gründen auch immer, nicht in der Lage sind, sich spontan zu äußern.«

Es ist lehrreich, andere Menschen beim Vorlesen zu beobachten, aber auch beim alltäglichen Sprechen. Man kann dann nämlich sehen, wie Mimik, Gestik und Blickkontakt eine wichtige Rolle spielen. Dazu kommen noch die Körpersprache sowie der Wechsel in Geschwindigkeit und Lautstärke:

»Wichtig sind auch die Hände. Oft genügen nur sparsame Gesten, die den Text ergänzen oder die Aussagen unterstreichen können. Spannend wird es für die Kinder, wenn der oder die Vortragende sich z.B. in die Rolle der Hauptfigur(en) des Textes eindenkt und dessen körperliche Bewegungen, aber auch dessen Gedanken in *Körpersprache* umsetzt (auch hier gilt sparsamer Einsatz, sonst verwandelt sich der Textvortrag in eine parodistische Vorstellung). Man kann z.B. sitzen, stehen, sich ducken, schleichende Bewegungen oder kleine Utensilien benutzen, die in einer Geschichte von Bedeutung sind, z.B. eine Brille oder einen Umhang.

Bringen Sie Ihre *Stimme* zum Einsatz, sie ist neben Mimik und Gestik das wichtigste Ausdrucksmittel beim Vorlesen und Erzählen. Sie können z.B. verschiedene Betonungen für die Aussagen der einzelnen Personen in einem Text wählen. Sie können laut und leise (bis zum Flüstern), hoch und tief, schnell und langsam reden. Scheuen Sie sich nicht, auch einmal aufrüttelnd laut zu werden, wenn der Text es erfordert. Legen Sie bewusst Pausen beim Vorlesen ein und sprechen Sie zwischendurch ganz normal, das erhöht die Wirkung ...

Der Text braucht nicht in einem Stück erzählt oder gelesen zu werden. Die Kinder müssen die Gelegenheit haben, ihre eigenen Fragen einbringen zu können. Auf diese Weise bezieht man sie in den Verlauf ein und gibt ihnen Zeit nachzudenken, Fragen zu stellen und Antworten zu finden«[27].

Vorlesen kann man ebenso lernen wie erzählen. Gut ist es, wenn man jemanden hat, der einem Rückmeldungen geben kann. Man kann aber auch üben, indem man einen Kassettenrecorder beim Vorlesen einer Geschichte mitlaufen lasst. Dadurch kann festgehalten werden, wie sich die Erzählung jeweils verändert

- durch Betonung einzelner Wörter,
- durch Pausen zwischen Wörtern und Sätzen,
- durch das Auf und Ab der Sprachbewegung (Hebung, Senkung, Sprechrhythmus, Sprechmelodie),
- durch Sprechen in Atemeinheiten,
- durch den Tonfall des Sprechers insgesamt (unterschiedliche »Organe«),
- durch Mienenspiel und Gesten,
- durch Wiederholung einzelner Wörter, Satzpartien, Sätze.

Auf diese Weise kann man kontrolliert experimentieren und durch die anschließende Analyse lernen. Dabei ist zu bedenken, dass die eigene Stimme durch die technische Übertragung etwas verfremdet wird.

5. Erzählen im Unterrichtsprozess

Das Erzählen ist nun hinsichtlich seiner Stellung im Unterricht zu reflektieren.

5.1 Funktionen des Erzählens und Anlässe zum Erzählen. Erzählen ist eine Aktionsform, die in der Regel im Klassenunterricht ihren Ort hat und bei der die Lehrkraft eine hohe Dominanz hat. Freilich muss dies nicht bedeuten, dass Passivität der Schülerinnen und Schüler die Folge ist. Im Gegenteil, Erzählen kann auf Seiten der Kinder durchaus aktivierend wirken, zumal dann, wenn im Unterrichtsprozess die Darbietung einer Erzählung mit erarbeitenden Aktivitäten verbunden wird.

27 Ebd., 11.

(1) *Funktionen des Erzählens*[28]. Entsprechend den unterschiedlichen Typen von Erzählungen können durch das Erzählen von Geschichten im wesentlichen folgende Funktionen in didaktisch-methodischer Hinsicht wahrgenommen werden:

– Eine Erzählung kann *Sachinformationen* vermitteln. Hier geht es um Information, Belehrung, Erklärung, Wissensvermittlung. Weiterhin kann ein erarbeiteter Sach- oder Problemzusammenhang durch eine Erzählung aus unterschiedlicher Perspektive dargestellt oder kommentiert werden.

– Eine Erzählung kann verwendet werden, um Normen (Anbahnung von Haltungen, Vermittlung von Normen und Werten) und Gefühle sowie Einstellungen (eigene Position) zu Gehör zu bringen.

– Problembewältigung ist ein weiterer Aspekt (Verbalisierungshilfen für Emotionen, Konflikte, Aufarbeitung der Lebensbiographie, Förderung des sozialen Lernens).

– Das Erzählen kann der Verhaltensänderung in der Klassensituation dienen (Ablenkung, »Ruhigstellung«). *H. Meyer* spricht sogar explizit von Disziplinierungsmittel: »Ich habe in 23 Jahren eigener oder bei Studenten und Referendaren beobachteter Unterrichtspraxis noch nie erlebt, dass die Schüler gestört hätten, wahrend der Lehrer eine Geschichte erzählt.«

– Das Erzählen kann der Ergebnissicherung dienen.

– Das Erzählen kann zur Unterhaltung dienen (Aufmunterung, Entspannung, Belohnung).

(2) *Erzählanlässe.* Es seien folgende wesentliche Anlässe zum Erzählen herausgestellt:

– Einstieg in ein neues Thema. Eine Erzählung kann in diesem Zusammenhang in motivierender wie informierender Hinsicht eingesetzt werden.

– Ein Problem kann formuliert werden, das von den Schülerinnen und Schülern dann weiter bearbeitet wird. Im RU verfährt man gelegentlich so, dass man eine Geschichte bis zu einem bestimmten Punkte vorträgt und dann erarbeiten lässt, wie es wohl weitergehen mag.

28 Dazu *H. Meyer*, 16 Lektionen zur Vorbereitung auf das Allgemeine Schulpraktikum (Oldenburger Vor-Drucke 163/92), Oldenburg 1992, 66f. sowie *B. Kolb*, Sprachintervention, 230f.

– Erzählungen dienen in allen Fächern, nicht nur in Deutsch, auch ein Stück weit der Spracherziehung. Für den RU handelt es sich dabei allerdings nur um einen Nebenanlass.

– Erzählungen können einen hohen Aufforderungscharakter haben, etwas zu reflektieren, zu diskutieren oder zu tun. So können Erzählungen in hohem Maße der Aktivierung der Schülerinnen und Schüler dienen.

5.2 Zur Methodik: Erzählen und Gestalten. Das Erzählen steht nicht für sich allein da. Es bedarf der Verbindung mit anderen unterrichtlichen Prozessen. Eine erzählte Geschichte verlangt nach weiteren Aktivitäten der Schülerinnen und Schüler. Dies geschieht in der Verarbeitungs- und Gestaltungsphase. Die Schülerinnen und Schüler können eine Erzählung

– nacherzählen (was nicht immer gerne getan wird und womit man auch vorsichtig sein muss, weil leicht der Eindruck der Erzählung dadurch verliert[29])

– in einen Dialog mit der gegenwärtigen Wirklichkeit eintreten (s. im Folgenden (1) Text und Kontext)

– nachspielen (s.u. (2) Erzählen und Spielen)

– ein Bild malen

– eine Collage erstellen u.a.

(1) *Text und Kontext.* Bei den sog. *Problemorientierten Geschichten* geht es darum, im Blick auf Alltagssituationen zu verdeutlichen, was christliche Verhaltensweisen und Motivationen für Handlungen von Menschen sein können. Der Zusammenhang zwischen solchen nichtbiblischen und den biblischen Geschichten spielt eine wichtige Rolle für den RU, wenn sie einander im Sinne von sich gegenseitig auslegendem Text und Kontext zugeordnet werden. *Hubertus Halbfas* hat den Zusammenhang von biblischen und außerbiblischen Texten so angesprochen:

»Zur Bibel muss das Zeugnis von religiöser Welterfahrung treten: Sprachdokumente, die von Glaube und Vertrauen, von Not und Angst, Hoffnung und Begnadung erzählen, von Arbeit und Fest, Brot, Wein und Gemeinschaft, von Sünde und Vergebung, Geburt, Kindheit, Familie, Alter und Tod, von Gericht und ewi-

29 *D. Steinwede* (Biblisches Erzählen, Göttingen 1981, bes. 28ff.) hat mit seiner Methode des Wiedererzählens hier aber gangbare Wege gewiesen und konkrete Anleitungen gegeben.

gem Leben. Im Ineinander und Gegeneinander solcher Texte zur Biblischen Botschaft« vollzieht sich das pädagogische Handeln mit Kindern, Heranwachsenden und Erwachsenen. Es geht darum, »den Reichtum des Lebens im Wort verdichteter Erfahrung und im Zeugnis vertrauender Menschen«[30] zur Sprache zu bringen und in den Horizont des Glaubens zu stellen. Für diesen grundlegenden Zusammenhang, der sich z.B. in der Grundschule darin zeigt, dass die »Vorlesebücher Religion« von *D. Steinwede u.a.* häufig gebraucht werden, ergibt sich natürlich die Frage, wie die Zuordnung von biblischem Text und Text des Vorlesebuches methodisch zu bewerkstelligen ist. Es lassen sich hierfür im ganzen etwa sechs Modelle aufstellen[31]:

(1) *Modell der Bestätigung:* Die biblische Geschichte bestätigt und verstärkt das, was in der nichtbiblischen zur Sprache kommt.

(2) *Modell der Überbietung:* Die biblische Geschichte vertieft bzw. überbietet das, was die andere Geschichte sagt.

(3) *Modell der Beantwortung:* Die biblische Geschichte bietet eine klare Lösung an für die offene Frage der nichtbiblischen Geschichte.

(4) *Modell der Konfrontation:* Die biblische Geschichte stellt die nichtbiblische Geschichte in Frage oder negiert sie.

(5) *Modell der Verwandlung:* Die biblische Geschichte, einbezogen in die nichtbiblische, verwandelt diese.

(6) *Modelider Verwirklichung:* Die biblische Geschichte realisiert, was die nichtbiblische Geschichte verspricht, träumt, ansagt.

Diese sechs Modelle lassen vielfältige Möglichkeiten der Zuordnung und Perspektiven für das konkrete methodische Vorgehen erkennen. Auf diese Weise kann dem Sachverhalt Rechnung getragen werden, dass alles biblische Erzählen im Kontext gegenwärtiger Lebenserfahrung und Wirklichkeitsdeutung steht und einer angemessenen unterrichtlichen Bearbeitung bedarf.

(2) *Erzählen und Spielen* (s.u. IX, 3.3 u. XIX). Das Spiel hat sich im RU als eine geeignete Form erwiesen, sich mit biblischen Geschichten auseinander zusetzen, das Gehörte und Gesehene zu verarbeiten, die biblische Aussage mit der eigenen Lebenssituation

30 *H. Halbfas,* Fundamentalkatechetik, Düsseldorf 1968, 308.

31 Nach *S. Schmutzler,* Zur Beziehung zwischen nichtbiblischen und biblischen Geschichten in der situationsorientierten Arbeit mit Heranwachsenden und Erwachsenen, in: *H. Seidl/K.-H. Bieritz (Hrsg.),* Das lebendige Wort. Festgabe für G. Voigt, Berlin 1982, 308.

in Beziehung zu setzen. Das Spiel ist zur weiteren Vertiefung geeignet.

6. Gemeindepädagogischer Ausblick

Das Erzählen ist auch für den Bereich der gemeindepädagogischen Arbeit von besonderer Bedeutung. Es gilt zum einen für die religiös-christliche Erziehung in der Familie. Früher erzählte in der Mehrzahl der Familien die Großmutter die biblischen Geschichten und gab sie an die Enkel weiter. Diese Tradition ist weitgehend abgebrochen. Von daher müssen die Eltern diese Aufgabe wahrnehmen. Hier bedarf es seitens der christlichen Gemeinde einer Unterstützung der Eltern, die sie instand setzt, dies auch wirklich tun zu können. Es gibt eine große Zahl von einschlägigen biblischen Geschichtenbüchern, die dabei hilfreich sein können[32].

Auch im *Kindergarten* spielt das Erzählen biblischer und nichtbiblischer Geschichten eine große Rolle[33]. Hinsichtlich der Bibeldidaktik für einen evangelischen Kindergarten sei auf folgende Kriterien für die Auswahl biblischer Inhalte verwiesen, die *Rainer Lachmann* im Anschluss an *Bernhard Buschbeck* und *Wolf-Eduart Failing* zusammenfassend formuliert hat:

– In der Regel sollten nur solche biblischen Texte eingebracht werden, die unter den Verstehensvoraussetzungen der Kinder »situativ ›angebunden‹«, erfahrungsbezogen behandelt werden können.
– Exemplarische Konzentration ist wichtiger als stoffliche Vollständigkeit.
– Schwerpunkt der biblischen Erzählung im Kindergarten liegt bei Jesus von Nazareth und seiner Botschaft.
– Vor allem sind solche biblischen Geschichten auszuwählen, die »Evangelium« enthalten, die Kindern gegen ihre Ängste und Einengungen Liebe, Hoffnung, Vertrauen und Mut zum Leben eröffnen können[34].

32 Vgl. dazu die Zusammenstellung bei *R. Schindler u.a.,* Neuere Kinderbibeln, Beschreibung – Kritik – Empfehlungen, Zürich: Schweizerisches Jugendbuch-Institut ^{5}1989 – nebst Beilage 9/91.

33 Näheres dazu bei *R. Lachmann,* Evangelische Erziehung im Kindergarten, in: *G. Adam/R. Lachmann (Hrsg.),* Gemeindepädagogisches Kompendium, Göttingen 1987, 257–262. S. auch *H. Niederbremer (Red.),* Erzählen (RPF 8), Münster 1980.

34 *R. Lachmann,* aaO., 261.

– Bestimmte Inhalte der biblisch-christlichen Tradition können im Vorschulalter auch »besser« im Gespräch über Erlebnisse des Alltags vermittelt werden, so dass neben der biblischen Geschichte das Erzählen, Spielen und Verhalten »aus dem Geist des Evangeliums« zu stehen kommen.

Eine besondere Rolle spielt das Erzählen auch im Bereich der Kindergottesdienstarbeit. Zu den zentralen Aufgabenbereichen gehört das Bekanntwerden und Vertrautwerden mit biblischen Texten und der in ihnen aufbewahrten Verheißung. Hier hat die Konzeption des verkündigenden Erzählens, wie sie *Dietrich Steinwede* entwickelt hat, ihren bevorzugten Platz[35].

Auch in den übrigen gemeindepädagogischen Handlungsfeldern spielt das Erzählen eine entscheidende Rolle – bis hinein in die Erwachsenenbildung, wo auch die Vermittlung bestimmter Einsichten, Weisungen und theologischer Kriterien auf dem Wege über das Erzählen, vor allem das biographische Erzählen, geschehen kann.

Literaturhinweise

G. Adam/N. Mette (Red.), Erzählen (Im Blickpunkt 15), Münster 1996.

F. Harz, Biblische Erzählwerkstatt, Lahr 2001.

W. Neidhart/H. Eggenberger (Hrsg.), Erzählbuch zur Bibel. Theorie und Beispiele, Zürich u.a. [6]1990.

D. Steinwede, Werkstatt Erzählen. Eine Einleitung zum Erzählen biblischer Geschichten, Münster 1974 u.ö.

R. Zerfaß (Hrsg.), Erzählter Glaube – erzählende Kirche, Freiburg u.a. 1988.

35 Vgl. dazu *G. Adam*, Kindergottesdienst, in: *G. Adam/R. Lachmann (Hrsg.)*, Gemeindepädagogisches Kompendium, Göttingen [2]1994, 302–304.

IX.
Methoden biblischer Texterschließung

Horst Klaus Berg

1. Ausgangspunkt der Methodenreflexion ist die didaktische Reflexion

Methodenbücher für den RU haben Konjunktur – nicht zuletzt für den biblischen Unterricht.

Diese Aktivitäten spiegeln die Verlegenheit, in der die Arbeit mit der Bibel in Schule und Gemeinde geraten ist: Das »Feuer des Worts« ist für viele allenfalls noch eine Warmhalteplatte bürgerlicher Religiosität. Und in der Schule ist der biblische Unterricht weithin durch Langeweile der Schüler und Ratlosigkeit der Lehrer gekennzeichnet. Vor allem drei Gründe sind wohl für diese Entwicklung namhaft zu machen:

– Viele Schüler, aber auch Erwachsene nehmen die Bibel nur noch als eine Sammlung überkommener Schriften wahr, die als Traditionsgut gepflegt wird, die aber keine Beziehung mehr zum neuzeitlichen Erfahrungszusammenhang hat (Erfahrungsverlust);

– für die meisten Zeitgenossen hat die biblische Überlieferung die Fähigkeit verloren, Orientierung für heute gelingendes Leben anzubieten (Relevanzverlust);

– es ist kaum noch ersichtlich, dass die Bibel heute als Motiv und Inspiration zu humaner Lebensgestaltung wirksam ist (Effektivitätsverlust).

Angesichts dieser Erosionserscheinungen wundert es nicht, wenn viele den Ausweg in möglichst unverbrauchten, attraktiven Vermittlungsmethoden suchen. Aber es ist leicht zu sehen, dass dieser hektische Aktionismus die Schwierigkeiten allenfalls kurzfristig überdecken kann und sich bald leer im Kreis drehen wird.

Die Frage nach neuen Wegen muss viel tiefer, ehrlicher ansetzen: Vor allen methodischen Überlegungen ist Klärung darüber nötig, ob die Bibel heute noch »Tora« ist, Lebensorientierung bereithält, Wachstum anregt, produktives Leben hervorruft (Ps 1,3!).

Tatsächlich gibt es nicht nur Langeweile und Überdruss im Umgang mit der Bibel, sondern auch neues Interesse, und zwar da, wo Leser die Lebensbedeutung der Überlieferung wieder wahrnehmen. Beispiele:

– Die *Tiefenpsychologische Auslegung* findet breite Anerkennung, weil hier nicht nach historischer Stimmigkeit oder Lehrgehalt eines Textes gefragt wird, sondern nach seiner integrativen, heilenden Kraft; diese wird nicht nur kognitiv wahrgenommen, sondern in ihrer Bedeutung ganzheitlich erschlossen und freigesetzt;

– die *Feministische Interpretation* geht von der Erfahrung der Diskriminierung aus, der Frauen gesellschaftlich ausgesetzt sind; sie fragt nach der emanzipatorischen Dynamik des Alten und Neuen Testaments und löst eigene Aktivitäten aus;

– die lateinamerikanischen Basisgemeinden lesen die Bibel aus der gemeinsamen Erfahrung der Unterdrückung und Ausbeutung; sie erkennen sich selbst als die biblischen »Armen«, denen der Ruf der Freiheit gilt und kommen so zu einer neuen Sichtweise *(»Relectura«)*, die die befreiende und kommunikative Energie der Texte aufschließt.

Eine Bibeldidaktik, die danach fragt, was für die Lernenden notwendig ist, muss an solche Erfahrungen anknüpfen.

Leitfragen für den biblischen Unterricht wären dann:

1. Wie kann der Lebensbezug der biblischen Überlieferung aufgezeigt und erschlossen werden?

2. Wie kann den Lernenden an der Bibel etwas für sie Wichtiges aufgehen?

3. Wie kann die biblische Überlieferung die Lernenden ganzheitlich ansprechen und ihre imaginativen Kräfte stärken?

4. Wie kann der biblische Unterricht zum Austausch und zur Zusammenarbeit anregen?

5. Wie kann der biblische Unterricht eigene Aktivitäten und selbstständiges Handeln der Lernenden fördern?

2. Bibeldidaktische Vorentscheidungen

Aus den bisherigen Überlegungen ist der Schluss zu ziehen, dass Methoden des Bibelunterrichts sorgfältig und kritisch an den Grundsätzen eines erfahrungs- und lernbezogenen Unterrichts zu messen sind.

Einige dieser *Prinzipien* seien kurz skizziert:

2.1 Den Anfängergeist beachten. Dieser, dem ZEN entnommene Begriff regt an, einmal das Vorwissen über einen Text und die eingeführten Verstehenswege beiseite zu legen; in die gleiche Richtung zielt die Forderung des Einfachen Lesens.

Im Blick auf die Texte intendiert dieser Vorschlag die Zurückdrängung historisierender und rationalisierender Sichtweisen. Er schließt sich nicht der modisch gewordenen Ablehnung der Historisch-Kritischen Exegese an, aber plädiert dafür, Texte nicht besserwisserisch zu »bearbeiten«, sondern sich ihnen in einer Haltung dessen zu nähern, der einem Gesprächspartner aufmerksam zuhört.

Im Unterricht verändert dieser Vorschlag die festgelegten Rollen: Der Lehrer ist nicht mehr der Experte, der alle Antworten schon weiß, eher der Vor-Frager der Klasse; jede Frage an den Text ist gleich wichtig und wird ernst genommen.

Auf diesen Grundsatz beziehen sich vor allem Methoden aus dem kommunikativen Bereich (s.u. 3.7).

2.2 Die Bibel als Nachricht aufnehmen. Flüchtige, oberflächliche Wahrnehmung verhindert, dass die Bibel als »newspaper« erfasst wird. Darum ist es wichtig, dass die Schüler (und Lehrer) wieder lernen, etwas mit Bedacht aufzunehmen. Ein wichtiger Grundsatz ist das Weg-Prinzip: Es wird absichtlich Distanz zwischen Text und Leser gelegt, er soll merken, dass er einen Weg zurücklegen muss, um sich einem Text zu nähern. Vor allem Maßnahmen zur Verlangsamung des Wahrnehmungsprozesses eignen sich, um das Weg-Prinzip zu realisieren.

Dieser Vorschlag greift die von *Martin Wagenschein* vertretene Forderung auf, die Langsamkeit als Grundlage des Lernens wieder zu entdecken: Langsamkeit im Sinne von Intensität, Spürbarkeit der Gegenstände.

Diesen Grundsatz sprechen insbesondere Methoden zur Verstärkung der aufmerksamen Wahrnehmung an (s.u. 3.1).

2.3 Den Text nicht auf eine Aussage festlegen, sondern als Textur lesen. Zu den Merkmalen herkömmlicher Exegese gehört, dass sie einen

Text auf eine zentrale Aussage festlegt – auch, wenn sich die »Skopus-Methode« schon seit längerem aus Wissenschaft und Unterrichtspraxis verabschiedet hat. Es ist nicht zu übersehen, dass das Beharren auf einer fixierbaren Mitte eines Textes den Ausleger letztlich zum Herrn des Textes macht, der bestimmt, was der Text zu sagen hat. Damit aber wird seine Vieldeutigkeit und Vielschichtigkeit verengt, seine Lebendigkeit, die immer noch neue Offenbarungen bereithält, ruhiggestellt. Erfahrungsbezogene Lektüre nimmt den Text als Textur wahr, als ein Geflecht von Erfahrungen, Deutungen, Lebensentwürfen.

Dieser Grundsatz kann methodisch durch die Anwendung verschiedener Auslegungsansätze eingelöst werden (s.u. 3.8.2).

2.4 Bibeltexte als »Antworttexte« verstehen. Es ist wichtig, dass Erfahrung nicht erst ins Spiel kommt, wenn die (Historisch-Kritische) Exegese abgeschlossen ist – etwa im Sinne der Überlegung, »was uns der Text heute zu sagen habe«. Erfahrung muss schon im Blick auf die Entstehung eines Textes bedacht werden.

Dieser Frage gehen einige neuere Ansätze nach: Sozialgeschichtliche Exegese, Pragmatische Auslegung, Funktionale Interpretation, Ursprungsgeschichtliche Auslegung. Sie verfolgen – in unterschiedlicher Akzentuierung – das Ziel, die geschichtliche Situation, in der ein Text entstanden ist, genau zu erfassen und als Bedingung für seine Produktion zu verstehen. Dabei ist vorausgesetzt, dass die realen Lebens Verhältnisse die Entstehung und Gestaltung grundlegend beeinflusst haben. Anders formuliert: Es geht darum, die Erfahrungen, die in einer historischen »Sprechsituation« wichtig waren und zu einer Auseinandersetzung drängten, zu rekonstruieren und die damals entstandenen Texte als Antworten auf diese Erfahrungen, Probleme und Konflikte hin zu interpretieren.

Dieser didaktische Grundsatz wird vor allem von Methoden des Recherchierens wirkungsvoll unterstützt (s.u. 3.9).

2.5 Bibeltexte als Modelle und Inspiration gelingenden Lebens verstehen. Im Blick auf den Relevanz- und Wirkungsverlust, dem die Bibel bei Jugendlichen ausgesetzt ist, kommt es darauf an, in Texten Erfahrungen von Menschen zu entdecken, die ihr Leben im Glauben deuten und deren Leben gelingt, weil sie vom Glauben inspiriert sind.

Allerdings ist ein wichtiger hermeneutischer Grundsatz zu beachten: Die Bibel hält auf Lebensfragen heutiger Menschen nicht einfach Glaubensantworten bereit; oftmals stellt sie »Gegenwelten« vor Augen, Modelle gelungenen Lebens, die unsere eigenen Erfahrungen kritisch beleuchten und Neuanfänge anstoßen. Man wird nach Bibeltexten suchen, denen »die Kraft zum Aufsprengen verfestigter Situationen inne wohnt«[1].

Die hiermit angezielte »Umkehr zum Leben« wird freilich nur dann in Gang kommen, wenn der heutige Bibelleser die Überlieferung konkret »kontextorientiert« aufnimmt, d.h. sie im Kontext seiner praktischen Lebenserfahrungen zur Geltung kommen lässt.

Unterrichtlich lässt sich dies Konzept wohl am besten durch eine qualifizierte Verknüpfung biblischer und erfahrungsbezogener Themen einlösen; aber auch die Tiefenpsychologische Auslegung kann diese Sichtweise unterstützen (s.u. 3.8.3).

2.6 Die Bibel im ganzheitlich-kommunikativen Erleben verstehen. Biblische Texte müssen ganzheitlich-kommunikativ aufgenommen werden. Diese These entfaltet sich in zwei Richtungen:

Einmal: *Die biblische Sprache ist ernst zu nehmen.* Oft geht in der Vermittlung der biblischen Überlieferung in Unterricht, Predigt usw. ihre unverwechselbare Sprachgestalt verloren; dann wird die »gute Nachricht« zum Lehr-Text, das Wort Gottes zum Zitat. Die biblische Sprache ist aber nicht nur ein Informations- und Bedeutungsträger, dessen Sprachgestalt beliebig ausgetauscht werden kann. Weil die Bibel Anrede ist, weil sie den Glauben bekennend, lobend, klagend ins Wort setzt, muss diese »Sprachbewegung« so weit wie möglich auch im Unterricht zum Zug kommen. Es sollte beispielsweise selbstverständlich sein, dass Psalmen gemeinsam gesprochen oder gesungen oder feiernd und nacherlebend gestaltet werden – dass Geschichten erzählt und nicht nur »besprochen« werden – dass die Lerngruppe eine Prophetenrede als Ansprache gestaltet...

Auch die *heutige Rezeption* ist so oft wie möglich ganzheitlich anzulegen. Alle Formen der kreativen Gestaltung sind auszuschöpfen: Spielen – Malen – Tonen – Verklanglichen – körpersprachlich Erleben.

Methoden des Kommunizierens und des kreativen Gestaltens

1 *W. Langer (Hrsg.),* Handbuch der Bibelarbeit, München 1987, 215.

bieten sich an, um diesen Grundsatz unterrichtlich zu realisieren (s.u. 3.7; 3.6).

Die folgende Übersicht fasst einige der wichtigsten Methoden für den biblischen Unterricht zusammen. Vollständigkeit in der Auswahl und Darstellung kann überhaupt nicht angezielt werden.

3. Methodenbeschreibung

3.1 Zur aufmerksamen Wahrnehmung anleiten. Flüchtige, oberflächliche Wahrnehmung verhindert oft, dass überhaupt ein Kontakt zwischen Leser und Text entsteht. *Zwei Methodenansätze* sind besonders geeignet, um die aufmerksame Aufnahme eines Textes zu verbessern:

a) Verlangsamen: Hierfür bietet sich z.B. das »schrittweise Lesen« oder die »Göttinger Stufentechnik« an: Beim »schrittweisen Lesen« wird der Text so in Schritte gegliedert, dass nach jedem Abschnitt ein Anstoß zum Fragen oder zum eigenen Weitererzählen entsteht. Er wird in diesen Schritten – meist ein einziger Satz! – auf ein Blatt geschrieben; die Leser knicken es und können jeweils nur den kurzen Text lesen und ins Gespräch bringen. — Die »Göttinger Stufentechnik« geht in vier Schritten mit einem Text um: Zuerst wird zusammengetragen, was den Teilnehmern beim (lauten!) Lesen des Textes aufgefallen ist. Dann äußern die Hörer Gefühle, die der Text bei ihnen auslöste; anschließend tragen sie »Assoziationen« zusammen, Einfälle, die der Text provozierte. Erst in einem vierten Schritt versuchen die Teilnehmer, die zusammengetragenen Materialien zu einem Deutungsansatz zu verarbeiten (»Schlussfolgerung«).

b) Verfremden[2]*:* Ausgangspunkt der Verfremdung ist die Beobachtung, dass heutige Leser oder Hörer biblische Texte nicht mehr als Nachricht wahrnehmen, weil sie ihnen durch Gewöhnung zu vertraut geworden sind. Verfremdungen sind darauf aus, Texte wieder fremd zu machen, so dass sie in neuer Perspektive aufscheinen und wieder fragwürdig werden.

Häufig wird gegen die Anwendung dieser Methode im RU eingewendet, dass Schüler ja durchweg gar keine Bibelkenntnisse

2 *S. Berg/H.K. Berg (Hrsg.),* Biblische Texte verfremdet, Bd. 1–12, Stuttgart/München 1986ff.

hätten, so dass es nichts zu verfremden gäbe. Die Beobachtung ist sicher zutreffend. Aber da viele Schüler den Eindruck haben, bis zum Überdruss mit den gleichen Geschichten traktiert zu werden, ist es sehr wohl wichtig, durch Verfremdungen bei ihnen Verwunderung, Ärger oder Protest auszulösen und dadurch die bewusste und kritische Rückfrage an den biblischen Text selbst anzuregen. Die meisten Verfremdungen arbeiten mit dem Mittel der Provokation: »Selig sind die Reichen, denn ›Geld regiert die Welt‹« heißt es in einem Text von *Pereira;* oder das Vaterunser wird zum »Kapital-Unser« verfremdet. Die Funktion ist nicht die Verhöhnung der Bibel, sondern die herausfordernde Frage, wer oder was denn in der heutigen Gesellschaft »angebetet« wird. Bei der praktischen Arbeit im Unterricht empfiehlt es sich, *zwei Arbeitsbereiche zu* unterscheiden:

(1) Arbeit mit Verfremdungen. Immer wieder wird sich ein Anlas bieten, eine Verfremdung zu einem Bibeltext einzusetzen.

Verfremdungen können in verbaler oder in visueller Form vorliegen. Zu den visuellen Verfremdungen zählt natürlich Kunst, die sich mit biblischen Themen im weitesten Sinn beschäftigt, ebenso Karikaturen.

In der Regel bietet es sich an, im Unterricht mit einer Verfremdung einzusetzen, sich der Provokation auszusetzen, sich zu einer neuen Beschäftigung mit dem Bibeltext anregen zu lassen.

Bei der Analyse könnte man von folgenden *Fragen* ausgehen:

- Was löst die Verfremdung bei mir aus (Freude – Zustimmung – Ärger – Protest – Abscheu)? Welcher Zug an der Verfremdung ruft diese Reaktion hervor?
- Welche Veränderungen am Bibeltext hat die Verfremdung vorgenommen? (Zu den Stilmitteln s.u.)
- Was könnte den Autor zu diesen Änderungen veranlasst haben?
- Welche neuen Gedanken über den Bibeltext, über den Glauben oder über mich selbst hat diese Verfremdung angestoßen?

(2) Verfremden als Methode. Besonders anregend sind eigene Versuche, verfremdend mit biblischer Überlieferung umzugehen.

Hier legt sich der umgekehrte Weg nahe wie bei der Arbeit mit vorgegebenen Verfremdungen: Am Anfang wird die Beschäftigung mit einem Bibeltext stehen. In einem zweiten Schritt wird man mit den Schülern gemeinsam überlegen, welche Barrieren sich zwischen Text und heutige Leser schieben. Das können beispielsweise

Schwierigkeiten sein, biblische Bilder in die Erfahrungswelt der Gegenwart zu integrieren.

Bei älteren Schülern bietet sich an, die Techniken des Verfremdens zu erarbeiten. Für die *verbalen Verfremdungen* kommen in Frage:

Veränderungen am Bibeltext (Kürzungen; Erweiterungen; Transformation des Geschehens in andere Räume oder Zeiten; Veränderung des Personeninventars; Veränderung der Aussageabsicht).

Veränderungen im Umfeld des Textes (Einbeziehung des Textes in einen neuen Rahmen; z.B. eine Wundergeschichte wird in einer verfolgten Gemeinde der Urkirche erzählt; Kombination des Textes mit anderen, z.B. Gen 2 mit einem apokalyptischen Text wie Offb 8,6–13).

Veränderungen im Blick auf die heutige Situation (Einbeziehung des Textes in heutige Erfahrungs- und Konfliktsituationen, z.B. die Weherufe Jesu Lk 6, 24–26 auf einer Welthandelskonferenz).

Im Blick auf visuelle Verfremdungen kommen vor allem Montagen in Frage: In ein idyllisches Bild der Schöpfung werden visuelle Elemente montiert, die die Umweltzerstörung zeigen ...

3.2 Erzählen (s.o. VIII). Das *Erzählen* ist noch immer die klassische Methode des Bibelunterrichts. Das hängt nicht nur mit der Wirksamkeit dieses Verfahrens zusammen, sondern mit der »narrativen« Grundstruktur der biblischen Überlieferung selbst.

Die Grundform des Erzählens ist die »Texterzählung«, die den Verlauf einer biblischen Geschichte nachzeichnet.

Einige *Grundregeln:*

- Die eigene Erzählung an der Grundrichtung des Textes orientieren (Struktur; Textsorte; Intention); es kommt nicht darauf an, dass die Erzählung sich möglichst eng an den Wortlaut der biblischen Vorlage hält, aber deren wesentliche Elemente sollen erhalten bleiben. Es ist beispielsweise ganz unsinnig, eine symbolische Erzählung wie Gen 3 in einen Tatsachenbericht zu transformieren. Auch die Intention sollte nicht angetastet werden; Beispiel: Die Wundererzählung über die Heilung des Angestellten des Hauptmanns von Kapernaum (Mt 8, 5–13) wurde lange als Vorbildgeschichte für »christlichen Gehorsam« missbraucht;
- überlegen, wie notwendige Sachinformationen zum Verständnis der Erzählung vermittelt werden (vor der Erzählung? im Verlauf der Erzählung?);
- theologische Entfaltung: Bei schwierigen Begriffen wie Sünde, Gnade zunächst erzählend darstellen, was gemeint ist, den Begriff erst abschließend verwenden (Beispiel: In der Geschichte von Zachäus [Lk 19, 1–10] zunächst erzählen, wie das Leben dieses Mannes durch Gier verengt und zerstört wurde, wie er unfähig geworden war zur

Kommunikation mit Gott und Mitmenschen; erst dann wird dafür der Begriff »Sünde« eingeführt);
- Gefühle, Handlungsmotive usw. verständlich machen (durch innere Monologe der Handelnden oder durch Einführung von Gesprächspartnern in der Erzählung);
- die Erlebnisperson text- und situationsgerecht auswählen (aus welcher Sicht wird erzählt?);
- so erzählen, dass Fragen aufkommen;
- so erzählen, dass das Geheimnis des Textes gewahrt bleibt (Beispiel: bei einer Wundererzählung den Hergang nicht ausschmücken, eher offen lassen);
- so erzählen, dass hinter der »Oberflächenschicht« der berichteten Ereignisse die »Tiefenschicht« von Grundfragen aufscheint.

Insgesamt sollte die *»Grammatik des Erzählens«* beachtet werden; besonders wichtig ist hierbei:

- Aktivisch erzählen (»Alle sahen Jesus« ... statt: »Jesus wurde von allen gesehen«).
- Kurze Hauptsätze verwenden, Schachtelsätze vermeiden.
- Direkte Rede verwenden (»Mose sagte: ›Habt keine Angst‹« ... statt: »Mose sagte, sie sollten keine Angst haben«).
- Adjektive sparsam verwenden, vor allem wertende (»Die bösen Pharisäer«; »die kleingläubigen Jünger«...).

Sehr wirksame Gestaltungsmittel ergeben sich aus der *Wahl der Erzähltypen.* Außer der genannten Texterzählung bieten sich noch an[3]:

Umwelterzählung. Sie zielt darauf, bestimmte Sachinformationen, die zum Verständnis biblischer Texte wichtig sind, nicht in Form eines Sachtextes zu übermitteln, sondern eben erzählend. Am bekanntesten ist vielleicht die Geschichte »Isaak und Claudia« von *Ursula Wölfel* geworden: Was ein römischer und ein jüdischer Junge zur Zeit Jesu erleben, erschließt die Welt des NT.

Rahmenerzählung. Viele Bibeltexte sind als »Antworttexte« auf Probleme und Konflikte zur Zeit ihrer Entstehung zu verstehen. Eine Rahmenerzählung, beispielsweise über Konflikte in der frühen Königszeit, könnte verständlich machen, warum der Jahwist die Bestimmung Abrahams und seiner Nachkommen zum Segen (Gen 12,1–3) so betont (Israel, das zur Zeit Davids und Salomos als

3 Vgl. vor allem *W. Neidhart/H. Eggenberger (Hrsg.),* Erzählbuch zur Bibel I, Lahr/Düsseldorf/Zürich [6]1990.

Eroberer auftrat, musste seinen Nachbarn eher Anlass zum Fluchen geben). Dieser Erzähltyp kann auch darauf aus sein, die Entstehung größerer biblischer Textzusammenhänge oder Schriften aus den Verhältnissen in ihrer Produktionssituation heraus zu erklären.

Weiter-Erzählung. Diesen Erzähltyp hat vor allem *Walter Neidhart* ausgebaut[4]. Das Interesse ist, biblische Geschichten in eine neue Gegenwart hinein weiterzuerzählen, auch bis in unsere Zeit hinein (Beispiel: Neidharts Text »Der Turmbau von Tschernobabel«).

Eine spezifische Form haben einige Erzähler entwickelt, um die Ursprungssituation größerer biblischer Zusammenhänge zu veranschaulichen; sehr gelungene Beispiele haben *Vanoni, Hollenweger* und *Theißen* vorgelegt[5].

3.3 Spielen, Inszenieren (s.u. XIX). »Spielen« meint in diesem Abschnitt: Erschließen eines Bibeltextes in Form des Darstellenden Spiels.

(Nicht einbezogen wird das *Bibliodrama* (s.u. XIX 6); als eigene Form beansprucht es, wenn es ernst genommen wird, zeitliche und auch psychische Voraussetzungen, die jedenfalls die schulischen Möglichkeiten weit übersteigen[6].)

Noch stärker als die Methode »Erzählen« lädt das Spiel zur Identifikation mit biblischen Texten ein: Die Personen bekommen Namen, Gesichter, Gefühle ... Sie handeln, gehen aufeinander ein.

Die Einladung zur Identifikation ist außerordentlich ausgeprägt: Im Spiel sind die Kinder selbst Abraham und Sara, Jesus und die Samaritanerin; sie sind Israel vor dem Schilfmeer, die Juden, die schreien: »Kreuzige ihn!«. Diese Faszinationskraft des Spiels schließt

4 *W. Neidhart,* Erzählbuch zur Bibel 2, Lahr/Düsseldorf/Zürich ²1993.

5 *G. Vanoni,* Der Mann, der Taube hieß. Mit Kindern die Bibel lesen. Das Buch Jona, Wien 1984; *W.J. Hollenweger,* Konflikt in Korinth. Memoiren eines alten Mannes. Zwei narrative Exegesen zu 1 .Kor 12–14 u. Ez 37, München 1978; *G. Theißen,* Der Schatten des Galiläers, München 1987.

6 Vgl. *S. Laeuchli,* Das Spiel vor dem dunklen Gott. ›Mimesis‹ – ein Beitrag zur Entwicklung des Bibliodramas. Neukirchen-Vluyn 1987; *G.M. Martin,* Bibliodrama – ein Modell wird besichtigt, in: *Aas. u.a.,* Bibliodrama, Stuttgart 1987, 44–64.

darum die Verpflichtung ein, mit den biblischen Vorlagen, aber auch mit den Gefühlen der Schüler sorgsam umzugehen.

Der Methodenbereich *»Spielen«* lässt sich nach *drei Typen* differenzieren:[7]

(1) Beschäftigung mit vorgegebenen Spieltexten. Hierzu gibt es ein sehr reichhaltiges Angebot. Viele Texte liegen auch als gesprochene Szenen auf Tonkassette oder Schallplatte vor.

Angeboten werden Texte zu den verschiedensten biblischen Vorlagen, für alle Altersstufen, zu den unterschiedlichsten Unterrichtssituationen ..., aber auch von durchaus unterschiedlicher Qualität. Eine sorgfältige Prüfung ist anzuraten.

Mögliche Fragen zur Beurteilung sind:

- Wird der Text dem Inhalt und der Aussageabsicht der biblischen Vorlage gerecht?
- Ist die Sprache der gedachten Altersstufe angemessen?
- Lässt der Text eigene Deutungen der Hörer zu?
- Malt der Text die biblische Szene mit starken dramatischen Effekten aus – oder gibt er der Phantasie der Hörer Raum?
- Legt er die Hörer fest oder regt er zum Gespräch an?

In den letzten Jahren sind zahlreiche größere *Hörspiele* wieder aufgelegt worden, die vor 20–30 Jahren produziert wurden. In aller Regel werden sie den genannten Kriterien nicht gerecht!

Welche *Form der Darbietung* der Unterrichtende wählt, ist nach der Unterrichtssituation zu entscheiden. Einige Hinweise:

- In der Regel wird sich die große Form des ausführlichen Spiels wegen des zeitlichen und organisatorischen Aufwands nicht anbieten.
- Es wird zu prüfen sein, ob die Vorlage als Leseszene verwendet wird oder als Anlas zum gestischen Spielen dient.
- Manchmal wird es günstiger sein, die Szene als »Hörspiel« vorzugeben; denn die oft schwache Lesefähigkeit der Schüler kann einen guten Text u.U. ziemlich beeinträchtigen. Hierbei kann man auf kommerziell produzierte Szenen zurückgreifen oder auch mit älteren Schülern oder Kollegen eine eigene »Hörspiel-Version« kreieren.

7 Vgl. *R. Hübner u.a.,* Biblische Geschichten erleben, Offenbach/Freiburg 1980; Dieser Jesus aus N. Jesusphonothek. Eine Hörfolge. 20 Hörspiele. Begleitbuch, Freiburg/Wien/Gelnhausen 1983; *B. Cratzius/W. Longardt,* Biblische Spiele für alle, Lahr/Zürich/Köln 1984; *W. Longardt,* Spielbuch Religion, Lahr/Freiburg 1986; *W. Laubi/J. Dimbeck,* Lese- und Spielszenen zur Bibel, Düsseldorf/Lahr 1990.

(2) Biblische Geschichten spielen. Noch eindringlicher als die Arbeit mit vorgegebenen Spieltexten spricht natürlich das eigene Spiel die Emotionen an. Die Schüler können sich ganz intensiv mit den Personen identifizieren, die sie spielen, ihr Schicksal teilen, ihre Lebenssicht aufgreifen (große Zurückhaltung ist angezeigt, wenn Gott selbst oder Jesus ins Spiel kommen. Zwei methodische Möglichkeiten bieten sich an: Entweder wird ein Text, den sie zu sagen hätten, nicht von einem Spieler dargeboten, sondern von einem »Erzähler« vorgelesen; oder man wählt eine indirekte Form im Spiel, bei der ein »Zeuge« erzählt, was er erlebt hat).

Dass alle Kinder gern Geschichten spielen und von Natur aus spielen können, trifft nicht zu. Das Spielen ist eine Methode, die langsam eingeführt und entwickelt werden muss.

Die allereinfachste Form ist das Lesen einer biblischen Geschichte mit verteilten Rollen. Trotz der scheinbaren Anspruchslosigkeit dieser Methode wird sie zur Einführung in das eigene Spielen sehr empfohlen: Ganz zwanglos werden sich beim Lesen die gedruckten Worte in die eigene Sprache umformen.

Beim freien Spielen brauchen jüngere Kinder viel Hilfestellung. Die Situation muss vor dem Spielen genau geklärt werden; bewährt hat sich auch, dass man mit den Schülern gemeinsam überlegt, was die beteiligten Personen sagen könnten/sollten. Die Spieler erhalten dann diese kleinen Sätze als schriftliche Vorgabe. Das gängelt sie nicht, sondern gibt ihnen Sicherheit und wird sie umso eher zum freien Spielen ermutigen.

Bei größeren Vorhaben ist eine klare Gliederung in einzelne Szenen sowie eine Personenbeschreibung und Darstellung der Konstellation unerlässlich. Bei so manchen Themen wird sich im Spiel eine Fortschreibung in die Gegenwart fast wie von selbst ergeben, etwa bei Prophetenreden.

(3) Inszenierungen. Viele biblische Texte, vor allem Psalmen, verlangen nach einer feiernden Gestaltung, die man als Inszenierungen bezeichnen kann.

Zwei Beispiele: In einer 2. Klasse wurde der 23. Psalm inszeniert: Der Raum wurde als »grüne Aue« (Zweige, Blumen) bzw. als »finsteres Tal« (hoch getürmte Stühle, darüber gehängte Decken) ausgestaltet. Eine Gruppe von Kindern ging zur Lesung des Psalms ruhig durch diese »Landschaft«, andere begleiteten sie durch passende, selbst gefundene Musik. – In einer 8. Klasse kam es zur Inszenierung des Wallfahrtsliedes Ps 24, 3–5. Ein Teil der Klasse stellte die zum Zion hinausziehenden

Pilger dar, die fragten: »Wer darf hinaufgehen zum Berg Jahwes?« Die anderen Schüler antworteten als »Priester«: »Wer unschuldige Hände hat ...«. Es kam zu einer sehr lebhaften Auseinandersetzung: Wer fragt heute so? Wer setzt die Normen? Wer kann überhaupt »Antworten« geben? Nur der, der selbst »reines Herzens« ist? – Auf ähnliche Weise könnten viele Psalmen feiernd in Szene gesetzt werden, eine Methode, die sicher der Sprache und Intention dieser Lieder besonders gut entspricht.

Diese drei Formen des Spiels haben sich in der Unterrichtspraxis bewährt. Ausdrücklich nicht einbezogen wurden andere methodische Aktionen, die auch unter der Kategorie »Spiele zur Bibel« angeboten werden, wie: Würfelspiele (bis hin zum »Gebetswürfel«!), Quizspiele, Ratespiele, Puzzle usw.

3.4 Singen (s.u. XVIII). Das Singen gehört wohl – nach dem Erzählen – zu der am häufigsten gebrauchten Methode im biblischen Unterricht.

(1) Inhaltliche Strukturierung. Zunächst einmal ist eine Einteilung nach inhaltlichen Schwerpunkten von Nutzen, um dem Unterrichtenden einige Anhaltspunkte für die Auswahl zu geben. Es lassen sich *vier Typen* differenzieren[8]:

1. *Biblische Erzähllieder.* Hier handelt es sich um Lieder, die im wesentlichen am Verlauf einer biblischen Geschichte entlanggehen und ihn wiedergeben.

2. *Erzähllieder mit Interpretation.* Bei diesem Typ steht zwar auch die Erzählung im Mittelpunkt, aber das Lied bietet einen Gedanken zum Verständnis des Geschehens an. Dieser kann entweder in jeder Strophe (etwa in Form eines Kehrverses) oder als eigene Strophe eingebracht werden.

3. *Lieder, die von einer biblischen Erzählung ausgehen.* Diese Lieder knüpfen zwar an eine biblische Geschichte an, setzen diese aber im Grunde als bekannt voraus und nehmen sie zum Ausgangspunkt für einen weiterführenden Gedanken. Beispiel: In dem bekannten Lied »Der blinde Mann von Jericho, der kann nun wieder sehn« wird von der zweiten Strophe an der Gegenwartsbezug gesucht: »In Köln und auch in Wuppertal sind Leute blind und lahm. Es fehlt der eine, der sie sieht, wie damals einer kam«.

8 *S. Berg/H.K. Berg,* Mit Liedern, Bildern und Szenen im Religionsunterricht arbeiten, Stuttgart/München 1981.

4. *Lieder, die von einer biblischen Aussage ausgehen.* Ein biblischer Gedanke wird aufgegriffen und im Lied gestaltet. Beispiel: Das Lied »Die Spatzen kaufen niemals ein« geht von den »Sorgesprüchen« der Bergpredigt aus (Mt 6, 25–34) und führt sie frei aktualisierend weiter.

(2) Bestimmung der didaktischen Funktion. Sodann ist die Funktionsbestimmung des Liedes vorzunehmen. Die große Zahl unterschiedlicher Lieder lässt das übliche Verfahren, dass zum Beginn jeder Stunde gesungen wird, als etwas einfallslos erscheinen. Gerade die Zuordnung der Lieder nach Typen unterstützt bei der Wahl differenzierter Funktionen. Einige *Beispiele:*

Ein Erzähllied vom Typ 1 kann gut die Aufgabe der Unterrichtsbegleitung bzw. -strukturierung übernehmen: Über mehrere Stunden hinweg kann das Lied strophenweise entsprechend der Entwicklung des Themas gesungen werden. Nicht selten bietet sich an, weitere Strophen zu erfinden, am besten gemeinsam mit den Schülern.

Ein Lied vom Typ 3 oder 4 kann zur Eröffnung eines biblischen Themas eingeführt werden, um die Rückfrage nach der biblischen Quelle anzuregen. Eine gute Möglichkeit ist auch der Einsatz eines Liedes mit der Funktion der Erfolgskontrolle: Wird das Lied »Der blinde Mann von Jericho ...« am Ende einer Unterrichtseinheit eingeführt, können die Schüler feststellen, ob sie den biblischen Hintergrund parat haben, ob sie weitere Möglichkeiten des Transfers erkennen usw.

(3) Methodenwahl. Für die Liedeinführung sollte der Unterrichtende stets sich und den Schülern Zeit geben. Nichts ist frustrierender als ein flüchtig eingeführtes Lied, das niemand richtig kann!

Es versteht sich von selbst, dass der Lehrer einsetzt, was er an Instrumenten zu spielen versteht. Er sollte aber auch auf die Fähigkeiten der Schüler zurückgreifen (Blockflöte; Gitarre... warum nicht auch die Melodica?).

Viele Lieder sind auf Tonträgern verfügbar, manche sogar als Playback; wer sich wenig zutraut, kann sie gut einsetzen.

Einfache Begleit- und Rhythmusinstrumente sollten immer zur Hand sein (Handtrommeln, Schellenkranz, Triangel, Rasseln usw.).

Viele Lieder sind auch als »Tanzlieder« angelegt, die mit einfachen Mitteln zu realisieren sind (s.u. 3.6). – Vielleicht bietet sich einmal die Gelegenheit, im Verlauf einer Unterrichtseinheit mehrere Erzähllieder zu singen und sie am Ende zu einer kleinen »Kantate« zusammenzufügen, evtl. durch Zwischentexte und -musiken verbunden.

3.5 Mit Kunst arbeiten (s.u. XIV). Kunst öffnet einen der anspruchsvollsten, aber auch wirksamsten Wege zur Erschließung der biblischen Überlieferung.

Damit diese Chance eingelöst wird, ist strikt darauf zu achten, dass nicht klischeehafte Illustrationen, sondern authentische künstlerische Auseinandersetzungen gewählt werden. Nur authentische Kunst kann, wenn sie sich mit biblischen Themen beschäftigt, kraft ihrer Eigenständigkeit Sichtweisen an Texten ans Licht bringen, die bisher noch nicht entdeckt oder verschüttet waren.

Erster methodischer Grundsatz der Arbeit mit Kunst im biblischen Unterruht: Mit authentischer, eigenständiger Kunst arbeiten, illustrative Darstellungen vermeiden!

Wo die Grenze zwischen authentischer Kunst und Illustration verläuft, ist sicher nicht eindeutig festzulegen; als Anhaltspunkte können gelten: Wo die meisten Darstellungen eines Künstlers sich sehr ähnlich sind, wo also die Mittel der bildnerischen Gestaltung sehr stereotyp sind, findet augenscheinlich keine eigenständige Auseinandersetzung mehr statt; weiter: Wo Bilder nicht mehr deutungsoffen sind, keine Fragen aufwerfen, sondern den Betrachter auf eine einzige Sichtweise festlegen, wird man eher an eine Illustration denken.

Ein zweiter Grundsatz: Bevor ein Bild in Beziehung zu einem Bibeltext gesetzt und interpretiert wird, sollte der inhaltliche und formale Bildbestand gründlich und methodisch genau wahrgenommen und bestimmt werden.

Dieser Grundsatz verbietet es, viele Bilder in Folge zu »betrachten«; vor allem die Tonbildserien, die in kurzer Zeit eine Vielzahl von Kunstwerken vorführen, verleiten zu oberflächlicher Wahrnehmung und vorschneller »Deutung«. Damit aber sind Kunstwerke meistens um ihre ganz spezifische Sicht gebracht und werden nur noch in Gewohntes eingeordnet. Kunst ist aber keine Ware, die sich konsumieren lässt, sondern verlangt geduldiges Hinschauen und klare Reflexion.

Ein dritter Grundsatz: Bilder sollten adäquat dargeboten werden.

Die kleinformatigen Wiedergaben in Religionsbüchern eignen sich nicht für eine genaue Analyse; in aller Regel wird man auf das Dia zurückgreifen. Glücklicherweise stehen mittlerweile qualitativ hochwertige Reproduktionen als Dias zur Verfügung, vor allem in der von *Jörg Zink* herausgegebenen Dia-Bücherei »Christliche Kunst« (24 Bände).

Vierter Grundsatz: Die Schüler nicht unterfordern.

Auch jüngere Kinder sollten nicht mit Bildern abgespeist werden, die für didaktische Zwecke hergestellt und »altersgerecht« ausgewählt wurden, sondern Gelegenheit haben, sich mit anspruchsvoller Kunst zu beschäftigen. Sicher werden Grundschüler oft die Differenziertheit der Bildsprache oder die Bedeutungsfülle eines Kunstwerks noch nicht im Einzelnen erfassen; aber die für diese Altersstufe charakteristische intuitive, ganzheitliche Wahrnehmung bringt oft Aspekte an einem Kunstwerk zum Vorschein, die die Analyse nicht erfasst.

Eine spezifische Form der Kunst ist die Karikatur (s.u. XV).

3.6 Kreatives, spontanes Gestalten (s.u. XII). In diesem Abschnitt sind *fünf Methoden* vorzustellen, die sinnliche, spontane Zugänge zu Bibeltexten fördern. *Walter Wink*, ein amerikanischer Theologe, der sich besonders um die Interaktionale Bibelarbeit gekümmert hat, bezeichnet diesen Vorgang als Verleiblichung oder Somatisierung eines Bibeltextes. Und *Elisabeth Moltmann-Wendel* notiert: »Was sinnenlos ist, wird auch bald sinnlos«.

Solche ganzheitlichen Aktivitäten sind stärker personenbezogen als andere Methoden; jeder, der sich daran beteiligt, gibt immer etwas von sich selbst preis. Darum sollte die Teilnahme an solchen Übungen freigestellt sein; außerdem sollte der Unterrichtende sich selbst am Prozess beteiligen.

(1) Nicht-gegenständliches Malen. Zu den ältesten Methoden des biblischen Unterrichts gehört die Aufgabe, zu einer gehörten Geschichte ein Bild zu malen. Sie ist aber nicht besonders empfehlenswert, weil sie die Schüler auf die in der »Oberflächenschicht« eines Textes dargestellten Ereignisse fixiert und die in der »Tiefenschicht« verwahrten existenziellen symbolisch gefassten Inhalte eher absperrt.

Diese können durch nicht-gegenständliches Malen aufgeschlossen werden. Diese Methode hat außerdem den Vorteil, dass Kinder, die sich im gegenständlichen Zeichnen nichts zutrauen, ohne Scheu mittun können.

Auch jüngere Schüler finden schnell Zugang zum nicht-gegenständlichen Malen. Es kommt nur darauf an, dass der Unterrichtende ihnen an Beispielen erklärt, wie man mit bestimmten Formen und bestimmten Farben Gefühle ausdrücken kann. Es empfiehlt sich, Werkstoffe zu verwenden, die mit den Händen verarbeitet werden und so die Körpererfahrung mit einbeziehen, z.B. Fingerfarben oder selbst hergestellte Materialien wie Erdfarben, Asche, angemischten Sand.

Die Schüler werden vielleicht am besten in diese Technik hineinkommen, wenn sie anfangs mit biblischen Geschichten umgehen, die starke Kontraste aufweisen, z.B. Durchzug durch das Schilfmeer (Ex 14: Todesangst – Rettung) oder Heilung des Bartimäus (Mk 10, 46–52: Dunkelheit – Licht). Die mit dieser Methode gefundenen Einsichten sind oft recht signifikant: So kann beispielsweise die nicht-gegenständliche Gestaltung des Themas »Wer ist Gott für mich« den Teilnehmern viel deutlichere Aufschlüsse über ihre Gefühle und Einstellungen geben als das bei Grundschülern stereotyp verwendete Motiv des alten Mannes auf der Wolke.

(2) Arbeiten mit Ton. Vielleicht noch intensiver als das freie Malen kann das Tonen einen ganzheitlichen Zugang zu biblischer Überlieferung öffnen. Auch hier geht es nicht darum, den Inhalt einer Erzählung aus dem AT oder NT darzustellen, sondern darum, den nicht offen zutage liegenden Aspekten eines Textes nonverbal nachzuspüren. Wenn die Teilnehmer im Zusammenhang einer Heilungs-Erzählung das Thema gestalten »Was in mir verzerrt oder verkrümmt und auf Heilung angewiesen ist« oder auch »Der Kain in mir«, wird wahrscheinlich eine intensive, lebensbezogene Beschäftigung mit der Überlieferung angeregt.

(3) Verklanglichen. Die Empfindungen, die ein Text zum Schwingen bringt, können auch sehr gut durch eine musikalische Gestaltung ausgedrückt werden. Hierfür eignen sich Orff-Instrumente, selbst hergestellte Klangkörper oder auch die körpereigenen Mittel wie Klatschen, Trommeln usw.

Auch diese Methode kann man am günstigsten anhand von kontrastreichen Geschichten einführen (vgl. die Hinweise zum freien Malen).

Insgesamt sollte darauf geachtet werden, dass es um die Gestaltung von inneren Erfahrungen und Gefühlen geht, nicht um die möglichst naturalistische klangliche Darstellung von Geräuschen, beispielsweise bei einem Seesturm!

(4) Bewegung, Tanz? Beim Spielen, Singen und Verklanglichen wird oft wie von selbst Bewegung hinzukommen. Diese spontanen Äu-

9 Vgl. *Chr. Bittner,* Der religiöse Ausdruckstanz, München 1982; *H.-M. Lander/M.-R. Zohner,* Bibel und Tanz/Pantomime, in: *W. Langer*

ßerungen lassen sich dann sehr gut ausbauen: zu Pantomimen, zu Bewegungen in der Gruppe, zum vorbereiteten und geübten Tanz. Eine spezielle Form ist die geplante Bewegungsmeditation, z.B. zum Thema »Wachsen«. Gefühle und Erfahrungen wie: Hoffnung – Angst – Enttäuschung – Sich Öffnen können körper-sprachlich gestaltet und dann zu einem Bibeltext in Beziehung gesetzt werden (z.B. Mt 13, 31f).

(5) Symbolhandlung. Als eine besonders eindrückliche Gestaltungsübung wird die Symbolhandlung vorgeschlagen. Beispiele: Ein Netz knüpfen und im Kreis ausspannen als Ausdruck der Verbundenheit und Bereitschaft zur gegenseitigen Hilfe. – Auf einen Zettel schreiben, was das Leben belastet und wovon man frei werden möchte. Die Zettel werden verbrannt. – Nach einer Baum-Meditation kleine Ast-Scheiben verteilen, auf die man schreibt, was man einem anderen Gutes sagen möchte. Die Scheiben werden untereinander ausgetauscht. – Nach einem Unterricht über Mt 13, 31 f. Senfsamen in bemalte Joghurt-Becher pflanzen und verschenken.

Solche Symbolhandlungen müssen vom Bild her stimmig und von der Handlung her plausibel sein. Unter diesem Kriterium leuchtet wenig ein, wenn beispielsweise in einem Religionsbuch vorgeschlagen wird, die Taufe durch das Eintauchen von Tellern in eine Wasserschüssel zu symbolisieren (Großer Teller: Jesus; kleiner Teller: Täufling. Zusammenhalten der Teller: Jesus und der Täufling gehören zusammen).

Zur Auswertung:

Auch über spontane, nicht kognitive Verstehensweisen und Methoden sollte man in der Gruppe sprechen.

Dabei sollten aber einige Regeln beachtet werden:

- Im anschließenden Gespräch geht es nicht um eine Kritik an den Ergebnissen. Eine »Bewertung« durch den Unterrichtenden oder die Gruppe bleibt von vornherein ausgeschlossen.
- Wichtig sind überhaupt nicht die Ergebnisse, sondern der Vorgang: Die Teilnehmer sprechen über die Erfahrungen, die sie mit sich, mit dem Thema und vielleicht auch mit dem Partner gemacht haben, sie tauschen sich darüber aus, welcher neue

(Hrsg.), Handbuch der Bibelarbeit, München 1987, 311–320; *S. Macht*, Kinder tanzen ihre Lieder, Paderborn/Weinheim 1991.

Aspekt am Thema ihnen vielleicht aufgegangen ist. Auch hier sollte die Teilnahme unbedingt freiwillig sein!

3.7 Kommunizieren. Zu den grundlegenden Merkmalen der biblischen Überlieferung gehört ihre kommunikative Grundstruktur. Sie muss in der Praxis des Bibelunterrichts erfahrbar sein und auch geübt werden[10].

Kommunikatives Handeln kommt in *drei Aktivitäten* zum Zug:

(1) Kommunizieren in der Lerngruppe. Zwei Aspekte sollen hervorgehoben werden:

- Die Klasse versteht sich als Gruppe, in der es um gemeinsame Suche nach lebensbezogener Erkenntnis geht; dies Verständnis lockert die Fixierung auf das traditionelle Rollenschema von Wissenden, die den Unwissenden etwas vermitteln wollen. Jeder Beitrag, jede Erfahrung, jede Frage werden gleich ernst genommen.
- Der kommunikative Ansatz schließt auch den Verzicht ein, eine einzige Sichtweise auf einen Bibeltext als richtig und verbindlich festzulegen.

Grundsätzlich wird der Unterrichtende sich methodisch am Konzept der themenzentrierten Interaktion orientieren.

Eine für kleinere Gruppen gut geeignete Methode ist das Interaktionale Schreiben: Jeder Teilnehmer notiert einen Gedanken oder eine Frage zum Text auf ein Blatt. Die Zettel machen die Runde im Kreis; jeder kann zum Beitrag der anderen Stellung beziehen, eine Antwort versuchen, eine andere Sichtweise anbieten. So kommt es zu einem Austausch in der Gruppe, der sich vielleicht zu einem Gespräch nach Abschluss des Interaktionalen Schreibens weiterentwickelt.

(2) Kommunizieren mit dem Text. Ein wichtiger Grundsatz der erfahrungsbezogenen Auslegung biblischer Tradition ist, Texte nicht als Objekte zu betrachten, die man »bearbeiten« kann, sondern als Partner in einem Dialog. *Wink* schlägt vor, sich einen Text ganz real als eine Person vorzustellen, die mir gegenübersitzt, die ich ansprechen kann, z.B.: »Du machst mir Angst, weil...; du tröstest mich, weil ...« – In einen solchen Dialog könnte auch die »lebensge-

10 Vgl. *S. Berg*, Kreative Bibelarbeit in Gruppen, München/Stuttgart 1991.

schichtliche Ortung« einbezogen werden: Der Leser könnte sich im Gegenüber zum Text erinnern, wann er einmal für ihn wichtig war, oder auch: Wann er ihn als hilfreiche Orientierung gebraucht hätte ...

(3) Kommunizieren mit Personen in einem Text. Die Schüler können einen Text in Form eines Gesprächs mit einer oder mit mehreren Personen des Textes erschließen. Es könnte sich beispielsweise ein Streitgespräch mit Kain entwickeln, ein Dialog mit dem »barmherzigen Samariter«, eine Unterhaltung mit Jona. In allen Fällen ist nicht eine spielerische Dramatisierung des Textes das Ziel, sondern der Versuch, existenzielle Erfahrungen aufzuspüren, zu klären, von ihnen zu lernen.

3.8 Mit Texten arbeiten.

(1) Gliedern, charakterisieren und zusammenfassen. Dies ist die Grundaufgabe, um einen Text inhaltlich und sprachlich zu erfassen. Die Schüler erhalten die Aufgabe, den Text in Sinnabschnitte aufzuteilen und passende Titel zum ganzen Text und zu den gefundenen Abschnitten zu formulieren. Das Gespräch über die Einteilung und die Überschriften kann vielleicht schon einige inhaltliche Fragen klären.

Als Variante könnten die Schüler versuchen, die Titel so zu verändern, dass der Text in unterschiedlichen Perspektiven erscheint. So könnte die Zachäus-Erzählung (Lk 19, 1–11) die Schlagzeile erhalten: »Empörende Verbrüderung des ›Messias aus Nazareth‹ mit einem stadtbekannten Gauner«; oder »Reicher Zolleinnehmer verschenkt sein Vermögen – ein Fall für den Psychiater?«.

Eine gründliche Beschäftigung mit einem Text erfordert auch die Aufgabe, ihn zusammenzufassen. Verschiedene Formen bieten sich an: Inhaltsangabe – Nacherzählung (u.U. aus der Sicht eines Beteiligten) – Erstellen eines Editorial (knappe Zusammenfassung in 2–3 Sätzen).

(2) Vergleich verschiedener Übersetzungen und Fassungen eines Textes. Bei dieser Arbeit erfahren die Schüler, dass jede Übersetzung schon eine Wertung des Textes einschließt. Sie versuchen herauszufinden, ob sich hinter den verschiedenen Übersetzungen bestimmte

Absichten zeigen. Sie werden gebeten, sich begründet für eine Übersetzung zu entscheiden, die sie besonders anspricht. Unter Umständen sind sie auch daran interessiert, für bestimmte Begriffe, einzelne Passagen oder den ganzen Text eine eigene Version zu finden.

Beim Vergleich verschiedener Fassungen eines Textes bietet sich vor allem der synoptische Vergleich an. Günstig ist, wenn die Schüler die zu vergleichenden Texte gleich in synoptischer Anordnung vorgelegt bekommen.

Gezielte Beobachtungsaufgaben sind hilfreich: Welche Unterschiede im Blick auf den Umfang sind erkennbar? – Welche Inhalte oder Gedanken kommen bei Erweiterungen hinzu? – Gibt es typische Ausdrücke in den einzelnen Versionen? – Welche Adressaten könnte der Autor des Textes im Blick gehabt haben? -Was möchte er ihnen wohl mitteilen bzw. was möchte er bei ihnen bewirken?

(3) Vergleich verschiedener Auslegungsmethoden. Schüler sind von der 7. Klasse an durchaus in der Lage, bestimmte Auslegungswege kennen zu lernen und anzuwenden. Voraussetzung dafür ist, dass sie auf einer ihnen zugänglichen Ebene in Voraussetzungen und Methoden der betreffenden Wege eingeführt werden.

Beispiele:

Tiefenpsychologische Auslegung. Die Schüler informieren sich zunächst anhand eines Informationstextes über einige Voraussetzungen und Verfahren: Sie lernen, dass zwischen Oberflächen- und Tiefenstruktur unterschieden werden kann: »Oberflächenstruktur« bezieht sich auf den Informationsgehalt eines Textes; »Tiefenstruktur« meint die existenziellen Fragen und Grunderfahrungen, die sich unter der »Oberfläche« verbergen. Sodann erfahren sie, dass tiefenpsychologisch orientierte Auslegung die in einem Text geschilderten Ereignisse meist als intrapsychische Prozesse interpretiert (Kain und Abel werden nicht als zwei Personen aufgefasst, sondern als konträre Strebungen innerhalb einer Psyche).

Linguistische Methoden. Zwei Arbeitsbereiche bieten sich an: Beobachten der beteiligten *Personen:* Wie lässt sich ihr Verhalten charakterisieren? – Wie ist ihr Verhältnis zueinander: am Anfang des Textes – im Verlauf – am Schluss? – Lassen sich den Personen bestimmte Rollen zuweisen (z.B. Hilfsbedürftiger, Helfer, Gegenspieler, Freund, Zuschauer...)? – Beobachten der *Erzählperspektiven:*

Aus welcher Perspektive wird erzählt (Zuschauer? Beteiligter...)? – Welche Gefühle zeigen sich bei den Beteiligten? – Welche Maßstäbe lassen sich erkennen (entweder als direkt ausgesprochene Wertungen im Text oder als implizite Wertungen, die sich aus der Art der Darstellung ablesen lassen)?

Die Schüler erfahren, dass es unterschiedliche Zugänge zu Texten gibt; sie können versuchen, sie in ihrer Reichweite und in ihrem Gewicht für sich selbst einzuschätzen, und kommen vielleicht in ein Gespräch über die Bedeutung des Textes.

(4) Mit Fragenkatalogen arbeiten. Der Fragenkatalog ist in der Interaktionalen Bibelarbeit mit dem Ziel entwickelt worden, erwachsene Teilnehmer in Arbeitskreisen zur selbstständigen Erarbeitung von Sachaspekten eines Bibeltextes anzuregen und anzuleiten. Die Fragen sind so formuliert, dass die Teilnehmer sie auch ohne direkte Beratung durch den theologischen Sachverständigen klären können.

Dies Instrument bietet sich auch für den schulischen RU an, um die Schüler zur eigenständigen Auseinandersetzung mit Texten zu befähigen.

3.9 Recherchieren. Als »Recherchieren« werden in diesem Abschnitt alle Aktivitäten der Schüler zur selbstständigen Erarbeitung von Informationen im biblischen Unterricht bezeichnet.

Ausdrücklich ausgeklammert blieben die Begriffe »Projekt« und »Freiarbeit«. Projekte übersteigen grundsätzlich die strukturellen und organisatorischen Möglichkeiten des RU in seiner »Normalform« und brauchen eine eigene, gründliche Darstellung, die hier nicht zu leisten ist (s.o. IV). – Freiarbeit ist keine Methode, die beliebig zur Belebung des gewöhnlichen Unterrichts eingesetzt werden kann, sondern ist sinnvoll nur in einem Gesamtkonzept freien Lernens und Arbeitens einzulösen, das in diesem Zusammenhang ebenfalls außer Betracht bleiben muss[11].

Es ist ratsam, sich auf kleine Vorhaben der Informationsbeschaffung zu konzentrieren, die in der gegebenen schulischen Situation realisierbar sind.

11 Vgl. *D. Fischer,* Offenes Lernen, in: *W. Böcker/H.-G. Heimbrock/E. Kerkhoff (Hrsg.),* Handbuch religiöser Erziehung Bd. 1, Düsseldorf 1987, 255–266; *dies.*, Den Kindern das Wort geben. Freie Arbeit mit Religion, in: ru 20/1991, 65–68.

Solche Aktivitäten haben Aussicht auf Erfolg, wenn sie einige Bedingungen beachten:

- Sie sollten sachlich und zeitlich überschaubar sein;
- die Themen sollten gut vorstrukturiert sein;
- die Schüler sollten sich auf eine Auswahl vorgegebener Materialien stützen können;
- die Arbeitsvorschläge sollten klar formuliert sein;
- die Ergebnisse der Recherchen sollten in geeigneter Form präsentiert werden.

Zwei Arten von Recherchen haben sich im biblischen Unterricht gut bewährt:

(1) Beschaffung und Auswertung von Informationen zur Welt der Bibel. Bei solchen Untersuchungen geht es nicht um die direkte Erarbeitung von Texten, sondern um die Kenntnisse der Umwelt, die für das Verständnis der Überlieferung nötig sind.

Hierbei bietet sich insbesondere die Erschließung ursprungsgeschichtlicher Felder an, die als Wurzelboden für die Entstehung bestimmter Texte bzw. Textgruppen zu verstehen sind, z.B. die frühe Königszeit als ursprungsgeschichtliches Feld für jahwistische Texte.

(2) Beschaffung und Auswertung von Informationen zu innerbiblischen Themen und Motiven. Dieser Arbeitsgang hat die Funktion, den einzelnen Text in größeren Zusammenhängen wahrzunehmen, indem einzelne Züge des Textes in der Bibel verfolgt werden. Diese Aufgabe wird vor allem in der Schweizer Bibeldidaktik gepflegt; *Theophil Vogt* bezeichnet sie als »Textatelier«[12].

Ein solches Textatelier könnte beispielsweise folgenden Linien nachgehen:

- Ausgehend von einem Text, in dem eine Symbolhandlung vorkommt (z.B. Gen 28,18f), können weitere Symbolhandlungen im AT und NT untersucht werden (z.B. Jer 9; Jer 27; Mt 26,17–30).
- Ebenso könnte ein Symbol verfolgt werden (Beispiel: Ausgehend von Ps 1 wird das Symbol »Baum« untersucht).
- Bestimmte Motive werden erforscht, z.B. das Motiv der beiden Brüder im Zusammenhang von Gen 4, 1–16.

12 *Th. Vogt,* Bibelarbeit, Stuttgart 1985, 65 u.ö.

Literaturhinweise

S. Berg/H.K. Berg (Hrsg.), Lieder- Bilder- Szenen im Religionsunterricht, Stuttgart/München 1978fT.

S. Berg/H.K. Berg, Mit Liedern. Bildern und Szenen im Religionsunterricht arbeiten, Stuttgart/München 1981.

W. Wink, Bibelarbeit, Stuttgart 1982.

W. Langer (Hrsg.), Handbuch der Bibelarbeit, München 1987.

H.K. Berg, Ein Wort wie Feuer. Wege lebendiger Bibelauslegung (Handbuch des biblischen Unterrichts Bd. 1), Stuttgart/München ^{4}2000.

ders., Grundriss der Bibeldidaktik (Handbuch des biblischen Unterrichts Bd. 2), Stuttgart/München ^{2}2000.

X.
Üben und Wiederholen

BERNHARD JENDORFF

1. Problemstellung

In der Herbart-Ziller-Rein-Willmannschen Formalstufenlehre fanden Üben/Wiederholen einen festen didaktisch-methodischen Platz. Die Reformpädagogen und ihre Nachfolger wussten aber damit nichts mehr anzufangen. »Die Vernachlässigung der Übung im Unterricht der Nachreformer korrespondiert also mit der Ankettung des Unterrichts an lebensnahe Ernstsituationen mit der Ablehnung eines allgemeinen Lehrbuchwissens und mit dem Misstrauen dem abstrakten Denken gegenüber«[1].

Nach der curricularen Wende des RU analysierte *G. Stachel* 94 RU-Stunden. Er konstatiert: Katholischer RU ist »häufig eher ein Gerede über dieses und jenes als ein auf Lernfortschritt abzielender Vorgang ... Das kognitive Lernprodukt ist ... fast null: kein Zuwachs an Wissen und Verstehen«[2]. Eine monokausale Erklärung dieser Tatsache ist gewiss unzulässig, doch offenkundig übten und wiederholten Religionslehrer[3] auch zu wenig im schüler-/problemorientierten RU, um Gelerntes zu konsolidieren. »Sowohl im Bereiche des einsichtigen Lernens und Erkennens als auch beim Erwerb von Fertigkeiten genügt das einmalige Durchdenken, der einmalige Vollzug keinesfalls«[4].

1 *F. Laser,* Die Übung im Unterricht und ihr Beitrag für eine pädagogische Theorie des Lehrens und Lernens, in: ZP 14/1968, 145–165, bes. 156.
2 *G. Stachel,* Lehrplanentwicklung – andersherum!, in: *ders.,* Erfahrung interpretieren, Zürich/Köln 1982, 47–56, bes. 50f.
3 Allein raumsparende Gründe veranlassen mich, ausschließlich das genus masculinum zu gebrauchen.
4 *H. Aebli,* Grundformen des Lehrens, Stuttgart [12]1981, 238.

Einüben und erinnerndes Wiederholen stehen im Dienst einer notwendigen Sequenzialität. Lerninhalte und -ergebnisse des RU müssen in folgenden Schuljahren ohne große Mühe wieder aufgenommen werden können.

Üben/Wiederholen sind – entgegen dem Usus – von Lernerfolgskontrollen zu entkoppeln.

2. »Üben heißt Wiederholen«[5]

Auch in einem modernen RU haben die Schüler zu *üben,*

- neu erworbene Kenntnisse und Fertigkeiten unverändert wiederzugeben, zu reproduzieren,
- ihr Wissen unter einer neuen Fragestellung zu wiederholen, zu reorganisieren,
- verallgemeinerte Erkenntnisse und Lösungsstrategien auf passende Situationen selbstständig anzuwenden, zu transferieren und
- um ihre Kreativität nicht verkümmern zu lassen[6].

Der Religionslehrer gibt seinen Schülern das Übungsziel an und begründet, »warum das Üben sinnvoll ist«[7]. Der Übungserfolg ist von der Anzahl der Wiederholungen – z.B. bedeutsamer kirchengeschichtlicher Zusammenhänge, Begriffe, Namen, Daten – abhängig. Die Wiederholung geht vom Leichten zum Schweren, vom Einfachen zum Komplexen, damit der einzelne Schüler ein möglichst großes Erfolgserlebnis hat. Nur der Erfolg ist erfolgreich und motiviert, z.B. mit einem hausgemachten Kurzlernprogramm weiterzuüben und wiederholend zu lernen. »Kurz, aber kräftig üben«[8] heißt die Grundregel, um Lernfortschritte zu erzielen. Aus der Kurve des Vergessens[9] ergibt sich das Wiederholungsprogramm:

5 *H. Aebli,* aaO., 248.

6 Vgl. *R. Moros,* Lernplanung und Unterrichtsgestaltung unter dem Aspekt der Erfolgssicherung, in: Päd. Welt 41/1987, 402–407, 412, bes. 406f.

7 *G.E. Becher/B. Clemens-Lodde/K. Kohl,* Unterrichtssituationen III. Üben und Experimentieren, München 1976, 30. Hier weitere, für den RU wertvolle Verhaltensindikatoren.

8 *H. Aebli, aaO., 251.*

9 Vgl. *H. Meyer,* UnterrichtsMethoden II, Frankfurt a.M. [11]2000, 170.

– In der Schule unter Anleitung des Religionslehrer am Ende eines Lernschritts
– Selbstständig zu Hause
– Kontrolliert nach einer Woche im RU
– Selbstständig und kontrolliert vor der Lernerfolgskontrolle[10].

Die Ergebnisse werden besprochen und (symbolisch) belobigt. Eine Variation der Übungsform – z.B. in manuell-gestalterischen oder szenisch-spielerischen Arbeiten, in Engagements für ... oder Aktionen gegen ..., bei schriftlichen Arbeiten oder auch bei einem Wettbewerb in Form des Religionsfußballs“ – mobilisiert die Motivationskräfte.

Üben/Wiederholen zu Hause muss auch Thema der Elternarbeit sein: »Hinweise auf die Erprobung der für einen Schüler besten Lernzeiten, auf die Bedeutung von äußeren Bedingungen (ein ruhiger Platz, gut beleuchtet, gut belüftet), auf den richtigen Wechsel von konzentriertem Lernen, Pausen, Spielphasen«[12].

3. Auswendiglernen

3.1 Problemstellung. Der katholische Arbeitsschulpädagoge *H. Schüßler* urteilte über seine religionspädagogischen Vorgänger: »Wie manches Kind hat die Freude an Religion durch die Überspannung des Memorierprinzips verloren!«[13] Das trifft heute bestimmt nicht mehr zu. Religionslehrer lehnen radikal mechanisches, geistloses Einpauken ab. ›Auswendig‹-lernen nein, wohl aber das Inwendiglernen eines Textes, das ein Wiederkäuen (ruminatio), Nachsinnen und -denken (meditatio), Verdauen und Einlassen seines Inhalts in das Herz der Jugendlichen ist.

10 Vgl. die Lernspirale (Übungsspirale) bei: *M. Bönsch,* Variable Lernwege, Paderborn 1991, 113. Sie führt den Schüler vor einer Klassenarbeit »viermal in die Auseinandersetzung mit dem zu lernenden Stoff und jeweils in unterschiedlicher Lernabsicht« (114).

11 *H. Rüschenschmidt,* Religionsfußball, in: KatBl 113/1988, 143f.

12 *M. Bönsch,* Üben und Wiederholen im Unterricht, in: Päd. Welt 41/1987, 194–197, bes. 196.

13 *H. Schüßler,* Arbeitsschulmethode und katholischer Religionsunterricht, Frankfurt a.M. 1922, 17.

3.2 Auswendiglernen heißt Inwendiglernen. Eine begrenzte Zahl von Grundtexten des Volkes Gottes, seine existenziellen Gebete und Lieder sind inwendig zu lernen (learning by heart). Ihre Sprache muss aber dicht und prägnant sein. Ihr Verstehen erschließt sich nicht nur »durch Worterklärung, sondern ebenso durch ein sich Hineingeben, Eingehen, Einhören und Einsprechen in geformte Aussage«[14]. Die Schüler erfahren den Inhalt »durch Einübung von sprachlicher Gestalt und in der Bindung an eben diese sprachliche Gestalt. Ein solches Ein-Prägen und Ein-Bilden von Wortgestalten reicht vom Wesen der Sprache her in die Tiefe menschlicher Existenz«[15].

Inwendiglernen ist zunächst eine gemeinsame Aufgabe des Religionslehrer und der Schüler. Der Religionslehrer liest den nicht zu langen Text seinen Schülern langsam vor. Sinneinheiten werden deutlich. Dem aufmerksamen, langsamen, lauten (mehrmaligen) Lesen des Textes durch die Schüler folgt dann das eigentliche Auswendiglernen. Sie markieren zu Hause ›Ankerworte‹ oder schreiben den Text nach Sinneinheiten auf. Das individuelle »Schriftbild vermag die inhaltliche Fülle sichtbar zu machen und zugleich den Weg der Aussage zu zeigen«[16]. In vielen Fällen ist die »G-Methode« – das jeweilige Aufsagen des ganzen Textes – der »T-Methode« – Teil für Teil wird »bis zur vollständigen Beherrschung memoriert und die neu erlernten Teile abschnittweise zusammengefügt, bis das Ganze ›sitzt‹«,, – überlegen. Der Schüler erfasst den Ablauf des Ganzen, »und die Teile erhalten von daher einen Sinn, der weniger sichtbar wird, wenn er Teil für Teil memoriert«[18].

Zum Inwendiglernen werden nur solche Texte den Schülern aufgegeben, die zuvor im RU erarbeitet und verstanden wurden.

14 *G. Otto,* Handbuch des Religionsunterrichts, Hamburg ³1967, 181.
15 Ebd.
16 *G. Otto,* aaO., 184.
17 *H. Aebli,* aaO., 243.
18 *H. Aebli,* aaO., 244

4. Hausaufgaben – nicht nur zum Üben/Wiederholen

4.1 Problemstellung. Mit der Einführung des öffentlichen Schulunterrichts begann der »Hausfriedensbruch« (G. *Kerschensteiner]* durch meist wiederholende/übende Aufgaben, die von der Schule ausgehen, außerhalb von ihr durch die Schüler eigenständig zu bewältigen sind und in die schulischen Lehr- und Lernprozesse wieder zurücklaufen. Die Diskussion um Pro und Contra Hausaufgaben (= HA) wird fast schon ein Jahrhundert lang mit gleichen pädagogischen, didaktischen, medizinischen und soziologischen Gründen geführt[19]. Die Zahl der HA-Gegner wuchs, nachdem *B. Wittmann*[20] für HA keinen leistungssteigernden Wert feststellte.

Was für Rechnen, Rechtschreibung und Lesen gilt, darf nicht einfach auf den theologischen Unterricht übertragen werden.

HA im RU[2'] haben Teil an der oft emotional hoch besetzten Auseinandersetzung in den Massenmedien und in wissenschaftlichen Publikationen über (Miss)Erfolg der HA allgemein. Für den RU verschärft sich das Problem: Tatsächliche oder vermeintliche physische und psychische Überforderungen der Schüler suchen ein Ventilfach. Das ›Nebenfachvorurteil‹ erschwert die HA-Praxis.

HA sind Ausdruck der juristischen Gleichstellung des Fachs Religion.

Wo ist der spezifische didaktische Ort der HA im RU? Die Arbeitsaufträge verbinden die schulischen und außerschulischen Lebens-, Erziehungs- und Lernorte und die in ihnen zu machenden je eigenen religiösen Erfahrungen. HA erschließen den Schülern Zugänge in die mehrdimensionale Wirklichkeit. Divergierende theologische Positionen werden offenkundig. Eine Vielfalt in Einheit des Christ-Werdens ermutigt die Heranwachsenden. HA vermögen Kopf, Hand und Herz zu integrieren. Eine ganzheitliche religiöse Bildung ist wenigstens ansatzweise möglich.

19 Vgl. *G.E. Becher/B. Kohler,* Hausaufgaben kritisch sehen und die Praxis sinnvoll gestalten, Weinheim/Basel 1988, 9–21.

20 *B. Wittmann,* Vom Sinn und Unsinn der Hausaufgaben, Neuwied/Berlin 1964; vgl. auch *W. Ferdinand/M. Klüler,* Hausaufgaben in der Diskussion, in: Schule und Psychologie 15/1968, 97–105.

21 Vgl. *B. Jendorff,* Hausaufgaben im Religionsunterricht, München 1983.

Unter *drei Bedingungen* wird hier für quantitativ begrenzte und qualitativ hoch stehende HA im RU plädiert:

- Sie dürfen nicht stupide ein und dasselbe Ziel – z.B. Wiederholen/Üben – verfolgen. Ihre didaktische Funktion ist im Hinblick auf autonomes Lernen im RU zu erweitern.
- Sie müssen integrierter Bestandteil zielorientierten Lernens sein.
- Sie dürfen in einem schülerorientierten RU, in dem die Menschenfreundlichkeit unseres Retter-Gottes erscheint (Tit 3,4), nur methodisch variantenreich, differenziert und individualisiert gestellt werden.

4.2 Reform der Hausaufgabenpraxis im RU. HA sind zuerst Aufgabe des Religionslehrers[22]. Er konstruiert ein Binnencurriculum, das die Prinzipien Interdependenz, Variabilität und Kontrollierbarkeit bestimmen. Anthropogene und soziokulturelle Voraussetzungen – im ›Bild der Klasse‹ dargestellt und analysiert sowie die durch (in)direkte Methoden ermittelte Ausgangslage der Schüler zum Thema der Unterrichtseinheit[23] – haben nachweisbare Folgen in den HA.

(1) Ziele. HA wollen

- vor allem zu Beginn einer Unterrichtseinheit die Schüler motivieren, sich mit dem Unterrichtsgegenstand auseinander zusetzen,
- die kommende Unterrichtsstunde vorbereiten,
- den RU unterstützend fortsetzen,
- die in der Schule erworbenen Kenntnisse, Fähigkeiten, Fertigkeiten einüben,
- sie zur Anwendung bringen und Werteinstellungen erproben,
- Auskunft geben, ob die Schüler das Unterrichtsziel erreichten. – Dieses Ziel wird jedoch nur dann angestrebt, wenn feststeht, dass die Heranwachsenden eigenständig zu Hause arbeiten.

(2) Inhalte. Auch in den HA werden die beiden Brennpunkte des RU miteinander in Beziehung gesetzt: Gott und die Welt, der Mensch und die Gute Nachricht Jesu Christi korrelieren, der über-

22 Zur Verbesserung der HA-Praxis vgl. die Verhaltensindikatoren bei: *G.E. Becker/B. Kohler,* aaO., 43–47 (Metaunterricht über HA); 61–65 (HA stellen); 76–84 (Schüler bei den HA betreuen); 98–107 (HA kontrollieren und auswerten).

23 Vgl. die methodischen Variationen bei: *B.Jendorff,* Religion unterrichten – aber wie? Vorschläge für die Praxis, München [2]1993, 91–99.

lieferte Glaube des Volkes Gottes und die Lebenssituationen und -erfahrungen des (jungen) Menschen – seine Fragen und Antworten, seine Hoffnungen und Enttäuschungen – werden wechselseitig verflochten.

(3) Methoden und Medien. Inhalt und Unterrichtsorganisation sind im RU eng miteinander verknüpft. Eine eindimensional kognitiv orientierte HA-Praxis gehört der Vergangenheit an. Unisensorische und multisensorische Medien helfen, affektive und kognitive religiöse Bildung im Gleichgewicht zu halten. Entdeckende Wege – Methoden – werden angeboten. Sie wollen Phantasie und Kreativität herausfordern und fördern. Dialogische Wege des Suchens und Findens einer Problemlösung werden bevorzugt. Durch HA wird die Kooperationsfähigkeit gefördert, indem Partner- und Gruppenarbeit die – leider noch zu häufig praktizierte – Alleinarbeit ablösen. Die Schüler üben soziales Verhalten ein. Schularbeiten eröffnen ungewohnte Informations- und Kommunikationskanäle z.B. durch Arbeiten an und mit Prospekten, Karikaturen, Plakaten, Schaubildern, Statistiken. Neue Welterfahrungen und -deutungen bringen freie Interviews oder vorstrukturierte Befragungen ein. »Das Wort sagt nicht nur, was ist, sondern es schafft Bindungen unter den Menschen. Das Wort stiftet eine Moral. Das Wort schafft Erwartung und Verheißung. So entsteht eine Art von Durchlässigkeit und Glaubwürdigkeit, die von ihrem Ansatz her als personale Selbstbezeugung wirksam wird. Für den Christen ist das Zeugnisgeben die wichtigste Form der Evangelisierung«[24]. Gleiches gilt vom Handeln der Jugendlichen mit – nicht für – beispielsweise alten oder behinderten Menschen.

Die Methoden- und Medienpalette lässt sich formal gliedern in

- mündliche HA: z.B. explorative Aufgaben, die rückgekoppelt sind an den Lebens- und Erfahrungshorizont der Schüler,
- schriftliche Arbeiten: z.B. eine Verteidigungs- oder Anklageschrift für ... oder gegen ... schreiben,
- visuell-gestalterische HA: z.B. eine Foto- oder Bildreportage erstellen,

24 *H. Boventer,* Die christliche Glaubensbotschaft, die säkularen Medien und die religiöse Sprachnot, in: *F.J. Klehr (Hrsg.),* Sprachloser Glaube. Hohenheimer Symposium zur Christlichen Pädagogik 1988/89, Stuttgart 1989, 59–76, bes. 70.

- spielerische Aufgaben: z.B. ein Handpuppenspiel vorbereiten,
- hantierende Aufgaben: z.B. sammeln und ordnen von Bildmaterial, Witzen, Redewendungen zum Unterrichtsthema[25].

(4) Differenzierung und Individualisierung. Schüler aus unterschiedlichen Elternhäusern, mit spezifischen religiös-christlich-kirchlichen Erfahrungen, individuellen Interessen am Fach Religion und – in Gesamtschulen – oft sehr weit auseinandergehendem Leistungsvermögen arbeiten im außerschulischen Bereich für den RU. Arbeitsgleiche HA sind also fehl am Platz. Nur differenziert und individualisiert gestellte Arbeitsaufträge werden einer heterogenen Schülerschaft gerecht. *H. Kamm* und *E.H. Müller* schlagen auch für den RU *praktikable Differenzierungsmöglichkeiten* vor[26]:

- Differenzierung nach dem Lerntempo der Schüler: Alle Schüler erfüllen ein Pflichtpensum und – wer noch kann – ein Wahlpensum. Zusatzaufgaben haben neuartige, anspruchsvollere Lernanforderungen.
- Differenzierungen nach sachstrukturellem Entwicklungsstand: Sie kommt dem weit auseinanderliegenden Niveau der Schüler entgegen. Wer sich mit einem Text auseinandersetzen, wer zeichnen, basteln oder eine Befragung zum Thema durchführen, Anschauungsmaterial sammeln und ordnen kann, hat dies zu tun. Jede Arbeit ist ein notwendiger Baustein zum Ziel.
- Differenzierungen nach Lernmustern: Nicht alle Schüler kommen auf ein und demselben Weg zum Ziel. Theologische Einsichten können auch durch Musik, bildende Kunst, Architektur oder durch die erfragte Perspektive des Problems ›von unten‹ gewonnen werden. Es muss nicht immer ein zu bearbeitender Text sein, um auf eine Fragestellung eine Antwort zu finden[27]. Praktische Handarbeiten und Füße, die sich zu jemandem hinbewegen, um mit ihm zu handeln, sind Kopfarbeiten gleichwertig.
- Differenzierung nach Lerninteresse: Persönliche Vorlieben der Schüler für Musik, Kunst, Politik, Geschichte ..., ihr Interesse an wirtschaftlichen, juristischen, soziologischen... Fragestellungen werden bei individualisiert gestellten HA in Dienst genommen, um die Vielzahl der Aspekte in den RU einzubringen. Auch bei den HA wird der RU zeigen, dass er lebensnah, multiperspektivisch und handlungsnah ist.

25 Weitere Methodenanregungen bei: *B. Jendorff*, aaO., 214–222.

26 *H. Kamm/E.H. Müller*, Hausaufgaben – sinnvoll gestellt, Freiburg [4]1980, 85–100.

27 Vgl. *E. Groß (Hrsg.)*, Alternativen zum vertexteten Religionsunterricht, Düsseldorf 1979.

- Differenzierung nach der Zeit: Nicht alle Facetten eines Problems können und müssen zu ein und demselben Zeitpunkt im RU erscheinen. Vor allem explorative HA – z.B. im heimatkundlichen oder zeitgeschichtlichen Kirchengeschichtsunterricht – machen unterschiedliche Arbeitszeiten notwendig und gebieten eine nacheinander folgende Integration der produktiven Eigenleistungen der Schüler in den RU.

(5) Timing. HA werden mündlich und schriftlich gestellt, wenn sie sich aus dem Unterrichtsgeschehen ergeben, – spätestens jedoch 10 Minuten vor Stundenende – in das HA-Heft notiert und erläutert. Schüler, die wissen, warum ihnen diese HA aufgegeben werden, sind von der – ihnen oft eingeredeten – Sinnlosigkeit der Anforderungen im RU befreit und motivierter, den Lernweg mitzugestalten. Hinweise zur Arbeitsorganisation sind angemessen, denn auch autonomes Lernen will gelernt sein.

(6) Hausaufgaben besprechen und kontrollieren. Eine ausschließlich formale Kontrolle ist ungenügend. Quantität und Qualität der häuslichen Leistungen werden zu dem Zeitpunkt besprochen und kontrolliert, wenn sie ein Wegebaustein auf das Stundenziel hin sind. HA, die keine Rückmeldung erhalten, werden von den Schülern als sinnlose Arbeitsbeschaffungsmaßnahme empfunden, letztlich nicht mehr angefertigt. Der Religionslehrer wählt Methoden und Sozialformen, die die Eigenverantwortung und Selbsttätigkeit der Heranwachsenden fördern. Eine kritische Eigenkontrolle der Schüler ist der Fremdkontrolle durch den Religionslehrer vorzuziehen.

5. Arbeitsmittel und -techniken

5.1 Arbeitsblatt – ein multifunktionales Medium. Aufgrund moderner Reproduktionstechniken kann der Religionslehrer leicht aus ihm vorliegenden Visualisationen, Illustrationen, Texten ... ein aktuelles, lerngruppenspezifisches *Arbeitsblatt* (= AB) komponieren. Die Schüler werden formal und inhaltlich angereizt und aufgefordert, in der Schule und zu Hause selbstständig zielgerichtet zu arbeiten[28]. Mit einem AB ist in allen Sozialformen zu arbeiten. Ein

28 Vgl. *D. Haas/K. Bätz,* Ratgeber Religionsunterricht, Lahr/Zürich/Köln 1984, 103–109.

individualisierter und differenzierter Lernweg kann angeboten werden. Religionslehrer, die AB ausschließlich zum Üben und Wiederholen einsetzen, verkennen die Leistungsfähigkeit dieses variablen Mediums. Mit einem AB kann man u.a. in den RU motivierend einsteigen, die Problemsicht schärfen oder die Lernerfolgskontrolle durchführen. Multifunktionale AB ersetzen und/oder ergänzen das Arbeitsmaterial Lehrbuch, das im induktiv oder deduktiv arbeitenden RU den Lerngegenstand darbietend oder analysierend eingesetzt wird. Mit einem AB kann man u.a.

»– Eindrücke in Bilder umsetzen
- das Merkwort einer biblischen Geschichte illustrieren
- ein vorgegebenes Bild deuten und in einer selbstgezeichneten Folge fortsetzen
- verschiedenartige Bilder thematisch ordnen und aufkleben
- Bilder und Texte einander zuordnen
- Informationen selbstständig auswerten
- Argumente sammeln, die für oder gegen eine vorgebrachte Behauptung sprechen und die eigene Entscheidung zur Sache formulieren
- das Resultat einer Befragung analysieren und persönlich beurteilen
- ein Bekenntnis inhaltlich oder sprachlich verändern und ergänzen
- einen Text aufgrund bestimmter Aufgaben und Fragestellungen bearbeiten
- Inhalte nach einer vorgeschlagenen Ordnung zusammenfassen
- willkürlich angeordnete Daten oder Fakten in die logisch oder zeitlich richtige Abfolge bringen«[29].

Folgende Hinweise zur formalen Gestaltung des AB sind zu beachten:

Das AB hat die DIN-A-Form des Schülerarbeitsheftes. In dieses sind alle AB zu integrieren. Die Kopfleiste des AB enthält zur genauen Identifikation: Name der Unterrichtseinheit – Datum – Arbeitsblattnummer - Religion[30]. Die genaue Quellenangabe der Materialien führt die Schüler zum wissenschaftlichen Arbeiten. Der schüler-aktivierende Arbeitsauftrag ist gegliedert:
- Er wird in den Zusammenhang gestellt und führt in die Fragestellung ein.
- Die Schüler erhalten eine präzise, sprachlich eindeutige, freundliche Arbeitsanweisung.

29 *L Schmalfuß/R. Pertsch,* Methoden im Religionsunterricht, München 1987, 121.

30 Vgl. die allgemeinen Forderungen an das selbsterstellte AB bei: *R. Ecken,* Das Arbeitsblatt im Unterricht, München 1980, 12–14.

– Hinweise auf Arbeitsmittel, Arbeits- und Sozialformen sowie auf die Arbeitsdauer.

5.2 Lückentexte. Der Religionslehrer fasst den Unterrichtsstoff - ähnlich wie bei einem Lernprogramm – in 15-Wort-Sätze zusammen. Die Lückenworte sind sinntragende Elemente des Merksatzes. Sie sollten möglichst am Satzende stehen. Die Anzahl der – nicht der Reihe nach – vorgegebenen Wörter (auch Zahlen der Kirchengeschichte) kann größer sein als die Zahl der zu schließenden Lücken. Für die freie oder vorgegebene Schülerantwort ist hinreichend Platz zu lassen.

5.3 Ergänzungen visualisierender Darstellungen. Nicht nur Texte fassen den RU zusammen, auch Bilder, Karikaturen, Grafiken, Kartenskizzen, um mit ihnen zu üben und zu wiederholen. Korrekturflüssigkeit hinterlässt mit einem Pinselstrich im Original Lücken, die dann auf dem fotokopierten Arbeitsblatt von den Schülern zu schließen sind. Sie haben vor ihrer Antwort den Lernstoff nochmals zu überdenken.

6. Üben/Wiederholen in der Gemeindepädagogik

Die Gemeindepädagogik (Katechese) muss gegen einen Trend der Verschulung geschützt werden. Wenn es Ziel des katechetischen Dienstes an Menschen aller Altersstufen – schwerpunktmäßig an Erwachsenen, nicht an jungen Leuten – ist, »dem Menschen zu helfen, dass sein Leben gelingt, indem er auf den Zuspruch und den Anspruch Gottes eingeht«[31], dann steht das in der Schule notwendige Teilziel ›... üben/wiederholen, bis es sitzt‹ zu dem lebenslangen Prozess, »aus dem Glauben leben zu lernen«[32], zum täglichen Experiment ›Christ-Werden‹ zunächst quer.

31 Das katechetische Wirken der Kirche. Ein Arbeitspapier der Sachkommission IV der Gemeinsamen Synode der Bistümer in der Bundesrepublik Deutschland, A 3, zit. nach *L Bertsch u.a. (Hrsg.)*, Gemeinsame Synode der Bistümer in der Bundesrepublik Deutschland. Ergänzungsband: Arbeitspapiere der Sachkommissionen, Freiburg 1977, 41.

32 Ebd., A 3.1, zit. nach L. Bertsch u.a. (Hrsg.), 42.

In der Gemeindepädagogik ist Üben/Wiederholen weniger eine methodische als vielmehr eine spirituelle Kategorie. Üben/Wiederholen sind Leben erhaltende Elemente der christlichen Gemeinde.

Menschen, nicht nur Empfänger, sondern aktive Mit-Träger der Guten Nachricht vom gelingenden Leben, Christen, die eine Betreuungsmentalität ablegten und als Subjekte ihre Nachfolge Christi in einer Gemeinde gestalten, üben miteinander in geschwisterlicher Kommunikation und Interaktion mühsam die Spurensuche Gottes im Alltäglichen ein: in den Freuden und Nöten, die Einsichten in die Tiefen-Mitte des Lebens ermöglichen, aber auch Nachfragen notwendig machen; im Austausch der Erfahrungen mit den Dingen, die alle zu einem Sakrament werden können[33]; im Versuch, miteinander zu leben; nicht zuletzt beim Gottes-Dienst.

Die Erinnerungs- und Erzählgemeinschaft der Christen hört und wiederholt auf ihrem Nachfolge-Weg die Hoffnung gebenden biblischen Freiheits-›Geschichten‹. Sie transponiert das Evangelium in ihr spezifisches raum-zeitliches Koordinatensystem, in ihre ganz konkreten gesellschaftlichen Rahmenbedingungen. Kreativ wiederholend zieht die Gemeinde Folgerungen für ihr Leben in der Polis, für ihre Praxis als Gottes Volk. Wenn sich die Gemeinde die Fähigkeit, eine »kritische, produktive Wechselbeziehung zwischen Glaubensüberlieferung und neuer Erfahrung«[34] zu vollziehen, nicht übend-wiederholend erhält, erreicht sie ihr Ziel – die Neue Stadt auf dem Berg – nicht.

»Mit Hilfe der Katechese soll der Glaubenswillige zu einem reflektierenden Glauben gelangen können, der das Leben prägt«[35]. Die Gemeinde bietet interessierten Zielgruppen Bildungsveranstaltungen an. Sie informiert über ihren Glauben und gibt Rechenschaft über ihre Hoffnung. In diesen teilnehmerorientierten Veranstaltungen, die der Didaktik und Methodik der Erwachsenenbildung verpflichtet sind, werden immanentes Üben/Wiederholen nicht ausgeklammert. In neuem Zusammenhang reaktivieren die Teilnehmer die erworbenen Fähigkeiten, Fertigkeiten und Erkenntnisse. Ein theologisches Prinzip – z.B. das Subsidiaritäts-

33 Vgl. *L Boff*, Kleine Sakramentenlehre, Düsseldorf[10]1989.
34 *F.-J. Nocke,* Korrelation, in: KatBl 105/1980, 130f., bes. 130.
35 Das katechetische Wirken der Kirche, A 3. 1, zit. nach: *L Bertsch u.a. (Hrsg.),* aaO., 42.

prinzip – wird bei einer neuen Fragestellung angewandt. Lernübertragungen stellen sich aber nicht von allein ein. Der Erwachsenenbildner bereitet sie gezielt vor. Er macht den Veranstaltungsteilnehmern die übertragungsfähigen Momente einzelner Lerninhalte und ihre Beziehung untereinander bewusst.

Literaturhinweise

G.E. Becker/B. Clemens-Lodde/K. Köhl, Unterrichtssituationen III. Üben und Experimentieren, München 1976.

G.E. Becker/B. Köhler, Hausaufgaben kritisch sehen und die Praxis sinnvoll gestalten, Weinheim-Basel 1988.

B. Jendorff, Fachpraktikum Religion. Ein Leitfaden gegen den Praxisschock, München/Stuttgart 1994.

B. Jendorff, Hausaufgaben im Religionsunterricht, München 1983.

B. Jendorff, Religion unterrichten – aber wie? Vorschläge für die Praxis, München (1992) [3]1997.

F.W. Niehl/A. Thömmes, 212 Methoden für den Religionsunterricht, München [4]2000.

L. Schmalfuss/R. Pertsch, Methoden im Religionsunterricht, München 1987.

XI.
Prüfen

BERNHARD JENDORFF

1. Hinführung zu Erfolgskontrollen

Die wichtigsten *Arbeitsmerkmale eines Religionslehrers* sind:

– Lehr- und Lernprozesse fachwissenschaftlich und -didaktisch vorzubereiten,

– Kommunikations- und Informationsprozesse zu initiieren und zu moderieren,

– das unterrichtliche Geschehen zu prüfen. Die Ergebnisse der Evaluation finden ihren Niederschlag in der nächsten Vorbereitung. In der ersten und zweiten Ausbildungsphase eines Religionslehrers beobachten kriterienorientiert erfahrene ›Schulmänner‹ und Mitlernende den RU eines Studenten/Referendars und analysieren mit ihm Unterrichtsfaktoren und -voraussetzungen[1]. Selten kommt der Religionslehrer vor seiner dritten Ausbildungsphase in die Verlegenheit, Lernerfolgskontrollen in die Unterrichtsplanung einzubeziehen und Schülerleistungen (a) zu messen, (b) zu beurteilen und (c) zu benoten.

Ein ›gestandener Religionslehrer‹ unterzieht seinen RU nur selten Wirkungskontrollen. Das Prinzip der Kontrollierbarkeit scheint offenkundig nur für religiöse Lern-, nicht aber für die Lehrprozesse zu gelten. Der Kreislauf zwischen religionspädagogischer Theorie und Praxis des RU ist gestört.

Die Voraussetzungen des RU unterliegen einem permanenten Veränderungsprozess. Kann sie der Religionslehrer fixieren und die Zeichen der Zeit für das Binnencurriculum deuten?

1 Vgl. *H.-D. Bastian*, Didaktische Anatomie im Religionsunterricht, in: ThPr 1/1966, 170–185; *o.Verf.*, Projektbezogenes Lernen, in: KatBl 96/1971, 468–484.

2. Prüfen der Voraussetzungen

Gesellschaftliche Rahmenbedingungen, die Situation des Volkes Gottes vor Ort und in der Ökumene, der Jugend, bildungspolitische Konstellationen, theologische Voraussetzungen bestimmen nachhaltig das interdependente Binnencurriculum mit, also auch die Methoden des RU. Methoden – Sozialformen eingeschlossen – sind nicht nur Organisatorisches in der religionspädagogischen Werkstatt, sondern auch Theologisch-Inhaltliches (s.o. I.2). Sie sind Ausdruck einer Spiritualität, die den menschenfreundlichen Lehr- und Lernprozess mitprägt. Um nicht auf den gewohnten Wegen festzufahren, ist es auch einem routinierten Religionslehrer angeraten, jährlich innezuhalten und das Außenfeld seines RU kritisch schriftlich zu vermessen und Folgerungen zu ziehen. Die ›heimlichen Miterzieher‹ verändern sich oft schneller, als es dem soliden Religionspädagogen recht sein mag.

Methodenangebote sind abhängig vom Bild der heterogenen Klasse und der konkreten Schülerausgangslage zur Thematik einer Unterrichtseinheit. Das herkömmliche Bild der Klasse ist eine Momentaufnahme. Menschen bleiben nicht dieselben. Das gemeinsame Arbeiten relativiert das Bild. Vorurteile sind zu korrigieren. Neue Facetten der Schüler werden für den Auseinandersetzungsprozess bestimmender. Veränderte Kommunikations- und Interaktionsstrukturen einer Lerngruppe erschweren/erleichtern den Dialog. Wer auf seine Schüler Methoden zuschneidet, sieht sich öfter die an, für die er arbeitet. ›Ich kenne doch meine Schüler‹, ist in vielen Fällen ein schnellstens zu korrigierendes Fehlurteil. Das gilt nicht nur für das Bild der Klasse, sondern auch für die Ausgangslage der Schüler zu einem Thema. Religionslehrer handeln nach dem alten Grundsatz: Was jemand aufnimmt, wird entsprechend dem Modus des Aufnehmenden erfasst. Diesen jeweiligen ›modus recipientis‹ möglichst genau zu erfassen, ist Berufspflicht eines Methoden-Arrangeurs in einem schülerorientierten RU.

3. Prüfung des Lehrverhaltens

Jeder Mensch benötigt einen Spiegel[2], in dem er sich erkennt, um dann Korrekturen anbringen zu können. Sekundäres Feedback fehlt oft dem Religionslehrer. Er ist auf planvolle, absichtlich selektive Selbstwahrnehmungen und -beobachtungen und subjektive Deutungen angewiesen, die mit den ihm bekannten wissenschaftlich abgesicherten Lehr- und Lerntheorien konfrontiert werden, um sein Lehrverhalten zu relativieren.

Ein Weg zur Selbsthilfe, um positives Lehrverhalten zu verstärken, negatives zu verändern: Der Religionslehrer (a) ermittelt und (b) beschreibt bei der täglichen Nachbereitung wenigstens eine Standardsituation – z.B. die Eröffnungsphase eines informellen Tests. Mit Hilfe einer numerischen Skala von 1 bis 6 wird (c) das in Teilelemente zerlegte Grundmuster bewertet und (d) Gründe für die Selbsteinschätzung notiert. Der vielleicht wichtigste Schritt ist dann (e) die Erarbeitung wenigstens einer Alternative, die im kommenden RU (f) erprobt und in der Nachbereitung wiederum evaluiert wird. Mit der Zeit entsteht ein praxisnahes Kompendium. Die Methodenkompetenz des Religionslehrers erhöht sich. Sein variantenreicher RU motiviert.

Lehrverhalten wird erfahrungsgemäß nachhaltig verbessert, wenn der Religionslehrer über längere Zeit (einen) Studenten zu kriterienorientierten Hospitationen in den Unterricht aufnimmt. Eine inhaltsbezogene, wechselseitig fruchtbare Kommunikation zwischen den Generationen kann über das komplexe Geschehen RU aufkommen.

4. Prüfung des Lernverhaltens

Das jeden Pädagogen bedrängende Problem der Leistungsmessung und Notengebung ist im 19. Jahrhundert grundgelegt. In der sich herausbildenden bürgerlichen Gesellschaft soll nicht mehr ›blaues Blut‹, sondern die messbare Leistung den ›Weg nach oben‹

2 Als hilfreicher Spiegel ist das Schreiben eines religionspädagogischen Tagebuchs zu empfehlen. Vgl. *H. Altrichter/P. Posch*, Lehrer erforschen ihren Unterricht, Bad Heilbrunn 1990, 18–40.

eröffnen. Die ›Standesschule‹ wurde zur ›Leistungsschule‹, die dem Prinzip demokratischer Egalität verpflichtet ist.

Leistung gehört zum Menschen. Sie ist aber niemals die endgültige Sinngebung menschlichen Lebens. Leistung hat Rechte – in vielen Fällen auch Verpflichtungen – zur Folge. Keineswegs aber macht die Leistung eines Menschen seine Rechtfertigung aus.

Aus schultheoretischen, -pädagogischen[3] und nicht zuletzt aus juristischen[4] Überlegungen kann es ein Lernen – auch im RU – ohne Leistungen und deren Messung nicht geben.

RU hat eine dezidiert gesellschaftskritische Funktion. Religionspädagogen passen sich nicht blindlings dem technokratischen, schulischen Leistungs- und Prüfungsbetrieb an. Im ordentlichen, obligatorischen und auf Wissensvermittlung ausgerichteten Lehrfach Religion, das die Gute Nachricht von der vorleistungsfreien Annahme eines jeden Menschen durch Gott thematisiert, gilt das Prinzip ›Förderung vor Forderung‹. Die Schüler werden gefördert durch humane, die Grenzen der Muße (schola) nicht überschreitende Forderungen.

Im RU gibt es Freiräume, da nicht alle angestrebten Qualifikationen operationalisierbar und testbar sind. Die vom Schüler vertretene Meinung, seine Werteinstellung wird nicht beurteilt, wohl aber seine Fähigkeit, ein theologisches Problem zu analysieren und seine Position sachlich zu begründen. Dabei ist vom Religionslehrer Sensibilität und Fairness gegenüber der anderen – vielleicht völlig entgegenstehenden – Meinung verlangt. Der pädagogische Akt Lernerfolgskontrolle (= LK) ist vom Ziel einer Unterrichtseinheit abhängig und stets nur Teilelement des Curriculums. Sein Stellenwert ist relational. Eine Isolation verkürzt die Sicht bzw. magnifiziert die Gewichtigkeit dieses Bausteins. LK ist nicht das Ziel – vielleicht das Ende einer Unterrichtseinheit – lebensnaher, ganzheitlicher Auseinandersetzungsprozesse in ›Sachen Religion und Glaube‹.

Die pro und contra LK im RU und versetzungserhebliche

3 Vgl. *K.E. Nipkow*, Religionsunterricht in der Leistungsschule, Gütersloh 1979, 29–39.

4 Vgl. das Urteil des Bundesverwaltungsgerichts vom 6.7.1973, in: *F. Müller/B. Pieroth*, Religionsunterricht als ordentliches Lehrfach, Berlin 1974, 105–111.

Zeugnisnote in Religion geführte Diskussion[5] erscheint dem Praktiker oft zu akademisch, denn er muss mit den vorgegebenen juristischen Fakten weiterhin leben, bis eine parlamentarische Mehrheit gefunden ist, die Art. 7 (3) Satz 1 GG verändert. – Ob damit dem Anliegen religiöser Erziehung in der Schule gedient ist, bedarf eingehender Analysen und der Entwicklung eines neuen religionspädagogischen Konzepts. – Unverantwortlich ist es, wenn Religionslehrer den grundgesetzlich gesicherten RU aus dem Bedingungsgefüge der Schule einer demokratischen, pluralistischen Gesellschaft entlassen, indem sie – ungerechterweise – alle Schülerleistungen mit einer ›Einheits-Zwei‹ etikettieren.

4.1 Methodische Überlegungen. Sie können die Spannung ›Lernerfolgskontrolle/Notengebung – vorleistungsfreie Annahme/Wertigkeit eines Schülers‹ erträglicher gestalten. Dazu gehört:

(1) Offenlegung der didaktischen Funktion der LK: Rückmeldung an den Schüler, ob er während der letzten Unterrichtseinheit erfolgreich auf das Lernziel hin arbeitete. Hatte er Lernausfälle, berät und fördert der Religionslehrer den Schüler, wie er zukünftig erfolgreicher arbeiten und

- seine Reproduktionsleistungen, z.B. in einem Kreuzworträtsel,
- Reorganisationsleistungen, z.B. durch Anfertigen einer Grafik,
- Transferleistungen, z.B. durch die Erstellung einer (Foto-) Collage zu Hause und
- sein individuelles problemlösendes Denken und seine Kreativität, z.B. durch das Dichten eines Schöpfungshymnus oder in fachspezifischer Terminologie und Ausdrucksmöglichkeit dokumentieren kann.

(2) Transparenz der Beurteilung und Benotung des abgefragten Wissens, der geprüften Erkenntnisse, nachgewiesenen Arbeitstechniken und der eigenständigen Urteilsfähigkeit: Im schülerorientierten RU sind die lerngruppenspezifischen – vorrangig kognitiven, operationalisierten – Lehr- und Lernziele der Unterrichtseinheit Beurteilungsmaßstab der LK. Es ist veraltet, die ›Gauß'sche Käseglocke‹[6] über eine Klassenarbeit zu stülpen. Kein Schüler darf einem

5 Vgl. *B. Jendorff*, Leistungsmessung im Religionsunterricht, München 1979, 43–60, bes. 54–58.

anderen martialisch den Leistungsrang streitig machen, um ›nach oben‹ zu kommen, und die Kooperation und Hilfe bei der Vorbereitung der LK aufkündigen. Alle können ›sehr gut‹ sein, d.h. zeigen, dass sie ganz an das Ziel der Unterrichtseinheit herangekommen sind. In jeder Aufgabe ist aufgrund ihres Anforderungsgrades eine bestimmte Punktzahl zu erzielen. Die Festlegung der Note erfolgt analog dem Punktsystem in der Sekundarstufe II durch Division der möglichen Punktzahl durch 15. Der Religionslehrer kann dann differenzierter von 1-6 benoten. Eine ausreichende Note entspricht 6/5/4 Punkten der 15er Notenskala.

(3) Fixierung des Lehrererwartungshorizonts: Er »ist ein *vorläufiges* Instrument, mit dem sich der Lehrer klar macht, wie nach dem gehaltenen Unterricht eine Beantwortung der Prüfungsfragen aussehen kann. Es empfiehlt sich aber *nicht*, die gelieferten Arbeiten so zu lesen, dass zuerst einmal die Defizite gegenüber dem Erfahrungshorizont festgestellt werden; dieses Verfahren macht leicht blind gegenüber eigenständigen, nicht sofort einzuordnenden Lösungen von Schülern. Erst nach der selbstständigen Würdigung einer Lösung ist es gut, diese mit den Erwartungen zu vergleichen«[7].

(4) Schaffung einer entspannten Prüfungssituation: Ein freundliches, aufmunterndes Einleitungsgespräch nimmt Ängste. Auch LK bedürfen einer Motivationsphase, in der Ängste abgebaut werden.

(5) Rasche Rückmeldung: »Die Wirkung des Effekts einer Reaktion ist um so größer, je rascher er auf die Reaktion folgt«[8]. Eine Arbeit wird daher möglichst umgehend besprochen und zurückgegeben, um notwendige Folgerungen für das zukünftige Lernen ziehen zu können.

4.2 Variantenreiche Methodenpalette. Sie wird den verschiedenen Schülertypen und ihren individuellen Fähigkeiten gerecht. Jede LK sollte *Aufgaben aus folgenden drei Großgruppen* enthalten:

6 5–15–30–30–15–5% der Arbeiten werden stereotyp den Noten 1–6 zugewiesen.

7 *K. Fikenscher*, Leistungsbewertung und Noten im Religionsunterricht, in: KatBl 107/1982, 371–378, bes. 377.

8 *H. Aebli*, Grundformen des Lehrens. Eine Allgemeine Didaktik auf kognitionspsychologischer Grundlage, Stuttgart [12]1981, 246.

(1) Offene Aufgaben. Die Schüler argumentieren in ihrer Sprache, bewerten und urteilen aus ihrer persönlichen Sicht unter Einbeziehung und Würdigung des neu erworbenen Wissens, der erarbeiteten Erkenntnisse und gewonnenen Einsichten. Ausdrucksschwache Schüler sind benachteiligt, wenn der Religionslehrer ausschließlich Aufgaben mit einem für ihn nicht voraussehbaren Ausgang stellt. Der korrigierende Religionspädagoge steht vor gleichen Problemen wie ein Deutschlehrer. Er kann bei der Beurteilung von *Visualisierungsaufgaben*, z.B. Entwurf eines Plakats, *Aufgaben mit Bildgeschichten, darstellenden Spielen*, die zu Hause vorbereitet werden, *Essayaufgaben*, z.B. Steckbrief oder *Textaufgaben*, z.B. Leitfragen zu einem visualisierenden Bild, eine gewisse Willkür nicht ausschließen. Gerade eine LK mit offenen Aufgabenstellungen lässt es ratsam erscheinen, dass der Religionslehrer dem Schüler einen Kurzkommentar unter seine Arbeit schreibt. Er soll erfahren, welche positiven Aspekte seine individuellen Ausführungen enthalten, und an welcher Stelle er zu wenig überzeugend argumentierte.

(2) Geschlossene Aufgaben. Die richtige Antwort ist u.a. vorgegeben. Die Schüler haben keinen Denk- und Formulierungsspielraum. Das kommt ausdrucksschwachen Prüflingen entgegen. Die eindeutig angekreuzten Antworten in *Antwort-Wahlaufgaben*, z.B. Richtig-Falsch-Aufgaben, *Zuordnungsaufgaben*, *Umordnungsaufgaben* und *Rätselaufgaben*, z.B. Silbenrätsel, sind schnell zu korrigieren.

(3) Halboffene Aufgaben. Die richtige Antwort ist den Schülern nicht bekannt. Der Religionslehrer bindet sich an eine bestimmte Lösung. Die Schüler haben bei *Kurzantwort- und Ergänzungsaufgaben, Arbeiten mit und an Landkarten und Zeitleisten, Korrektur- und Verbesserungsaufgaben* und *Begriffserklärungen* einen gewissen Formulierungsspielraum. Das kann die Auswertung erschweren[9].

Leistungsstress bei LK im RU wird nicht vermindert durch fachschädigendes Absenken des Niveaus, sondern durch Berücksichtigung der Lernvoraussetzungen und variablen Wege, auf denen die Schüler ihre Lernerfolge dokumentieren. Auch und gerade beim Unterrichtsschritt LK handelt der Religionslehrer aus der Gewissheit, dass er von seinem Gott vor seiner nachweisbaren

9 Weitere Methodenbeispiele bei: *B. Jendorff*, Religion unterrichten – aber wie? Vorschläge für die Praxis, München ²1993, 234–246.

Leistung geliebt und geachtet ist. Eine geerdete, berufsspezifische Spiritualität lässt ihn auch die »Not der Religionsnote«[10] ertragen und methodisch gestalten.

5. Prüfen in der Gemeindepädagogik

In der Gemeindepädagogik umfasst der Begriff Evaluation drei Aspekte: »Erfolgskontrolle, Gestaltung der Schlussphase und Nachbereitung«[11] einer Veranstaltung. Die Teilnehmer reflektieren mündlich – weniger in schriftlicher Form[12] – ihren Lernerfolg in der erlebten Situation[13]. Im Mittelpunkt der Auswertungsphase können die Fragen stehen: – Wie verbessern wir unsere Kommunikation und Interaktion? – Wie werden wir selbstständiger und zukünftig selbsttätiger in unseren Lernprozessen? – Wie sind noch gezielter Kopfeinsichten in Handlungen umzusetzen?

Bereits durch die Äußerungen der Teilnehmer erhält der Referent Hinweise auf sein methodisches Geschick. Bei seiner Nachbereitung analysiert er wie ein Religionslehrer sein Lehrverhalten.

Literaturhinweise

B. Jendorff, Schriftliche Lernerfolgskontrolle im Religionsunterricht, in: KatBl 126/2001, 62–70.

B. Jendorff, Wegweisungen für die Lernerfolgskontrolle, in: ru 31/2001, 24–26.

K.E. Nipkow, Religionsunterricht in der Leistungsschule, Gütersloh 1979.

W. Sacker, Prüfen – Beurteilen – Benoten. Grundlagen, Hilfen und Denkanstöße für alle Schularten, Bad Heilbronn ²1996.

10 *B. Ort*, Erfolgskontrolle im Religionsunterricht, in: *F. Weidmann (Hrsg.)*, Didaktik des Religionsunterrichts, Donauwörth ⁷1997, 326–336, bes. 332.

11 *P. Müller*, Methoden in der kirchlichen Erwachsenenbildung, München 1982, 168.

12 Vgl. *R. Dantscher*, Arbeitsmaterial für Gruppenarbeit. Mit 66 strukturierten Übungen, Gelnhausen/Berlin u.a. 1975, 239–252; *D. Emeis/K.H. Schmitt*, Kleine Methodik der Erwachsenenbildung in der Kirche, Freiburg 1974, 112–115.

13 Methodische Beispiele bei: *P. Müller*, aaO., 170–177, vor allem die »Anregungen zur Erfolgskontrolle« (176).

Bildorientierte Unterrichtsmethoden

XII.
Bildnerisches Gestalten

Eva Müller

1. Bildnerisches Gestalten – wozu im Religionsunterricht?

Der Mensch, der in der Schöpfungsgeschichte als Gottes Ebenbild angesprochen wird, zeichnet sich besonders durch seine schöpferischen Anlagen und Fähigkeiten aus. Das im Dialog mit der Bibel gewonnene Menschenbild hat als Bildungs- und Erziehungsziel seinen festen Platz in der Religionspädagogik. So stellt sich für den RU die Aufgabe, das den Kindern und Jugendlichen innewohnende grundangelegte schöpferische Potenzial aufzunehmen, zur Entfaltung zu bringen und weiter zu entwickeln. In einem entsprechend gestalteten Unterricht erhalten die Schüler die Möglichkeit, ihre vielseitige Menschlichkeit zu erleben; sie lernen ihre individuell geprägten Fähigkeiten im kreativen Handeln einzusetzen.

Das Medium Bild lässt sich bekanntlich zur Vermittlung von Glaubensinhalten im Unterricht einsetzen (s.u. XIV). Die Bilddidaktik jedoch wäre unmöglich ohne die vorausgegangene schöpferische Arbeit der Künstler. Sie haben sich mit dem Evangelium und der biblischen Botschaft auseinandergesetzt und mit ihrer Bild-Gestaltung Antwort gegeben und somit zur Entstehung der christlichen Bildgeschichte beigetragen – ein Paradigma, das auch für die Anwendung und Umsetzung im RU bereitsteht. Der Religionslehrer sollte das künstlerische Engagement erkennen und die Sprache der Bilder verstehen, um die Kinder/Jugendlichen zu begeistern und auf eigenes bildnerisches Gestalten vorzubereiten. Das Gestalten von Bildern als wesentliche menschliche Lebensäußerung gehört dann ins Zentrum des Unterrichtsprozesses.

Wer im Lebensvollzug dem Schöpferischen einen Vorrang einräumt, der entscheidet sich für einen ganzheitlichen RU von der Primarstufe an. Auf dieser Altersstufe wird unmittelbar angeknüpft an das Vorstellen, Fühlen und Denken des Kindes, die sich zur inneren Anschauung kristallisieren, zu seiner ganz persönlichen Imagination. Das Grundschulkind, falls es nicht durch ungünstige Einflüsse verbildet ist, kann noch ohne Hemmungen seine ureigenen Vorstellungen durch bildnerisches Gestalten in äußere Bilder umsetzen. Gerade im Anfangsunterricht gelingt es dem Kind, indem es malt, oft sich eindringlicher und zutreffender auszudrücken als durch die Sprache; denn mit den Ausdrucksmöglichkeiten der Bild-Sprache ist es seit früher Kindheit vertraut.

2. Bildnerisches Gestalten im religionspädagogischen Kontext

Die verschiedenen Bemühungen, bildnerisches Gestalten in den RU einzuführen, werden in einem Überblick dargestellt und im Rahmen ihrer religionspädagogischen Konzepte charakterisiert und beurteilt.

2.1 Vom theologischen Ansatz zur Arbeitsform. Der erste, der nach 1945 bildnerisches Gestalten, insbesondere das Zeichnen, in den »kirchlichen Unterricht« einzuführen sucht, ist *Kurt Frör*. Bereits 1950 gibt er, getragen vom »Nürnberger Kreis«, dem Pädagogen und Theologen angehören, ein entsprechendes Arbeitsbuch[1] heraus. Seine Zielsetzung, »Anschauung und Eigentätigkeit«[2] des Kindes zu fördern, verknüpft er mit theologischen Überlegungen und bemüht sich auch um didaktisch-methodische Hinweise. Er geht davon aus, dass die Kinderzeichnung, verbunden mit der verbalen Vermittlung religiöser Inhalte, im RU ihren Platz finden kann.

Er sucht den »Primat des Sehens vor dem Hören«, wie er antiker Philosophie und mittelalterlicher Theologie entspricht, mit *Luthers* Theologie, die sich »durch das unmittelbare Hören auf das biblische Zeugnis«[3] auszeichnet, zu verbinden.

Frör betrachtet »das bildnerische Gestalten und den Umgang mit Kunstwerken«[4] als eine Einheit. Seine Grundüberzeugung:

1 *K. Frör (Hrsg.)*, Das Zeichnen im kirchlichen Unterricht, München 1950.

2 Ebd., 7.

3 *K. Frör (Hrsg.)*, Zeichnung und Bild im kirchlichen Unterricht, München [4]1966, 16f.

4 Ebd., 19.

Jedes Bild bedarf der Interpretation, die der Interpret mit Worten zu leisten hat; aber auch das Bild interpretiert bereits durch Darstellung und Ausdruck. Theologisch begründet er bildnerisches Gestalten im RU als »offenen Dialog«[5] mit dem Wort Gottes. Und schon damals wertet er »das Sehen ... als ein heilsames Gegengewicht gegen die Gefahren des reinen Wortunterrichts«, die als Verkopfung und Wirklichkeitsentfremdung auftreten können. Aber das Kind, davon geht er aus, kann »durch Malen, Zeichnen und Formen«[6] ganzheitlich arbeiten und sich zum Ausdruck bringen.

Seine pädagogische Begründung für den Einsatz bildnerischen Gestaltens stützt sich auf vier Momente: die Anschaulichkeit, die Eigentätigkeit, die Bildgestaltung und die Ganzheitlichkeit[7]. Frör lässt, um bildnerisches Gestalten in den RU einzuführen, eine Vielfalt von Arbeitsformen zu, wie er auch Freiraum bietet für das didaktische Handeln des Lehrers. Er gibt mancherlei Anregungen, entwickelt jedoch daraus keine eigene spezifische Lernform für den Unterricht. Seine Vorschläge werden somit nicht konsequent in den RU integriert. Dabei fällt zudem auf, dass freies Gestalten den Schülern bis zum 12. Lebensjahr vorbehalten bleibt und den älteren Schülern gebundene und stilisierte Darstellungsformen, wie Sinnbild, Sachskizze und Zeichnen, zugeordnet werden. Die Beiträge seiner Mitarbeiterinnen und Mitarbeiter, die er die verschiedenen Arbeitsformen in der Schule und im kirchlichen Unterricht erproben lässt, sind Anregungen und Vorschläge für einzelne Gelegenheiten.

2.2 Kooperation mit dem Kunstunterricht. Bildnerisches Gestalten, wie es von *Günter Stachel*[8] und seinen Mitarbeitern, vor allem *Theodor Eggers*, lernzielorientiert im RU verwendet wird, richtet sich hauptsächlich am Modell des Kunstunterrichts aus. Genaue Planung, Unterrichtshilfen, Bestimmung der Gestaltungsmittel und Kontrolle der bildnerischen Prozesse bewirken, dass eine bildnerische Lösung unter starker Steuerung durch den Lehrer angestrebt wird. Die sehenswerten Bildergebnisse dürfen nicht darüber hinwegtäuschen, dass die Schüler bei diesem Verfahren ihre spontanen schöp-

5 Ebd., 22. 6 Ebd., 24. 7 Ebd., 23f.

8 *G. Stachel*, Das Bild im Religionsunterricht, Zürich/Einsiedeln/Köln 1971.

ferischen Möglichkeiten gar nicht erproben können. Das Kind kann die Inhalte des RU, soweit es diese in seine Vorstellungswelt aufnimmt, anschaulich als Bild wiedergeben, sollte aber nicht dazu veranlasst werden, sie als Material zur Lösung von Bildproblemen zu verwenden, wie es der Kunstunterricht verlangt. Da der Schwerpunkt bei Eggers auf bildkünstlerischer Gestaltung liegt, die auch den Bezugsrahmen für die Besprechung der Schüler-Bilder abgibt, ist es fraglich, ob er damit der Intention des RU gerecht werden kann.

2.3 Kreatives Schülerverhalten. Ein schülerorientierter RU, wie ihn *Fritz Weidmann*[9] entwickelt hat, führt zu individueller Motivation, die sich mit offener Unterrichtsplanung zu verbinden pflegt. Kreatives Schülerverhalten, auch in freien, spontanen, selbstständigen, nonkonformen Äußerungen, hält er für besonders förderungswürdig. Denn als wirkendes Zentrum des RU gilt ihm das offene Gespräch. Nur unter diesen Bedingungen können sich die Schüler so entfalten, dass sie zu den behandelten Stoffen, oft aus der biblischen Überlieferung, unbedingt und in unmittelbarer Betroffenheit Stellung nehmen, wobei der Unterricht auch »auf seine emanzipatorischen und therapeutischen Dimensionen«[10] verweist. Weidmann bietet »Realisationsfelder« an; auf denen können Grundschulkinder kreativ werden und sich selber ganzheitlich erleben. Ausdrücklich bemerkt er, dass beim Malen, einem »Gestaltungs- und Aussagevorgang« der Schüler, »in besonders hohem Maße das kreative Potenzial und Schaffen des Einzelnen im Sinne der Originalität, des Neuen und Spontanen beteiligt«[11] sei. Weidmann befürwortet auch das Anfertigen von Collagen. Die Meditation, die er im RU einübt, trifft auf ein Grundbedürfnis des Kindes und weckt in ihm verborgene schöpferische Fähigkeiten[12]. Die Religionslehrkraft übernimmt die Rolle »eines Initiators kreativer Prozesse«[13].

9 *F. Weidmann*, Kreative Schüler, Zürich/Einsiedeln/Köln 1974.
10 Ebd., 79.
11 Ebd., 138.
12 Ebd., 181: »Das Kind verlangt danach, den Sinn und das Wesen der Dinge zu ergründen.«
13 Ebd., 212.

2.4 Begegnung der Schüler mit dem Material (z.B. Ton). Ein handlungsorientierter RU – »Kinder lernen handelnd«[14] – bietet auch Freiraum für bildnerisches Gestalten. Die gesamte Schulkultur, mit der Atmosphäre des Klassenzimmers, förderlich für Arbeit, Spiel und gemeinsames Leben, schafft erst die Voraussetzungen für spontanes, kreatives Handeln der Schüler, so argumentiert *Hubertus Halbfas*. Dem Lehrer obliegt es, die Inhalte des Unterrichts samt den verfügbaren Dingen so anzuordnen, dass eine unmittelbare Begegnung der Schüler mit dem Stoff/Material stattfinden kann: »Der Ton übt dabei eine ›magische‹ Wirkung auf Hand und Geist aus ...«[15]. Halbfas empfiehlt, in der Primarstufe »mit freier figürlicher Gestaltung zu beginnen. Man kann Häuser, Tiere, Menschen formen ... – eine Arche Noah, eine Krippe mit zahlreichen Figuren ...«[16]. Er behauptet einerseits den Primat der Sache (Bibel, Symbol, Bild, Tradition, Kirchengeschichte usw.), aus deren Kenntnis das methodische Vorgehen abzuleiten sei, und plädiert andererseits für das Recht des Kindes, das mit seinen Bedürfnissen und Fähigkeiten ganzheitlich zu gewinnen sei. Insbesondere wünscht er sich im Unterricht viele »freie gestalterische Aktivitäten«[17], aus allen musischen Bereichen, aber eine Methode der Bild-Gestaltung hält er für überflüssig. Um so mehr hat der Religionslehrer die »hermeneutische Verantwortung«[18] zu tragen.

2.5 Gestalten als motivierende Arbeitsform. In der methodischen Vielfalt, die *Klaus Wegenast* für den RU der Grundschule fordert, unterscheidet er vom theologisch begründeten Lernprozess, der »vom Sehen, Erfahren und Tun über das Motiviert-Sein ...«[19] führt, den pädagogisch-mitmenschlichen Bezug, der auch das »Gestalten« und ein »neues Mit-anderen-Umgehenkönnen«[20] umfasst. Bildhaftes Gestalten wird im Unterricht lernzielorientiert eingesetzt; die Arbeitsformen, die Wegenast in Stichworten auflistet, sind frei zu wählen, dem Unterrichtsvorhaben und der Schüler-Erfahrung

14 *H. Halbfas*, Religionsunterricht in der Grundschule. Lehrerhandbuch, Bd. 1, Zürich/Düsseldorf 1983, 56.
15 Ebd., 59.
16 *H. Halbfas*, Das dritte Auge, Düsseldorf 1982, 188.
17 Ebd., 209.
18 Ebd., 29.
19 *K. Wegenast*, Religionsdidaktik Grundschule, Stuttgart 1983, 69.
20 Ebd., 45.

angemessen. Bildnerisches Gestalten als Ausgleich zu »der Kopflastigkeit auch der Grundschule« und zugleich als »ein vorzügliches Instrument zur Kommunikation mit sich selbst und mit anderen«[21] kann, wie Wegenast meint, auch eine ganzheitliche Erfahrung der Glaubensinhalte ermöglichen.

In den von ihm herausgegebenen Lehrerhandbüchern »Religionsunterricht in der Grundschule«, Bd. 1-4, entwickeln seine Mitarbeiter *(Christine Reents, Johann-Friedrich Konrad, Eberhard Sievers, Bernhard Buschbeck/Siegfried Wibbing)* für die verschiedenen Jahrgangsstufen anwendungsbezogene Beispiele bildnerischen Gestaltens.

2.6 Ausdrucksgestaltung im mehrdimensionalen Lernen. Ausgehend vom Primat der Didaktik, die Lernziele und Unterrichtsinhalte begründet und normiert, führt *Bernhard Grom*[22] in sein »Methodik-Seminar« ein. Mit der Methodenvielfalt, die er den Lehrenden wahlweise anbietet, beabsichtigt er, »durchgehend Wege zu einem mehrdimensionalen, ganzheitlichen Lernen«[23] aufzuzeigen, mit dem Ziel, im RU wie auch in der Jugend- und Erwachsenenarbeit affektives Erleben, kritisches Denken und praktisches Tun zu verbinden. Die Ausdrucksgestaltung (Rollenspiel, Pantomime, Malen, Collage, Texte gestalten, musikalisch agieren), die das Gefühl beteiligt und unmittelbar anspricht, erhält einen besonderen Stellenwert, vor allem für das Gruppengeschehen im RU wie auch in der religiösen Bildungsarbeit. Grom, der eine »Methodeneuphorie«[24] zu vermeiden sucht, gibt zahlreiche Anregungen und methodische Beispiele. Der Lehrer/Gruppenleiter soll selber aus dem reichen Angebot Methoden auswählen und erproben und die dem jeweiligen Thema angemessenen herausfinden. Seine »Leitlinien«[25] für kreatives Gestalten enthalten Ermunterungen und Verhaltensmuster für die Initiierung und Auswertung. Zu bedenken bleibt, dass Methodenvielfalt noch nicht ganzheitliches Lernen garantiert.

21 Ebd., 123.
22 *B. Grom*, Methoden für Religionsunterricht, Jugendarbeit und Erwachsenenbildung, Düsseldorf/Göttingen, [10]1996.
23 Ebd., 13.
24 Ebd., 14.
25 Ebd., 243.

2.7 Malen als schöpferischer Prozess. Für *Guido Martini* kann das Malen als schöpferischer Prozess ebenso den Schülern im Sekundarbereich Erfahrungen mit religiöser Bedeutung vermitteln. Martini, der in den RU der Sekundarstufe I erstmals Malvorgänge einplant, betrachtet diesen Schritt als methodische und zugleich inhaltliche Veränderung des Lehrplans, indem er erklärt: »... affektive und religiöse Lernziele werden vorteilhaft durch kreatives Tun in der Gruppe verwirklicht«[26]. Seine bildnerischen Aufgabenstellungen können sowohl persönliche Motive der Schüler als auch Geschichten der Bibel betreffen. In der Sekundarstufe II dient ihm der kreative Prozess vor allem »als Vorbereitung zum Verständnis von Symbolik«[27]. Der Malprozess, der nach Martini auch eine persönlichkeitsbildende Funktion hat, soll Aktivität, Individualität, Ganzheitlichkeit des Schülers fördern. Für ihn ist Malen auch eine Form der Meditation, die zudem die Schüler zur Ruhe und Sammlung im Unterricht führen kann.

2.8 Kreative Übungen. Georg Baudlers »Korrelationsdidaktik« ist bemüht, »Glaubensüberlieferung und Lebenssituation in eine kreative und konstruktive gegenseitige Wechselbeziehung zu bringen«[28]. Religiöse Gegenstandssymbole (z.B. Wasser und Wind) sollen den Schülern das sensible Einüben in die Erfahrung transzendenter Wirklichkeit ermöglichen. Nach Baudler können kreativ-gestaltende Übungen, die diesem Anspruch genügen, frühestens im 4. Schuljahr eingeführt werden. Das kreative Gestalten – eigene Texterstellung, Rollenspiele, visuelle und musikalische Versuche – ist bei Baudler ganz der Vermittlung religiöser Wirklichkeit durch Gegenstandssymbole untergeordnet. So hat auch der vereinzelte Malimpuls, der über den Gefühlseindruck nicht hinaus wirkt, nur einen geringen Stellenwert. Die Collagen, deren Bildteile nur vom Lehrer geplant, ausgewählt und zusammengestellt werden, dienen als Medien der Bildbetrachtung, rufen Denkanstöße hervor, fördern die verbale Kreativität. Bildnerisches Gestalten der Schüler als individuelle Auseinandersetzung mit den Unterrichtsinhalten kommt dabei kaum zur Geltung.

26 *G. Martini*, Malen als Erfahrung. Kreative Prozesse in Religionsunterricht, Gruppenarbeit und Freizeiten, Stuttgart/München 1977, 53.
27 Ebd., 79.
28 *G. Baudler*, Korrelationsdidaktik, Paderborn 1984, 75.

2.9 Spielerisches Handeln und schöpferische Praxis. Auf die Verschränkung von Glaubensinhalt und Lern-Wegen hat *Hans-Günter Heimbrock*[29] aufmerksam gemacht. In seiner theologisch begründeten, zugleich schülerbezogenen Konzeption vertritt er die Überzeugung, dass unsere zweckbetonte Alltagswelt geradezu nach einem Gegenentwurf verlangt, um den Mangel »an spontanem, zweckfreiem und spielerischem Handeln«[30] auszugleichen. Ausgehend von der Religionspädagogik als »Handlungswissenschaft«, erweitert er den Handlungsbegriff um das »literarische, ästhetische und schöpferische«[31] Moment. Er betont, »dass ganzheitliche Lernprozesse im Wechselspiel von bildhaftem Phantasieren und begrifflichem Reflektieren, von aktiver Inszenierung und nichtverfügender Partizipation allein in der Lage sind, die dialektische Spannung des kritischen und produktiven Moments biblischer Metaphorik in den Religionsunterricht einzubringen«[32]. Insgesamt fehlt ein konkreter Hinweis auf bildnerisches Gestalten im Unterrichtsprozess. Ihm geht es darum, »religiöses Lernen in der Einheit von Verstehen, Deuten und Handeln« zu begründen – eine Perspektive, die »Handlungsspielräume«[33] auch für bildnerisches Gestalten einschließen kann.

2.10 Malen als Alternative zur Textarbeit. Als Gegenzug zum eher rezeptiven Schülerverhalten bei der Textarbeit versucht *Ruth Oberthür*, das Malen in den RU einzuführen, und zwar in symboldidaktischer Absicht. Das Malen soll »Hilfe zur Wirklichkeitsbewältigung«[34] leisten, und zugleich will sie dem kreativen Schülerverhalten eine Chance geben. Bei ihrem eklektischen Vorgehen ist sie von *Weidmann* und *Martini* besonders abhängig. Eine eigene theoretische Grundlegung und ausreichende praktische Erprobung wäre wünschenswert gewesen.

2.11 Interaktionale Bibelarbeit. Im Rahmen der Gemeindearbeit für Jugendliche und Erwachsene bemüht sich *Sigrid Berg*, ausgehend vom Gruppengeschehen, um die »gemeinsame Suche nach der

29 *H.-G. Heimbrock*, Lern-Wege religiöser Erziehung, Göttingen 1984.
30 Ebd., 102. 31 Ebd., 103.
32 Ebd., 201. 33 Ebd., 202f.
34 *R. Oberthür*, Malen im Religionsunterricht, Essen 1988, 56f.

Wahrheit«[35] und »bei der ganzheitlichen Auseinandersetzung mit der biblischen Überlieferung«[36] auch um kreatives Gestalten. Neben vielen anderen Arbeitsformen verwendet sie die Collage[37], um den Bibeltext aktuell zu hinterfragen. Beim bildlichen Gestalten (Malen, Tonen, Collagen herstellen) unterscheidet sie Visualisieren des Textes und Freies Gestalten; bei Letzterem soll das Malen Eindrücke und Gefühle wiedergeben, die der Bibeltext in jedem Einzelnen ausgelöst hat[38]. Mit ihren methodischen Vorschlägen spricht sie vor allem den Gruppenleiter an; aus ihrer Erfahrung will sie ihn auf eigenes kreatives Gestalten vorbereiten. Ihr einfaches, überzeugendes Konzept wird durch Praxisbeispiele belebt.

2.12 Visuell-gestalterische Artikulation. Aus der Alltagsarbeit des Religionslehrers und zur Unterstützung hat *Bernhard Jendorff* sein praxisorientiertes »Religion unterrichten – aber wie?«[39] geschrieben, zugleich offen für eine junge Generation, die sich weitgehend nicht mehr nur an christlicher Überlieferung orientiert. So ist eine realistische Methodenlehre entstanden, frei von prinzipieller Einengung und Festlegung: »Methoden sind von Ort und Zeit abhängig. Sie sind situationsgebunden«[40], schreibt er. So werden Methoden visuell gestalterischer Art, wie Malen, Collage, Montage und spielerische Artikulationen – Rollenspiel, Pantomime, Tanz – sowie der Einsatz von Musik, den jeweiligen Schülersituationen angepasst, in die Unterrichtszusammenhänge eingebracht. Freiheit und Toleranz des Religionslehrers sollen den Schülern ermöglichen, sich eigenständig und ganzheitlich, gerade auch im visuell-gestalterischen Bereich, zu artikulieren[41]. Gestalterische Arbeitsformen können der »Festigung«[42] der Unterrichtsinhalte und als Hausaufgabe der Lernkontrolle[43] dienen. Daneben empfiehlt er offene Gestaltungsaufgaben zur möglichst freien Entfaltung der Schüler[44]. Jendorff versucht, wirksame Unterrichtsorganisation und schöpferische Freiheit zu verbinden.

35 *S. Berg*, Kreative Bibelarbeit in Gruppen. 16 Vorschläge, München/Stuttgart 1991, 11.

36 Ebd., 12. 37 Ebd., 20. 38 Ebd., 30.

39 *B. Jendorff*, Religion unterrichten – aber wie? Vorschläge für die Praxis, München 1992.

40 Ebd., 13. 41 Ebd., 175. 42 Ebd., 186.

43 Ebd., 220. 44 Ebd., 242.

2.13 Ergebnis. Zusammenfassend ist zu sagen, dass bildnerisches Gestalten im RU bislang vorzugsweise als fakultative Arbeitsform berücksichtigt wird. Zudem fällt auf, dass Methoden aus dem Kunstunterricht in den RU übernommen werden, um gestalterische Lösungen für religiöse Themen zu erreichen. Demnach liegt – trotz dieser zahlreichen Erwähnungen – eine eigene methodisch-didaktisch begründete Konzeption für die Einbeziehung bildnerischen Gestaltens in den RU noch nicht vor.

Gerade die Arbeitsformen, die kreative Gestaltung in den RU einbringen sollen, werden oft sehr beliebig eingesetzt (Lückenbüßerfunktion). Oft wird nicht genug reflektiert, ob die verschiedenen Arbeitsformen den gegebenen Unterrichtsinhalten, Lernzielen, Ausdrucksformen, Klassenstufen und der jeweiligen Schülersituation entsprechen.

3. Gestalterische Arbeitsformen zum Einsatz im Religionsunterricht

Die nachstehend aufgeführten Gestaltungsvorschläge für die Arbeit im RU haben sich deshalb besonders bewährt, weil sie eine bildnerische Auseinandersetzung mit den Unterrichtsinhalten in konzentrischer Spannung zulassen und damit die religionspädagogischen Intentionen unterstützen.

3.1 Collage. Die Collage entsteht unter Verwendung von Bildteilen und eigener Malerei, Fundstücken und den verschiedensten Materialien. Sie ist beliebt, vor allem bei heranwachsenden Jugendlichen, weil sie sich sehr dazu eignet, geistreiche Einfälle aufzugreifen und Überraschungseffekte zu erzielen. Als Gemeinschaftsarbeit – daneben gibt es natürlich auch die individuell hergestellte Collage – setzt sie das Gedankenspiel oder eine Art Brainstorming voraus, bevor die Phase der praktischen Realisierung mit Schere, Klebstoff, Papier u.a. beginnt. Die Phase des Sammelns von Gegenständen, Bildern, Photos usw. kann bereits vorausgegangen sein, gehört also im Schulalltag allgemein zur Hausarbeit.

Im RU der Primarstufe ist die Herstellung von Collagen problematisch, denn die Kinder verwenden ihre Aufmerksamkeit und ihr Interesse nach meinen Erfahrungen überwiegend für die Materialien; sie unterliegen der Faszination des Materials. Collagen erfordern durchdachte bildnerische Lösungen, die in dieser Altersstufe noch nicht selbstständig zu realisieren sind; deshalb sollten sie dem Kunstunterricht vorbehalten bleiben. Schüler der Sekundarstufe können die Collage als Arbeitsform im RU verwenden, da ihnen die Gestaltungsprinzipien aus dem Kunstunterricht vertraut sind und sie damit selbstständig umgehen können.

3.2 Arbeiten mit Ton. Ein Tonklumpen, der ein haptisches Erlebnis bringt, übt auf Schüler aller Altersstufen eine große Anziehung aus, wenn sie gelernt haben, damit umzugehen. Zunächst entsteht beim Hantieren mit dem Material eine Scheu: Der Ton ist schwer, feucht, er hinterlässt Spuren an den Händen. Schon bald wandert jedoch das Material von einer Hand in die andere, verformt sich dabei: Augen und Hände tasten ab. Dann beginnen die Hände zu formen, was aus der Vorstellung aufsteigt: Gegenständliches, das sich bezeichnen lässt, und Ungegenständliches, das sich einer Bezeichnung widersetzt, entstehen als Form gewordene Handarbeiten und geben Zeugnis von einer Auseinandersetzung der inneren Bilderwelt mit der Materie.

Neben dem freien Arbeiten mit Ton können die Schüler auch zur figürlichen Gestaltung angeleitet werden. Sie formen zur Weihnachtsgeschichte Krippenfiguren oder gestalten einzelne Szenen zur Abraham-Erzählung (z.B. »Abraham zieht aus seiner Heimat fort«, »Der Knecht, der für Isaak eine Frau sucht, trifft Rebekka am Brunnen«). Dabei kann jeder Schüler durch seine Gestaltung einer Person oder eines Gegenstandes mit Ton seinen individuellen Beitrag einbringen, der zu einem Ganzen gefügt als Gemeinschaftswerk anschaulich die unterrichtliche Arbeit unterstützt. Die freie und individuelle Beschäftigung mit dem Ton bringt dem Unterricht über die Schüler neue Impulse. Das Ergebnis einer solchen Stunde meines Unterrichts bestand an einem Tag einmal hauptsächlich aus angefertigten Kreuzen aus Ton. Es war die Zeit nach Ostern. Den Impuls griff ich auf und führte die symbolische Bedeutung der Kreuzesform anschließend in den Mittelpunkt meiner unterrichtlichen Arbeit.

Bei der Realisation mit Ton ist ein Augenmerk darauf zu richten, dass in einer Unterrichtsstunde von 45 Minuten genügend Raum für die stille Auseinandersetzung des Schülers mit dem Material bleibt, damit der Vorgang des Formens von innen geleitet werden kann und die Schüler sich nicht vordergründig am vorzeigbaren Produkt orientieren. Das Naturmaterial Ton bindet unter den warmen Händen der Schüler rasch ab, und damit liegt das Ergebnis schon im Wesentlichen fest. Diese Hinweise gelten auch für den Einsatz von Ton in der Gemeindepädagogik. Hierbei ist besonders darauf zu achten, dass die Auseinandersetzung mit dem Material von innen gesteuert wird. Denn es handelt sich hierbei nicht um einen Kurs zur Erlangung künstlerischer Fertigkeiten, der zudem anregen könnte, auch dekorative bzw. praktische Gegenstände aus diesem Material herzustellen.

3.3 Malen/Zeichnen. Der Vorgang des Malens ist eine Tätigkeit, die den Menschen in seiner Gesamtheit beansprucht. Malen verbindet das Gefühl mit dem Intellekt und schafft zusammen mit der Motorik eine eigene Sprache: die ureigenste Äußerung des Menschen. Der Vorgang dieser bildnerischen Gestaltung trägt mit ihrer Visualisierung dazu bei, die äußeren Eindrücke und die innere Anschauung zu verarbeiten. Damit ist diese Tätigkeit für den Menschen von Kindheit an entscheidend an der Bewältigung seines individuellen Lebens beteiligt. Das Kleinkind beginnt bereits frühestens im zweiten und spätestens im vierten Lebensjahr sich zeichnerisch und malerisch zu äußern. Zeichnen und Malen lassen sich hier noch kaum unterscheiden. Das Kind malt Zeichen in Sand, ritzt auf Stein, bringt Zeichen auf Papier, artikuliert sich auf diese Weise und macht sich seiner Umwelt verständlich. Es ist nur folgerichtig, von der Primarstufe an den Gestaltungswillen des Kindes zur bildnerischen Auseinandersetzung aufzunehmen und über alle Schulstufen hinweg fortzuführen.

Im RU werden durch die bildnerische Umsetzung im Malprozess die Unterrichtsinhalte in intensiver geistiger Auseinandersetzung erschlossen. Den Kindern kann auf diese Weise der Zugang zu den Glaubensaussagen erleichtert werden; das bedeutet eine Hilfe bei der Übernahme in den eigenen Lebensbereich.

Im RU erarbeitet sich der Schüler den Unterrichtsgegenstand mit Hilfe der bildnerischen Mittel, und zwar ganz aus seinen individuellen Gegebenheiten (Verständnis, Anschauung und bildnerischem Vermögen) heraus. Die bildnerischen Darstellungen der Schüler sind Umsetzungen ihrer Verarbeitungskapazität, ihres Vorstellungsvermögens.

Schüler, die vom ersten Schuljahr an einen systematischen Kunstunterricht haben, fällt die bildnerische Umsetzung des Unterrichtsinhaltes, bzw. der Unterrichtsergebnisse im RU insofern leichter, als ihnen die erlernten Techniken, Gestaltungsprinzipien und der Umgang mit Farbe aus der Anwendung im Kunstunterricht geläufig sind und eine Hilfe für ihre bildnerische Aussage im RU sein können. Allerdings finden die bildnerischen Mittel, darunter sind die Techniken im Kunstunterricht einzuordnen, im RU nicht das Interesse wie naturgemäß im Kunstunterricht, wo sie ihren eigentlichen Platz haben. Das Malen und Zeichnen entbindet die Schüler im RU von einer Konzentration auf die Technik des Gestaltens, denn hier steht der dargestellte (gemalte/gezeichnete) Inhalt im Mittelpunkt der Auseinandersetzung.

4. Bildnerische Eigentätigkeit – eine Lernform im Religionsunterricht[45]

»Schließe dein leibliches Auge, damit du mit dem geistigen zuerst siehest dein Bild. Dann fördere zutage, was du im Dunkeln gesehen, daß es zurückwirke auf andere von außen nach innen.«

C.D. Friedrich

Wie *Caspar David Friedrich* die Bild-Schöpfung aus der inneren, geistigen Anschauung hervorgehen sieht, verstehe ich die freie, individuelle Bild-Gestaltung als bildnerische Eigentätigkeit. Dies gilt ebenso, wenn die Schüler im Unterricht durch Text, Erzählung, Thema oder Erlebnis zu bildnerischem Gestalten motiviert werden.

Bildnerische Eigentätigkeit als Lernform im RU ist ein selbstständiger, individueller Umgang des Schülers mit dem Unterrichtsgegenstand (Text, Thema, Erlebnis des Schülers), eine Selbsttätigkeit zur Klärung und Veranschaulichung der Unterrichtsinhalte. Die-se Lernform fördert Kommunikation und Interaktion im Unterrichtsgeschehen. Hervorzuheben ist die besondere Bedeutung der bildnerischen Eigentätigkeit für den RU mit dem Beitrag der bildnerischen Artikulation zur Gesprächsfähigkeit der Schüler. Ihre freie, nicht gelenkte Bilder-Sprache verweist auf den bildnerischen Prozess, der die innere Vorstellung zum Ausdruck bringt, und auf die geistige Auseinandersetzung mit den Unterrichtsinhalten. Bild-

45 Ausführlich dargestellt in: *E. Müller*, Bildnerische Eigentätigkeit im Religionsunterricht der Primarstufe. Entwicklung einer Lernform, Frankfurt/Main 1990.

nerische Eigentätigkeit im RU kann somit durch das Zusammenwirken von Kopf, Herz und Hand ein ganzheitliches Lernen fördern.

4.1 Religionspädagogische Begründung. Der Weg der individuellen Auseinandersetzung in bildnerischer Eigentätigkeit sollte den Schülern im RU eröffnet werden – als kontinuierliche Hilfe zur Verarbeitung der Unterrichtsinhalte. Dabei bedient sich der Schüler, seiner Entwicklung entsprechend, der ihm gemäßen bildnerischen Ausdrucksmöglichkeiten und erlebt das gemalte Bild als selbstgeschaffenes Medium, das ihm vom Sehen zum Reden die Unterrichtsinhalte weiter erschließt.

Der sprachlichen Auseinandersetzung im RU kommt demnach eine wichtige Bedeutung zu, um Texte zu erschließen, Reflexion zu ermöglichen und damit für die Schüler eine Umsetzung der Inhalte des RU in das persönliche Leben bzw. eine Hereinnahme in das eigene soziale Umfeld vorzubereiten. Und gerade hier setzen oft die Schwierigkeiten für die Schüler ein, die nicht in der Lage sind, im Unterricht Sachzusammenhänge sprachlich adäquat zu artikulieren. Vielen Kindern fällt es schwer, eigene Gedanken und Überlegungen zur Unterrichtsthematik zu verbalisieren und ihre Meinungen entsprechend zu begründen. Die sprachlichen Anforderungen, die der RU von der Sache her setzt, können das Leistungsgefälle einer Lerngruppe verstärken. Das bringt für die spracharmen Kinder/Jugendlichen große Nachteile, weil sie sich noch weniger aktiv in den Unterricht einbringen. Die Hemmung, sich aktiv am Unterrichtsgeschehen zu beteiligen, kann sich für diese Schüler auch auf die Aufnahme des Unterrichtsstoffes auswirken. Indem die Lehrkraft den Unterrichtsstoff in Erzählung/Gespräch angemessen entwickelt, werden den Schülern die Inhalte nahe gebracht. Ob die leistungsschwächeren Schüler dabei den behandelten Text auch verstanden haben, ist nicht sicher festzustellen, weil sie sich sprachlich nicht hinreichend artikulieren können. Ein gewisses Textverständnis wird jedoch sichtbar, wenn sie das Gehörte in eine bildnerische Darstellung transformieren.

Auf dem Hintergrund der bildnerischen Aussage, die sich für den Einzelnen als seine unverwechselbare und konkurrenzlose Leistung darstellt und von der Gruppe auch als eine solche akzeptiert wird, gelingt es eben auch den sprachlich schwachen Schülern besser, sich verbal zu artikulieren und im Laufe der Zeit ihre

Sprachkompetenz zunehmend zu erweitern. Das Bild in seiner Anschaulichkeit initiiert beim Betrachter Denkprozesse und aktiviert dazu, in eine sprachliche Auseinandersetzung einzugehen. Beim Erwachsenen kann das Bild eine innere Zwiesprache auslösen, er ist jedoch nicht unbedingt immer darauf angewiesen, einen verbalen Gedankenaustausch zu führen. Anders das Kind: Es spricht gern über das, was es sieht, was es beschäftigt, äußert seine Gedanken und Empfindungen darüber, braucht einen Gesprächspartner auch für seine Fragen.

Nun wissen Schüler die eigene Leistung einzuschätzen, und sensible Kinder/Jugendliche leiden unter ihrem vermeintlichen sprachlichen Unvermögen. Fällt aber bereits die Aufnahme des Unterrichtsstoffes aufgrund der Schwierigkeit sprachlicher Verständigung schwer, wie mühevoll gestaltet sich für die Schüler dann die Verarbeitung der Inhalte des RU. Diese Situation, die das Lernen erschwert, entspricht jedoch nicht den Intentionen des RU; denn die Inhalte, die das Fach vertritt, wollen jede Schülerin und jeden Schüler auch in seiner jeweilig individuellen Lernsituation erreichen und ansprechen. Dadurch, dass der Schüler sich mit dem Unterrichtsgegenstand aktiv auseinander setzt, erhält er zu diesem einen besseren Zugang. Eine Übernahme in den eigenen Lebensbereich wird aus der gewonnenen Einsicht begreiflicher. Diese Voraussetzung erleichtert es dem Schüler, einen Zusammenhang mit seinem Leben zu erkennen und herzustellen und die gewonnenen Einsichten in Alltagssituationen zu übertragen. Das Vorbild vom barmherzigen Samariter z.B. kann Orientierungshilfe sein und Richtschnur für praktisches, hilfsbereites Handeln werden.

4.2 Didaktischer Bezugsrahmen. Mein Unterrichtskonzept, das die bildnerische Eigentätigkeit des Schülers zu einer Form seines individuellen Lernens bestimmt, kann nur in einem offenen Curriculum verwirklicht werden. Dadurch, dass hier – im Unterschied zu einem geschlossenen Curriculum – das Unterrichtsvorhaben nicht in eine Lernzielhierarchie gegliedert wird, entsteht ein Freiraum hinsichtlich des Lerninhalts bzw. des Ziels der Unterrichtsstunde. Dieser Freiraum ist eine »offene« Unterrichtssituation, die weitaus mehr Erarbeitetes erfassen kann, weil sie den Schülern mehr Entfaltungsspielraum zur individuellen Auseinandersetzung und Lösung der Unterrichtsvorhaben gewährt. Ihr Potenzial der eigenen Lernaktivität und deren Ergebnisse können die Schüler auch deswegen freier in den Unterricht einbringen, weil die Unterrichtenden ebenfalls eine Freiheit gewinnen: die Freiheit, auf Anliegen bzw. Gedankenverbindungen der Schüler einzugehen, die unter Umständen andere Ansichten oder Lösungsmöglichkeiten ins Auge fassen als die bei der Unterrichtsplanung antizipierten. So entsteht eine Freiheit, die dem Unterricht ganz allgemein eine schöpferische Lebendigkeit verleiht. Das sind Voraussetzungen für ein von seinem Ansatz her schülerorientiertes Unterrichtskonzept, wie ich es auch für den RU befürworte. Durch die Einbeziehung der bildnerischen Eigentätigkeit ist es auf die Ganzheit der Schülerpersönlichkeit in der Lernsituation abgestimmt.

Unterstützung für solche didaktischen Vorstellungen gibt die Theorie der kritisch-kommunikativen Didaktik, die eine offene Unterrichtsplanung zulässt und die Schüler intensiv und freier mit der Möglichkeit eines dialogischen Unterrichtsverfahrens in den Unterricht einbezieht.

4.3 Bildnerische Eigentätigkeit im schülerorientierten RU. Meine Grundkonzeption richtet sich eindeutig daran aus, den Schüler insofern zum Zentrum aller unterrichtlichen Bemühungen zu machen, als er von Anfang an den Unterricht mitgestalten und von der ersten Gesprächsphase an seine Gedanken zur Thematik einbringen kann. Damit setzt nicht allein der Lehrer die Impulse für die Unterrichtsarbeit, sie kommen maßgebend ebenso von den Schülern. Die bildnerische Bearbeitung setzt weitere Akzente und führt die Arbeit am Unterrichtsgegenstand in der nächsten Phase für alle fort. Die Bilder der Kinder/Jugendlichen lassen oft erst richtig die Probleme ihres Lebens frei erkennen. Der Vorgang der bildnerischen Gestaltung impliziert damit gleichermaßen auch eine Verarbeitung ihres Daseins. Durch die unter Umständen reichlich unterschiedlichen Bildbeiträge der Schüler wird die thematische Grundlage des Unterrichts mit einer Fülle neuer Denkanstöße bereichert, die in dieser, der zweiten Gesprächsphase, aufgearbeitet werden können.

Insgesamt erlaubt es diese Unterrichtskonzeption, sich ganz auf die erkennbaren aktuellen Interessen und Befindlichkeiten der Kinder/Jugendlichen einzulassen und sich damit auseinanderzusetzen.

Meine Ansprüche an einen schülerorientierten RU finden sich somit zufriedenstellend erfüllt in einem Unterrichtskonzept, das dadurch gekennzeichnet ist, dass im Mittelpunkt des Unterrichtsgeschehens die bildnerische Eigentätigkeit des Schülers als eine Form der persönlichen Auseinandersetzung mit dem Unterrichtsgegenstand steht. Diese eigenständige individuelle Arbeitsphase eines jeden Schülers wird hineingenommen in ein umfassendes kommunikatives Geschehen, an dem die gesamte Lerngruppe beteiligt ist. Die bildnerischen Arbeiten der Schüler und ihre sprachliche Artikulation werden dabei zu Ergebnissen der unterrichtlichen Arbeit. Es ist richtig, wenn Bild und Sprache als Medien definiert werden, die solches Unterrichtsgeschehen charakterisieren.

Bild und Sprache erleichtern es dann auch, die beiden Bezugspunkte, existenzielle Herausforderung unserer Zeit und Gottes Heilsplan, dialogisch in einen Zusammenhang zu bringen. Kinder/Jugendliche lernen aus eigenen Erfahrungen und Erfahrungen, die ihnen durch Erzählungen nahe gebracht werden, gleichermaßen. Die gemalten Bilder werden durch die Kommunikation der Schüler untereinander zu weiteren zentralen und wesentlichen Medien im Unterrichtsprozess. Die Arbeit mit der Bibel, somit die Durchdringung und Verknüpfung von aktueller Situation heutiger Lebenswirklichkeit und biblischer Aussage, wird durch mein konzentriertes, ganzheitliches Unterrichtsverfahren den Schülern unmittelbar einsichtig dargeboten, damit das Evangelium auch wirklich Heilsbotschaft für unsere Zeit sein kann.

Im RU werden durch die bildnerische Eigentätigkeit der Schüler die Unterrichtsinhalte (Thema, Erlebnis oder Textvorgabe) in intensiver geistiger Auseinandersetzung erschlossen. Dem Schüler kann auf diese Weise der Zugang zu den Glaubensaussagen erleichtert werden; das bedeutet für ihn eine Hilfe bei der Übernahme in den eigenen Lebensbereich. Im RU mit seinen besonderen Anliegen ermöglicht bildnerische Eigentätigkeit, die eine individuelle Förderung für jeden Schüler einschließt, Unterstützung und Intensivierung seines religiösen Reifungsprozesses.

4.4 Ganzheitliches Lernen. Der RU will das Kind/den Jugendlichen in seiner Gesamtpersönlichkeit erreichen und ihm die Glaubensinhalte, die das Fach vertritt, transparent machen. Aus der Themenwahl folgen im Unterricht die Auseinandersetzung mit biblisch-christlicher Tradition und Überlegungen zur aktuellen Übertragung dieser Glaubensaussagen. Daraus kann sich für jeden einzelnen

Schüler eine Orientierungshilfe bei der Bewältigung seiner individuellen Lebenssituationen ergeben. Die Lebenswirklichkeit unserer Kinder und Jugendlichen ist geprägt von der allgemeinen Orientierungslosigkeit der Erwachsenen, vom Pluralismus der Meinungen über den Sinn des Lebens und seiner Wertmaßstäbe in unserer Gesellschaft.

Als Hinführung zu ganzheitlichem Lernen im RU muss die Betonung im Lernprozess auf die Verbindung der kognitiven und der emotionalen Komponente liegen und die pragmatische Dimension mit einbeziehen. Diesem Anspruch ganzheitlichen Unterrichts, des Lernens mit Kopf, Herz und Hand, folgt die Einbeziehung der bildnerischen Eigentätigkeit als Lernform in den RU. Die Ergebnisse aus diesem ganzheitlichen Unterricht sollten auch spürbar werden im Umgang mit jedem Nächsten und erkennbar sein im Willen zu Verträglichkeit, in der Fähigkeit zur friedlichen Konfliktbewältigung, als Hilfsbereitschaft und im Wunsch nach mehr Gemeinsamkeit. So wird vom ganzheitlichen RU die Dimension des Handelns angesprochen.

4.5 Kommunikativer Unterricht. Offene Unterrichtsplanung sollte ein dialogisches Unterrichtsverfahren vorsehen, das den Schülern die Möglichkeit gibt, sich freier und intensiver ins Gespräch einzubringen. Eine kritisch-kommunikative Didaktik, die dem Schüler den eigenen Weg weist und ihn über viel Selbstständigkeit verfügen lässt, ist hervorragend geeignet für die Anwendung in dem hier vertretenen RU. Darüber hinaus gestattet die kommunikative Didaktik, die einen weitgehend selbstständigen Umgang mit dem Unterrichtsgegenstand zulässt, dem Schüler einen individuellen Lernfortschritt, indem ebenso auf seine persönliche »Lernographie«[46] Rücksicht genommen wird.

Wenn von der Annahme ausgegangen wird, dass die Religionslehrkraft in der Grundschule die Inhalte des Fachs kaum wertneutral und ohne innere Beteiligung an ihre Schüler herantragen kann, ergibt sich die Feststellung, dass eben daher auch der RU seine Lebendigkeit und Brisanz bezieht. Die Offenheit, mit der der

46 *R. Winkel*, Antinomische Pädagogik und kommunikative Didaktik, Düsseldorf 1986, 142: »›Lernographien‹, d.h. die generationsspezifischen Lerngeschichten der in diesem Jahrhundert geborenen Menschen ...«.

Lehrer sein Engagement darlegt, wirkt auf seine Schüler und beeindruckt. Es entsteht eine Atmosphäre offenen ehrlichen Umgangs miteinander, die unabdingbar Voraussetzung ist für ein kommunikatives Unterrichtskonzept.

Bildnerische Eigentätigkeit der Schüler im RU als Lernform steht im Zentrum kommunikativer Prozesse, die diese Lernform flankierend begleiten. So werden Kommunikation und Interaktion zu einem wesentlichen Bestandteil dieser Lernform. Bildnerische Eigentätigkeit macht eine Eingliederung in eine kommunikative Unterrichtskonzeption offener Lernplanung zwingend: Der Unterrichtsinhalt wird zum einen zu Beginn der Unterrichtsstunde durch Erzählung des Lehrers (s.o. VIII) und/oder Gespräch (s.o. VII) mit der Lerngruppe aufgebrochen. Diese Arbeit in der Gruppe führt mit ihrem anregenden Potenzial von Denkanstößen zum Unterrichtsgegenstand zur individuellen Auseinandersetzung und Verarbeitung des einzelnen Schülers durch die bildnerische Gestaltung/ Umsetzung seiner inneren Vorstellung. Diese individuelle Durcharbeitung des Unterrichtsgegenstandes mit bildnerischen Mitteln geschieht jeweils auf dem Hintergrund der persönlichen Biographie des Schülers und seiner eigenen Befindlichkeit und ist zugleich Ausdruck seiner Verarbeitungskapazität. So entsteht eine ganz individuelle Aussage. Diese seine im ganzheitlichen Tun gewonnene Einsicht zum Unterrichtsinhalt kann der Schüler in einer nächsten Phase des Unterrichts darstellen. Der einzelne Schüler erhält damit Gelegenheit, seine bildnerische Aussage einzubringen und zu erklären. Mit seinem Bild, unterstützt von seinen verbalen Erklärungen, gibt er seine persönliche Stellungnahme ab. In dieser neuen kommunikativen Phase öffnet sich der einzelne Schüler wieder für die Gruppe.

Im gegenseitigen Austausch von Meinungen, im Beantworten sich ergebender Fragen im Zusammenhang mit der bildnerischen Leistung jedes einzelnen Schülers erfolgt in der Gruppe Klärung und Festigung gewonnener Erkenntnisse. Eine Fülle von bildnerischen Einfällen und verbalen Eingaben kann das Ergebnis eines solchen Unterrichts sein, der damit ein Höchstmaß an Lernmöglichkeiten für jeden Schüler bereithält. Jeder Schüler kann auf seine Weise daran partizipieren und seine Einsicht in den Lerngegenstand entsprechend überprüfen und erweitern. Ein dynamischer Wechsel der Arbeitsformen von Gruppen- zur Einzelarbeit, zur Gruppenarbeit zurückführend (s.o. II u. III) kennzeichnet diesen Unterricht. Die Gelegenheiten des gegenseitigen Austausches von Bild und Wort als persönlicher Leistung und als Beitrag zum Unterrichtsvorhaben prägen diesen Unterricht zu einem ganzheitlichen Ereignis. Hier finden die Individualität des einzelnen Schülers und seine persönlichen Lernvoraussetzungen ebenso Raum wie die Gemeinschaft, in der jeder aufgehoben ist und Bestätigung finden kann. Die Leistung des einzelnen Schülers wird ein Teil gemeinsamer Anstrengung zum Unterrichtsergebnis.

4.6 Unterrichtsarbeit mit bildnerischer Eigentätigkeit. Nach der kommunikativen Phase, der verbalen Einführung und Bekanntmachung des Unterrichtsstoffes und seiner Aufnahme über das Gespräch, im Austausch von Frage und Antwort als Informationszugang im Plenum folgt die *Phase der stillen, persönlichen Auseinandersetzung und Verarbeitung.* Hier klärt der Schüler seine eigenen Vorstellungen und verarbeitet die Eindrücke der verbalen Auseinandersetzung, bringt als Antwort darauf sein eigenes Bild von den Dingen aus innerer Anschauung/Ergriffenheit hervor und belegt sein Verständnis zur Sache.

Weil es im RU darum geht, rasch die eigenen Eindrücke und Überlegungen bildnerisch zu formulieren, werden von den Schülern meistens Buntstifte, bunte Faserschreiber, Wachsmalstifte oder farbige Kreiden verwendet, die problemlos zu jeder Zeit sofort zur Hand und einsatzfähig sind. Zu bedenken ist, dass ein hoher Aufwand von Vorarbeiten viele Schüler vom eigentlichen Auftrag ablenkt und dadurch der erste Eindruck verblasst, bevor die bildnerische Gestaltung erfolgen kann. Also wird besser weitgehend auf nass anzuwendende Farben verzichtet. Das ist jedoch kein Nachteil, weil auf diese Weise die bildnerische Eigentätigkeit der Schüler sofort nach der kommunikativen Phase einsetzen kann.

Um nicht vom Nachbarn abzuschauen, keine Anleihen für die eigene Bildgestaltung machen zu müssen, die das eigene innere Bild überlagern oder beeinflussen, setzen sich nach meinen Erfahrungen einige Kinder gern zur bildnerischen Bearbeitung allein an einen Tisch. Es fällt auf, dass die Schüler sehr konzentriert arbeiten. Sie malen gern und bringen dafür selbst in den Randstunden, zur fünften/sechsten Unterrichtsstunde, genügend Aufmerksamkeit mit. Das Malen geht sehr ruhig vor sich, kaum dass ein Kind sich dabei mit einem anderen unterhält, denn sie erfahren recht bald, dass unnötiges Sprechen mit dem Nachbarn von der Sache ablenkt und dadurch die eigene Vorstellung stört und auch verdrängen kann. Bei Partner- und Gruppenarbeiten findet allerdings der erwünschte Austausch untereinander statt. Um die Schüler in ihrer Konzentration zu belassen, ist der Lehrer in solchen Stunden persönlicher Ansprechpartner jedes einzelnen Schülers, indem er auftauchende Verstehensfragen individuell klärt. In der Regel geschieht das zu Beginn der Bearbeitung. Besonders in den unteren Klassen kommt es vor, dass die Kinder zu ihren Bildern während des Malvorgangs erzählen. Einige singen vor sich hin; andere sprechen mit den gemalten Geschöpfen. Auf diese Weise zeigt sich gleichermaßen eine Verbindung, die sie mit dem Geschehen eingehen, das sich vor ihnen durch sie entwickelt.

Da von der Unterrichtszeit von 45 Minuten für die bildnerische Umsetzung maximal 25 Minuten verbleiben, ist gegen eine Fertigstellung der Arbeit zu Hause nichts einzuwenden. Das wesentliche Anliegen ist ohnehin dann bereits während der Unterrichtszeit entstanden und bildnerisch dargestellt worden und liegt damit fest. Detailschilderungen und farbige Ausschmückungen können zu Hause vorgenommen werden und sind ein weiterer Anlass, sich über das Bild mit dem Thema, dem Problemkreis und seiner thematischen Umsetzung zu beschäftigen. Die Schüler bringen zur nächsten Unterrichtsstunde die fertiggestellten Bilder mit. Ebenso können sie aber auch ihre Bilder in der nächsten Unterrichtsstunde fertigmalen. Über die Verfahrensweise wird unterschiedlich zu entscheiden sein, je nach Arbeitsanfall, Themenstellung und dem Grad der Fertigstellung der Schülerarbeiten.

Ist die bildnerische Arbeit getan, kann dann sogleich, entweder also am Schluss der begonnenen oder zu Beginn einer neuen Unterrichtsstunde, in die Phase eingetreten werden, die wiederum von Kommunikation geprägt ist. In zweifacher Hinsicht kann hier von Kommunikation die Rede sein: Einmal von der Botschaft her, die jedes Bild auf seine Weise an den Betrachter richtet und ihm damit zuerst schon einmal ein stilles Zwiegespräch ermöglicht, und zum anderen werden die bildnerischen Aussagen der Schüler zum Ansatzpunkt der erneuten Beschäftigung mit dem Unterrichtsgegenstand in der Auseinandersetzung in Gespräch und/oder Diskussion. Das persönliche Bild steht jetzt im Mittelpunkt der Unterrichtssituation und wendet sich als Zeugnis geistiger und bildnerischer Auseinandersetzung sowohl dem einzelnen Schüler als sogleich auch der gesamten Lerngruppe zu.

Jeder Schüler erhält die Möglichkeit, sein Bild zu zeigen, zu erläutern und auf Fragen zu reagieren, indem er z.B. den Mitschülern erklärt, aus welchen Erwägungen heraus diese oder jene bildnerische Darstellung gewählt wurde. Es gibt immer Kinder, die vom ersten Tag an sofort bereit, ja begierig sind, ihr Bild auf diese Weise der Gruppe vorzuführen. Sie sind der Motor für die Mitschüler, die anfänglich noch scheu und schüchtern ihre Bilder zeigen und zudem wenig mitteilsam sind. Diese zurückhaltenden Kinder freuen sich besonders über Lob für die geleistete Arbeit, das ihnen auch hilft, sich allmählich sprachlich freier zu äußern. Nach kurzer Zeit der Eingewöhnung, ermuntert von der Gruppe und vom Lehrer und von dem ungezwungenen Vorbild vieler Mitschüler angeregt, weicht die Unsicherheit. Denn jedem Kind liegt daran, sein Bild zu zeigen. Es braucht die Anerkennung durch die Gruppe und vom Lehrer. Dass jeder Schüler den Wunsch nach Anerkennung seiner bildnerischen Arbeit verspürt, ist verständlich und ein sehr ernst und wichtig zu nehmendes Anliegen. Seine Bedeutung liegt besonders darin, dass die Akzeptanz der bildnerischen Arbeit gleichzeitig für den Schüler die Annahme seiner Persönlichkeit beinhaltet. Das stärkt sein Selbstvertrauen; er kann sich, zumindest von hier aus, was das Fach Religion angeht, mit seinen Fähigkeiten und Fertigkeiten nach dem Maß seiner Gaben ohne Leistungsdruck entfalten. Deshalb geht gerade von dieser Phase eine starke Motivierung für das Arbeitsverhalten und für die Leistungsbereitschaft eines jeden Schülers aus.

Wenn die für diese Unterrichtsphase vorgesehene Zeit an einem Tag nicht ausreicht oder die Aufmerksamkeit und Konzentration der Schüler nachlässt, ist es wichtig, damit in der nächsten Unterrichtsstunde fortzufahren. Die Bilder können einzeln gezeigt und besprochen und im Anschluss daran nach Motiven geordnet werden, so dass sich durch diese Anordnung visuell die Abfolge der Geschichte ergibt, wie sie vom Lehrer verbal dargeboten wurde. Als Erläuterung sei hier das Gleichnis vom barmherzigen Samariter genannt, das mehrere Handlungsabschnitte zulässt. Alle Bilder werden an die Bilderleiste im Klassenraum angebracht. Der Präsentation der bildnerischen Ergebnisse ist großer Wert beizumessen. Neben der Anerkennung der individuellen Schülerleistung und ihrer Wirkung auf die gesamte Lerngruppe kann die präsentierte Visualisierung die Unterrichtsinhalte zusätzlich einprägen und festigen. Die Ruhigen der Gruppe, die sich in der ersten Unterrichtsphase wenig oder gar nicht einbringen, weil ihnen die sprachliche Artikulierung noch schwerfällt, nicht hingegen die bildnerische Gestaltung ihrer Vorstellungen, erzählen bemerkenswert ausführlich zu ihrer Bildvorlage. Das eigene Bild als Sprechanlass motiviert das Sprachverhalten der Kinder. Sie erzählen gern und erläutern ihr Bild und beteiligen sich nun, entgegen ihrem sonstigen Verhalten, stärker bzw. überhaupt erst am Gespräch in der Gruppe. Selbst wenn während der Eingewöhnungszeit der bildnerischen Eigentätigkeit im RU bei einigen Schülern die gestalterische Formulierung der inneren Auseinandersetzung mit dem Unterrichtsgegenstand, der Gedanken und Assoziationen, knapp ausfällt, wird hinzuerzählt, was gemeint ist und was gegebenenfalls noch auf dem Bild nachgetragen werden kann.

Es ist möglich, dass einzelne Bilder einen »fertigen« Eindruck vermitteln, andere hingegen aussehen, als habe der Schüler seine Arbeit gerade abgebrochen. Die Erklärung liegt darin, dass im Gegensatz zum Kunstunterricht, bildnerisches Gestalten als Lernform im RU ausschließlich von der geistigen Auseinandersetzung mit dem Unterrichtsgegenstand geprägt wird. Das hat zur Folge, dass zuerst das Wesentlichste der Überlegungen/Empfindungen bildnerisch »notiert« wird, und daran anschließend, wenn die Hauptgedanken festgehalten sind, folgt die »Rahmenhandlung«, wenn diese dem Schüler noch wichtig erscheint. Die »Notierungen« sind entscheidende Grundlage für die verbale Stellungnahme des Schülers zu seinem Bild bei der nachfolgenden Besprechung in der kommunikativen Phase des Unterrichts und interessanterweise im gleichen Maße für die übrigen Schüler aus der Lerngruppe. Gerade die Bilder mit sparsamer Schilderung der eigenen Gedankengänge sind es, die in der Gruppe zu Interpretationen und lebhaften Diskussionen Veranlassung bieten und ein großes Anregungspotenzial darstellen.

So hilft das eigene Bild als Grundlage dem Schüler, seine Überlegungen/Ideen sprachlich zum Ausdruck zu bringen über seine derzeitige bildnerische Gestaltungskraft hinaus. Die knappe Malerei regt demnach die Versprachlichung an und bewirkt zugleich, dass die Schüler mit der Zeit ausführlicher malen, wobei gleichzeitig eine noch intensivere Beschäftigung mit dem Thema während der bildnerischen Phase eintreten kann. Die bildnerischen Ergebnisse zeigen, zusammen mit der sprachlichen Darstellung, inwieweit der Schüler aufgrund seines individuellen Aufnahme- und Leistungsvermögens sich den Unterrichtsstoff erarbeiten und aneignen konnte. Jede bildnerische Darstellung ist der Ertrag eines schöpferischen Prozesses, der Durcharbeitung des Unterrichtsgegenstandes, verbunden mit der Ausformung innerer Anschauung und Phantasie. Diese Leistung in ihrer individuellen Ausprägung ist voll anzuerkennen. Die Bilder geben wieder, was jeder Schüler vom Text/Thema verstanden hat und wie seine inhaltliche Vorstellung dazu aussieht. Damit kann gleichzeitig eine Kontrolle bzw. Sicherung der Unterrichtsergebnisse erreicht werden. Die Schüler, die sich wenig oder nur zögernd am Gespräch vorher beteiligen, weil ihnen die sprachliche Formulierung schwer fällt, können sich mit ihren Bildern besser in den Unterricht einbringen. Ein Leistungsgefälle gibt es nicht, weil jede bildnerische Arbeit ihren eigenen Wert in sich besitzt. Das wirkt sich günstig auf das soziale Klima der Lerngruppe aus, da solche Einstellung von vornherein jedes Konkurrenzdenken unterbindet. Somit fördert dieses Unterrichtsverfahren ein *ganzheitliches Lernen*: kognitiv, emotional, manuell und sozial, wobei die Reihenfolge wegen der Gleichrangigkeit der einzelnen Komponenten keine Wertung bedeutet.

In der *dritten Phase des Unterrichts*, in der alle Schülerarbeiten zusammengeführt und besprochen werden, bringen die Schüler dann keine unsachlichen Einwände zu den Bildern, wenn ihnen gleich zum Beginn des Einsatzes bildnerischer Eigentätigkeit im RU die Bedeutung ihrer originalen Leistung erklärt wird, bei der es nicht darauf ankommt, ob nun auf einem Bild (z.B. bei der bildnerischen Bearbeitung und Übersetzung des Gleichnisses vom Barmherzigen Samariter) der Überfallene kauert oder liegt und ob der Mann, der ihm hilft, einen zu großen Kopf hat oder zu kurze Arme. Das Dargestellte muss also in diesem Sinne auch nicht »schön« sein, sondern die Schüler sollen verstehen, dass eine Bild gewordene, persönlich geprägte inhaltliche Auseinandersetzung das Hauptanliegen ist.

Eine Kritik zur sachlichen Darstellung kann angemeldet werden, sollte der Gruppe aus der Malerei des Mitschülers nicht ersichtlich sein, was seine verbale Aussage betont. Bei diesen Besprechungen findet also gleichzeitig wieder eine sehr intensive Durchdringung des Unterrichtsinhaltes statt, die viel Denkarbeit und neuen Gesprächsstoff mit sich bringt. Auf diese Weise wird der Unterrichtsstoff nochmals in der Gruppe aufbereitet und insgesamt intensiviert. Es ist möglich, dass die Bilder neue Einsichten zur Thematik vermitteln und durch unterschiedliche Darstellungen neue Sichtweisen erschlossen werden. Das kann sehr wohl zu einer Bereicherung der eigenen Ansichten führen. Fragen werden aufgeworfen und in lebhafter Diskussion beantwortet. Eindringlich wird z.B. das Textgeschehen eines Gleichnisses geschildert, wenn die unterschiedliche Auswahl der bildnerischen Umsetzung eine Bilderfolge ergibt. Spontan gelingen auch aufschlussreiche Transpositionen der biblischen Geschichte in die Gegenwart.

5. Zusammenfassung

Die bildnerische Eigentätigkeit ist ihrem Wesen und ihrer Bestimmung nach freie, individuelle Auseinandersetzung mit dem Unterrichtsgegenstand.

- Sie richtet sich auf das Kind/den Jugendlichen in seiner Ganzheit und ermöglicht einen ganzheitlichen Unterricht.
- Sie initiiert und unterstützt Lernprozesse.
- Sie fördert die Kommunikation/Interaktion der Schüler untereinander.
- Sie dient der differenzierten Förderung innerhalb der Lerngruppe, während unterschwelliger Konkurrenzdruck vermieden wird.
- Im Unterrichtsverlauf kann sie die teilweise zu beobachtende Gesprächsarmut der Schüler, mitbedingt durch exzessive Fernsehgewohnheiten und durch häufigen Mangel an Kommunikationsmöglichkeiten in der Familie, überwinden helfen, indem über die bildsprachlichen auch die wortsprachlichen Fähigkeiten der Schüler erweitert werden.
- Sie basiert auf einem eindringlichen Lehrer-Schüler-Verhältnis, das die Selbsttätigkeit des Schülers herausfordert.

Die Lernform der bildnerischen Eigentätigkeit hat demnach für die Aufgaben des RU und die unterrichtliche Arbeit eine zentrale Bedeutung.

Dem Lehrer als Initiator von Lernprozessen obliegt es nun, diese Lernform für die Erarbeitung der Unterrichtsinhalte heranzuziehen und zu einem festen Bestandteil seines RU zu machen. Wichtig für die Übernahme bildnerischer Eigentätigkeit in die Schulwirklichkeit ist sein pädagogisches Engagement und seine Aufgeschlossenheit für unterrichtliche Innovationen. Persönliches Interesse des Lehrers an bildender Kunst ist hilfreich, denn es überträgt sich auf seine Schüler und fördert das Verständnis für die bildnerischen Umsetzungen in der Lerngruppe. Eigenerfahrungen bildnerischen Gestaltens kommen dem Religionslehrer zugute; dann ist ihm die Bild-Sprache vertraut.

Kinder/Jugendliche, denen die bildnerische Eigentätigkeit zu einer gewohnten Lernform geworden ist, beteiligen sich ungezwungen an den Interaktionen, die wechselweise Eigen- und Fremderfahrung ermöglichen und in außergewöhnlicher Weise zum Ausdruck und Austausch bringen. Diese Schüler sind fähig, im bildnerischen Prozess den Text gestaltend zu interpretieren, indem sie ihrem Bild, zugleich mit der empfangenen Botschaft, die Sicht aus ihrem individuellen Leben einprägen. So können sie, entsprechend ihrer inneren Anschauung und dem Stande ihrer geistig-seelischen Entwicklung, ohne Umschweife artikulieren und weitersagen, was sie bewegt und unbedingt angeht.

Literaturhinweise

S. Berg, Kreative Bibelarbeit in Gruppen, München/Stuttgart 1991.
G. Martini, Malen als Erfahrung, Stuttgart/München 1977.
E. Müller, Bildnerische Eigentätigkeit im Religionsunterricht der Primarstufe, Frankfurt a.M. 1990.
K. Wegenast, Religionsdidaktik Grundschule, Stuttgart 1983.
F. Weidmann, Kreative Schüler, Zürich/Einsiedeln/Köln 1974.

XIII.
Sprechzeichnen im Religionsunterricht

Heinz Gerlach

1. Zur Geschichte der Methode

1949 entwickelte der in Arnoldshain lebende Künstler *Helmuth Uhrig* die Methode des Sprechzeichnens. Geboren wurde diese Methode aus der Erfahrung, dass Zeichnungen Worte unterstreichen und jemanden besser »ins Bild« setzen können, wo Worte allein nicht ausreichen. *Ernst Gerstenmaier, Hans Werner Bartsch* und *Johanna Stahl* machten die Methode für die Religionspädagogik fruchtbar. Nach zwei Jahrzehnten der Erprobung stellte Helmuth Uhrig seine Methode »Sprechzeichnen« in einem Buch vor[1]. Seit 1976 wurde die Methode auch auf den Arbeitsfeldern Kindergottesdienst, Konfirmandenunterricht und in der Erwachsenenarbeit erprobt[2].

Vonseiten der Kunsterzieher wurde der Einwand erhoben, die Methode lege die Phantasie der Kinder fest und blockiere ihr kreatives Malen. Diese Gefahr ist jedoch nur dann gegeben, wenn man die Methode zu einem Gesetz erhebt und sie nicht als ein Hilfsmittel neben anderen versteht. Meine Erfahrung ist vielmehr die, dass gerade gehemmte Kinder, die vorgeben, nicht malen zu können, durch die Methode zum Zeichnen ermutigt werden. Die Figuren sind so leicht zu erlernen wie das ABC.

1 *H. Uhrig*, Ein Weg zur biblischen Geschichte, Kassel 1970. Dieses Buch enthält die theoretische Grundlegung der Methode.

2 *H. Gerlach*, Sprechzeichnungen zur Bibel, Hamburg [5]1989. Dieses Buch gibt eine kurze Einführung in die Methode und bietet ca. 200 ausgeführte Beispiele.

Kinder haben nicht nur Ohren. Das visuelle Lernen ist von nicht geringerer Bedeutung als das auditive. Worte sind letztlich Bilder. Das gesprochene Wort löst bildhafte Vorstellungen aus. Eine Überbetonung des Wortes führt zur Intellektualisierung des Glaubens. Bilder erreichen Tiefenschichten des Menschen, die dem rationalistischen Wort verschlossen bleiben. Jesus war ein Meister der bildhaften Sprache, wie seine Gleichnisgeschichten beweisen.

Was das Sprechzeichnen will, beschreibt *H. Uhrig* so: »Man spricht und zeichnet zugleich, d.h. genauer, man unterstützt das gesprochene Wort durch die begleitende Zeichnung«[3]. Da ein Kind den Menschen und sich selbst als Leib und nicht als Skelett erfährt, wird den »Strichmännchen« eine Absage erteilt. Ferner werden die Figuren entindividualisiert. Die Schlichtheit und Gesichtslosigkeit der Figuren lassen der Phantasie des betrachtenden Kindes Raum und laden es ein, sich selbst in den Figuren zu erkennen, sich mit ihnen zu identifizieren. Es kann nicht sagen: »Der da hat ja einen Bart. Das bin ich nicht ...!«. »Leerfiguren« fordern zur Mündigkeit heraus. Alle Details, die der Identifizierung hinderlich im Wege stehen, werden weggelassen.

Da die Methode an einem Wochenende erlernt werden kann, hat man sie bald so »im Handgelenk«, dass man den Blickkontakt mit den Kindern nur kurz unterbrechen muss, wenn man die Figuren an die Tafel oder auf den Tageslichtschreiber zeichnet.

Das Sprechzeichnen will nicht illustrieren, sondern abbilden. »Das Abbild teilt äußere, individuelle Erscheinungen mit. Die Bezeichnung entindividualisiert und typisiert die Erscheinung und kann darüber hinaus ›innere‹ Vorgänge und Zusammenhänge mitteilen«[4]. Es geht z.B. nicht um das Haus des Petrus, das sich von dem des Matthäus unterscheidet, sondern es geht um das Haus als Ort der Geborgenheit.

3 *H. Uhrig*, aaO., 9.
4 *H. Uhrig*, aaO., 16.

Jesus
Jünger
Heide
Priester
Levit
Schriftgelehrter
Jude
König
Trompeter
Sämann
Hirte
Soldat
Wasserträger
Eiliger
Bittender
Flehender
Bettler
Sitzender von vorn
Sitzender
Jesus und eine Menschenmenge
Ochs
Esel
Schwein

Kamel
Schafe
Vögel
Fische
Korn
Gras
Dornbusch
Baum
Weinstock
Landschaft
Stadt
Dorf
Haus
zu Gott gehörig
Engel
Heiliger Geist
Himmelsbogen
Erdbogen
Betender

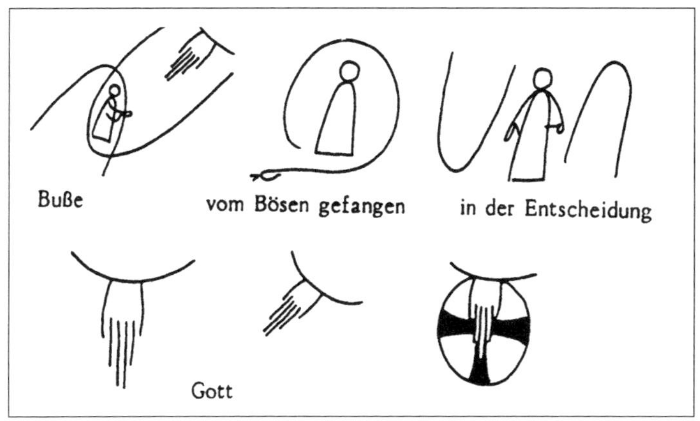

Ein wichtiges Hilfsmittel, Wertungen und ›innere Vorgänge‹ ins Bild zu setzen, sind der Himmels- und der Erdbogen. Dabei geht es nicht um räumliche Ortsangaben, sondern um Qualitätsmerkmale. Wissenschaftlich betrachtet gibt es kein »oben« und kein »unten«. Alles ist relativ, bezogen auf ein anderes. Unsere Sprache verbindet »oben« mit Positivem: aufrichten, aufmuntern, aufbauen, Aufsteiger, Hochstimmung, Aufwärtstrend, Oberschicht, Hochstimmung etc. Mit »unten« verbinden wir Negatives: den Kopf hängen lassen, am Boden zerstört sein, Absteiger, abfällig reden, unterdrücken, abreißen, niedermachen, unterjochen, Unterschicht etc. Der »Himmelsbogen« führt von oben herab und umschließt den Menschen wie ein Sprungnetz und verbindet ihn mit Gott; der Erdbogen zieht ihn nach unten, hält ihn am Irdischen gefesselt. Diese Bögen sind also Interpretationshilfen und entsprechen dem, was der Evangelist Johannes mit »Licht und Finsternis« oder Paulus mit »im Geist« bzw. »im Fleisch« sein meint. Auch Übergänge von einem Machtbereich in den anderen (Buße und Nachfolge) oder die Situation der Entscheidung oder des »Sowohl-als-auch« (Schnittmenge) lassen sich vor Augen führen. Weitere Aussagemittel sind: Anordnung rechts oder links, Größenverhältnisse, Deformierungen oder auch die Anordnung der Szenen, die von der normalen Leserichtung »von links nach rechts« abweichen kann, wenn der Geschichte eine innere Dynamik »von unten nach oben« (z.B. Heilungsgeschichten) oder eine Kreisbewegung (z.B. »Verlorener Sohn«) entspricht.

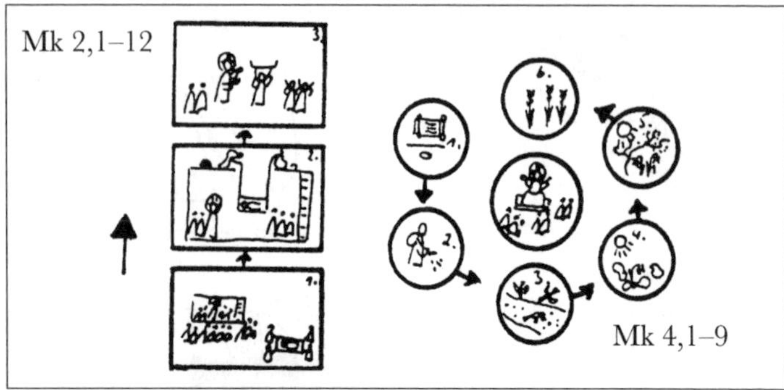

Gott wird als »Hand aus der Wolke« dargestellt. In seinen »Hand«-lungen wird er erfahren. Christus wird mit dem Nimbus gekennzeichnet, weil er nicht nur der Mensch »Jesus«, sondern auch der »Christus« Gottes ist. Hinter ihm leuchtet stets das Kreuz hervor, denn ohne seine Kreuzigung und Auferstehung würden wir nicht von ihm erzählen.

Ein Beispiel: Die Berufung des Zöllners, Mt 9,9-13

Eines Tages saß der Zöllner Matthäus wieder am Zoll. Jesus kam in das Dorf. Der Zöllner zählte gerade sein Geld. Er war ganz allein. Immer war er allein. Er war nur mit seinem Geld beschäftigt.

Jesus sah ihn dort sitzen. Er dachte: Wie traurig muss es in diesem Matthäus aussehen. Einsam und verachtet ist er. Ich will ihm helfen, ein neues Leben zu beginnen. Er soll herausfinden aus seiner Gefangenschaft.

Jesus sprach zu ihm: »Folge mir nach!« – Dem Matthäus war, als würde eine große Hand nach ihm greifen. Endlich ein Mensch, der ihn freundlich ansprach. Einer, der nicht verächtlich mit dem Finger auf ihn zeigte. Dieser Jesus lud ihn ein!

Jesus wandte sich um und ging fort. Seine Jünger folgten ihm. Ob Matthäus ihm auch folgte? Wagte er es, sein bisheriges Leben hinter sich zu lassen und ein neues Leben zu beginnen? Und dann geschah es: Matthäus stand auf. Als würde er einen Schlussstrich unter sein bisheriges Leben ziehen, wandte er sich ab von seinem Platz am Zoll und folgte Jesus nach.

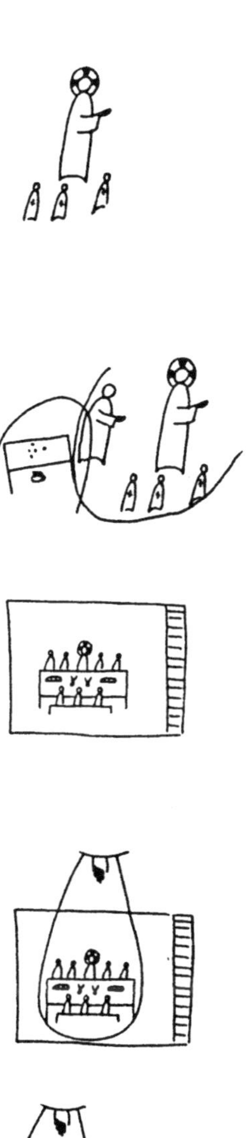

Das war ein Neubeginn, ein Aufbruch. Matthäus hatte seinem bisherigen Herrn, dem Geld, Abschied gesagt. Jetzt sollte Gott sein Herr sein, der ihm in diesem Jesus so freundlich begegnet war. Matthäus wechselte von einem Machtbereich über in einen anderen. Die Freude bei Matthäus war groß. Das musste gefeiert werden! Noch andere Sünder und Zöllner, die genauso verachtet waren wie er, lud er ein zu einem Essen. Jesus kehrte bei Matthäus ein.

Bei Brot und Wein, beim gemeinsamen Mahl spürte es Matthäus: Gott zeigt mir durch diesen Jesus seine Liebe.

Und während sie so fröhlich beisammen waren, versammelten sich draußen vor der Tür die Pharisäer und Schriftgelehrten. Sie konnten es nicht verstehen, dass Jesus sich mit diesen Sündern an einen Tisch setzte.

Ihre Frömmigkeit und ihre Vorstellungen, wie Gott zu handeln habe, hielten sie gefangen – wie das Geld den Matthäus gefangen gehalten hatte.

Jesus sprach auch mit ihnen freundlich: »Ein Gesunder braucht keinen Arzt.« – So versuchte Jesus, seine Gegner zu überzeugen.

Das Schlussbild sieht dann etwa so aus:

3. Arbeitsfeld Gemeindepädagogik

Auch im Konfirmandenunterricht und sogar in der Erwachsenenbildung lässt sich mit der Methode nach dem Motto »Mit Bildern lehren – Mit Lehren bilden«[5] arbeiten. Hier ein Beispiel, wie wesentliche Aussagen von Passion und Auferstehung Jesu mit Hilfe des Sprechzeichnens vermittelt werden können.

(1) Unter dem »Erdbogen«, der von unten nach oben führt und wieder zurück, ist alles Negative dargestellt. Die Menschen lehnen Gottes Sohn ab. Das ist der Gipfel der Bosheit.

(2) Im »Himmelsbogen« ist alles Positive zu sehen: Ostern und die Emmausgeschichte. Gott umschließt die Sünde »von oben her« und wandelt das Kreuz in Segen.

(3) »Oben« und »unten« sind nicht Ortsbezeichnungen, sondern sagen etwas aus über die Qualität.

(4) Die Kreuzigung gehört beiden Bereichen an. Sie ist das höchste Negative – wie ein Minus. Gott aber macht dieses Minus zum Plus. Die Kreuzigung lässt er zu unserem Heil geschehen, zur Vergebung unserer Sünden. Gott »durchkreuzt« die Bosheit: Er macht aus dem »Galgen« einen »Lebensbaum«. Ostern ist die »große Wende«. Er wendet das Übel, das die Menschen Gottes Sohn zufügen, den Tod, in Heil, in Auferstehung, in neues Leben.

(5) Gegenüber dem Kreuz gibt es keine Neutralität, keine Gleichgültigkeit. Es kann uns nicht »gleich gültig« sein, ob Jesus für uns den Tod besiegt hat oder nicht, wer der Herr unseres Lebens sein soll.

5 Thema: Glaube und Thema: Kirche, zwei Erwachsenenseminare zu je acht Themen »Mit Bildern lehren – Mit Lehren bilden!«, Arolsen 1988.

(6) Hostien und Kelch sind entstanden. Beim Abendmahl wird uns dieses »Gott ist für uns« ausgeteilt. Wer in dem Kreuz Jesu nicht einen Justizirrtum sieht, sondern es annimmt, dass Jesus »für ihn« gestorben ist, der wird Brot und Wein glaubend und vertrauend empfangen wollen.

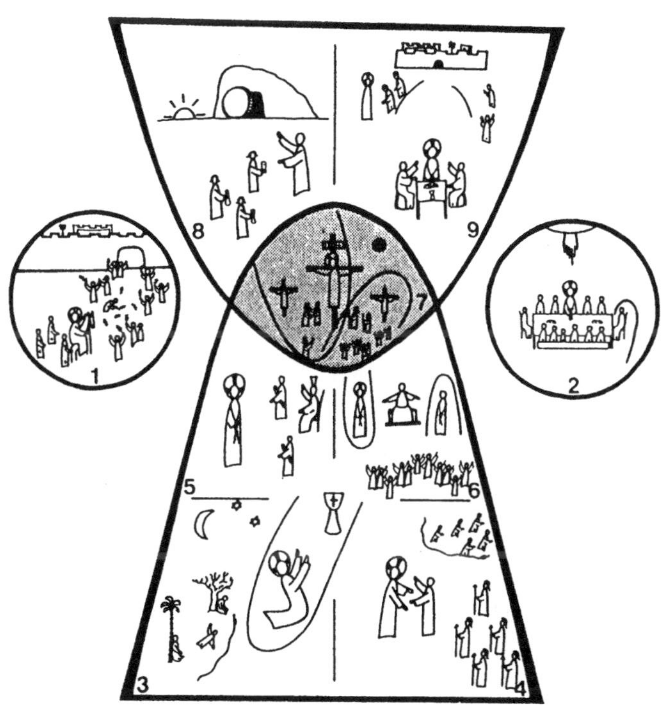

4. Was die Methode zu leisten vermag

Auch das Sprechzeichnen ist nur *eine* unter vielen Methoden. Nicht für jede biblische Geschichte ist sie die optimale. Hier seien die *Vorzüge* zusammengestellt:

– Das Sprechzeichnen ist leicht zu erlernen.

– Diese »Sonderschrift« wird von den Kindern akzeptiert, wenn man sie als besondere »Bilderschrift« einführt und somit dem

Missverständnis vorbaut, der Lehrer wolle zeigen, wie schön er zeichnen kann.

– Die Sprechzeichnung kann als Zusammenfassung abgezeichnet, also erinnert und »nachgelesen« werden (Sprechzeichnung als Gedächtnisstütze).

– Als Hilfsmittel wird lediglich eine Schreibtafel, ein Bogen Packpapier, Tapetenrolle und Filzstift benötigt.

– Wer die Grundfiguren beherrscht, kann sie leicht auf andere Arbeitsmethoden übertragen, sich eigene Flanellbilder machen, oder die Figuren für Stoff- oder Tapetenapplikationen, Reißbilder, Mosaikbilder u.a.m. verwenden.

– Eine Gruppenarbeit bringt ein harmonisches Ergebnis, wenn man sich auf Thema, Größe und Form der Figuren etc. einigt. Dann wird die Arbeit zu einer wirklichen Gemeinschaftsarbeit und bleibt nicht nur eine bloße Addition individueller Leistungen. Auch im Orchester werden Kammerton, Thema, Tempus und Tonart vorgegeben.

– Das Sprechzeichnen kommt den Konzentrationsschwierigkeiten der Kinder entgegen, weil Ohren und Augen zugleich angesprochen werden.

– Bei gehörlosen oder geistig behinderten Kindern bewährt sich die Methode besonders, weil sie »innere Vorgänge« ins Bild setzt, die ihnen über Begriffe verschlossen bleiben.

– Auch für den Unterrichtenden ist die Methode eine gute Hilfe, weil ihm – wenn er sich die Mühe macht, das gelesene Wort in Bilder umzusetzen – manches neu am Text aufgeht.

XIV. *Umgang mit Kunst*

Günter Lange

Mit »Kunst« ist im Folgenden »Bildende Kunst« gemeint. Deshalb muss zuerst die Rede sein von der Differenz zwischen Wort und Bild, zwischen Hören und Sehen, zwischen Bibel und nachbiblischer Tradition, – sowie vom eigenen Rang des visuell Ästhetischen. In diesen Verhältnisbestimmungen sind bereits didaktische Vorentscheidungen mitenthalten.

1. Wort und Bild

In aller Kürze: Das Christentum ist ursprünglich keine Bildreligion. Seine Verkündigung ist Wortverkündigung – sowie deren Veranschaulichung im liturgischen oder diakonischen Handeln. Wie Israel hat auch die junge Kirche ihre ganze künstlerische Kraft in das Erzählen investiert und allenfalls Symbole hervorgebracht. Das biblische *Bilderverbot* (Ex 20,4; Dtn 5,8) wird anfangs von den Christen voll respektiert. Das Urmodell des Offenbarungsempfangs lautet: »Rede, Herr, dein Diener hört« (1 Sam 3,9).

Entsprechend dieser Vorgabe können Bilder nur eine visuelle *Zugabe* sein, keineswegs Wort- oder Bibelersatz. Sie übernehmen vielmehr die Funktion einer stummen, ständig präsenten biblischen Predigt, indem sie den springenden Punkt, den prägnanten Augenblick oder das Ganze einer Geschichte simultan vor Augen stellen und es dadurch steigern wollen: veranschaulichend, akzentuierend, aktualisierend.

Der historische und theologische Vorsprung des Wortes führt in der Praxis der Bilderschließung jedoch leicht dazu, das Bild in seiner ästhetischen Eigenart zu unterschätzen und es dem Wort völlig anzugleichen. Dieses *»rhetorische« Bildvorverständnis* hat von der Antike bis zur Neuzeit gegolten (»ut pictura poiesis«; Bild als schweigendes Wort). Bilder werden dann nur noch angesehen und behandelt wie verschlüsselte Worte; das Ziel einer Bilderschließung bestünde dann in der Rückübersetzung der visuellen Sprache des Bildes in die verbale. Die Versuchung dazu ist um so größer, als Bilder mit christlicher Thematik tatsächlich auch von ihrem Wortbezug leben und immer in bestimmtem Maße rhetorisch-worthaltig sind. Außerdem ist eine Verständigung über Bildgestalt und -gehalt im Religionsunterricht nur mit Worten möglich.

Um so mehr wäre – entsprechend einer »modernen« Bilddidaktik – herauszustellen, dass die *Bildsprache von genuiner Qualität* ist; Farbe und Formen sind nicht genausogut in Worten wiederzugeben. Oder anders gesagt: Wenn Gestalt und Gehalt eines Bildes ebensogut mit Worten zu rekonstruieren sind, erweist es sich als schwach, letztlich als überflüssig. Gerade das, was anders ist am Bild im Vergleich zum überlieferten Text, das »Wie« seiner Gestaltung und das Neue in Bezug auf die bisherige ikonographische Tradition, machen den Reiz des Kunstwerkes und seinen religionspädagogischen Wert aus.

Den Wortbezug von Werken der christlichen Kunst aufzudecken und nachzuvollziehen, fällt Theologen und Religionspädagogen nicht schwer. Sie sind es gewohnt, das Bild im »Dienst am Wort« (Apg 6,4) zu sehen. Um die Bilder trotz des biblischen Bilderverbots zu legitimieren, ist jahrhundertelang in allen Bilderstreitigkeiten die angebliche Konvertierbarkeit von Bild und Wort zugunsten des Bildergebrauchs herausgestellt worden. Erst die »moderne« Kunst hat sich vom Wortbezug mehr und mehr emanzipiert. Mit dem an ihr geschulten Auge sehen wir besser, wie sehr auch die Kunst der christlichen Tradition mehr ist als ein stummes Wort, das nur darauf wartet, ins Verbale übersetzt zu werden.

Wenn die künstlerische Realisierung als solche, d.h. die künstlerische *Form bzw. Gestalt* des Bildes wahrgenommen wird, kommt der eigentliche *Gehalt* des Bildes gegenüber der Vorgabe des Wortes zum Vorschein. Wenn es nur um den *Inhalt* geht, – um die möglichst rasche Erkennbarkeit des Themas, um die möglichst eindeutige Zuordnung des Bildes zu einer biblischen Perikope oder einem sonstigen Text – bleibt der »Mehrwert« des Kunstwerkes auf der Strecke und ist der Verzweckung des Umgangs mit Bildern Tür und Tor geöffnet. Die ästhetische Besonderheit und der darin gründende »Mehrwert« der Bilder machen erst verständlich, dass dieses Medium in der Kirche nie ganz unumstritten war.

Allerdings gibt es auch so etwas wie *katechetische Gebrauchskunst*. Sie ist daran zu erkennen, dass lediglich illustriert wird, was geschrieben steht, und dass die Formelemente des Bildes allzu leicht und restlos in erklärende Worte überführt werden können. Das Gebrauchsbild leistet keinen nennenswerten Widerstand gegen seine totale Verbalisierung; es nötigt nicht zu immer neuem Sehen; sein Gehalt ist nicht unerschöpflich.

Vermutlich brauchen wir in der Praxis auch handwerklich saubere Auftragskunst dieser Art; die üblichen Religionsbücher z.B. sind ein Beleg dafür. Es kommt nur darauf an, sich des *Qualitätsunterschiedes* bewusst zu sein und weder die katechetisch dienstbare Gebrauchskunst methodisch wie anspruchsvolle Kunst zu behandeln, noch die Kunstwerke nur »nebenbei« anzuschauen, zur methodischen Abwechslung und als bloßes Hilfsmittel.

Im Folgenden geht es um Kunst im engeren, eigentlichen Sinn.

2. Qualitätsmerkmale anspruchsvoller Kunst

Für die religionspädagogische Praxis benötigen wir eine *Faustregel*, nach der solche anspruchsvolle Kunst erkennbar ist. Sie ergibt sich aus dem eben Gesagten: Ob sich ein Werk als mehrdimensional, polyvalent und bedeutungspotent erweist, d.h. ob es (diachron) zu immer neuen Annäherungen verlockt, so dass ein sehgeduldiger, aufmerksamer Betrachter nie damit »fertig« ist, bzw. ob es (synchron) verschieden disponierten Betrachtern etwas zu »sagen« vermag (positive Mehrdeutigkeit). Dieses Kriterium setzt nicht die Erfahrung des geübten Kunstexperten voraus, der mit einem Blick Qualität erkennt, sondern verlangt lediglich, dass ich längere Zeit hindurch bzw. verschieden disponiert mit einem Bildwerk umgehe und abwarte, »was es mit mir (oder anderen) macht«.

Bei der Unzahl der zur Verfügung stehenden Beispiele und der Kürze der für einen solchen experimentellen Umgang zur Verfügung stehenden Zeit kann es hilfreich sein, *Bilderschließungen und Kommentierungen* kompetenter anderer, v.a. von Kunstwissenschaftlern, zur Kenntnis zu nehmen und dadurch eine Vorauswahl zu treffen. Aber maßgeblich muss zuletzt sein, ob das Bild selbst mich und andere länger beschäftigen kann – herausfordernd, irritierend, den Horizont erweiternd, eine neue Sicht fördernd usw.

Ob es eine *kindgemäße* Kunst gibt, braucht hier nicht entschieden zu werden. Didaktisch ist zu fragen, welche *Zugangsmöglichkeiten* ein mehrdimensionales Werk bietet. Die Altersstufen finden weniger in der Auswahl eines Bildes, als in der Art der Hinführung und der Erschließung ihre Berücksichtigung. Bei jüngeren Schülern wird z.B. der historische Kontext durch eine »Rahmenerzählung« herzustellen sein. Qualitätskriterium ist, ob das Bildverständnis mit steigendem Alter vertieft werden kann.

Da sich der *spezifische Gehalt eines Kunstwerkes* aus dessen Gestalt ergibt (und nicht schon aus dem theologischen Wissen um das dargestellte Thema), und da die Bildsprache von vielen unserer Adressaten wie eine Fremdsprache angesehen wird, muss auch im religionspädagogischen Zusammenhang die *ästhetische Machart* von Bildern erlernt und durchschaut werden. Der Bildsinn soll ja – bis in die Nuancen hinein – aus Farbe und Form erhoben werden. Die subjektive Befindlichkeit darf durchaus vor einem »anrührenden« Bild in Schwingung geraten, aber sie muss ihren Grund in dieser Machart des Bildes haben und nirgendwo anders, auch nicht in der Ergriffenheit des Lehrers und seinen ergreifenden Begleitworten.

»Ein Bild – das ist zunächst eine zweidimensionale, begrenzte Fläche, die ein Oben und Unten, ein Rechts und ein Links und eine Mitte hat. Auf einer solchen Fläche hat das Bild seine Inhalte zu organisieren. Die Art und Weise, wie ein Bild auf der Fläche organisiert ist, nennt man gewöhnlich seine Komposition ...«[1].

Da wir Bilder eher von links nach rechts als umgekehrt lesen, empfinden wir z.B. eine von links oben nach rechts unten führende *Schräge* als »fallend« und damit als ein Signal für Abstieg, Trauer u.Ä. In Bildern der Auferstehung Christi dominiert stattdessen oft eine von links nach rechts aufsteigende *Diagonale*, sei es im Sargdeckel oder in der Figur des Engels oder des Auferstandenen selbst. Diese *Linienführung* »verkündet« bzw. unterstreicht visuell und emotional eindringlich die Botschaft: Er ist auferstanden. Ebenso kommt die bildeigene Sprache zum Zuge im *Hoch- oder Querformat* eines Bildes mit der Betonung der vertikalen oder der horizontalen *Bildachse* und den entsprechenden Folgen einer eher

1 *H. Fendrich*, Wozu sind Bilder gut?, in: KatBl 116/1991, 123–131, bes. 123; dort auch die weiteren Hinweise, Beispiele und Zitate.

hierarchischen Über- und Unterordnung der Bildelemente bzw. eines Nebeneinanders. Symmetrische Anordnung bzw. *Frontalität* der Figuren steigert deren Würde und Feierlichkeit. *Horizontale Linien* vermitteln das Grundgefühl der Ruhe, *vertikale Linien* symbolisieren eher Erhabenheit, *kurvige Linien* Lebendigkeit. Das *Dreieck* gibt der Komposition Festigkeit, die *Kreisform* Geschlossenheit. *Abweichungen* von den Grundformen oder von der Links-Rechts-Wertigkeit werden als auffällig und damit als besonders bedeutungshaltig empfunden usw. Methodisch nützlich sind Tafelskizzen, die die planimetrischen Strukturen und die Bewegungsrichtungen einer Komposition verdeutlichen – vor allem, wenn daraus Gewinn für die Deutung gezogen werden kann.

Dass diese spezifische Bildsprache auch von jungen Betrachtern erlernt und in ihrer Bedeutung verstanden werden kann, zeigt die Fülle der museumspädagogischen und bilddidaktischen Literatur, die inzwischen zur Verfügung steht[2].

Für Kinder im Grundschulalter bietet sich eine *narrative* Erschließung der den Bildgehalt tragenden Gestaltungselemente an[3]; auch dafür gibt es in der kunstdidaktischen Kinderliteratur gelungene Beispiele, von denen die religiöse Bilddidaktik lernen könnte.

3. Historisches

Zur formgerechten Erschließung der christlichen Bildkunst *vor* der Renaissance, d.h. der *vorneuzeitlichen Bildsprache*, werden darüber hinaus einige besondere Kenntnisse benötigt. Einige Beispiele:

Der sog. *Goldgrund*, der seit dem 4. Jh. zunehmend den naturalistischen Hintergrund von Bildern ersetzt, dient nicht nur dazu, den sakralen Bildern eine kostbare und feierliche Wirkung und den Taten und Gesten der Protagonisten Raum- und Zeitlosigkeit zu verleihen oder die dargestellte Person oder Szene zu verherrlichen. Der kundige Theologe wird den Goldglanz zusammenbringen mit dem Herrlichkeitsglanz (hebr. kabód, griech. dóxa), von dem in der Bibel überall dort die Rede ist, wo Gott sich zeigt. Goldgrund als Ausdruck für den im Geschehen aufleuchtenden Lichtglanz Gottes, die »Herrlichkeit« des Herrn[4]. Die sachgemä-

2 Als ein Beispiel für andere: *J. Heslewood,* Die Geschichte der westlichen Malere. Eine Einführung für junge Leute, Würzburg 1995.

3 Vgl. *G. Lange*, Kunst zur Bibel, München 1988, 107f. (Elija-Ikone).

4 Vgl. zum Beispiel Ex 40,34f.; 2 Chr 7,1–3; Ez 1,4.7; 43,1–5.

ße Frage an die Betrachter lautet: Inwiefern leuchtet im hier Dargestellten tatsächlich etwas von Gottes Glanz auf? Inwiefern lässt sich also der Goldgrund bewahrheiten?

Entsprechend ist der goldene *Nimbus* (»Heiligenschein«) zu deuten: als symbolisches Konzentrat göttlicher Herrlichkeit, die dem Betreffenden gnadenhaft verliehen ist, ein Symbol, durch das seine »Ausstrahlung« versinnbildet wird.

Durch verschiedene *Größe der Figuren* kann der mittelalterliche Künstler die gestufte Heilsbedeutung der Figuren zeigen. Christus überragt oft alle anderen – das ist nicht als anatomische, sondern als theologische Behauptung zu verstehen! Ebenso gilt: Je ranghöher eine Gestalt ist, umso weniger wird sie von anderen überschnitten (»desavouiert«). Wenn die Christusgestalt in ihrer Kontur überhaupt einmal (etwa durch die flehenden Hände eines Bittenden) überschnitten wird, so wirkt das infolgedessen besonders eindringlich.

Heutige Sehgewohnheiten lassen nicht-perspektivische Bilder als unkorrekt oder primitiv erscheinen. Damit wird aber das Kunstwollen der Zeit vor der Benutzung perspektivischer Mittel unterschätzt. Mittelalterliche Bilder (und ostkirchliche Ikonen) vermitteln keinerlei Raumillusion, sondern arrangieren die Bildobjekte so, dass ein Maximum an Überblick und Einsicht in die Bedeutung des Dargestellten möglich ist (*»Bedeutungsperspektive«*).

Hier wie in den vorhergehenden Beispielen kann die Lehrerfrage nicht auf Abbildlichkeit zielen (»Wie sah es im Stall von Bethlehem aus?«), sondern auf (Be-) Deutung: »Was wollte der Künstler herausstellen? Was ist ihm wichtig an der Geburtsgeschichte? Was hat er herausgehört, hinzugefügt, weggelassen?«

Die *historische Perspektive* kommt zur ästhetischen Wahrnehmung hinzu. Bilder als »Zugabe« der nachbiblischen Tradition sind immer auch datierbare und situierbare *(Er-)Zeugnisse des Lebens- und Glaubensstils* einer Epoche, Region, Person, Gemeinschaft oder Schicht. Gelegentlich liegen außerbildliche Zeugnisse vor, die erkennen lassen, was ein Bild in der Frömmigkeit seiner Zeit bedeutete (Beispiel: Das noch erhaltene Kreuz von San Damiano, das zu *Franz von Assisi* »gesprochen« und an seiner Bekehrung mitgewirkt hat).

In der Regel muss diese Bedeutung aber – soweit das möglich ist – aus dem Bild selbst erschlossen werden (Beispiel: Christus in Herrschertracht und -pose repräsentiert auch das Arrangement zwischen Kirche und politischer Macht; »Christus im Elend« spiegelt auch das Elend der Leute).

Die historische Sichtweise erschwert eine unmittelbare Bildbegegnung. In erster Linie teilen überlieferte Bilder tatsächlich nur mit, wie unsere Vorfahren im Glauben in Rom und Ravenna, in Byzanz und Nowgorod, in den mittelalterlichen Klöstern, in Siena oder am Niederrhein ihren Glauben visuell formuliert haben.

Zur historischen Sicht gehört auch die Frage nach den *Funktionen*, die Bilder mit christlicher Thematik ursprünglich hatten. Sie gehören in den praktischen religiösen Vollzug – als *Kultbild*, als privates oder öffentliches *Andachtsbild* usw. Bildbetrachten und Beten sind ursprünglich eins. Das Bild soll das Heil, wie es in Personen oder Ereignissen sichtbar geworden ist, vergegenwärtigen und zugleich die gläubige Antwort darauf formulieren. Der Betrachter soll mit den Augen des Glaubens am dargestellten Heil teilhaben. Diese Funktion ist im Unterricht nicht wiederherstellbar, zumal er in der Regel nicht mit Originalen, sondern mit Reproduktionen arbeitet. Aber die heutigen Betrachter müssen wenigstens um den Unterschied wissen.

4. Gebärdensprache und Ikonographisches

Um den historischen Abstand und die emotionale *Kluft* zwischen uns und den »alten« Bildern der christlichen Tradition zu überwinden, ist es ratsam, besonders auf die *Gebärdensprache der Protagonisten einer bildlichen Darstellung* zu achten. Zwar ist auch die menschliche Gebärdensprache epochal und regional gesellschaftlich geprägt. Dennoch hat sich gezeigt, dass die Gebärden der Figuren eines Bildes für moderne Menschen eine Zugangsmöglichkeit zum Bildsinn alter religiöser Kunst bieten. Dieser methodische Weg kommt einem spürbar gestiegenen heutigen Interesse an körpersprachlichen Ausdrucksformen entgegen.

Das gemalte Bild schweigt – es »spricht« nonverbal durch die Darstellung von innerlich (oder sogar äußerlich) nachvollziehbaren und einfühlbaren *Gesten und Gebärden*. In der ottonischen Buchmalerei beispielsweise ist die Christusfigur *»Gestalt gewordene Gebärde« (H. Jantzen)*. Im Zentrum der ansonsten ziemlich befremdlichen ostkirchlichen Anastasis-Ikone steht Christi *»Griff ans Handgelenk«* Adams – die Rettungs- und Erlösungsgeste schlechthin. Hierhin gehören die verschiedenen *Sprech-, Segens- und Gebetsgesten*, die verschiedenen *Arm- und Handhaltungen* des Gekreuzigten, die *Demutsgebärden* Marias anlässlich der Verkündigung des Engels, die *Gebärden des Staunens* bei den Frauen am Grab usw. Tiefsinniger Tausch: Wenn der sitzende »Christus in der Rast« auf seinem Passionsweg die bekannte Melancholiegeste des Ijob auf dem Aschenhaufen übernimmt. Hier gibt die bildende Kunst eine »Antwort« auf die Theodizee-Frage, die verbal kaum einholbar ist.

Heutige Betrachter sind gewohnt, seelische Regungen aus dem Mienenspiel einer Gestalt zu entnehmen. Sie empfinden Gesichter auf vorneuzeitlichen Bildern und Ikonen leicht als »streng« oder »traurig«. Es ist wichtig zu wissen, dass bis ins 14. Jh. die *Mimik* neutral, d.h. kein Ausdrucksträger ist. Was die dargestellte Person innerlich bewegt, soll in der Regel nicht an ihrem Gesichtsausdruck, sondern an ihrer Gestik abgelesen werden.

In der sog. *strukturalen Bildanalyse* spielen neben der Körpersprache auch andere »Codes« eine Rolle: der *geometrisch-arithmetische Code* (s.o. Abschnitt 2), der *Farben-Code*, der *Code der Landschaft, der Architektur, des Meublements und der Requisiten*[5]. Für Bilder der christlichen Kunst ist der *kleidersprachliche Code* besonders relevant (s.o. 3: Christus in Herrschertracht). Wenn z.B. das biblische Personal nicht antik-klassisch, sondern zeitgenössisch gekleidet ist, überwiegt das Interesse an Aktualisierung gegenüber der historischen Information. Wenn *Judas* das gelbe Gewand und den spitzen Hut der Judenschaft trägt, ist diese mitdiffamiert usw.

Neben der Gebärdensprache ist die *Ikonographie* zu beachten. Sie ist die Kunde von den Themen der Bilder und hilft, die Bildgegenstände zu identifizieren und einzelne Attribute und Symbole zu entschlüsseln. Bei der Beobachtung der ikonographischen Veränderungen von Bildwerken desselben Themas im Laufe der Zeit werden Innovationen, Umbrüche im Sehen, Denken, Empfinden und Glauben einer Zeit sichtbar. Insofern der Religionspädagoge Bilder als Glaubenszeugnisse liest, ist er an solchen Neuerungen – z.B. im Christusbild: vom hoheitlichen zum elenden Christus – besonders interessiert.

Ikonographische Feststellungen führen oft zu Frageimpulsen von hoher Motivationskraft: Warum ist Jona das beliebteste Thema in der Katakombenmalerei? Warum ist anfangs der tote (!) Christus am Kreuz als lebender, mit offenen Augen dargestellt? Was bedeutet es in Bezug auf das Papsttum, wenn Petrus im Bild stärker hervorgehoben wird als im

5 Vgl. *A. Stock*, Strukturale Bildanalyse, in: *M. Wichelhaus/A. Stock*, Bildtheologie und Bilddidaktik, Düsseldorf 1981, 36–43.

zugehörigen Text und umgekehrt? Seit wann und warum lassen die Maler Paulus vor Damaskus vom Pferd fallen, obwohl von einem Reittier im Text keine Rede ist? Wieso gleichen sich die Gesichtszüge Christi auf verschiedenen Bildern seit dem 5./6. Jh. immer mehr? Warum ist der Schlüssel das Attribut des Petrus und das Schwert das des Paulus? Warum kommt der Engel Gabriel in der Verkündigungsszene in der Regel von links? Und was könnte dann die »Verkündigung von rechts« bedeuten? Müssen Engel Flügel haben? Aber wozu brauchen sie die »Jakobsleiter« (Gen 28,12)? Und wieso wird Johannes der Täufer auf Ikonen geflügelt dargestellt? Warum trägt Mose gelegentlich Hörner auf dem Kopf? Warum wachsen auf Marienbildern diese Blumen und nicht andere? Wie kommen die vier Evangelisten zu ihren Symbolen (Mensch, Löwe, Stier, Adler)? Welchen Symbolwert haben Farben? Wieso ist es auf ca. 98% der Schöpfungsbilder nicht Gottvater, der erschafft, sondern Christus?

Die Zahl solcher Fragen ließe sich beliebig vermehren. Für die christliche Ikonographie stehen zur Klärung bewährte Nachschlagewerke zur Verfügung[6]. Da es um Wissen geht, das dem Bild nicht direkt zu entnehmen ist, gehören ikonographische Kenntnisse zu dem, was die Lehrenden den Lernenden zur Verfügung stellen müssen.

In der christlichen Kunst war der Druck der Tradition immer sehr groß. Deshalb bedürfen schon kleine Abweichungen von überlieferten Mustern der Erklärung. Als methodische Hilfe gilt der Bildvergleich (so wie in der Bibeldidaktik mit Hilfe des synoptischen Vergleichs das Eigenprofil einer Perikope leichter erkannt werden kann).

Ikonographische Quellen sind neben der Bibel weitere, vor allem erzählende oder betrachtende fromme Texte. Für die »Vorgeschichte« Jesu und Marias müssen u.a. die sog. *Apokryphen* herangezogen werden[7]. Dort werden z.B. (unter Hinweis auf Jes 1,3)

6 *G. Schiller*, Ikonographie der Christlichen Kunst, Gütersloh 1966ff. (7 Bände); *E. Kirschbaum (Hrsg.)*, Lexikon der christlichen Ikonographie, Freiburg 1968 ff. (8 Bände). – Handlichere, aber dadurch natürlich auch weniger ergiebige, einbändige Werke: *H. Sachs/E. Badstübner/H. Neumann*, Christliche Ikonographie in Stichworten, zuerst: Leipzig 1973; Hanau 1983 auch unter dem Titel: Wörterbuch zur christlichen Kunst. – *J. Seibert*, Lexikon christlicher Kunst, Freiburg 1980. – *H.* u. *M. Schmidt*, Die vergessene Bildersprache christlicher Kunst, München 1981.

7 Apokryphe Kindheitsevangelien (griech., lat., deutsch), übersetzt von

Ochs und Esel an die Krippe Jesu versetzt. In der franziskanischen Tradition, bei *Birgitta von Schweden*, bei *Ludolf von Sachsen* (beide 14. Jh.) wird das Leben Jesu so konkret meditiert und werden die Anschauungslücken des Evangeliums so detailliert gefüllt, dass von daher neue Darstellungsweisen in der Kunst aufkommen (z.B. liegt das Jesuskind danach nicht mehr in Windeln gewickelt »auf Heu und auf Stroh«, sondern nackt auf dem nackten Erdboden). Bis zur Reformationszeit und im katholischen Bereich noch darüber hinaus ist damit zu rechnen, dass der lateinische Bibeltext der *Vulgata* für die Bilder maßgeblich ist (sie übersetzt z.B. Ex 34,29f fälschlich so, dass daraus die Mose-Hörner erklärbar sind). Bis in unser Jahrhundert ist der neutestamentliche Bezugstext übrigens nach Art einer Evangelienharmonie verstanden worden, so dass es meistens wenig hilfreich ist zu fragen, ob im Bild die Lukas- oder Matthäus-Version (z.B. der Seesturmgeschichte) gemeint sei.

5. Moderne Kunst

Wenn Bilder, wie gesagt, das Gehörte im Stil der jeweiligen Zeit visualisieren, es anreichern oder akzentuieren und das Schriftwort dadurch in eigenständiger Weise verarbeiten und somit aktualisieren, wird die Schlussfolgerung zwingend: Für unsere Zeit ist die heutige Kunst *adäquates Ausdrucksmittel.* Aber die Kunst dieses Jahrhunderts versteht sich längst nicht mehr als »Dienstleistung« der Religion; die bildende Kunst ist *autonom* geworden und hat sich sogar weithin von außerbildlichen thematischen Vorgaben emanzipiert. Gerade in dieser subjektiven ästhetischen Autonomie findet sie – wenn überhaupt – die ihr eigene Spiritualität und Transzendentalität.

Künstler sind *Seismographen* ihrer Zeit; mit ihrer Hilfe können Religionspädagogen wahrhaftige Zeitgenossen werden, – und sei es in der Erfahrung der Abwesenheit des geoffenbarten Gottes und biblischer Themen, in der Erfahrung von Absurdität und Unbegreiflichkeit des Daseins. Allerdings besteht kein Kunstwerk aus absolu-

G. Schneider, Fontes Christiani Bd. 18, Freiburg 1995. Einfacher: *A. Läpple*, Kindheitsgeschichte Jesu. Kanonische und außerkanonische Überlieferungen, Schwerte 1993.

ter Negation: »Jedes Bild, jede Plastik, jeder Klang ist der Versuch, dem Chaos eine Ordnung entgegenzusetzen. Indem der Künstler schafft, sagt er Ja, selbst wenn er in einem konkreten Bild einer Teilwirklichkeit sein Nein! entgegenschleudert«[8]. »Kunst ist ein Ertragen der Welt in Form«[9]. Daher kann diese Kunst Thema des Religionsunterrichts werden, auch wenn sie die tradierte christliche Ikonographie hinter sich lässt und neue, individuelle Symbole entdeckt oder erfindet[10]. Diese geben dem Glauben zu denken; sie können als »Fremdprophetie« verstanden werden. Insofern dürfen wir damit rechnen, dass heutige Kunst uns »unbedingt angeht« auch dort, wo diese Kunst ihrerseits mit christlichem Glauben intentional wenig im Sinn hat[11].

Trotz der kirchlich-religiösen Abstinenz der säkularisierten Kunstszene gibt es beeindruckende Experimente, die christliche Ikonographie, besonders die der Passion und des Todes Jesu, weiterzuführen bzw. durch Verfremdungen zu aktualisieren (Beispiele: Christusbild-Übermalungen von *Arnulf Rainer* oder Kreuzigung mit Flaschen von *Joseph Beuys*). Gerade in ihrer absichtsvollen Mehrdeutigkeit führen sie im Unterricht zu produktiven Auseinandersetzungen.

Die *Freiheit* der zeitgenössischen Kunst ermöglicht es, auch scheinbar »verbrauchte« christliche Themen zu beleben, etwa wenn das jahrhundertelang tradierte, geradezu archetypische *Schafträgermotiv* (vgl. Lk 15,3-7) im 20. Jh. sich plötzlich verändert, indem nicht das sichere Ruhen des schon Geretteten auf der Schulter des Hirten vor Augen gerückt wird, sondern der Augenblick vorher, in dem das Tier noch verloren ist, aber schon vom Hirten angegangen wird. Eine winzige Verschiebung, in der sich dennoch eine epochale Veränderung des Glaubensgefühls manifestiert! Ebenso lässt sich an *Emmausbildern* demonstrieren, dass der Anfang der Geschichte (Lk 24,13-35), das Unterwegssein mit dem unerkannt-

8 *G. Rombold*, Leben mit Kunst, in: KatBl 116/1991, 91f.; hier gemünzt auf die schockierenden Triptychen von *Francis Bacon*.

9 *M. Frisch*, zit. von *G. Rombold*, Transzendenz in der modernen Kunst, in: *W. Schmied (Hrsg.)*, Zeichen des Glaubens – Geist der Avantgarde, Stuttgart 1980, 14–27.

10 Vgl. *Chr. Wilhelmi*, Handbuch der Symbole in der bildenden Kunst des 20. Jahrhunderts, Frankfurt a.M. 1980.

11 Bemerkenswerte Versuche theologisch interessierter Autoren, verständnisvoll mit aktueller Kunst umzugehen, liegen vor in den Arbeiten von *G. Rombold, W. Schmied, H. Schwebel, F. Mennekes, K. Winnekes, R. Volp, R. Hoeps, R. Burrichter u.a.*

anerkannten Herrn, in zeitgenössischen Bildern größere Aufmerksamkeit findet als der in der Tradition bevorzugte überwältigende Schluss (Beispiel: Holzschnitt von *Schmidt-Rottluff*). Mit großer Treffsicherheit holen sensible Künstler aus dem gewohnten Text bisher Ungesehenes heraus, das unsere Situation trifft. Besonders bei Themen, die durch ständige Wiederholung »verbraucht« erscheinen, sind solche inhaltlichen Verschiebungen oder auch formalen Verfremdungen didaktisch willkommen.

Hauptcharakteristikum der Kunst dieses Jhs. ist deren Nichteindeutigkeit bzw. »Offenheit«[12]. Damit ist nicht nur gemeint, dass der Interpretationsvorgang unabschließbar ist; denn das gilt auch von der eher eindeutigen traditionellen Kunst. Vielmehr handelt es sich um eine »Offenheit zweiten Grades« *(U. Eco)*. Dank seiner Form ist die Botschaft des Kunstwerks selber *mehrwertig* geworden. Die modernen Kunstwerke sind »Knoten komplementärer Möglichkeiten« (Eco) und reproduzieren gerade darin »die Ambiguität unseres In-der-Welt-Seins«.

In der Praxis tun sich dadurch neue Möglichkeiten auf, den Unterricht zu beleben. *HAP Grieshabers* Holzschnitt von 1949 mit dem Titel »Bedrohtes Paar«[13] ermöglicht eine existenziell-anthropologische Lesart (»Was gefährdet meine Partnerbeziehung?«) wie eine biblische (Adam/Eva/Versuchung). Die »Offenheit« der Form macht die Verknüpfung von mythischer Bildrede (Gen 3) mit eigenen Erfahrungen möglich.

Ob moderne Kunst im religiösen Lernprozess »anspricht«, hängt auch davon ab, wie weit die Adressaten im Umgang mit nichtabbildender Kunst geschult sind. Erfahrungsgemäß sind sie oft weniger skeptisch als ihre Lehrpersonen. Die Hemmungen gegenüber der zeitgenössischen Bildsprache sind eher tradierte; wenn die scheinbar chaotische oder abstrakte Machart vertrauter ist, erweist sie sich als Entsprechung zum heutigen Lebensgefühl und damit als Chance, im Glauben »gleichzeitiger« zu sein.

12 Vgl. *U. Eco*, Das offene Kunstwerk, Frankfurt a.M. 1977, 154–185 (Das offene Kunstwerk in den visuellen Künsten).

13 Bekannt als Titelbild von: *H. Halbfas*, Das Menschenhaus, Düsseldorf 1972 u.ö. Analyse des Holzschnitts von *G. Lange*, in: KatBl 98/1973, 742–745; ebenso im Lehrerhandbuch zum Menschenhaus, Düsseldorf 1974, 135–138.

6. Methodische Schritte der Begegnung mit Werken der christlichen Kunst

Um die genannten Aspekte und Akzente zu bündeln und in Praxis zu überführen, wird hier ein *Standardschema* der idealen Begegnung mit Werken der christlichen Kunst vorgelegt. Das Schema der fünf Schritte darf gewiss nicht schematisch angewendet werden. Je mehr es verinnerlicht ist, umso souveräner kann der Umgang damit sein. Die vorgeschlagene Reihenfolge ist nicht beliebig, aber auch nicht absolut zwingend, z.B. wird sich in der Praxis die Frage nach dem Thema/Titel des Bildes – vor allem bei Ungeübten – nicht immer so lange hinausschieben lassen, und häufig wird das Bildgespräch wie bei einem Bibelgespräch einfach bei der Frage einsetzen: Was ist ungewohnt? Was ist auffällig?

1. Spontane Wahrnehmung
Was sehe ich?

Stilles Abtasten und »Lesen« des Bildes; spontane, unzensierte Äußerungen; im Bild spazieren gehen, hier und dort verweilen mit ungelenkter Aufmerksamkeit.

2. Analyse der Formensprache
Wie ist das Bild gebaut?

Systematische Wahrnehmung und Benennung der »Syntax« des Bildes, seine Formen, seine Farben, Struktur und Rhythmus, einzelne Teile und der Zusammenhang des ganzen sichtbaren Formbestandes. Bewusstmachung der Bildordnung. Volle Außenkonzentration.

3. Innenkonzentration
Was löst das Bild in mir aus?

Gefühle und Assoziationen. Auf welche Gestimmtheit zielt das Bild selbst? An was erinnert es mich? Anziehend oder abstoßend?

4. Analyse des Bildgehalts
Was hat das Bild zu bedeuten?

Die »Thematik« des Bildes; sein Bezug zum Text der Bibel oder zu sonstigen Quellen; sein Standort innerhalb der christlichen Ikonographie; seine Innovationen bzw. Verstärkungen der Tradition. Die Glaubenssichten und Lebenserfahrungen, individuelle oder epochale, die sich im Bild niedergeschlagen haben. Rückbindung des geistigen Gehalts an die sinnliche Gestaltung: der spezifische Gehalt, den das Bild dem Thema verleiht.

5. Identifizierung mit dem Bild
Wo siedele ich mich an auf dem Bild?

Sich in das Bild hineinziehen, in die Geschichte verwickeln lassen. In welcher Figur finde ich mich ehestens wieder? Wie behandelt das Bild mich als Betrachter, was erwartet es von mir? Bewirkt es Einverständnis oder Irritation? Oder kann es mich unmerklich verwandeln? Zieht es mich in seinen Bann? Überlasse ich mich ihm oder sträube ich mich? Bin ich ihm gewachsen oder überfordert es mich?

Die wichtigsten Anliegen dieses Essays sind dem Fünf-Schritte-Schema zu entnehmen: Dass sich ein Bildbetrachter auf die Formensprache als solche einlassen muss, »bevor« es zu gefühlsmäßigen Reaktionen kommt, so dass er wirklich auf die Form reagiert; dass der spezifische Gehalt des Bildes nicht so sehr am Thema hängt, sondern an dem, was die bildnerische Realisierung des Themas daraus macht; dass infolgedessen die Besprechung des Themas bzw. der Schrift- und Traditionsquellen für das Bild möglichst hinausgeschoben wird usw. Insgesamt geht es um eine Verlangsamung des Sehens, eine Stärkung der Sehgeduld – im Vertrauen darauf, dass sich dies bei einem Kunstwerk »lohnt« (und damit in Opposition zu den Sehgewohnheiten beim Fernsehen!).

Die erste, dritte und fünfte »Phase« sind nicht durch *Vorbereitung* bestimmbar. Sie hängen weitgehend ab von der Gunst des Augenblicks, von der Lernatmosphäre, vom innerlichen Mitgehen der Teilnehmer und von deren spiritueller Sensibilität. Die fünfte Phase dürfte unter heutigen schulischen Bedingungen sowieso eher ein Glücksfall als ein operationalisierbares Ziel sein.

In den Phasen zwei und vier steht das an, was der sorgfältigen Vorbereitung und *Planung* bedarf, was verbalisierbar und argumentativ zu erörtern ist vor einem Kunstwerk. Das Schema versucht im *Wechsel* die *Balance* zu halten zwischen Distanz und Nähe, rationaler Analyse und intuitiver Verschmelzung, – es versucht auch, einen Gegenkurs zu steuern gegen beobachtbare Unarten bei theologisch-religionspädagogischen Umgangsweisen mit bildender Kunst.

Literaturhinweise

H. Belting, Bild und Kult. Eine Geschichte des Bildes vor dem Zeitalter der Kunst, München 1990.

R. Burrichter (Bearb.), Bilder im Religionsunterricht. Zeitschriften, Aufsätze, Bücher (Im Blickpunkt 17), Münster 2000.

R. Burrichter, Theologische Kunstvermittlng. Fundamentaldidaktische Überlegungen, in: JRP 13/1997, 163–186.

H. Fendrich, Wozu sind Bilder gut?, in: KatBl 116/1991, 123-131.

M.L. Goecke-Seischab/E. Domay, Botschaft der Bilder. Christliche Kunst sehen und verstehen lernen, Lahr 1990.

G. Lange, Die Sehgeduld stärken. Wie wir heute Bilder von gestern meditieren, in: Kunst und Kirche, 1983, H. 2, 73-77.

G. Lange, Umgang mit Bildern, in: *G. Bitter/G. Miller (Hrsg.)*, Handbuch religionspädagogischer Grundbegriffe, Bd. 2, München 1986, 530-533.

G. Lange, Bibel und Bild, in: *W. Langer (Hrsg.)*, Handbuch der Bibelarbeit, München 1987, 81-87.

G. Lange, Kunst zur Bibel, München 1988.

G. Lange, Zum religionspädagogischen Umgang mit modernen Kunstwerken, in: KatBl 116/1991, 116-122.

J.-C. Schmitt, Die Logik der Gesten im europäischen Mittelalter, Stuttgart 1992.

A. Stock, Keine Kunst. Aspekte der Bildtheologie, Paderborn1996.

A. Stock, Poetische Dogmatik. Christologie, Bd. 2: Schrift und Gesicht; Bd. 3: Leib und Leben, Paderborn 1996/1998.

XV.
Arbeiten mit Karikaturen

Horst Klaus Berg

1. Was ist eine Karikatur?

Jede Zeitung und Illustrierte ist voll von Zeichnungen, die die Leser zum Lachen bringen wollen: Politiker werden aufs Korn genommen, Witze werden illustriert ...

Allerdings ist nicht jede lustige Zeichnung eine Karikatur. Obwohl Karikatur und gezeichneter Witz die gleichen Gestaltungsmittel verwenden, unterscheiden sie sich in der Zielrichtung gründlich: Der Witz will in der Regel nichts anderes als unterhalten; die Karikatur dagegen will entlarven, kritisieren, verändern, sie ist die visuelle Form der Satire.

Es wundert nicht, dass der Einsatz von Karikaturen im RU in dem Augenblick einsetzte, als dessen emanzipatorischen Ziele erkannt wurden, also zu Beginn der 70er Jahre. Sachlich legt es sich nahe, solche Zeichnungen zu verwenden, die grundlegende Fragen des Menschseins und Christseins thematisieren. Damit treten spezifische Formen der satirischen Zeichnung, wie die Karikierung von Personen oder von Tagesereignissen in den Hintergrund.

2. Zur Interpretation von Karikaturen

Eine der häufigsten Fehler bei der Beschäftigung mit Karikaturen ist die vorschnelle »Deutung«; allzu leicht wird etwas in die Zeichnung »eingelesen«, was ihre Aussage und Zielrichtung verfehlt. Wichtig ist daher, die Interpretation immer mit einer gründlichen Analyse der inhaltlichen und formalen Bildelemente zu beginnen. Die folgenden Hinweise nehmen vor allem auf Beispiel 1 Bezug.

Beispiel 1
Zeichnung: Yrrah *(Harry Lammertink)*. Aus: *ders.*, Das Buch der bösen Bilder. Fischer TB 2415

2.1 Beschreibung des Bildinhalts. Die Karikatur (Beispiel 1) enthält nur verhältnismäßig wenige Bildzeichen. Sie baut sich aus drei Elementen auf: Sonne – Siegerpodest – Kreuzigungsgruppe. Die Sonne strahlt riesengroß; sie nimmt den ganzen Hintergrund der Zeichnung ein. Das Siegerpodest ist in der gewohnten Form gestaltet. Auch die drei Kruzifixe fallen nicht durch eine außergewöhnliche Formgebung auf; die mittlere Gestalt ist an der Dornenkrone als Christus erkennbar, die beiden anderen stellen augenscheinlich die nach der Überlieferung mit Christus Gekreuzigten dar.

2.2 Analyse der strukturellen Mittel.

a) Der Code: Damit die Karikatur öffentlich wirksam werden kann, muss sie rasch und deutlich entzifferbar sein; die meisten Karikaturisten benutzen daher einen Code ziemlich stark formalisierter Zeichen mit hinreichendem Bekanntheitsgrad.

Im Beispiel symbolisiert die Sonne Lebensfreude, Optimismus; vor allem soll der Betrachter wohl eine Gloriole assoziieren. Das Siegerpodest steht für Erfolg, Überlegenheit, Durchsetzungsvermögen. Ganz anders die Kreuze: Sie symbolisieren ganz allgemein Schmerzen und Leiden und erinnern speziell an die neutestamentliche Passionsüberlieferung.

b) Die Techniken des Karikierens:

(1) Montage widersprüchlicher Bildzeichen (Disjunktion). Die Wirkung der Karikatur basiert darauf, dass der Zeichner Bildzeichen zusammenfügt, die nicht zueinander passen. Welche Wirkung dies auslöst, belegt ein einfaches Experiment: Deckt man in Beispiel 1 zunächst die Kreuze ab, so ergeben die Bildelemente »Sonne« und »Siegerpodest« ein stimmiges Ensemble, das signalisiert: Hier geht es um eine Siegerehrung. Kommen die verdeckten Bildzeichen zum Vorschein, dann stellen sie sich quer zu den ersten, durchkreuzen die Seh-Erwartungen und lösen einen Denkprozess aus.

Die Disjunktion als Verbindung widersprüchlicher Bildzeichen schärft den Blick für Widersprüche im dargestellten Sachverhalt: In unserer Welt prallen entgegengesetzte Denkweisen und Normen aufeinander. Dominant ist das bedingungslose Erfolgsstreben, das nur Gewinner und Verlierer kennt, Spitzenreiter und Mitläufer. Die Kreuze lenken den Blick auf die Opfer: Die auf der Strecke Gebliebenen, die Verletzten, Entwürdigten.

Auf diesem Grundmuster der Disjunktion basieren letztlich alle weiteren Techniken, die jetzt vorzustellen sind.

(2) Übertreibung. Sie ist die Ur-Technik des Karikierens:

– Die riesige Sonne und das raumfüllende Siegerpodest symbolisieren die Allmacht des Erfolgsstrebens; die mächtige Bischofsmütze im zweiten Beispiel steht augenscheinlich für die Dominanz der Hierarchie in der Kirche (vgl. u. 265).

– Auch die Haltung kann übertrieben dargestellt werden, z.B. die starre Gestik des Bischofs in Beispiel 2.

– Zur Übertreibung gehört auch die Reduktion. Sie zeigt sich in fast allen Karikaturen. In den Beispielen: Die dargestellten Gegenstände stehen völlig isoliert im Raum, Leben ist um sie herum nicht festzustellen. Die Beteiligten befinden sich gleichsam in einer Versuchsanordnung, die menschliche Denkweisen und Verhaltensmuster überdeutlich ins Bild rückt.

(3) Der Vergleich. Häufig werden Personen visuell mit anderen Bildzeichen verschmolzen: Der Fernsehsüchtige hat einen Kopf wie ein Monitor, der völlig verzweckte Mensch sieht wie eine Maschine aus ...

(4) Das Zitat. Wenn der Karikaturist Bildzeichen aus bestimmten Zusammenhängen zitiert, ist das eigentlich eine Technik für »Eingeweihte«; denn nur, wer die Herkunft und Bedeutung des Zitats kennt, kann seine Stoßrichtung in der satirischen Zeichnung einschätzen. In Beispiel 1 ist das Golgatha-Zitat leicht zu entschlüsseln – aber in der Taube in Beispiel 2 das Symbol des Heiligen Geistes zu erkennen, ist schon bedeutend schwieriger.

3. Die Karikatur als Medium kritischer Veränderung

3.1 Erkennen der kritischen These. Jede Karikatur greift bestehende Verhältnisse an, die dem Zeichner problematisch oder bedrohlich erscheinen. Man wird versuchen, herauszufinden, welche Maßstäbe der Zeichner anlegt: Welches ist das Kriterium der Kritik? Im Beispiel 1 kann die Kreuzes-Symbolik nicht nur die radikale Kritik an einer Welt erkennen lassen, die bedingungslos auf Erfolg und Durchsetzungsvermögen fixiert ist; sie richtet auch den Blick auf die Opfer der gesellschaftlichen Prozesse, weil wohl auch Leidensfähigkeit und Hingabe an den Nächsten stimulieren. – In Beispiel 2 verweist die scharfe Satire am Bestehenden auf die Umrisse einer Kirche, die sich aus der hierarchischen Erstarrung reißen lässt und an der

Beispiel 2
Zeichner: JALS.
Aus: publik forum 8/78

Beschwingtheit des Geistes Maß nimmt. Die Karikatur greift also nicht nur an, sondern lässt in ihrer Tiefenstruktur ein geheimes Gegen-Bild zum Bestehenden durchschimmern, eine Utopie, auf die hin die schlechte Wirklichkeit verändert werden soll.

3.2 Provokation und Aktion. Die Verhältnisse, die die Karikatur kritisiert, sind oft so versteinert, dass sie nur durch die Hammerschläge kräftiger Provokation zu erschüttern sind.

Dies ist nicht zuletzt im Blick auf christliche Gegenstände ein heikles Kapitel; denn viele Christen nehmen nur den Angriff auf ihnen heilige Inhalte wahr und reagieren aggressiv. Bekannt geworden ist der Prozess, der Ende der 20er Jahre gegen *George Grosz* wegen »Gotteslästerung« geführt wurde. Sein »Christus mit Gasmaske« wurde als Verhöhnung Jesu angeprangert; in Wirklichkeit zielte die Provokation auf den Missbrauch des Christentums für militärische Zwecke! – Nicht anders verhält es sich in den beiden Beispielen: Beispiel 1 verhöhnt nicht die Passion, sondern entlarvt eine Gesellschaft, die die Schwachen unterdrückt und ihre Leiden verdeckt, als Verleugnung des armen Christus. Und Beispiel 2 zielt nicht auf die Verachtung der Bischöfe und des geistlichen Amts, sondern will produktive Fragen provozieren: In welchem Zustand ist die Kirche, dass sie einen »geistlichen Anschiss« braucht? Wie geht sie mit ihren »Nestbeschmutzern« um? Wie könnte es dazu kommen, dass die Kirche in einer kräftigen Provokation auch das Wirken des Geistes wahrnimmt?

Solche Fragen wollen Aktionen mit dem Ziel der Veränderung zum Besseren hin anstoßen. Insofern ist die Karikatur ein aufklärerisches Medium, weil sie darauf baut, dass sie – Zeichen kritischer Hoffnung setzend – argumentativ überzeugen und befreiende Prozesse in Gang bringen kann.

4. Karikaturen im Unterricht

4.1 Lernchancen. Abgesehen davon, dass die Karikaturen als interessante Medien motivierend wirken und zur Auseinandersetzung anregen, könnten sie vor allem *drei religionspädagogisch relevante Lernprozesse* anstoßen:

(1) Sehen lernen. Die Karikatur leitet zum genauen Betrachten an; denn erst das *aufmerksame Hinschauen* erschließt die Pointe. Dies

entdeckende Sehen kann die Lernenden auch zur bewussteren Wahrnehmung ihrer Umwelt sensibilisieren und befähigen.

Weiterhin regt die Beschäftigung mit Karikaturen die Fähigkeit zur Wahrnehmung mehrdimensionaler Wirklichkeit an – eine für alle Inhalte des RU unentbehrliche Fähigkeit. Vor allem Zeichnungen mit symbolisch verdichteten Bildzeichen leiten die Lernenden dazu an, über Inhalte, Anspruch und Wahrheitsgehalt nicht-realer Aussagen nachzudenken, etwa im Blick auf Beispiel 1: Was bedeutet das Siegerpodest? – Welche Botschaft setzen die Kreuze ins Bild?

(2) Produktive Verunsicherung erfahren. Karikaturen nehmen meist Verhältnisse und Verhaltensweisen aufs Korn, die völlig unbefragt als gültig akzeptiert sind; in Beispiel 1 ist es das Erfolgsstreben, in Beispiel 2 die Amtskirche. Die satirische Zeichnung stellt diese Inhalte so dar, dass sie den Schein selbstverständlicher Geltung verlieren, ihre Widersprüchlichkeit und problematische Sicht aufgedeckt werden.

Das könnte die Bereitschaft und Fähigkeit der Lernenden verstärken, ihre Umwelt bewusster und kritisch-reflektierend wahrzunehmen.

(3) Die kritisch-befreiende Dynamik des Glaubens wahrnehmen. Die Arbeit mit Karikaturen kann schließlich Anlass geben, das kritische Potenzial des Christentums zu entdecken. Die Lernenden könnten erfahren, dass die biblische Überlieferung in ihrer Grundrichtung kritisch-prophetisch ist: Sie will an das von Gott den Menschen zugedachte und zugeeignete Leben in Freiheit und Gerechtigkeit erinnern und aufrufen; das führt zu prophetischer Kritik, löst den Ruf zur Umkehr aus und provoziert die Frage nach gelingendem Leben.

4.2 Unterrichtspraxis

(1) Themen und Quellen. Die Themen für Karikaturen im RU entsprechen den großen Arbeitsfeldern: Bibel – Kirche – Erfahrungsbezogene Themen. Zum biblischen Bereich gibt es nicht besonders viel gute Karikaturen; oft handelt es sich um eher harmlose Zeichnungen wie die von *Ivan Steiger.* – Kirchenkritische Karikaturen findet man eher; sehr bekannt geworden sind die Arbeiten des Schweizer Cartoonisten *Smolinski* (JALS). – Zum dritten Arbeitsfeld

kann man auf die Fülle kritischer Zeichnungen zu zahlreichen gesellschaftlichen Themen und Konflikten zurückgreifen; einige empfehlenswerte Sammlungen – z.T. auch mit fachbezogener Kommentierung – sind im Anhang genannt.

(2) Verfahren. Methodischer Grundsatz ist: Arbeit *mit* Karikaturen im RU ist zuerst Arbeit *an* Karikaturen; d.h. die methodisch sorgfältige Erarbeitung des Bildbestandes und der strukturellen Mittel sind die Basis. Dann geht es um die Herausarbeitung der kritischen These, den Transfer in den eigenen Erfahrungsbereich sowie die Verknüpfung mit dem Unterrichtsthema (vgl. dazu die Hinweise in den vorigen Abschnitten).

Oft empfiehlt sich die Präsentation der Karikatur als Tageslichtfolie, weil sie sich besonders gut zur Erarbeitung der Zeichnung eignet (Analyse des Aufbaus, der strukturellen Mittel ...). Außerdem bietet diese Präsentation Gelegenheit zu vielerlei Formen kreativer Erarbeitung (Neu-Texten durch Sprechblasen, Bildunterschriften; Erweiterung durch Zufügen neuer Bildelemente; Kombination mit anderen Medien ...).

Literatur

H.K. Berg, Die Karikatur, in: *S.* u. *H.K. Berg,* Mit Liedern, Bildern und Szenen im Religionsunterricht arbeiten (Lieder-Bilder-Szenen Bd. 10), Stuttgart/München 1981, 57-127.

M. Melot, Die Karikatur, Stuttgart 1975 (Grundlegend).

S. u. *H.K. Berg,* Lieder – Bilder – Szenen im Religionsunterricht, Bd. 2; 5; 8, Stuttgart/München 1978ff.

B. Müller, Menschlich-Allzumenschlich, Karikaturen für Religionsunterricht und Ethik, Stuttgart/München 1992.

Karikaturen im Religionsunterricht. *Hrsg. vom DKV und dem Katechetischen Institut Trier,* 8 Folien und Kommentar, München: DKV.

Sammlungen zu spezifisch biblisch/christlichen Themen:

H. Mayer, Mach's schmunzelnd. Erfahrungen mit Karikaturen in der Kirche, Rissen 1992.

JALS ... verzeihung, aber das war absicht, Löwenstein 1976.

JALS, Patres Nostri.

Ivan Steiger sieht die Bibel, Stuttgart 1989.

Seit 1982 erscheint der sehr empfehlenswerte »Löwensteiner Cartoon-Service« (jährlich 4 Hefte).

XVI.
Arbeiten mit Fotos, Folien, Comics

Gottfried Adam

Hinsichtlich der grundsätzlichen Fragen zu bildorientierten Methoden im RU sei auf die diesbezüglichen Ausführungen in den Beiträgen von *Günter Lange* »Umgang mit Kunst« (s.o. XIV) und *Eckhart Gottwald* »Audiovisuelle Medien im RU und Gemeindearbeit« (s.u. XVII) verwiesen. In diesem Beitrag geht es im Blick auf die drei Arbeitsmittel Foto, Folie und Comics um eine knappe Darlegung grundlegender methodischer Aspekte.

1. Zum Umgang mit Fotos

Mit der Erfindung der Fotografie ist auch die Möglichkeit gegeben, Fotos als Arbeitsmittel im Unterricht zu verwenden. Freilich ist erst durch die preiswerte Vervielfältigung von Fotos die Voraussetzung geschaffen worden, in größerem Umfang Fotos im Unterricht zu verwenden. Indes stellt sich die Frage, ob angesichts der beweglichen Medien die Verwendung des einzelnen Bildes überhaupt noch eine Chance hat, bietet doch das bewegte Bild Möglichkeiten zu Motivation und Aufbau von Spannungen sowie eine Vielfalt von sinnlichen Eindrücken. Man darf vor der Tatsache des enormen Medienkonsums der Schülerinnen und Schüler nicht die Augen verschließen. Von daher stellt sich die Frage einer qualitativen Beschäftigung mit Medien. In diesem Zusammenhang ist auf die besonderen Möglichkeiten von Fotos hinzuweisen.

1.1 Typen von Fotografien. Im Blick auf die Art der fotografischen Wiedergabe und ihrer Themen lassen sich die Fotos in folgende Typen aufteilen[1]:

1 Im Folgenden beziehe ich mich auf *U. Wahn*, Untersuchungen zum

(1) Der Typus der *dokumentarischen Fotografie*. Hier geht es primär um sachlich informierende Aufnahmen, in denen über geographische, kulturelle, politische, historische, bibel-, kirchen- und religionskundliche Fakten visuell informiert wird.

(2) Formen *anthropologischer Fotografie*. Hierunter wird jene Form verstanden, bei der Inhalte und Motive sich in direkter oder indirekter Weise auf den Menschen beziehen. Es geht dabei um Situationen des Menschen wie Leid und Freude, Formen seines Handelns im Blick auf sich selbst, seine Umwelt und seine Mitmenschen. Dem kann man auch Aufnahmen zuordnen, die eine von Menschen geprägte Umwelt (z.B. Krieg, Umweltverschmutzung) visualisieren und insofern Handlungsweisen des Menschen zum Gegenstand haben. Die Formen der »anthropologischen« Fotografie sind in mehrfacher Beziehung didaktisch hoch bedeutsam. Sie stellen einen Impuls dar, um Empfindungen und Assoziationen wachzurufen, die zu einer spontanen Meinungsäußerung führen können. Darüber hinaus können abstrakte Begriffe wie Leid, Liebe etc. visuell konkretisiert werden. Ferner können im Sinne eines Identifikationsangebotes eigene verdeckte oder verdrängte Erfahrungen aufgedeckt und bewusst gemacht werden. Schließlich liefert das »Problemfoto« Möglichkeiten zum Nachdenken und zur Auslegung von Grund- und Lebensfragen des Menschen.

(3) Die *Motivfotografie*. Bei diesem Typ sind Aufnahmen im Blick, die bestimmte Ausschnitte der Natur, der Wirklichkeit festhalten. Hier wird insbesondere eine bewusstere Wahrnehmung der sich in der Natur abspielenden Vorgänge intendiert. In der Schöpfungsthematik können diese Fotos ihren Ort haben.

(4) Die fototechnisch verfremdete *künstlerische Fotografie*. Bei dieser Fotografie können die Bezüge zur Wirklichkeit bewusst überstiegert oder verfremdet werden, so dass ein realer Bezug nicht mehr unmittelbar erkennbar ist und das Ganze Ausdruck eines ästhetischen Spiels wird.

(5) Die *Fotomontage und -collage*. Dieser Fototyp geht noch weiter als der vorhergehende, er »spielt« mit der Wirklichkeit und versucht so, künftige Wirklichkeit vorwegzunehmen und Konstellatio-

Bild- und Anschauungsmaterial von Schulbüchern für den evangelischen Religionsunterricht in der Sekundarstufe I, Diss. Päd. Bergische Universität – Gesamthochschule Wuppertal 1989, 11ff.

nen zu schaffen, die so nicht vorkommen. In didaktischer Hinsicht können Fotocollagen zur Erörterung eines Themas oder Problems beitragen und auf Lösungsversuche aufmerksam machen. Sie eignen sich deshalb besonders für den Einstieg in ein themen- oder problemorientiertes Thema.

(6) Schließlich kann man als weiteren Typus *illustrativ-auflockernde Fotos* hinzufügen, die vorrangig der Auflockerung des Unterrichtsverlaufs und der Ausschmückung von verbalen Ausführungen dienen.

1.2 Didaktische Leistung von Fotos. Sieht man sich die Fotos unter dem Gesichtspunkt ihrer didaktischen Leistung an, so ist *zum einen* wichtig, dass Fotos eine *Informationsleistung* vollbringen können, die primär nicht darauf abzielt, emotional berühren zu wollen[2].

Als Beispiel dafür sind Fotos aus dem Heiligen Land zur Thematik »Palästina: Land und Geschichte« oder »Zeit und Umwelt Jesu« namhaft zu machen.

Ich erinnere mich an ein eindrückliches *Foto* einer Luftaufnahme von der Jordan-Ebene, um den Schülerinnen und Schülern einen Eindruck davon zu vermitteln, wie vor den Augen der Israeliten das Gelobte Land lag und auf sie wirken musste.

Zeit und Umwelt Jesu ist eine Thematik, die in den meisten Lehrplänen der Grundschule und besonders in den Klassen 5/6 eine Rolle spielt. Hier gibt es vielfältige Möglichkeiten des Einsatzes von Fotos. Seit man sie auf Folien kopieren kann, ist ihr Einsatz in besonderem Maße attraktiv geworden. Man kann sich seine eigene Sammlung zusammenstellen. Inzwischen gibt es eine Reihe von Foliensammlungen, die gut verwendbare Fotos enthalten. Es sei als Beispiel genannt: *Ursula Jaeschke/Renate von Olnhausen*, Medien-Bausteine Religion 1 und 2. Kontext Jesu: Israel I und II, Karlsruhe: Urs Görlitzer-Verlag 1990.

Zum anderen geht es um den *interpretativ-hermeneutischen Charakter von Fotos.* Ihn intendieren die Typen 2, 4 und 5, die Wirklichkeit wahrnehmen, interpretieren und diskutieren wollen. In starkem Maße wird die affektive Seite des Menschen angesprochen und auf diesem Wege eine bewusste Auseinandersetzung mit bestehenden Einstellungen und Wertvorstellungen herausgefordert. In der Methode der Fotosprache (s.u. 1.3) werden hierfür methodische Vorgehensweisen zur Verfügung gestellt.

2 Vgl. *U. Wahn*, aaO., 24f.

Schließlich können Fotos auch im Sinne eines *meditativen Zuganges* (s.u. XX) verwendet werden, indem man sich auf eine Bildbetrachtung einlässt und zu einer Besinnung kommt. Typ 3 dürfte am ehesten einschlägig sein. Aber auch die Typen 4 und 5 sind mit in den Blick zu nehmen[3]. Diese Methode findet vermutlich stärkere Verwendung in der Gemeindearbeit. Im Rahmen der theologischen Erwachsenenbildung begegnet sie etwa in der Arbeit mit dem »Evangelischen Gemeindekatechismus«[4], der eine große Zahl von Fotos enthält, die einerseits in der Einstiegsphase eines Gespräches der Themenerschließung und andererseits in der abschließenden Phase einer meditativen Durchdringung der thematischen Bündelung dienen.

1.3 Die Methode der Fotosprache. Eine besondere Methode zum Umgang mit Fotos im Unterricht haben *P. Babin, A. Baptiste* und *C. Belisle* erarbeitet. Unter dem Stichwort »Photolangage« (= Fotosprache) haben sie Fotomappen herausgegeben. Dabei werden Fotografien, die unseren Alltag darstellen, zur Betrachtung vorgelegt[5]. Durch ein Bild kann die christliche Glaubenswirklichkeit nicht einfach abgebildet werden, vielmehr geht es um die Möglichkeit, mit Hilfe von Fotos eigene Erfahrungen wahrzunehmen, zur Sprache zu bringen, vielleicht sogar einzuordnen. In diesem Sinne können Fotos sprachfähig machen. Die Fotos bieten Gelegenheit zu vielfältigen Assoziationen und können so helfen, die Wahrnehmung zu schulen, sich des eigenen Wissensstandes bewusst zu werden und den Lehrenden Aufschluss darüber zu geben, wo die Schülerinnen und Schüler eigentlich im Blick auf ein Thema stehen. Hinsichtlich des Kommunikationsvorganges bei dieser Methode hat *Ernst Hänzi* auf folgende Aspekte verwiesen:

– Die Kommunikation finde in erster Linie zwischen dem Betrachter des Bildes und dem Bild statt.

3 Es gibt bisher wenig Veröffentlichungen darüber, was es für die Gestaltung eines Schulbuches für den RU bedeutet, wenn man die didaktische Leistung von Fotos und Fotomontagen in der angesprochenen Weise ernst nimmt. Am Beispiel von Religion 7/8 erörtert diese Frage *G. Brockmann*, Bilder reden mit. Anmerkungen zu einem neuen Religionsbuch, in: EvErz 32/1980, 82–93; vgl. auch *H. Schmidt*, Wie Bilder sprechen, in: ebd., 59–82.

4 Hrsg. von *H. Reller u.a.*, Gütersloh [4]1987.

5 *P. Babin/A. Baptiste/C. Belisle*, Photolangage, Paris 1974.

– Die Kommunikation über das Bild könne auch zwischen zwei Betrachtern zustande kommen. Dadurch relativierten sich gewisse Bildeindrücke, mögliche falsche Fixationen könnten verhindert werden.

– Auch könne der sprachlich nicht sehr gewandte Schüler mit Hilfe eines Bildes mit seinen Mitschülerinnen und -schülern oder mit dem Lehrer in Kommunikation treten.

– Schließlich könnten Bilder zu eigentlichen Sprechanlässen werden. Die Intensität eines Bildes provoziere im Schüler Empfindungen, die zu sprachlichem Ausdruck drängten. Er vermöge so eigene Situationen und Erfahrungen besser zu ›sehen‹ und zu formulieren[6].

Manfred Kwiran hat die Methode der Fotosprache mit der der Bildbetrachtung verglichen. Er stellt heraus, dass bei einer Bildbetrachtung überwiegend nur diejenigen Schülerinnen und Schüler zu Wort kommen würden, die ohnehin schon immer dominierten, während sich bei der Methode der Fotosprache alle Schülerinnen und Schüler, alle Mitglieder der Gruppe am Geschehen beteiligen könnten, da jede und jeder dank des ausgewählten Fotos mitsprechen könne. Er listet folgende unterschiedliche Einsatzmöglichkeiten auf:

- Kennenlernen einer neuen Gruppe
- Einstieg in ein neues Thema
- Vorwissen und mögliche Vorurteile aufspüren
- Eine schnelle Bestandsaufnahme
- Verstärkung gewünschter Zielsetzungen
- Kontrolle des Vermittlerprozesses
- Wiederholung und Zusammenfassung des Unterrichts
- Effizienz- und Leistungskontrollen
- Differenzierungsmöglichkeiten
- Neue Motivation
- Abbau von Disziplinschwierigkeiten[7].

Zur Konkretisierung der Einsatzmöglichkeiten sei ein *Beispiel* für eine unterrichtliche Einstiegssituation und die damit verbundene Bestandsaufnahme zum Thema »Gott« geboten:

6 *E. Hänzi*, Photolangage – Fotosprache, in: RL 2/1974, 14.

7 *M. Kwiran*, Arbeit mit Einzelbildern, in: *ders. (Hrsg.)*, Religionsunterricht konkret. Theorie und Praxis, Grundschule. Teil I. Braunschweig: Amt für Religionspädagogik 1990, 19–23, hier 21.

»Etwa 50 Fotos aus der Mappe werden beliebig auf dem Fußboden des Klassenzimmers oder auf einem größeren Tisch in der Mitte des Zimmers ausgelegt. Die Schüler erhalten die Anweisung, in fünf Minuten ein Foto zu wählen, das sie mit der Gottesfrage in Verbindung bringen. Mit dem Foto geht jeder Schüler wieder auf seinen Platz. Das Foto wird mit der Bildseite nach unten hingelegt. Jetzt folgt die Vorstellung mit kurzem Kommentar (Begründung der Wahl) von jedem Schüler ohne Diskussion, bis alle dran waren. Erst dann kann die Auswertung, Vertiefung, Nachfrage und Diskussion einsetzen. Jeder Schüler hat seine Wahl vorstellen und seine sog. Gotteserfahrung mit in die Diskussion einbringen können. Hier findet keine Wertung statt. Dem Lehrer ermöglicht diese Runde eine Bestandsaufnahme von vorhandenen Erfahrungen, Informationen und Einstellungen. Da jedes Foto numeriert ist (die Nummern werden vom Lehrer bei der Vorstellung der Schüler notiert), kann man später gezielt auf diese Fotos zurückkommen und an ihnen weiterarbeiten«[8].

Unter dem Titel »Fotosprache«[9] hat *Gerhard Jost* eine umfassende Methodik für die Photolangage vorgelegt. Er arbeitet zwölf unterschiedliche Methoden heraus und konkretisiert diese jeweils an Beispielen.

1.4 Weitere methodische Verfahren. Hinsichtlich der generellen Verwendung von Fotos im RU seien noch eine Reihe von methodischen Verfahrensweisen genannt. Dabei sind Aspekte der Methode der Fotosprache eingeschlossen, aber auch weitere methodische Vorgehensweisen benannt. Die ersten vier Vorschläge beziehen sich auf einzelne Fotos. Die Vorschläge 5 und 7 beziehen mehrere Fotos ein. Unter 8 bis 11 sind Möglichkeiten genannt, bei denen Fotomontagen, -collagen, Schneide- und Maltechniken zur unterrichtlichen Erschließung einbezogen werden.

»1. (Gemeinsame) Betrachtung eines Fotos, dann
   - Assoziationen nennen
   - Beschreibung des Fotos (Motiv? Elemente des Fotos? Bildaussage? ...) und Formulierung eines Bildtextes
   - Bildtitel finden

8 *M. Kwiran*, Photolangage – neue Methode im RU und KU?, in: *ders. (Hrsg.)*, Religionsunterricht konkret, 37f. – Weitere Beispiele siehe bei *M. Kwiran/M. Künne*, Die Methode der »Fotosprache«, in: CpB 97/1984, 353–360, bes. 357–360.

9 Gelnhausen 1971.

2. Erfindung von möglichen Handlungsabläufen:
   Was geschah vor und nach dem Moment der Aufnahme des Fotos?
3. Dargestellte Personen ›zu Wort kommen lassen‹
   Sprech- oder Gedankenblasen auf Folie/Transparentpapier
4. Wesentliche(n) Ausschnitt(e) des Fotos kennzeichnen. Ausschnitt verändern.
5. Kombinationen von zwei oder mehreren Fotos:
   - einander ergänzend, fortführend, verdoppelnd
   - gegensätzlich, kontrastierend
   - Detail eines Fotos akzentuierend
6. Auswahl eines Fotos aus mehreren vorgegebenen Fotos:
   - Foto zu einem bestimmten Thema
   - Foto mit einem starken emotionalen Eindruck
7. Kombination von Fotos und Texten:
   Dabei sollte das Foto nicht nur zur Illustration der Textausgabe verwendet werden.
8. Veränderung eines Fotos mit dem Ziel der Verfremdung, Kontrastierung, Verstärkung oder Abschwächung eines Aspektes des Fotos:
   - Zusätze aus Illustrierten oder vom Schüler gesammelten Fotos
   - Übermalen mit Wachs- oder Filzstiften
   - Hintergrundklebearbeiten
   - ›Weitererzählen‹ (situative Ergänzung, Auflösung des fotografierten Moments in Prozesse)
   - Sprechblasen
   - Austauschen von Fotoelementen
9. Zerschneiden eines Fotos (Ziele wie unter 8):
   - in Längs- oder Querstreifen
   - nach Gliederungsgesichtspunkten (Vorder- und Hintergrund, Figuren usw.)
   Beim Aufkleben der Streifen kann ein Bild, eine Zeichnung untergelegt werden oder der Zwischenraum ausgemalt werden.
10. Mehrere Fotos mit gleichem oder kontrastierendem Motiv zu einem neuen Bild kleben.
11. Aus mehreren Fotos eine Bildergeschichte entwerfen.«[10]

Die zuletzt aufgeführten Methoden machen deutlich, wie bei der Verwendung von Fotos im RU auch kreative Prozesse zum Zuge kommen können. Hier liegt auch die Chance der Verwendung von Fotos angesichts der Reizüberflutung durch Medien: Es wird die

10 So *F. Lüpke*, Bilder – Vorbilder – Gegenbilder, in: Informationen. Evangelischer Religionsunterricht in Berlin 11/1981, Nr. 1/2, 25–29, hier 26.

Eigentätigkeit der Schülerinnen und Schüler einbezogen, ja aktiviert. Damit wird zweifellos auch ein Beitrag zu einer Gegensteuerung gegen eine rein konsumierende Haltung geleistet, die ohne Frage auch Kennzeichen und Konsequenz eines allzu intensiven Fernsehkonsums ist.

2. Zur Verwendung von Folien

Im Zusammenhang der Frage nach der didaktischen Leistung von Fotos (s.o. 1.2) war bereits davon die Rede, dass man Fotos auf Folien kopieren und diese dann im Unterricht einsetzen kann. Aber damit sind die didaktischen Möglichkeiten des Mediums Folie, das zu den jüngeren Errungenschaften des schulischen Unterrichts gehört, nicht erschöpft. Overheadprojektoren sind heute in vielen Klassenräumen zu finden. Eine große Zahl von Lehrerinnen und Lehrern hat sich inzwischen mit dem Medium Folie angefreundet und macht sich seine vielfältigen Einsatzmöglichkeiten in kreativer Weise zunutze.

Der Vorteil des Overheadprojektors besteht darin, dass der Raum nicht abgedunkelt werden muss und dass die Lehrkraft während des Unterrichts den Schülerinnen und Schülern nicht den Rücken zuzuwenden braucht, weil die Texte, Bilder etc. »über den Kopf« (= overhead) auf die Projektionswand geworfen werden. Man spricht auch vom Tageslichtschreiber oder Schreibprojektor. *Gerhard Jost* listet als Vorzug auf, dass sich das Medium in ausgezeichneter Weise in das personale Kommunikationsgeschehen einpasst, so dass – anders als beim Film – das Gespräch nicht zeitlich hintereinander läuft, sondern gleichzeitig miteinander stattfindet. Zudem bleiben beim Gebrauch des Tageslichtprojektors Spontaneität und Improvisation möglich. Weiter spricht G. Jost davon, dass mit keinem anderen technischen Medium so spontan und improvisierend gearbeitet werden könne, so dass der Name »Arbeitsprojektor« gerechtfertigt sei und eine angemessenere Bezeichnung darstelle als die Bezeichnung »Overheadprojektor«[11]. Weiterhin bleibe die normale Gruppensituation erhalten, da die Raumbeleuchtung sich nicht verändere, sondern bleibe, wie sie ist, und da auch derjenige, der das Gerät bedient, in normalem Augen-

11 *G. Jost*, Zum Umgang mit Folien, Gelnhausen u.a. 1983, 6.

kontakt mit den übrigen Teilnehmerinnen und Teilnehmern bleiben könne. Es ist auf die vielfältigen Möglichkeiten visueller Darstellungen zu verweisen.

Für den *praktischen Umgang mit dem Overheadprojektor* gilt es, einige Grundregeln zu beachten: Es wird auf Folien mit wasserlöslicher oder wasserunlöslicher Tinte oder entsprechenden Farbstiften geschrieben. Man kann Folien auch mit der Schreibmaschine beschriften oder mit Hilfe eines Kopiergerätes Folien mit Bildern und Texten herstellen.

Es gibt für die Lehrkraft drei große Typen von Folien: Fertig-Folien, Live-Folien und Teilfertig-Folien[12]. Im Falle der *Fertig-Folie* hat man seine Folien fix und fertig vorbereitet und ändert daran nichts mehr. Einer der großen Vorteile des Overheadprojektors besteht darin, dass man vorgefertigte Folien verwenden kann. Inzwischen sind eine Reihe von brauchbaren Folienmappen auf dem Markt. *N. Scholl* schlägt für die Herstellung von eigenen Folien vor, das geplante Bild, die geplante Skizze, das ins Auge gefasste Strukturschema vorher auf ein Blatt Papier zu zeichnen, darüber die Folie zu legen und dem Vorgezeichneten nachzufahren. Auf diese Weise können auch Vorlagen aus Zeitungen und Zeitschriften abgezeichnet werden.

Die *Live-Folie* entsteht im Laufe des Unterrichts Schritt für Schritt und wird von eigener Hand mit Zeichnungen und Texten versehen. Während Fertig-Folien dazu verführen können, dass man zu schnell im Unterrichtsprozess voranschreitet, kann das Verfahren der Entwicklung der Live-Folie zeitraubend sein, wenn umfangreichere Zeichnungen oder Texte vorgesehen sind.

Demgegenüber stellt die *Teilfertig-Folie* eine Mischung aus den beiden vorherigen Typen dar. Man ergänzt seine mitgebrachte Grundfolie. Um die Grundfolie mehrfach verwenden zu können, schützt man sie dadurch, dass man eine Leerfolie auflegt oder sie unter die Rollfolie legt. Die Ergänzungen stehen dann nur auf der Schutzfolie[13].

Welcher der drei Grundtypen von Folien in der konkreten Situation verwendet wird, das hängt von den Zielsetzungen der Unterrichtseinheit ab. Hier gilt durchaus der Primat der Didaktik vor der

12 *H. Will*, Arbeitsprojektor und Folien (Mit den Augen lernen. Seminareinheit 4), Weinheim/Basel 1991, 35f.

13 Ebd., 36.

Methodik. Aufgrund der bisherigen Ausführungen ergibt sich eine Reihe von Techniken für die Arbeit mit Folien und Overheadprojektor[14]:

1. Die Entwicklungstechnik. Die Lehrkraft schreibt und/oder zeichnet im Vollzug des Unterrichts auf die Folie.
2. Ergänzungstechnik. Die Lehrkraft kann eine Teilfertig-Folie mit weiteren Informationen ergänzen bzw. fortführen – je nach dem Lernfortschritt der Klasse.
3. Überlagerungstechnik (Overlay-Verfahren: overlay engl. = übereinanderliegend). Eine Grundfolie liegt fixiert vor. Weitere Folien bieten schrittweise Ergänzungen zur Grundfolie und werden nach und nach aufgelegt. So können z.B. die Reisen des Apostels Paulus konkret dargestellt werden.
4. Markiertechnik. Mit Filzstiften können markante Stellen in einer vorliegenden Folie hervorgehoben werden.
5. Abdecktechnik. Man kann mittels undurchsichtiger, beweglicher Auflegeelemente Teile einer Darstellung abdecken. Zunächst werden nur Teile gezeigt. Mit dem Fortgang des Unterrichts wird die Abdeckung schrittweise weggenommen.
6. Auflagetechnik. Auf eine Leerfolie werden Symbole, Texte, Bilder Schritt für Schritt aufgelegt und so das Gesamtbild der Folie aufgebaut.
7. Drehtechnik. Wenn Informationen z.B. in Kreissegmenten eingetragen sind, können sie nicht alle zur gleichen Zeit gelesen werden. So muss die Folie in die gewünschte Lage gedreht werden. Auf diese Weise kann man auch Abläufe und Bewegungen darstellen.

Bei alledem wird zusätzlich zu beachten sein, dass – wie G. Jost herausstellt – die Leistung des Arbeitsprojektors mehr vom Charakter des »Zeige-Projektors« als vom Charakter des »Schreib-Projektors« her zu sehen ist. Im Vergleich zum Filmprojektor eröffnet der Arbeitsprojektor vielfältige Gestaltungsmöglichkeiten und fordert die eigene Kreativität heraus. Individueller Stil, die Anpassungsfähigkeit an Lernziele und -situationen und die gruppenaktivierenden Einsatzmöglichkeiten werden als weitere Pluspunkte hervorgehoben. »Gerade die Tatsache, dass simple Gegenstände,

14 Im Folgenden beziehe ich mich z.T. auf *G. Staudigl*, Medien, in: *F. Weidmann (Hrsg.)*, Didaktik des Religionsunterrichts, Donauwörth ^{7}1997, 240f.; *H. Kurz*, Methoden des Religionsunterrichts, München ^{4}1998, 95f.; *N. Scholl*, Medien im Religionsunterricht (Theologie im Fernkurs: Religionspädagogischer-Katechetischer Kurs, Lehrbrief 6), Würzburg ^{2}1992, 65f.

einfach herzustellende Schattenbilder, leicht zu beschriftende Folien usw. – Materialien, die alle nicht zu teuer sind – zu verwenden sind, sollte so oft wie möglich zur Mitbeteiligung der Teilnehmer führen ... Der Arbeitsprojektor macht Mitarbeit möglich. Wo immer es sich anbietet und praktisch durchführbar ist, sollte dieser große didaktische Vorzug genutzt werden«[15].

3. Comics im Religionsunterricht?

Die Frage der Verwendung von Comics im RU und Gemeindearbeit ist durchaus umstritten. Das Angebot im Ganzen ist noch nicht besonders breit[16]. In den letzten Jahren hat sich die Einschätzung der Comics gewandelt und ist positiver geworden. Aber es dürfte dennoch viele geben, die der Sache skeptisch gegenüberstehen – bis hin zur radikalen Bestreitung der Legitimität von Comics, wie sie *Irmgard Weth* vorgelegt hat, wenn sie Tendenzen zur Verfremdung bzw. Modernisierung, zur Verharmlosung bzw. Verniedlichung und zur Vereinfachung biblisch-theologischer Aussagen diagnostiziert und resümiert: »Auch wenn dieser Jesus – mittels Sprechblasen – zu dem Gichtkranken spricht: ›Dir sind deine Sünden vergeben‹, so fragt man sich doch insgeheim, warum die Leser diesem Knollennasen-Jesus Vertrauen und Liebe entgegenbringen sollten. Ein solcher Jesus lässt den Betrachter kalt und gibt sich damit selber unglaubwürdig«[17]. Mit solchen pauschalisierenden Aussagen ist freilich das mediendidaktische Problem noch keineswegs gesichtet oder gar gelöst[18].

Neben der Karikatur (s.o. XV) gehören die Comics zu der

15 Ebd., 9.

16 Vgl. etwa: *N. Scholl*, Gleichnisse als Comics – Comics als Gleichnisse, Basel/Wien 1980; *Deutsche Bibelgesellschaft u.a. (Hrsg.)*, Der Messias, 5 Hefte, Stuttgart 1980–83; *F. Steinmann/W. Steinmann*, Kleine Bibelcomics, Hamburg: Theologischer Verlag 1988 ff.; Jesus. Der Galiläer/1. Gezeichnet von *R. Pfeffer*, Stuttgart: Deutsche Bibelgesellschaft 1992.

17 *I. Weth*, Masse macht nicht Klasse. Anmerkungen zu neuen Bibel-Comics, in: KESH 34/1993, H. 1, 20–23, hier 22.

18 Vgl. die nachdenklich machenden Ausführungen von *H.U. Nübel*, Comics fordern den Religionspädagogen heraus, in: EvErz 32/1980, 38–58.

Gruppe von Zeichnungen, die vor allem durch ihren interpretatorischen Charakter gekennzeichnet sind. Die Comics kommen im Leben der Kinder vor. Die Kinder lieben sie, weil sie unterhaltsam sind, weil sie spaßig sind, weil sie einen guten Zeitvertreib darstellen. Dabei handelt es sich um eine Kombination von Bild und Text, bei der Vorgänge, die den Menschen betreffen, abgebildet werden. Die Comics versuchen Handlungsabfolgen darzustellen, um auf diese Weise eine bestimmte Aussage mitzuteilen. Das tun auch nicht-religiöse Comics (wie z.B. Tarzan, Superman oder Batman): Sie sind Kämpfer gegen das Böse, sie sind Vertreter des Guten. Insofern sind die Comics im Prinzip »religiös aufgeladen« – ohne dass dieses jeweils explizit formuliert wird.

Es ist unbestreitbar so, dass den Comics ein hoher Motivierungseffekt zukommt. *W. Middel* hat dies beobachten können, als er Schülerinnen und Schüler auf vier verschiedene Arten mit Bibelcomics in Kontakt gebracht hat:

Erstens wurden auf Schüler- und Konfirmandenfreizeiten Bibelcomics als freie Lektüre angeboten. Im Anschluss an die Lektüre ergaben sich durch die Schüler mancherlei Gespräche und Rückfragen.

Zweitens dienten die Bibelcomics der gemeinsamen Lektüre im Klassenverband, wobei die Möglichkeit des Wiedererkennens von biblischen Geschichten gegeben war. Es schloss sich der Vergleich mit der Arbeit an der Vollbibel an.

Zum dritten wurden als Arbeitsmaterialien einzelne Blätter und Passagen herausfotografiert und entweder der Text aus den Sprechblasen entfernt und die Aufgabe gestellt, diese erneut zu füllen, oder es wurden Sprechblasen herausgenommen und die Schülerinnen und Schüler sollten die Sprechblasen den abgebildeten Personen zuordnen.

Schließlich wurde der Weg vom Bibeltext zum Comic im Unterricht von Hauptschulklassen oder bei Konfirmandengruppen gewählt. Dabei sollte herausgefunden werden, was gegenüber dem biblischen Text hinzugefügt wurde, was besonders hervorgehoben wurde[19].

Die mit den Comics gemachten Erfahrungen bezeichnete *Middel* durchweg als positiv, »und zwar nicht zuletzt deshalb, weil nach der Lektüre der Bibelcomics die Motivation der Schüler sehr hoch war, biblische Texte im Zusammenhang zu lesen und sich mit ihnen auseinander zu setzen«[20].

19 So das Referat von *H. Ludwig*, Bibelcomics im RU, in: *Comenius-Institut (Hrsg.)*, Die Geistes-Gegenwart der Bibel, Münster 1979, 233.
20 Ebd., 233.

Freilich ist auch zu fragen, ob die Erwartungshaltung der Rezipienten, dass es um lustige, spannende, vergnügliche Geschichten geht, nicht möglicherweise bei den biblischen Texten eine Enttäuschung vorprogrammiert, sind die biblischen Texte doch nicht durchweg heiter, spannend und aufregend. Ferner weist *H. Ludwig* darauf hin, dass Comics von den unterschiedlichsten Kindern und Jugendlichen aufgenommen werden, so dass hier der positive Sachverhalt zum Tragen kommt, dass Comics bestimmten Gruppen von Kindern und Jugendlichen Identifikationsmöglichkeiten bereitzustellen vermögen, die die emotionale Basis dafür abgeben können, dass nun auch die Inhalte, die auf den Comics dargestellt sind, rational bearbeitet werden[21].

Im Folgenden soll nicht weiter auf die allgemeinen religiösen Comics eingegangen werden[22]. Auch eine Skizzierung der historischen Entwicklung der Bibelcomics müssen wir uns versagen[23]. Hinsichtlich der Verwendung im Unterricht werden die Comics kein durchgängiges Unterrichtsprinzip im Sinne einer »Comicalisierung« sein können. Folgende Verwendungsmöglichkeiten dürften generell bedenkenswert sein: (1) Verwendung zur Motivation im Sinne einer methodischen Abwechslung. (2) Einsatz zur Vermittlung von Sachinformation, z.B. Veranschaulichung historisch-zeitgeschichtlicher Details (Gebäude, Kleidung, Lebensumstände usw.). (3) Interpretationshilfe (Bibelcomics). (4) Diskussionsanstoß (religiös-ethische Comics). (5) Produktion durch die Schüler, z.B. Umsetzung biblischer Geschichten; ›Darstellung‹ aktueller Konfliktsituationen[24].

Für den Umgang mit *Bibelcomics* bieten sich verschiedene Methoden an:

»– *Vergleich* verschiedener Bibelcomics zur gleichen Perikope;
– den Schülern fertige Comics (Ausschnitte daraus) vorlegen, deren Sprechblasen leer sind; die Schüler sollen die *Dialoge aufgrund des entsprechenden Bibeltextes selber formulieren*; evtl. Gruppenarbeit, so dass

21 Ebd.

22 Vgl. dazu *W. Kempkes*, Allgemeine religiöse Comics: Ihre Inhalte, Formen und Möglichkeiten ihrer praktischen Nutzung, in: *J. Horstmann (Hrsg.)*, Religiöse Comics, Schwerte 1981, 101–136.

23 Siehe dazu *W. Kempkes*, aaO., 36–45.

24 Unter Bezug auf *J. Wermke* im Vorwort des von ihr herausgegebenen Sammelbandes »Kerygma in Comic-Form«, München 1979, 14f.

mehrere Vorschläge entstehen, von denen die besten dann im gemeinsamen Gespräch ausgewählt werden;
- *Zusammenstellung einer ›strukturanalogen‹ heutigen Geschichte* aus Illustrierten und sie mit Sprechblasentexten der Comicvorlage füllen (z.B. im Warenhaus verloren gegangenes Kind – verlorenes Schaf; Kolonialismusszene – armer Lazarus/reicher Prasser)«[25].

Für den eigenen selbsttätigen produktiven Umgang mit religiösen und biblischen Themen bietet es sich an, eine *kurze Episode mit den Ausdrucksmitteln eines Comics selbst zu gestalten.* Dabei ist weniger das Ergebnis als die Auseinandersetzung mit dem Thema religionspädagogisch wichtig. *N. Scholl*[26] schlägt dafür folgendes unterrichtliche Verfahren vor:

1. Erarbeitung eines *Drehbuches*
- Was soll ins Bild kommen? Ausschnitte? Perspektiven?
- Wie sollen die Figuren gezeichnet werden? Hintergrund etc. Festlegen der *Sprechblasen.*
2. Geeignete *Textvorgaben:*
- AT: David und Goliath, Josefsgeschichte, Rut, Judit u.a.
- NT: Gleichnisse Jesu, Jesu Sündermähler, Zachäus, Szenen aus der Apg.
- Kirchengeschichte: Franz von Assisi, Elisabeth von Thüringen, Canossa u.a.
- Leben der Kirche: z.B. Was macht ein Pfarrer den ganzen Tag?
- Schüleralltag: Streit und Versöhnung, Außenseiter, was ich gerne sein möchte u.a.
3. Die *Produktion in Gruppenarbeit* bietet die Chance, dass unterschiedliche Meinungen, Vorstellungen, Ideen zu einem von allen akzeptierten Ganzen zusammengestellt werden müssen.

Die Diskussion um Sinn, Möglichkeiten und Grenzen der Verwendung von Comics im RU ist noch keineswegs hinreichend geführt worden. Es gibt bisher vergleichsweise wenige unterrichtliche Beispiele, wie sie *Norbert Scholl* in seiner Veröffentlichung »Gleichnisse als Comics – Comics als Gleichnisse«[27] vorgelegt hat; er lässt sich leiten von der Frage, ob und wie der Kern der theologischen Aussage, das Kerygma adäquat wiedergegeben oder verfälscht ist. Angesichts mancher Auswüchse sind Anfragen an Comics gerechtfertigt, vor allem auch im Blick auf die fundamentalistische Ten-

25 *N. Scholl*, Medien im Religionsunterricht, 73.
26 Ebd. 27 Freiburg u.a. 1980.

denz mancher Bibelcomics[28]. Freilich sollten wir deswegen nicht auf die positiven Möglichkeiten eines kritisch-reflektierten Umgangs mit Comics in theologischer und pädagogischer Verantwortung verzichten.

4. Zum Einsatz in der Gemeindearbeit

Inwieweit ist die hier behandelte Frage des Arbeitens mit Fotos, Folien und Comics auch für unterschiedliche Altersstufen am Lernort Gemeinde relevant? Am Ende dieses Beitrages kann ich feststellen, dass es keiner besonderen Ausführungen und Ergänzungen bedarf, vielmehr sind die behandelten Methoden ohne Einschränkung auch in der Gemeindearbeit zu verwenden. Die Ausführungen dieses Beitrages gelten darum ohne Abstriche auch für die gemeindliche Lernsituation.

Einige Verfahren, die auf den Lernprozess der Gruppe abheben, sind evtl. sogar besser für die Arbeit in der Konfirmandengruppe, im Jugendkreis oder in der Erwachsenenbildung geeignet als für die schulische Lernsituation, zumal wenn es sich um gemeinsame Lernprozesse in Gruppen mit unterschiedlichem kognitiven Niveau handelt. Für die Planung integrativer Lern- und Erfahrungsprozesse in der Arbeit mit Konfirmandengruppen dürften sich hier interessante Perspektiven eröffnen.

Literaturhinweise

G. Jost, Fotosprache (Methodenheft), Gelnhausen/Berlin 1971.
G. Jost, Zum Umgang mit Folien, Gelnhausen u.a. 1983.
H. Will, Arbeitsprojektor und Folien (Mit den Augen lernen. Seminareinheit 4), Weinheim/Basel 1991.
J. Wermke (Hrsg.), Kerygma in Comic-Form, München 1979.
J. Horstmann (Hrsg.), Religiöse Comics. Zum pastoralen Einsatz von »Bibel-Comics« und von »Allgemeinen religiösen Comics« (Veröffentlichungen der Katholischen Akademie Schwerte 3), Schwerte 1981.

28 Vgl. dafür exemplarisch »Die Bibel im Bild«, hrsg. von der Deutschen Bibelstiftung/von Cansteinsche Bibelanstalt, Stuttgart 1975 ff (eine Lizenzausgabe der amerikanischen Ausgabe bei David C. Cook Publishing Co., Elgin/Ill., USA).

XVII.
Audiovisuelle Medien in Religionsunterricht und Gemeindearbeit

Eckart Gottwald

1. Audiovisuelle Medien in Alltag und Unterricht

Audiovisuelle Medien (AVM) sind Zeichenträger und Zeichensysteme, die Kommunikation vermitteln. Durch die revolutionären Entwicklungen der Informations- und Kommunikationstechniken wurden sie in den vergangenen Jahrzehnten in großer Vielfalt verbreitet; wir nutzen AVM täglich zur Information und Unterhaltung und zu verschiedenen Dienstleistungen. Auch im Bildungsbereich haben sie dadurch verstärkt an Bedeutung gewonnen.

Der Begriff der Medien ist vielschichtig und offen. Im traditionellen Sprachgebrauch der Pädagogik bezeichnet er alle Lehr-, Lern- und Arbeitshilfen für den Unterricht (»Unterrichtsmittel«). Heute wird er mehr auf die modernen Techniken des Bild-, Film-, Ton- und Computer-Einsatzes bezogen. Die für den Unterricht gegenwärtig verfügbaren AVM sind hinsichtlich ihrer Herkunft, Verbreitung, Gestaltung und Nutzung vielfach mit dem generellen Medienangebot verknüpft und von diesem abhängig. Zur Klärung ihrer Nutzung für den RU und die Gemeindearbeit bieten sich deshalb zunächst verschiedene theoretische Zugänge an.

2. Theoretische Zugänge zum Medienproblem: Kommunikative Behandlung von Überlieferung, Wirklichkeit und Glaube

2.1 AVM sind Kommunikationsmittel. Kommunikations- und medienwissenschaftlich betrachtet sind AVM als Mittel und Mittler von Kommunikation zu verstehen. Sie eignen sich, optisch-akustisch verschlüsselte Informationen zu übertragen, zu speichern und wiederzugeben[1]. Als Zeichenträger und Zeichensysteme sind sie zugleich Ausdruck der gesellschaftlichen Kommunikationspraxis. Für sich genommen bilden die einzelnen AVM »gestaltete Materialien«[2], also Texte, die Aussagen vermitteln bzw. selbst Mitteilungen sind. Ihre Bedeutung wird im Kontext der ökonomischen und kulturellen Bedingungen ihrer Produktion, Distribution und Rezeption sowie mittels ihrer formal-ästhetischen, bild- und tonsprachlichen Gestaltung formuliert und erschlossen. Die gesellschaftliche Praxis bestimmt auch ihre Funktion in Bildungsprozessen[3]. Der Umgang mit AVM setzt bei Sendern und Empfängern (Kommunikatoren und Kommunikanden) sprachlich-kommunikative Kompetenzen voraus.

2.2 AVM sind Sozialisationsfaktoren. Erziehungswissenschaftlich gesehen funktionieren AVM heute als lebenslang begleitende Sozialisationsfaktoren[4]. Vor allem die allgegenwärtigen Massenmedien Fernsehen, Hörfunk und Zeitschriften, immer mehr aber auch die individuell genutzten Freizeitmedien wie Musik- und Videokassette, CD, Video- und Computerspiele[5] und die beruflich genutzten Medien EDV, Bildschirmdienste u.ä. wirken neben den klassischen Sozialisationsagenturen Familie, Schule, Kirche oder Beruf kontinuierlich und z.T. ungefiltert von diesen auf Kinder, Jugendliche und Erwachsene ein[6]. Sie bilden einen wichtigen Teil der täglichen

1 Vgl. *G. Tulodziecki*, Medien als technische Mittler im Unterricht, in: *W. Twellmann (Hrsg.)*, Handbuch Schule und Unterricht, Bd. 4.1. Schule und Unterricht unter dem Aspekt der Didaktik unterrichtlicher Prozesse, Düsseldorf 1981, 468–485, bes. 473.

2 Vgl. *G. Albrecht*, Aufgaben (Ziele) der Filmanalyse, in: *G. Albrecht u.a. (Hrsg.)*, Handbuch Medienarbeit. Medienanalyse, Medieneinordnung, Medienwirkung, Opladen [2]1981, 29–60, bes. 30.

3 Vgl. *B. Bachmair*, Medienverwendung in der Schule, Berlin 1979, 33f.

4 Vgl. *D. Baacke*, Massenmedien und Sozialisation, in: *D. Lenzen u.a. (Hrsg.)*, Enzyklopädie Erziehungswissenschaft, Bd. 8, Stuttgart 1983, 90–102; vgl. auch *B. Schorb/E. Mohn/H. Theunert*, Sozialisation durch Massenmedien, in: *K. Hurrelmann/D. Ulich (Hrsg.)*, Handbuch der Sozialisationsforschung, Weinheim/Basel 1980, 603–627.

5 Vgl. *U. Sander/R. Vollbrecht*, Kinder und Jugendliche im Medienzeitalter, Opladen 1987.

6 Vgl. *B. Schorb*, Art. »Sozialisation«, in: *J. Hüther/B. Schorb/Chr. Brehm-*

Lebenswelt. Zwar vermitteln sie keine »zusammenhängenden Bilder der Wirklichkeit« und machen keine »umfassenden Identifikationsangebote«, sie bieten aber vor allem Kindern und Jugendlichen »eine Fülle von Fragmenten, Sinnsplittern und reizstarken Eindrücken«[7]. Ihre Wirkungen sind schwer fassbar, in sich ambivalent und jeweils abhängig von den allgemeinen und individuellen Nutzungsmustern und -situationen; ihr Einfluss auf Verhalten, Vorstellungen und Identitätsarbeit von Kindern und Jugendlichen muss dennoch generell hoch eingeschätzt und deshalb auch beim Medieneinsatz in der Bildungsarbeit berücksichtigt werden. Denn das Mediennutzungsverhalten in Familie und Freizeit bestimmt weitgehend auch die Art und Weise, wie Schülerinnen und Schüler Medien im Unterricht rezipieren.

2.3 AVM sind Mittel und Gegenstand des Unterrichtens und Erziehens. Die didaktische Nutzung der AVM hängt ab von der gesellschaftlichen Funktion und Bedeutung der Medien. Unterricht als »Spezialfall von Kommunikation«[8] vollzieht sich in den gleichen Kommunikationsformen und mit den gleichen Kommunikationsmedien, die auch sonst in der Gesellschaft üblich und verbreitet sind[9]. Die allgemeine Didaktik reflektiert die unauflösbare Verknüpfung der Medien mit den anderen den Unterrichtsprozess bedingenden Faktoren[10], die Mediendidaktik bedenkt ihr spezifisches Leistungsvermögen im Zusammenhang kognitiven, affektiven und pragmatischen Lernens[11]. Als erzieherisch einflussreiche Instanzen des kulturellen Umfeldes werden sie auch zum Gegenstand kritischer Medienerziehung, mit ihrer didaktischen Nutzung verbinden sich

Klotz (Hrsg.), Grundbegriffe der Medienpädagogik, Ehningen ²1990, 227–232.

7 *H. Hengst*, Kinderkultur in der Mediengesellschaft, in: *I. de Haen (Hrsg.)*, Medienpädagogik und Kommunikationskultur, Frankfurt a.M. 1984, 15–35, bes. 25.

8 *D. Baacke*, Kommunikation und Handeln, in: *W. Popp (Hrsg.)*, Kommunikative Didaktik, Weinheim/Basel 1976, 23–54, bes. 51.

9 Vgl. *G. Tulodziecki*, aaO., 469.

10 Vgl. z.B. *H. Meyer*, UnterrichtsMethoden I, Frankfurt a.M. ⁴1991, 148ff.

11 Vgl. *J. Hüther*, Art. Mediendidaktik, in: *J. Hüther/B. Schorb/Chr. Brehm-Klotz (Hrsg.)*, aaO., 141–143.

deshalb immer auch medienkundliche und medienerzieherische Fragen.

2.4 AVM sind Ausdruck und Mittler von Religion, Glaube und Frömmigkeit. In Kirche und Theologie haben die AVM sehr unterschiedliche Würdigungen erfahren: Neben den vielfältigen Formen mündlicher Kommunikation und dem Gebrauch schriftlicher Texte waren Kult- und Andachtsbilder zu allen Zeiten unverzichtbares Medium religiöser Kommunikation[12]. Das Verbot der hebräischen Bibel, Kultbilder zu verehren, stand in spannungsvollem Gegensatz zum verbreiteten kultischen Brauch und Bedürfnis, die verehrte Gottheit in Bildern sichtbar zu machen und als gegenwärtig zu repräsentieren.

Führte das alttestamentliche Bilderverbot in der kirchlichen Tradition wiederholt zu starker Skepsis und genereller Ablehnung von Bildern, so förderten umgekehrt die Inkarnationschristologie des NT und das griechische Urbild-Abbild-Denken die Auffassung des Bildes als sichtbaren Ausdrucks des Heiligen und als Mediums seiner Verehrung[13]. Die frühe Christenheit hielt sich mit bildlichen Darstellungen des Heilsgeschehens zunächst deutlich zurück, das Mittelalter dagegen war bilderfreundlich gestimmt. Die reformatorisch-protestantische Betonung des Wort-Charakters der göttlichen Offenbarung führte – zusammen mit einem streng abstrahierenden Gottes- und Geistverständnis vor allem in der reformierten Theologie – zur konsequenten Ablehnung aller Bilder. *Luther* dagegen erkannte ihre religiöse Unbedenklichkeit und hielt sie in didaktischer Funktion für Belehrung und Andacht für nützlich[14].

Unter dem Einfluss der Dialektischen Theologie werden auch

12 Vgl. *H.-D. Bastian*, Auge und Ohr, Sehen und Hören. Eine Revision theologischer Mediendidaktik, in: *D. Zilleßen u.a. (Hrsg.)*, Praktisch-theologische Hermeneutik, Rheinbach-Merzbach 1991, 339–352, bes. 340ff. (im Anschluß an M. Eliade).

13 Vgl. *H.G. Thümmel*, Art. Bilder V.1. Mittelalter, Byzanz, in: TRE Bd. 6, Berlin/New York 1980, 532–540, bes. 536.

14 Vgl. *M. v.Loewenich*, Art. Bilder VI. Reformatorische und nachreformatorische Zeit, in: TRE, ebd., 546–557; vgl. auch *H. Schwebel*, Theologie des Wortes – Theologie des Bildes, in: EvErz 32/1980, 5–20.

in der gegenwärtigen kirchlichen und religionspädagogischen Praxis die auditiven und verbalen Kommunikationsformen Wort, Rede und Schrift noch oft den visuellen vorgezogen. Dennoch ist heute wie früher die »kommunikative Vermittlung von Religion, Glaube und Frömmigkeit« auch auf die Einbeziehung von Bildern angewiesen[15]. Das Bilderverbot und die »Wort-Gottes«-Theologie werden missverstanden, wenn sie gegen den Einsatz von Bildern und Filmen im RU ins Feld geführt werden. Das biblische Glaubenszeugnis und die mit ihm verbundenen Erfahrungen werden uns auch heute in ›anschaulichen‹ Geschichten und in bildhaft erzählenden Gleichnissen überliefert. Predigt und Unterweisung blieben abstrakt und unanschaulich, wenn sie sich nicht des ›verbum visibile‹ (*Luther*), des menschlichen Wortes und der sichtbaren Zeichen wie im Sakrament bedienten (s.o. XIV).

3. Von der Anschauung zur medialen Kommunikation: AVM in Bildung und Unterricht

3.1 Bilder als Anschauungsmittel. Von der Antike bis in die Neuzeit wurden Bilder didaktisch zur Veranschaulichung von Unterrichtsinhalten verwendet. Die Reformation entdeckte vor allem die Bibel als zentralen Bildungsinhalt und zugleich als wichtiges Bildungsmittel, z.B. für das Lesenlernen. Doch auch jetzt dienten Wandbilder und Buchillustrationen zur anschaulichen Vermittlung biblischer Geschichten und der Glaubenslehre. In diesem Sinne wurde die mittelalterliche Tradition der Bilder als »Buch der Armen« bzw. Ungebildeten aufgenommen, jetzt aber nicht mehr als Ersatz für die Bibellektüre, sondern als didaktisch-methodische Ergänzung zu ihr.

J.A. Comenius entwarf im »Orbis sensualium pictus« (1658) die erste systematische »bilddidaktische« Konzeption, ein System von Bildern zum Zweck der »Anschauung«, denn alles zu Lehrende wird nach seiner Auffassung durch sinnliche Anschauung gelernt und dem Verstand eingeprägt. Allerdings führt die »eigene Anschauung« (autopsia) den Lernenden nicht zum bloßen Erfassen der natürlichen Wirklichkeit, sie lässt ihn die Dinge vielmehr als

15 *H.-D. Bastian*, Auge und Ohr, Sehen und Hören, 349.

Weltordnung Gottes erleben, denn diese wird in den Bildern symbolisch repräsentiert[16].

Im 18. und 19. Jh. wurde die Lehre von der Anschauung vielfach weiterentwickelt und ausgebaut. Anschauung wurde nun zur Grundlage des Verstehens, das dem Menschen die Dinge erschließt. Aus dem Bemühen um anschauliche Vermittlung heraus wurden vielfältige Lehrbücher und andere Unterrichtsmittel entwickelt in der Überzeugung, man könne mit solchen Lehrmitteln »alle alles in gleicher Weise lehren«[17].

3.2 Medien als Lehr-, Lern- und Arbeitsmittel. Die Reformpädagogik zu Beginn des 20. Jahrhunderts unterschied dann zwischen den der Anschauung dienenden Lehrmitteln und den für die Arbeit der Schüler wichtigen Lern- und Arbeitsmitteln; diese sollten die Lernaktivitäten der Schüler unterstützen und sie zunehmend zur »Selbstbildung« befähigen. Als typische Lehrmittel galten z.B. Wandbilder oder Wandkarten oder physikalische Geräte, als Lern- und Arbeitsmittel je nach Altersstufe Lese- und Rechenspiele, Buchstaben- und Zahlenkärtchen, Sachbücher, Arbeitsanweisungen u.ä.[18]. Für den RU wurden ebenfalls Bücher, Wandbilder, Karten etc. entwickelt, die vor allem im Bereich der sog. biblischen »Realien«, also zum historischen, kulturellen und geographischen Hintergrund der biblischen Texte, eingesetzt wurden[19].

3.3 Technische Medien als Informations- und Kommunikationsmittel. In den 50er Jahren drangen die modernen Techniken der Aufzeichnung und Wiedergabe von Ton, Bild und Film in die Bildungsarbeit ein und wurden als »Bildungs-« oder »Unterrichtstechnologie« diskutiert. Diese Entwicklung führte in den 70er Jahren zu einem Boom der AVM und des mediengestützten Unterrichts bis hin zur programmierten Information mit Lernprogrammen und Lernmaschi-

16 Vgl. *K. Schaller*, Art. Anschauung, in: *H.-H. Groothoff/M. Stallmann (Hrsg.)*, Pädagogisches Lexikon, Stuttgart/Berlin [4]1968, 19f.

17 *F. Blättner*, Geschichte der Pädagogik, Heidelberg [11]1961, 61.

18 Vgl. *U. Freyhoff*, Art. Lehr-, Lern- und Arbeitsmittel, in: *H.-H. Groothoff/M. Stallmann (Hrsg.)*, aaO., 567–570.

19 Vgl. *H.K. Berg*, Lehr- und Arbeitsmittel im christlichen Unterricht, in: *ders. (Hrsg.)*, Handbuch der Lehr-, Lern- und Arbeitsmittel im christlichen Unterricht, Berlin 1968, 17–28, bes. 20.

nen. AVM wurden hier wegen ihrer festgelegten Form und ihrer beliebig wiederholbaren Verwendbarkeit als Grundlage für weitgehend objektivierbare Informations- und Lernprozesse angesehen. Dieser »technologischen« Überschätzung der AVM und entsprechender strukturell-funktionaler Auffassungen von Unterricht[20] wurden sehr bald Konzepte einer kritisch-emanzipatorischen Mediendidaktik entgegengestellt; diese ist ihrerseits der »Kommunikativen Didaktik« als allgemein-didaktischer Theorie verpflichtet[21].

Die bildungstechnologische Medieneuphorie zusammen mit der Öffnung des RU zur Schülerwirklichkeit hin führte auch zur umfangreichen Produktion von Dias, Tonbildern und Kurzfilmen bis hin zu Lernprogrammen speziell für den RU[22]. Doch auch in der Religionspädagogik werden heute nicht mehr die allgemeinen Funktionsweisen der AVM diskutiert, vielmehr rücken die Aspekte der audiovisuellen Gestaltung, der theologischen Bedeutung der Medien und der religionsdidaktischen Erschließung in den Mittelpunkt der Diskussion. U.a. hat hier die Symboldidaktik wichtige Impulse freigesetzt[23]. Wahrnehmung und Verstehen der AVM sowie ihre Behandlung als Mittel und Mittler religiöser Kommunikation stehen auch im Brennpunkt ihrer unterrichtlichen Behandlung.

20 Für den RU vgl. z.B. *H. Rück*, Medien und Mediendidaktik, in: *E. Feifel u.a. (Hrsg.)*, Handbuch der Religionspädagogik, Bd. 2, Gütersloh/Zürich 1974, 173–196.

21 Vgl. *L. Issing/H. Knigge-Illner (Hrsg.)*, Unterrichtstechnologie und Mediendidaktik, Weinheim/Basel 1976 und *W. Popp* (Hrsg.), Kommunikative Didaktik, Weinheim/Basel 1976.

22 Vgl. z.B. *H. Heinemann*, Wie lesen wir das neue Testament? Lernprogramm, Düsseldorf 1970 und *H. Tommek*, Lernprogramm ›Gottesreich‹, Düsseldorf 1972.

23 Vgl. u.a. *F. Johannsen (Hrsg.)*, Religion im Bild, Göttingen 1981; *M. Wichelhaus/A. Stock*, Bildtheologie und Bilddidaktik, Düsseldorf 1981; *D. Zilleßen*, Umgang mit Bildern im Religionsunterricht, in: *ders.*, Emanzipation und Tradition, Frankfurt a.M. 1982 sowie *Y. Spiegel*, Glaube wie er leibt und lebt, Bd. 1–3, München 1984 und *P. Biehl u.a.*, Symbole geben zu lernen. Einführung in die Symboldidaktik, Neukirchen/Vluyn 1989.

4. Von der Wahrnehmung zur religiösen Kommunikation: Handeln mit AVM in Religionsunterricht und Gemeindearbeit

4.1 Wahrnehmen: Sensibilisieren für die medialen Aspekte religiöser Kommunikation. Die fortschreitende Mediatisierung und Computerisierung unseres täglichen Lebens durch neue Speicher-, Verteil- und Steuerungstechniken zur audiovisuellen Kommunikation, die Fülle verfügbarer Einzelmedien und das veränderte Verhalten im täglichen Umgang mit Medien erfordern auch ein neues Methodenbewusstsein für den Umgang mit AVM in RU und Gemeindearbeit. Dabei führt der Weg in Theorie und Praxis von der differenzierten Wahrnehmung der AVM über medienkundliche Kenntnisse zur Einübung medienkommunikativer Kompetenzen mit dem Ziel, durch die AVM zur vertieften Fremd- und Selbstwahrnehmung zu finden und damit zur theologischen Bedeutung medialer Kommunikation vorzustoßen: »Wir begegnen der Welt und den Menschen in ihren Ausdrucksgestalten, in ihren Bildern«[24]. Dabei können nicht nur Kunstwerke und Dokumentarfotos, sondern auch triviale Alltagsmedien wie Werbung oder Fernsehunterhaltung als Ausdruck allgemeiner Lebensfragen, ja als »Parabeln menschlicher Befindlichkeit«[25] gelesen werden. Sie so wahrzunehmen, macht sie religionsdidaktisch so bedeutsam wie Medien mit explizit religiösem, ethischem oder spirituellem Gehalt. Sie sind offen für vielschichtige Interpretationen in wechselnden Perspektiven und tragen so zum Alltagsaufbau und zur Sinnkonstruktion im täglichen Leben bei. Methodisch wie theologisch geht es deshalb auch im RU darum, für die Vorgänge und Formen medialer Kommunikation zu »sensibilisieren«[26].

4.2 Analysieren: Medien- bzw. textkritische Verfahren. Als audiovisuell gestaltete Aussagen sind Bilder, Filme oder Fernsehsendungen wie literarische Texte zu analysieren und zu interpretieren. Darin ist

24 *D. Zilleßen*, Religionspädagogische Lernwege der Wahrnehmung, in: *ders. u.a. (Hrsg.)*, Praktisch-theologische Hermeneutik, 59–85, bes. 63.

25 *G. Albrecht*, Art. Film, in: TRE, Bd. 11, Berlin/New York 1983, 174–177, bes. 175.

26 Vgl. *E. Gottwald*, Sensibilisierung für den Menschen. Thesen zur theologischen Bedeutung medialer Kommunikation, in: ThPr 25/1990, 303–307.

ihre methodische Behandlung durchaus den anderen Textmethoden des RU vergleichbar. Allerdings müssen die Unterrichtenden sich und ihre Schülerinnen und Schüler mit der spezifischen »Sprache« der Bild- und Tonmedien vertraut machen und die Regeln der Bild-, Film- und Fernsehanalyse beachten. Zwar erscheint uns das Verständnis von Bildern und Tönen intuitiv selbstverständlich, wir wissen aber, dass wir selbst ein einfach erscheinendes Realfoto nach Bildelementen, Aufbau und subjektiver Perspektive des Fotografen sorgfältig entschlüsseln müssen, wenn wir im Bild nicht selektiv nur das uns Vertraute wahrnehmen, sondern auch die Betrachtungs- und Ausdrucksweise des Urhebers entdecken und verstehen wollen. Noch komplizierter sind die formale Gestaltung und die Bedeutungsstruktur von Filmen und Fernsehsendungen in ihrer teils medientechnisch bedingten, teils vom Urheber beabsichtigten »Künstlichkeit« zu erschließen.

Das medien- bzw. textanalytische Vorgehen entspricht der »strukturalen« Bild- und Filmanalyse[27]. Lehrerinnen und Lehrer benötigen für sie Grundkenntnisse der Zeichenstruktur von Bildelementen und akustischen Formen (Semantik), des Aufbaus von Bildern und Filmsequenzen und ihrer Montage (Syntax) sowie ihres sozialen und kulturellen Bedeutungszusammenhanges (Pragmatik). Mittels detailgenauer Beschreibung »exemplarischer Bilder«[28] oder einfacher Protokolle von kurzen Sequenzen aus Dokumentar-, Spiel- oder Trickfilmen[29] können sie sich die Grundformen der Bildgestaltung und Filmsprache, also Bildelemente, Tongestaltung und Montage[30] selbst erarbeiten und schon mit Schülern der Primarstufe praktisch einüben. Audiovisuelle Medien analytisch zu »lesen«, schafft nicht nur die Grundlage, diese differenziert und »textgemäß« zu interpretieren, um dann auch ihre religionsdidaktisch relevanten Aspekte herauszuarbeiten; es hindert die Lehrenden auch daran, einzelne Medien entgegen ihrer spezifischen Her-

27 Vgl. z.B. *A. Stock*, Strukturale Bildanalyse, in: *M. Wichelhaus/A. Stock*, Bildtheologie und Bilddidaktik, Düsseldorf 1981, 36–43 und *W. Faulstich*, Die Filminterpretation, Göttingen 1988, bes. 16 ff.

28 Vgl. *W. Dietrich*, Religion visuell. Ansätze einer Phänomenologie des Bildes im Religionsunterricht, in: *F. Johannsen (Hrsg.)*, Religion im Bild, 32–52.

29 Vgl. *E. Gottwald*, Analyse eines Zeichentrickfilms am Beispiel des Films »Unser Garten«, in: medien praktisch 1986, H. 1, 14–18.

30 Vgl. z.B. *G. Albrecht*, Aufgaben (Ziele) der Filmanalyse, 54–60.

kunft, Intention oder Botschaft religionsdidaktisch zu instrumentalisieren, wie es mit der thematischen Anhäufung von Bildern in Religionsbüchern[31], aber auch mit der kurzschlüssigen Methode, Filme allein wegen ihres vermeintlich passenden »Themas« im Unterricht vorzuführen und theologisch zu diskutieren, gar zu oft geschieht. Zur sachgemäßen Analyse eines Mediums gehören aber auch medienkundliche Informationen.

4.3 Aufklären: Medienkundliche Information. Die Produktion und Distribution audiovisueller Medien unterliegen wirtschaftlichen und politischen Bedingungen und nehmen auf erzieherische und unterrichtliche Bedürfnisse nur selten Rücksicht. Um sich in der Fülle der angebotenen Medien zu orientieren, müssen Lehrende und Lernende sich bei der Auswahl ihrer AVM immer wieder über die Herkunft der einzelnen Medien, über Produktionsabsichten, Verleihangebote und alternative Wahlmöglichkeiten informieren. Ein Film aus evangelikaler Produktion gestaltet einen biblischen Stoff anders als einer aus einer liberalen Quelle, und eine Dokumentation zu einem kontroversen ethischen Thema verbirgt ihre eigene Tendenz oft hinter der Fülle eher nebensächlicher Informationen. AVM können als gestaltete Texte nicht objektiv informieren, deshalb muss wie ihr Text auch ihr Kontext im Unterricht erarbeitet werden.

Durch aktuelle Mitschnitte von Hörfunk- und Fernsehsendungen sowie durch Kopieren individuell verfügbarer Materialien kann sich jeder Lehrer heute vom Medienangebot der Verlage und Verleiher unabhängig machen. Das bringt, einmal abgesehen von urheberrechtlichen Fragen und Zulassungsbestimmungen der Schulaufsicht, einen großen Freiraum in der Medienwahl, legt dem Lehrer aber deshalb auch eine größere Verantwortung auf und erfordert noch mehr Medienkompetenz. Auch für die Schülerinnen und Schüler wird bei dieser Entwicklung die Information über das Medium genauso wichtig wie die des Mediums selbst. Sie sollten deshalb lernen, bei jedem Medium, mit dem sie arbeiten oder sich unterhalten, nicht nur auf den Inhalt, sondern auch auf Herkunft und Machart zu achten.

31 Vgl. u.a. die Kritik von *H.-D. Bastian*, aaO., 339f.

4.4 Handeln: Kreatives Gestalten eigener Medien. Medienkundliche Einsichten und Erfahrungen gewinnen Lehrende und Lernende auch durch aktive Medienproduktion. Kreatives Gestalten mit Folien und Dias, mit Kassettenrecorder und Videokamera und neuerdings auch mit Computer-Animation befähigen dazu, audiovisuelle »Texte« in Form von Bildergeschichten und Toncollagen, von kleinen Recherchen, Dokumentationen oder Videoclips zu »schreiben«, zu interpretieren und als eigene Kommunikationsmittel Mitschülern, Lehrern, Eltern oder Gemeinde gegenüber zu nutzen. Wie andere kreative Methoden im RU fördert »aktive Medienarbeit« nicht nur Kenntnisse und Fertigkeiten speziell im Umgang mit AVM, sondern erzieht auch dazu, sich mit ihrer Hilfe zu artikulieren und fremde Medien kritisch zu verwenden.

Medienkundliche und medienerzieherische Akzente beim Einsatz von AVM können auch verfestigte Einstellungen von Kindern und Jugendlichen zum Lernen mit Medien beeinflussen. Schüler und Schülerinnen erwarten von Filmen und Fernsehsendungen zuerst entlastende Unterhaltung, erst dann auch mühelose Information und nur selten oder gar nicht die Anstrengung detaillierten Durcharbeitens. Speziell für den RU produzierte Medien wecken wegen ihres didaktischen Charakters oft Langeweile, Dokumentarfilme wirken teils wegen ihrer Informationsfülle, teils wegen der Beschränkung in der Gesamtdarstellung oft zu schwierig, und selbst Cartoons oder Trickfilme werden in der Wahrnehmung schnell auf einen amüsanten Gag reduziert. Schüler lieben unterhaltsame Medien, doch bei Pädagogen gelten diese oft als unseriös. Dabei ist die Rolle der Medien-Unterhaltung im Alltag weder pädagogisch noch religionspädagogisch zureichend erforscht. Nachweisbar jedoch nutzen Kinder und Jugendliche Eindrücke, Empfindungen und Themen aus der Medienunterhaltung aktiv für ihre Erlebnisverarbeitung, Handlungsorientierung und Identitätsarbeit[32]. In ihr drückt sich möglicherweise ein elementares Bedürfnis nach symbolischen Geschichten aus, die helfen können, alltägliche

32 Vgl. *H. Hengst*, Kinderkultur in der Mediengesellschaft; vgl. auch *M. Charlton/K. Neumann*, Medienkonsum und Lebensbewältigung in der Familie. Methode und Ergebnisse der strukturanalytischen Rezeptionsforschung – mit fünf Falldarstellungen, München/Weinheim 1986.

Existenzprobleme, ja »Kontingenz zu bewältigen«[33]. Mediale Kommunikation wird so zum theologischen Problem.

5. Vermittlung von Religion und religiöse Kommunikation

AVM bilden in ihrer Vielfalt einen Spiegel gesellschaftlicher Pluralität, die einzelnen Medien sind oft mehrdeutig interpretierbar. Schülerinnen und Schüler, die AVM im RU als Texte in ihrem gesellschaftlichen Kontext analysieren und interpretieren, begegnen damit Religion und Religiosität in dreifacher Weise: indirekt in der Form alltäglicher Symbolisierungen und Sinnbilder, direkt in den überlieferten und praktizierten Formen von Religion und schließlich reflexiv als Frage nach der eigenen Konfession:

– Im Vorfeld religiöser Sozialisation werden sie durch die verschiedenen Medien mit dem »Deutungs- und Interpretationsangebot« unserer Alltagswelt »konfrontiert«[34] und formen im »mehrdimensionalen« Spiel zwischen unbewusster und bewusster Wahrnehmung und Deutung[35] der Medien ihr eigenes Selbst- und Weltbild.

– In historischen Bildzeugnissen und zeitgenössischen Aufnahmen lernen sie gelebte Frömmigkeit in ihrer kulturellen Gestalt kennen, verstehen und zu ihr Stellung zu beziehen.

– In der Identifikation mit Biographien und Schicksalen einzelner Persönlichkeiten in Dokumentar- und Spielfilmen entdecken sie ihre eigenen Lebensthemen und Glaubensfragen und beginnen, sich persönlich der Konfessionsfrage zu stellen.

Alle drei Wege der Vermittlung von Religion durch AVM entsprechen den klassischen Aufgaben religiöser Bildung und Erziehung.

Doch neben der inhaltlichen Vermittlung werden auch die Handlungsweisen im Umgang mit AVM religionspädagogisch wichtig. Denn in der Analyse und Interpretation audiovisueller Texte zu Religion und Glaube erwerben die Schülerinnen und Schüler nicht nur kommunikative Fähigkeiten, sondern schrittweise auch theolo-

33 Vgl. *D. Zilleßen*, Religionspädagogische Lernwege, 82.

34 Vgl. *W.-D. Bukow*, Religiöse Sozialisation, in: JRP 2/1985, 41–67, bes. 53.

35 Vgl. *D. Zilleßen*, aaO., 67.

gische Kompetenz, die ihnen als Laien mit oder ohne Bezug zur verfassten Gemeinde zusteht[36]. Sie können sich darin üben, in der Begegnung mit den Zeugnissen gelebten Glaubens die Herausforderungen ihres eigenen Alltags vom Glauben her zu reflektieren und so wichtige Schritte zur Mündigkeit und zur eigenen religiösen Kommunikation gehen, soweit der RU – anders als die kirchliche Bildung – dieses Ziel anstreben kann.

AVM gehören nicht um jeden Preis in die religiöse Bildung, sie sollen und müssen den beteiligten Personen dienen. Doch abgesehen davon, dass sie in Zukunft noch mehr mit den traditionellen Wort- und Printmedien konkurrieren werden, öffnen sie auch didaktisch Perspektiven für die Zukunft: Sie erschließen nicht nur vorhandene Wirklichkeit, sondern lenken unseren Blick auch fiktiv auf neue Möglichkeiten, und sie fördern, kommunikativ genutzt, das gemeinsame Suchen und Entscheiden in Gruppen und Gemeinden. Mit der Kraft ausdrucksvoller Bilder und Filmgeschichten können sie neue Erfahrungen mit Alltag und Glaube anbahnen helfen[37].

Literaturhinweise

M. Wichelhaus/A. Stock, Bildtheologie und Bilddidaktik, Düsseldorf 1981.

F. Johannsen (Hrsg.), Religion im Bild. Visuelle Medien im RU, Göttingen 1981.

M.L. Goecke-Seischab/E. Domay, Botschaft der Bilder. Christliche Kunst sehen und verstehen lernen am Beispiel von 9 Farbtafeln und 9 Dias, Lahr 1990.

W. Schill/G. Tulodziecki/W.-R. Wagner (Hrsg.), Medienpädagogisches Handeln in der Schule, Opladen 1992.

K. Hickethier, Film- und Fernsehanalyse, Stuttgart/Weimar ²1996.

W. Maier, Grundkurs Medienpädagogik Mediendidaktik, Weinheim 1998.

J. Kirsner/M. Wermke (Hrsg.), Religion im Kino. Religionspädagogisches Arbeiten mit Filmen, Göttingen 2000.

A. Mertin, Internet im Religionsunterricht, Göttingen 2000.

E. Gottwald, Art. Mediendidaktik, in: LexRP 2, Sp. 1307–1310.

36 Vgl. *M. Veit*, Alltagserfahrungen von Jugendlichen, theologisch interpretiert, in: JRP 1/1984, 3–28, bes. 3f.

37 Vgl. *P. Biehl*, Erfahrung, Glaube und Bildung, Gütersloh 1991, 47ff. u.ö.

Musikalische, spielerische und meditative Handlungselemente

XVIII.
Musik und Lied im Religionsunterricht

JOHANNES LÄHNEMANN

»Ich wünschte gewiss von Herzen, dass jeder die göttliche und vortreffliche Gabe der Musik lobte und priese. Ich werde von der Menge und Größe ihrer guten Eigenschaften so überschüttet, dass ich weder Anfang, Ende noch Maß meiner Rede finden kann.«

Martin Luther[1]

Was der Reformator hier zum Ausdruck bringt, ist seine elementare Freude an der Musik, die sich durchaus nicht nur auf das sakrale Lied beschränkt: Musik ist eine Gabe Gottes für menschliches Hören, Gestalten und Empfinden insgesamt, mit der sich dann allerdings auch der christliche Glaube genuin ausdrücken kann; in ihr zeigt sich Gottes Wundermacht, und sie »wird ihm zum Ausdruck des freimachenden Evangeliums, zum Gefäß des Wortes Gottes«[2].

1. Einführung

Luther steht in einer langen *biblisch-christlichen Musik- und Liedtradition:* von Miriams Preislied auf Gott nach der Errettung der Israeliten am Schilfmeer (Ex 15) über die Psalmen, das Magnificat der Maria in Lukas 1, die Hymnen in den Paulusbriefen, das Lob des Tanzes bei *Ambrosius* bis hin zu den durch die Kirchenväter besonders inspirierten Litaneien und Liturgien. Und *Martin Luther* wird zum Begründer einer Liedtradition, die zunächst Siglum und Botschaftsträger der Reformation ist, über *Paul Gerhardt, Johann*

1 *Martin Luther*, Praefatio zu den Symphoniae incundae (1538), WA 50, 368–374, bes. 368.

2 *F. Harz*, Musik, Kind und Glaube (Calwer Theologische Monographien 9), Stuttgart 1982, 4.

Sebastian Bachs Vertonungen und das pietistische Kirchenlied genuine Ausdrucksform evangelischer Frömmigkeit und Kultur wird und in unserem Jahrhundert auch in der produktiven Vielfalt der letzten Jahrzehnte längst ökumenische Dimensionen angenommen hat.

Sie befindet sich gegenwärtig im Kontext eines »Musikmarktes«, der an Vielfalt kaum zu überbieten ist, von Klassik über Moderne bis hin zu Jazz, Rock, elektronischer wie auch meditativer Musik verschiedener Kulturen reicht und über Walkman und Lautsprecher in jedes Ohr dringen kann. *Hans-Günter Heimbrock* weist mit Recht auf den Tatbestand hin, dass viele Menschen Musik nicht nur in jeder freien Minute ihres Lebens hören, sondern auch am Arbeitsplatz, sei dieser in der Schule, bei den Hausaufgaben oder anderswo[3].

Heimbrock weist ebenfalls nach, dass die Religionspädagogik sich im Grundsätzlichen dem Bereich Musik und Lied gegenüber eher abstinent verhalten hat[4]. Eine Ausnahme bildet die grundlegende Untersuchung von *Frieder Harz* »Musik, Kind und Glaube« (1982)[5], in der vorfindliche Entwürfe zu einer Theologie der Musik systematisch analysiert werden ebenso wie das musikalische Geschehen, das anhand einer Phänomenologie der Musik, musikalischer Äußerungen des Kindes und der Beurteilung wichtiger musikpädagogischer Positionen erschlossen wird. – Wichtig ist hierbei der weite theologische und pädagogische Zusammenhang, in den die Musik als freies ästhetisches Handeln hineingestellt wird. Sie wird – und dazu verhilft sowohl Luthers Theologie als auch *Paul Tillichs* Symboltheorie – in ihrem Eigencharakter und nicht einseitig textlich oder verkündigungsmäßig »verzweckt« verstanden.

In der grundsätzlichen religionspädagogischen Diskussion hat diese Grundlagenarbeit von Harz leider nur wenig Widerhall gefunden, auch nicht in der Symboldidaktik!

3 *H.-G. Heimbrock*, Didaktik des klangvollen Ohres, in: EvErz 43/1991, 459–471, bes. 461.

4 Ebd., 460.

5 S.o. Anm. 2. Einen Vorstoß in diese Richtung stellt auch das Themaheft »Religionsunterricht und Musik« des EvErz 32/1980 H. 5 mit theologischen und musikpädagogischen Grundsatzbeiträgen von *H. Dembowski* und *K.H. Ehrnforth* sowie Impulsen für die Praxis (*C.-E. Schott; J. Kluge*) dar.

In einem auf die Methode bezogenen Beitrag kann der gesamttheologische und -pädagogische Rahmen nur angedeutet werden. *Leitlinie* soll sein, den Reichtum unserer Musiktraditionen für den RU fruchtbar zu machen, zu eigenen Gestaltungsmöglichkeiten anzuregen und damit auch Beiträge zu einer bewussten und aktiven, die ganze Person betreffenden Kommunikation mit dem christlichen Glauben und auch anderen religiösen Traditionen in ihrer musisch-ästhetischen Dimension zu leisten.

Es geht dabei weder um eine bloße Erweiterung des verbreiteten Musikkonsums noch darum, die darin sich ausdrückenden Bedürfnisse verächtlich zu machen. Aber wie es im Bereich des Spielerischen insgesamt die Ambivalenz zwischen befreienden und gemeinschaftsfördernden Tendenzen einerseits, lähmendem Sich-Gefangennehmenlassen andererseits gibt, so auch im Bereich der Musik. Eine Pädagogik, die sich einer Erziehung zur Mündigkeit und Gemeinschaftsfähigkeit verpflichtet weiß, wird hier deutlich zu unterscheiden wissen und – wie *Hans Scheuerl* im Blick auf das Spiel hervorhebt – ihre kommunikativen, partnerorientierten, dialogischen Möglichkeiten im Blick behalten, die immer wieder auch Überraschungen und produktive Varianten einschließen[6].

Christlich-theologisch ist hier darauf zu rekurrieren, dass schon die Bibel in ihren wesentlichen Überlieferungssträngen eine Schule elementaren Erlebens, der intensiven Teilnahme an Trauer und Freude, des Beteiligtseins am Geschick der Bedrängten und am Jubel der Befreiten ist, und dass in der feiernden Vergegenwärtigung und Vorwegnahme der Heilstaten Gottes Musik und Lied eine große Rolle spielen[7]. Dabei ist immer auch die Eigenständigkeit musikalischen Ausdrucks gegenüber der Tendenz, Musikstücke und Lieder im pädagogischen Bereich nur verzweckt-illustrierend heranzuziehen, ernst zu nehmen[8].

6 *H. Scheuerl*, Alte und neue Spieltheorien, in: EvErz 27/1975, 2–21, bes. 20.

7 Vgl. *J. Lähnemann*, Spiel, Festlichkeit, Phantasie in kirchlicher Bildungsarbeit, in: EvErz 31/1979, 142–153, bes. 146.

8 Es korrespondiert diesem Gedanken, wenn *H.-G. Heimbrock* die Bedeutung von Musik für religionspädagogische Lernprozesse im Rahmen einer »kritischen Symbolkunde« reflektiert sehen möchte (Didaktik des klangvollen Ohres, 471).

2. Musisch-kreatives Gestalten als Komponente neuerer Religionspädagogik

Fragt man nach der Rolle von Musik und Lied in der inhaltlichen Gestaltung und im methodischen Instrumentarium der Religionspädagogik unseres Jahrhunderts, so spiegelt sich hierin sehr deutlich die Geschichte der religionspädagogischen Konzeptionen: Gab es in der Evangelischen Unterweisung eine selbstverständliche Einbeziehung des Kirchenliedes in den Unterricht – mit Singen und Auswendiglernen der Texte, die als Schätze gerade evangelischen Glaubens, des Gottesdienstes und des Gebets betrachtet wurden[9], so tritt in dem stark textbezogenen hermeneutischen RU dieser Inhaltsbereich zurück[10].

Auch die Anfänge des problemorientierten RU waren noch sehr stark sach- und themenorientiert. Der Bevorzugung operationaler Lernziele in der Curriculumtheorie entsprach ein kognitives Übergewicht.

Zur Mitte der 70er Jahre hin änderte sich die Situation fast schlagartig: Spiel, Festlichkeit, Fantasie kehrten vor allem in kirchliche Bildungs- und Jugendarbeit ein und inspirierten auch den RU. Parallel zur Wiederentdeckung der Ästhetik in der Theologie[11] tauchten Liederbücher, Spielmappen, Bastelanleitungen gleich zu Dutzenden in den religionspädagogischen Verlagsankündigungen auf. Hinsichtlich der Entwicklung neuen Liedguts – besonders in Anlehnung an die Spiritual- und Gospeltradition Amerikas, aber auch unabhängig davon – ist in den Kirchen in diesen Jahren weit mehr geschehen als in der profanen Musik. Die »Kinderlieder zur

9 Vgl. *H. Kittel*, Vom Religionsunterricht zur Evangelischen Unterweisung, Wolfenbüttel/Hannover 1947, 10f.; *H. Angermeyer*, Didaktik und Methodik der evangelischen Unterweisung, München 1965, 159.

10 Sowohl etwa *G. Ottos* »Handbuch des Religionsunterrichts« (Hamburg 1964) belegt das schon vom Inhaltsverzeichnis und den Literaturhinweisen (349ff.) her als auch die »Handbücher für den Religionsunterricht« (Bd. 1ff., Gütersloh 1965ff.), in denen keiner der 21 Titel in die musische Richtung weist.

11 Exemplarisch seien hier genannt: *H. Cox*, Das Fest der Narren, Gütersloh 1977 (Deutsch zuerst Stuttgart 1969); *J. Moltmann*, Die ersten Freigelassenen der Schöpfung, München 1971; *G.M. Martin*, Fest und Alltag, Stuttgart 1973; *R. Bohren*, Daß Gott schön werde, München 1975.

Bibel«, hg. von *G. Watkinson*[12], machten den Anfang. Ihnen folgten seine »Musikantenspiele«, *M.G. Schneiders* »Sieben Leben möchte ich haben« und *J. Heubergers Buch* »Lied und Musik in Religionsunterricht und Jugendarbeit«[13]. Dazu kamen Schallplatten und später Kassetten.

Insgesamt ist es aber ganz überwiegend bei Praxisanleitungen geblieben; zwischen einer »Theologie der Musik« und den unterrichtlichen Anregungen wurde – außer in der Arbeit von *F. Harz* (s.o.) – kaum vermittelt[14].

Hier bleibt ein Desiderat, das in diesem Beitrag nur in Ansätzen überbrückt werden kann. Dabei dürfte gerade für den RU gelten, dass von der biblisch-christlichen (und auch anderer religiöser) Tradition her und für die ganzheitliche, auch emotionale Entwicklung und Entfaltung der Heranwachsenden, für ihre Erlebens- und Gestaltungsfähigkeit der musische Bereich von besonderer Bedeutung ist.

Harz hat auch in beispielhafter Weise den Dialog mit musikpädagogischen Konzeptionen – besonders seit dem zweiten Weltkrieg – gesucht, bei denen man parallel zu den religionspädagogischen Konzeptionen der Evangelischen Unterweisung, des hermeneutischen RU und des problemorientierten Unterrichts von einer Phase vorwiegend »musischer Bildung«, einer, in der die Werkinterpretation, und einer, in der die auditive Kommunikation (einschl. der Auseinandersetzung mit den gesellschaftlichen Entstehungs- und Wirkungszusammenhängen) im Vordergrund

12 *G. Watkinson (Hrsg.)*, Kinderlieder zur Bibel, Lahr/Freiburg 1968ff.

13 *G. Watkinson (Hrsg.)*, Musikantenspiele zur Bibel, Lahr/Freiburg 1974/76; *M.G. Schneider*, Sieben Leben möcht ich haben, Lahr/Freiburg 1975; *J. Heuberger*, Lied und Musik in Religionsunterricht und Jugendarbeit, München 1976. – 1976 erschienen dann auch Schallplatten: Singt mit – spielt mit. Schallplatten 1–6 (dazu Liederheft), Lahr/München 1976. 1978 erschienen: *E. Unkel*, Musikbuch Religion, Zürich/Lahr 1978. – Es begann auch die von *S.* u. *H.K. Berg* hrsg. Reihe: Lieder, Bilder, Szenen im Religionsunterricht; für unser Thema wichtig: Lieder für das 1.–4. Schuljahr (Bd. 1), Lieder für das 4.–7. Schuljahr (Bd. 4), Lieder für das 7.–10. Schuljahr (Bd. 7) sowie die didaktisch methodischen Einführungen: Mit Liedern, Bildern und Szenen im Religionsunterricht arbeiten (Bd. 10), Stuttgart/München 1978 ff.

14 Vgl. auch meine Überlegungen und Kriterien hierzu in *J. Lähnemann*, Spiel, Festlichkeit, Phantasie, bes. 148ff.

stand, sprechen kann[15]. Seine zusammenfassende Gewichtung und Auswertung kann hier – einschließlich des religionspädagogischen Ausblicks – zustimmend aufgenommen werden:

»Die musische Bildung hat den Vorzug, das Kind bei seinen frühkindlichen familialen Bindungen abzuholen, indem sie stark auf die Atmosphäre der Geborgenheit und des Vertrauens abhebt. Ihr Einfluss wird deswegen wohl im Kindergarten am größten sein und lässt – wenigstens gemäß der didaktischen Theorie – mit der Länge der Schulzeit zunehmend nach. Ihre Schwäche ist es, den soziokulturellen Einflüssen nicht gerecht werden zu können. Die Zuwendung zum musikalischen Kunstwerk bietet zwar reiche Möglichkeit zum kreativen, erlebenden Nachschaffen, vernachlässigt aber die motorischen Bedürfnisse und die alltäglichen Erfahrungen. Sie bleibt dennoch ein Richtmaß für den zu vermittelnden Reichtum musikalischen Erlebens. Die neueste Musik mit ihrem Anti-Kunstwerkcharakter fördert im tätigen Umgang die so wichtige Erfahrung des Veränderns vorgegebener Gestalten im Sinne unseres Symbolverständnisses, bleibt aber abhängig von diesem Vorausgesetzten und damit unselbstständig. So kommt es darauf an, die verschiedenen Aspekte je nach der didaktischen Situation sinnvoll einander zuzuordnen mit dem Ziel, durch die Verbindung von motorischen, affektiven und kognitiven Elementen die kreativen Erfahrungen im Umgang mit Musik kontinuierlich zum Verständnis des soziokulturellen Rahmens hin auszuweiten, neue Möglichkeiten selbsttätigen Handelns zu erschließen und so die religiöse Thematik der frühen narzisstischen Erfahrungen weiterzuführen, zu bereichern und je neu in der Auseinandersetzung mit einer komplexen Wirklichkeit zu befestigen«[16].

15 *F. Harz*, Musik, Kind und Glaube, 107–125.

16 Ebd., 124f. – Einen guten Überblick über den gegenwärtigen Diskussionsstand aus musikdidaktischer Sicht bietet *R. Schneider*, Didaktik der Musik, in: *S. Helms/H. Hopf/E. Valentin (Hrsg.)*, Handbuch der Schulmusik, Regensburg ³1985, 95–106. In diesem Beitrag wird sowohl die Begegnung mit dem gegenwärtig verbreiteten Musikkonsum reflektiert als auch die Auflockerung und Ausweitung des inhaltlichen Angebots im Musikunterricht vorgestellt. Es wird das neue differenzierte Methodenbewusstsein skizziert, auch hinsichtlich einer bewussteren Schülerorientierung. Wichtig erscheint, dass gegenüber Einseitigkeiten bei dem Konzept der »auditiven Kommunikation« auch der besondere Stellenwert des künstlerisch-praktischen Bereichs neu hervorgehoben wird. Es wird mit Recht einer einseitigen Zuordnung von bestimmten Musiktypen zu bestimmten Schulformen (z.B. Hauptschulmusikunterricht habe sich vorwiegend an Popularmusik zu orientieren) widersprochen. Im Blick auf die schwierige Situation an der Hauptschule wird ein Gesichtspunkt hervorgehoben, der auch für das

3. Kriterien für den methodischen Umgang mit Musik und Lied

Der methodische Umgang mit Musik und Lied (s. auch IX, 175ff.) steht in der Spannung zwischen der Aufgabe, diesen Inhaltsbereich (wie auch andere) in durchdachte, verantwortete Lernzusammenhänge einzugliedern, so dass systematisches, aufbauendes Lernen möglich ist, und dem Eigencharakter von Musik und Lied, der sich (abgesehen von bestimmten Lehr-Kinderliedern) einer pädagogischen Funktionalisierung widersetzt.

Die Frage nach dem Unterrichtszusammenhang und die Frage nach dem Spezifikum des jeweiligen Liedes bzw. Musikstücks stehen zueinander nicht im Verhältnis von Über- und Unterordnung, sondern in Beziehung zueinander wie die Brennpunkte einer Ellipse:

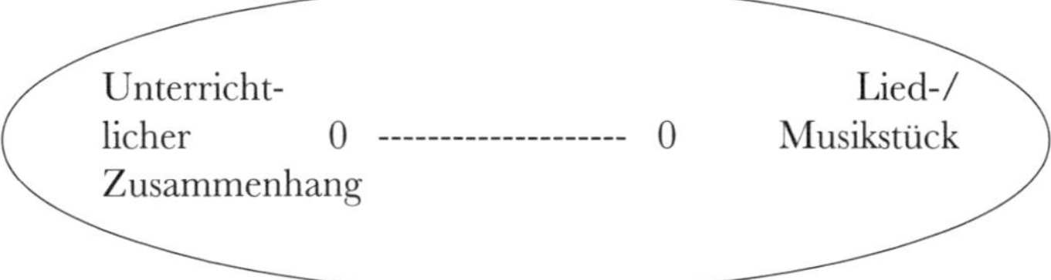

Nur die Beachtung dieses Sachverhalts kann gewährleisten, dass sowohl eine Originalbegegnung mit dem musikalischen Kunstwerk als auch eine Zuordnung zu den Gesamtzielen des RU ermöglicht wird. Die Zuordnung beider Sichtweisen wird im Blick auf den konkreten Unterricht immer etwas »Heuristisches« haben: Es ist ein gegenseitiger Entdeckungszusammenhang. Die Gesichtspunkte des jeweils anderen Bereichs sind dabei immer kontrollweise abzufragen.

Bei der Würdigung des Musik-/Liedstücks sind z.B. folgende *Begegungsschritte* wichtig:

religionspädagogische Arbeiten mit Lied und Musik gelten sollte: »Das Gelingen von Musikunterricht in der Hauptschule dürfte besonders davon abhängen, ob es glückt, mit den Schülern im Unterricht lernend zu musizieren und dieses Musizieren lebendig zu machen, d.h. als Erkenntnis- und Ausdrucksmöglichkeit zu vermitteln« (103).

– die *Wahrnehmung* des Liedes/Kunstwerks als einer ästhetisch-inhaltlichen Ganzheit (der Lehrer/die Lehrerin muss zunächst selbst das Stück hören, singen, auf sich wirken lassen),
– die Frage nach seinem *Entstehungszusammenhang:* Zeit, Umstände, Dichter, Komponist, und den ursprünglichen Intentionen, sofern sie vor diesem Hintergrund erkennbar sind,
– die Frage nach den *Musik- bzw. Texttraditionen*, in denen ein Stück steht,
– die *Ausdrucks- und Gestaltungsformen*, mit denen das Lied/Musikstück zu Gehör gebracht wird bzw. die es zur Darbietung nahelegen.

Der unterrichtliche Zusammenhang kommt in den Blick, wenn Musik und Lied im Rahmen des Bedingungsfeldes schulischen Unterrichts betrachtet werden: D.h. sie sind zu reflektieren im Blick auf die *Voraussetzungen* bei *Lehrern* und *Schülern* und im Blick auf die *Unterrichtsziele*, die zu verfolgen sind, die *Inhalte*, denen sie zugeordnet werden sollen, die *Methoden*, die sich als geeignet erweisen, und die *Medien*, mit denen Musikalisches wahrgenommen, dargeboten und gestaltet werden kann.

Als *grundlegende Fragen*, die dabei zu stellen sind, können gelten

– im Blick auf die *Ziele:* Hilft das Hören/Gestalten dieser Musik zu bewusstem, mündigem Christsein bzw. zu bewusster mündiger Begegnung mit anderer religiöser Tradition?
– im Blick auf die *Inhalte:* Steht dieses Musikstück/Lied in Relation zu einer spezifischen Grund- bzw. Glaubenserfahrung, zu einem Text, einem »religiösen Ort« (Fest, Gottesdienst, ethischer Auftrag ...),
– im Blick auf die *Methoden:* Lässt sich die Art der Musikbegegnung mit den Methoden des größeren Unterrichtszusammenhanges in Verbindung bringen? Hier tauchen in besonderem Maße auch die Fragen nach den Voraussetzungen in der *Schülersituation* und bei den *Lehrern* auf: Gibt es eine Korrespondenz dieser Musik zu einer bestimmten Altersstufe, zu Interessen (auch in musikalischer Kommunikation und im »Musikkonsum«) und Fähigkeiten bei den Schülern? Welche Fähigkeiten und Voraussetzungen braucht die Lehrerin/der Lehrer?
– im Blick auf die *Medien* ist nach der »Musikart«, ihren Strukturen und Wirkungen, ihren Präsentations- und Verarbeitungsmöglichkeiten zu fragen.

Wie wenig hier rein deduktiv von den Zielen hin zu den Medien gedacht und geplant werden darf, wie sehr diese Bereiche vielmehr in gegenseitiger Relation zu sehen sind, kann folgendes *Beispiel* verdeutlichen:

»Anhand einer Aufnahme des Musicals ›Jesus Christ Superstar‹ sollte einer Gruppe von Oberstufenschülern des Gymnasiums in einer kirchlichen Freizeit deutlich werden, wie die Passionsgeschichte modisch-kommerzialistisch verfälscht werden kann: da ist die implizit vorausgesetzte Liebesromanze mit Maria Magdalena, die Jüngerschar als müde-etablierter Haufen usw. Dies sollte im Vergleich mit den synoptischen Texten als poppige Umdeutung erkannt werden. Die kritische Analyse war aber nach dem Hören des Musicals faktisch nicht mehr möglich, weil die Jugendlichen von Musik und Stil des Stückes so eingenommen waren, dass fast alle nur noch mit Begeisterung die gehörten Melodien summten.

Die Eigendynamik von Methoden und Medien ist zu reflektieren, und zwar besonders in ihrer Relation zu den anthropogenen und sozialkulturellen Voraussetzungen in der Lerngruppe, wenn man vermeiden möchte, dass die als wesentlich erkannten Intentionen verfehlt werden und plötzlich völlig andere als die erwarteten anthropogenen und sozialen Folgen eintreten. Man kann so weit gehen zu sagen, dass sich bestimmte Intentionen nur bei dem Vorhandensein bestimmter methodischer und medialer Möglichkeiten überhaupt verfolgen lassen«[17].

Insgesamt ergibt sich aus der Reflexion auf die unterrichtlichen Zusammenhänge die Anforderung, Musik und Lied (wie auch andere kreative Gestaltungselemente) in einen durchdachten Lernzusammenhang einzubeziehen: Sie sind in ihrer Eignung für die Altersstufe, die spezifische Lerngruppe und für die Verfolgung der jeweiligen Lernziele zu reflektieren. Dem korrespondiert durchaus, dass Musikstücke und Lieder – besonders wenn sie anspruchsvolle Kunstwerke sind – auch selbst einen Lernzusammenhang bestimmen können, indem man sich durch ihre musikalische und oft auch textliche Botschaft herausfordern und anregen lässt[18].

Dabei ist die Begegnung mit Musik und Lied offen zu halten für die produktive und lebendige Eigengestaltung in der Lerngruppe, in der ganz verschiedene Fähigkeiten der Schülerinnen und Schüler zum Zuge kommen können und durch die sich alle Vorplanungen (die sinnvoll und notwendig sind!) entgrenzen lassen müssen.

17 *J. Lähnemann*, Spiel, Festlichkeit, Phantasie, 144.

18 In diesem Sinne kann auch der RU einen eigenen Beitrag zu dem musikpädagogischen Leitziel der Ermöglichung der Begegnung zwischen Mensch und Musik leisten (s. *R. Schneider*, Didaktik der Musik, 96).

Was hier generell gesagt wurde, soll nun im Blick auf verschiedene Kategorien von Lied und Musik *konkretisiert* werden. Dieser Zugang erscheint hilfreicher als der, nach Alters- und Schulstufen vorzugehen: einmal eben wegen des Eigencharakters der Traditionen und Gestaltungsformen bei Lied und Musik, dem man sonst schwerer gerecht werden kann, sodann, weil hinsichtlich musikalischer Hör- und Gestaltungsfähigkeit die Voraussetzungen in einzelnen Lerngruppen (auch bei den Lehrern) so verschieden sein können, dass altersmäßige Zuordnungen nur sehr umrisshaft sinnvoll sind. – Eine Eingrenzung ergibt sich durch die Vorgabe, sich auf die Schulformen und -stufen der Primar- und Sekundarstufe I zu konzentrieren. Doch erweist sich diese Eingrenzung bei unserem Thema insofern als relativiert, als ähnliche Musik-/Liedgestaltungen z.B. im schulischen Unterricht sich als sinnvoll und möglich erweisen können wie auch in außerschulischer Gottesdienst- oder Jugendarbeit[19]. Bei bestimmten Gestaltungs- und Darstellungsformen – wie etwa den Singspielen – legt sich sogar die Verknüpfung von schulischer und gemeindlicher Arbeit nahe.

4. Methodische Wege für verschiedene Kategorien von Lied und Musik

Hören, Wiedergeben und Gestalten von Musik – dazu gehören Voraussetzungen hinsichtlich der Fähigkeit bei Lehrern und Schülern und hinsichtlich der Instrumental- und Darstellungstechnik, die wichtig sind, im Allgemeinen aber als zu schwierig eingeschätzt werden. *Rainer Schmitt* hat recht, wenn er darauf hinweist, »dass es in Wirklichkeit nur sehr wenig Menschen gibt, die nicht fähig sind, Musik zu machen oder zu hören, und selbst bei diesen wäre das Etikett ›unmusikalisch‹ ein voreiliges und ungerechtfertigtes Urteil ...«[20]. Die Zeiten, in denen jeder Lehrer und jede Lehrerin mindestens ein Instrument erlernen musste, sind vorbei – und damit mancher Krampf in der Lehrerausbildung. Andererseits entdecken künftige Lehrerinnen und Lehrer meist schon während ihrer Praktika, wie stark der Musikkonsum der Schüler, aber auch wie hilfreich die Arbeit mit Lied und Musik gerade im RU ist: zur Sammlung am Anfang und Schluss, zur Vertiefung und emotiona-

19 Vgl. hierzu den kennzeichnenden Titel des Buches von *R. Schmitt*, Musik und Spiel in Religionsunterricht und Jugendarbeit, Stuttgart/München 1983.

20 Ebd., 14.

len Verarbeitung einer »Botschaft«, zum meditativen Zur-Ruhe-Kommen, zum Abschluss einer Gestaltungseinheit. Der Wunsch, diese Möglichkeiten unterrichtlich integrieren zu können, führt dann häufig schon während der Ausbildung zu ergänzenden Lernbemühungen.

Diese *Lernbemühungen* lassen sich im Blick auf praktischen Unterricht ohne große Anstrengungen *in drei Richtungen vertiefen:*

1. durch die Entwicklung, Intensivierung und Aktualisierung der musikalischen Fähigkeiten des Lehrers und der Lehrerin
– im Einsatz medialer Hilfen wie Musikkassetten, die zum Hören, Meditieren, Mitsingen einladen,
– im Bereich eigenen Singens und Musizierens: Der Musikunterricht im Gymnasium sollte der Lehrerin und dem Lehrer so viel an Notenkenntnissen und Musikverständnis vermittelt haben, dass etwa das Liedbegleiten mit Gitarre (für die meisten Lieder sind nur drei Griffe erforderlich!) schnell erlernt werden kann,
2. durch den differenzierten Einsatz und die Entwicklung der musikalischen Fähigkeiten der Schülerinnen und Schüler: Es wird kaum eine Grundschulklasse ohne Blockflötenspieler und -spielerinnen geben, und das Orffsche Instrumentarium ist auch bei sparsamem Einsatz bereits eine Verlebendigung des musikalischen Ausdrucks,
3. durch Zusammenarbeit mit Musiklehrern, die helfen, anregen und anleiten können[21].

Im Folgenden werden in drei Schritten 1) traditionelles Liedgut, 2) modernes Liedgut, 3) musikalisches Hören und Gestalten besprochen. Dabei sollen die jeweiligen Besonderheiten zusammenhängend beschrieben, dann aber auch ausgewählte praktische Beispiele kurz umrissen werden.

4.1 Traditionelles Liedgut. Man kann den ganzen Schatz biblisch-christlicher, insbesondere evangelischer Glaubenslehre im »Evangelischen Kirchengesangbuch« (EKG) bzw. im »Evangelischen Gesangbuch« (EG), katholischerseits im »Gotteslob« wiederfinden: im heilsgeschichtlichen Rahmen, wie er sich im Kirchenjahr widerspiegelt, in Gottesdienst, Kasualien- und Psalmliedern, in Liedern zur Glaubenslehre, zur Ethik, zu Trost und Hilfe und zu den Jahreszeiten. Sie bilden gewissermaßen das »Rückgrat« unseres Gottesdienstlebens.

21 S. die praktischen Anregungen in diesem Feld bei *R. Schmitt*, aaO., 14f.; 17ff.

Andererseits ist die Entfremdung von dieser Tradition wohl kaum so spürbar wie bei Gottesdiensten selbst, insbesondere bei Trauungen und Beerdigungen, aber auch in überfüllten Weihnachtsgottesdiensten, bei denen nur wenige der Besucher die traditionellen Kirchenlieder noch mitsingen können.

Der RU kann die hier fehlende Gottesdienstsozialisation bei den Schülerinnen und Schülern nicht ersetzen. Er kann aber exemplarisch mit dieser wichtigen Tradition vertraut machen. Das kann geschehen durch eine durchdachte Integration von Kirchenliedern in den gesamten RU und durch einzelne exemplarische Liedkatechesen.

Der Curriculare Lehrplan für den Evangelischen Religionsunterricht an der Grundschule in Bayern von 1972 beherzigt diese Prinzipien, reduziert vor allem die Mängel des (oft unverstandenen) Memorierstoffs im Bereich der Lieder, sieht aber immerhin noch 36 (!) Lieder aus dem EKG vor, die er empfiehlt, und weitere 7, die er zur Auswahl stellt[22] sowie 45 (!) – zum Teil allerdings sehr kurze – Texte zum Memorieren vor[23].
Der neue Lehrplan reduziert hier, belässt aber eine Reihe von »Klassikern« der Liedtradition zum Singen und Lernen.

Als ideale (Fern-) Ziele können die im *curricularen Rahmenplan für den Evangelischen Religionsunterricht der Hauptschule in Bayern* von 1972 formulierten Intentionen aufgegriffen werden:

»Kennenlernen von wichtigen Liedern im Gesangbuch und außerhalb des Gesangbuches
- die biblische Botschaft in den Liedern finden können
- Glaubenswahrheiten unserer Kirche (Katechismus) in Liedern erkennen können
- Lieder als lebendige Dokumente der Kirchengeschichte erfassen können
- durch Lieder Hilfe in Lebensfragen finden können
- Text und Melodie von *Kern*liedern lernen
- die Fähigkeit anbahnen, im vielfältigen Angebot von geistlichen Liedern Gestaltungsformen unterscheiden und auswählen können
- mit den wichtigsten Dichtern und Komponisten von Kirchenlied und Kirchenmusik vertraut werden
- Beigaben und Register sinnvoll benützen lernen«[24].

22 Curricularer Lehrplan für den Evangelischen Religionsunterricht an der Grundschule in Bayern, Heilsbronn (Katechetisches Amt) 1972, 242f.
23 Ebd., 245.
24 Curricularer Rahmenplan für den Evangelischen Religionsunter-

Vier methodische Schritte sind bei aller unterrichtlichen Arbeit mit traditionellen wie mit modernen Liedern zu berücksichtigen, ohne dass die Reihenfolge dabei genau festgelegt wäre: 1) Hören, 2) Aufnehmen/Singen, 3) Interpretieren/Aktualisieren, 4) Einüben/Gestalten (Memorieren). Wichtig ist dabei die Inhalts- und Musikbezogenheit des unterrichtlichen Arbeitens, aus der sich nicht zuletzt das Memorieren (fast) von selbst ergeben kann. Vorab sollte der Lehrer folgende drei Fragen zur Liedauswahl beantwortet haben (die er sich *auch* bei lehrplanmäßig bereits empfohlenen Liedern stellen muss!):

»1. Ist der Text theologisch vertretbar?

2. Sind Inhalt und Melodie kindgemäß?

3. Ist das Lied sprachlich und musikalisch wertvoll?«[25].

Freilich kann er diese Fragen oft erst sinnvoll im Zusammenhang einer Gesamtwürdigung des Liedes beantworten, für die die oben unter 3.) genannten Begegnungsschritte wichtig sind.

Inhaltlich-methodische Einzelfragen zum Einsatz traditioneller wie moderner Lieder werden sehr gut von *R. Schmitt* besprochen[26], der hier zwischen Aspekten, die die Schülersituation und die Lerngemeinschaft der Klasse betreffen (»subjektbezogene Aspekte«), und Aspekten, die bestimmten didaktischen Verwendungssituationen zuzuordnen sind (»objektbezogene Aspekte«[27]), unterscheidet.

Zu den ersteren gehört, dass die Lieder

a) dem Singbedürfnis der Schüler entsprechen sollten (wobei das »Singbedürfnis« auch geweckt und geschult werden kann!),

b) eine Stimmung ausdrücken können,

c) die Gemeinschaft fördern und schließlich (für den RU besonders relevant),

d) ein Gebet vertreten können.

Nimmt man die didaktischen Verwendungssituationen in den Blick, so können Lieder

e) den Unterricht einrahmen,

richt an der Hauptschule in Bayern, Heilsbronn (Katechetisches Amt) 1972, 29.

25 Curricularer Lehrplan für den Evangelischen Religionsunterricht an der Grundschule in Bayern, 14.

26 *R. Schmitt*, Musik und Spiel, 27ff.

27 Ebd., 27.

f) zu einem Unterrichtsthema hinführen,
g) Glaubensinhalte verständlich machen und
h) Problemfelder offen legen.

Um die hier angesprochenen Gesichtspunkte an einem »Klassiker« zu veranschaulichen, soll auf *Paul Gerhardts* beliebtes Sommerlied »*Geh aus mein Herz und suche Freud*« (EKG 371/EG 503) zurückgegriffen werden.

Für den Grundschulbereich wird man sich vorrangig auf die ersten acht Strophen konzentrieren. Geht man die Einzelpunkte der Auflistung von *R. Schmitt* durch, so ist in diesem Lied zu jedem eine Beziehung zu finden: Die Melodie spricht – gerade in ihrer bewegten Lebendigkeit (gemeint ist hier die Fassung von *Augustin Harder*/1803, die in der Neufassung des EKG wieder verwendet wird) – Kinder nach mehrmaligem Hören direkt an (a); die Freude über das, was wir im Sommer sehen und erleben können (und was doch so gar nicht selbstverständlich ist) wird in Melodie und textlicher Entfaltung stimmungsmäßig gut ausgedrückt (b); die Gemeinschaft wird nicht nur durch das gemeinsame Singen, sondern auch durch das gemeinsame Beobachten mit Hilfe des Liedtextes gefördert (c); und schließlich ist das Lied ein induktiv gestaltetes Gebet, indem es zum Schöpferlob hinführt (d). Gleiches gilt hinsichtlich der auf didaktische Verwendungssituationen bezogenen Aspekte: Das Lied kann z.B. zum Unterrichtsthema »Wir loben Gott in seiner Schöpfung« (im neuen bayerischen Grundschullehrplan für das 3. Schuljahr vorgesehen) hinführen, besonders wenn man die Strophen 1-8 (arbeitsteilig) von den Schülern in einem Bilder-Fries gestalten lässt.

Aber auch der letzte Punkt – »Problemfelder offen legen« (h) – braucht hinter der schönen Naturbeschreibung nicht zu verschwinden. Selbst mit Grundschulkindern lässt sich bereits erarbeiten, wo Menschen Gottes schöne Schöpfung gefährden: wie selten sich noch die Lerche in die Luft schwingt, an wie vielen Stellen keine Bächlein in den Sand rauschen, wie die Wüsten sich ausdehnen, wie bedroht der Wald ist, – dass Menschen häufig aus Egoismus heraus zerstören, statt zu bewahren. – Dass diese Erfahrungsdimension auch bei Paul Gerhardt nicht fehlt, ist aus seinem Friedenslied (EKG 392: im gleichen Jahr – 1654 – erschienen wie »Geh aus mein Herz«) nach dem Elend des Dreißigjährigen Krieges zu ersehen, wo er die »Städte voller Schutt und Stein«, die »vormals schönen Felder, mit frischer Saat bestreut, jetzt aber lauter Wälder und dürre, wüste Heid« beschreibt (Vers 4)[28]. Das Lied

28 Für das Verständnis der Entstehungs- und Zeithintergründe der Lieder in unserem Gesangbuch sind die drei Bände von *M. Rößler*, Liedermacher im Gesangbuch, Bd. 1–3, Stuttgart 1990–92, eine gute Hilfe. – S. aber auch *J. Erb*, Dichter und Sänger des Kirchenliedes, Bd. 1–4, Lahr-Dinglingen 1973ff. – Neuere Titel hierzu: *L. v. Eltz-*

kann demgegenüber dazu anleiten, die Erde mit bewussten Augen zu sehen, an Gottes Schöpfung nicht gedankenlos vorbeizujagen, sich vielmehr mit Freude allem zuzuwenden, sorgsam mit Feld, Wald und Wiesen, mit Nahrung, Energie, Luft und Wasser umzugehen.

In der hier umrissenen Weise des intensivierten Arbeitens mit einem traditionellen Lied kommen Elemente einer Liedkatechese *und* thema-bezogenes Arbeiten zusammen[29]. Die Kombination beider Zugangsformen wird am ersten geeignet sein, auch »altertümliche Lieder« Schülern lebendig werden zu lassen.

Hilfreich ist gerade bei anspruchsvollem traditionellem Liedgut die Kooperation mit dem Musikunterricht, der den kreativen Umgang mit dem musikalisch-sängerischen Ausdruck und verschiedenen Gestaltungsmöglichkeiten musikpädagogisch-systematischer leisten kann.

Die Palette praktisch-kreativer Möglichkeiten der Liedgestaltung wird von *R. Schmitt* übersichtlich dargeboten[30]:

Tabellarische Übersicht über die Möglichkeiten der Liedgestaltung

A) *Gestaltung mit Stimmen*

1.	Dynamische Differenzierungen	Strophenteile oder Strophen in unterschiedlicher Lautstärke
2.	Wechselgesang	Wechselnde Gruppen Wechselnde Solisten Gruppen und Solisten
3.	Mehrstimmiger Gesang	Backgroundchor auf melodischen Haupttönen Selbstständige zweite Stimme

Hofmann, Lob Gott getrost mit Singen, Stuttgart 1989; *E. Hessing*, Schätze des Gesangbuchs. Hannover ²1990 (sehr knappe Besinnungen).

29 Vgl. auch die »Neudichtung« von »Geh aus mein Herz ...« in: Lieder und was man damit machen kann. Beispiele zum Aufführen, Basteln, Tanzen, Improvisieren, Diskutieren und Meditieren (Redaktion: *E. Achtnich*). Gelnhausen/Freiburg i.Br. 1981, 132f. Gute Beispiele für Liedkatechesen sind besonders in *J. Heuberger*, Lied und Musik in Religionsunterricht und Jugendarbeit, 60ff. enthalten.

30 *R. Schmitt*, Musik und Spiel in Religionsunterricht und Jugendarbeit, 39f.

B) *Gestaltung mit Instrumenten*	
1. Körpereigene Instrumente	Klatschen und Stampfen von Rhythmen
2. Rhythmus- und Geräusch- bis instrumente	Rhythmischer Ostinato von ein zwei Takten Länge Geräusche analog zum Inhalt
3. Melodie- und Harmonie-instrumente	Begleitung mit Flöte, Gitarre, Klavier o.a., Akkordbegleitung
C) *Gestaltung durch Darstellung*	
1. Bewegung	Typische Körper- und Hand bewegungen
2. Tanz zeln,	Verschiedene Tanzschritte ein-paarweise oder in Gruppen
3. Szenische Darstellung	Schattenspiel, Puppenspiel, Bilderfolge, Darstellung des Inhalts Idurch Personen, Masken u.a.
D) *Gestaltung durch Erweiterung oder Veränderung*	
1. Vor-, Zwischen- und Nachspiel	Rhythmisch oder melodisch, mit Stimmen oder Instrumenten
2. Neue Strophen	Aktualisierung durch Gegenwartsbezug des Textes
3. Musikalische Improvisationen und Veränderungen	Rhythmus oder Melodie verändern, Lied durch eigene Teile erweitern, Stimmliche und instrumentale Improvisationen

4.2 Neues Liedgut. Grundsätzlich gelten für den Umgang mit Liedern unseres Jahrhunderts die gleichen Kriterien und Arbeitsmöglichkeiten wie für traditionelles Liedgut. Der Übergang in Stil und Ausdruck ist zunächst auch fließend, wenn man etwa an »Klassiker der Moderne« wie *Jochen Kleppers* »Die Nacht ist vorgedrungen«, *Dietrich Bonhoeffers* »Von guten Mächten ...« und auch an *Dieter Trautweins* »Komm, Herr, segne uns« denkt. Insgesamt aber ist in den 70er und 80er Jahren dieses Jahrhunderts eine stilistische und inhaltliche Vielfalt bei den Liedern erreicht worden, die man sich vor dreißig Jahren noch nicht vorstellen konnte, die zu entsprechender unterrichtlicher Vielfalt anregen kann und eben dabei eines durchdachten methodischen Umgangs bedarf[31].

31 Das bayerische Liederheft für die Gemeinde »Auf und macht die

Die Differenzierung ist in dreierlei Hinsicht festzustellen:

1. Das Liedgut ist »internationaler« geworden: Von der russischen Litanei über den israelitischen Kanon, die Gesänge aus Taizé bis hin zur Übertragung von Spirituals der nordamerikanischen Tradition reicht die Palette.

2. Das Liedgut enthält mehr kreative, gestalterische Elemente: in den »Kinderliedern zur Bibel« ebenso wie in Festtagsliedern (z.B. *M.G. Schneiders* »Eine freudige Nachricht breitet sich aus«, das von vornherein auf textliche Ergänzung angelegt ist) und auch in »problemorientierten« Liedern.

3. Die aktiv-gestalterische, auch »politische« und sozialethische Dimension kommt in den Liedern neu zur Geltung (s. z.B. »Du schufst, Herr, unsere Erde gut ...«).

Aber auch der kontemplativ-meditative Bereich ist vertreten.

Die Vielfalt der unterrichtlichen Gestaltungsmöglichkeiten, die diesem Schatz an neuem Liedgut entspricht, kann am ehesten entfaltet werden, wenn im RU eine Sing- und Besinnungskultur aufgebaut ist: dass Lehrer und Schüler geübt haben, sich etwa am Anfang des Unterrichts zu sammeln, auf einen Gebets-, Besinnungs-, Liedtext, auf eine Melodie oder Musik zu hören oder sie auch selbst zu gestalten.

Solche Besinnungselemente sind nicht nur ein Spezifikum für religionspädagogische Praxis, sondern sie werden in ihrem pädagogischen Wert zunehmend auch fächerübergreifend anerkannt. Konzentration und Disziplin, die schulisch enorme Schwierigkeiten bereiten, werden selbstverständlich am besten von Klassen- und Fachlehrern kooperativ gefördert. Je bewusster und gezielter Lehrerinnen und Lehrer dabei in der Klasse vorhandene musische Fähigkeiten miteinbeziehen können, desto eher wird ihnen ein differenziertes Gestalten gelingen[32].

Herzen weit« (München 1982) enthält allein 178 (nicht nur, aber vor allem) neue Lieder, Litaneien, Kanons zu den traditionellen gottesdienstlichen Inhaltsbereichen, aber auch weit darüber hinaus.

32 Für praktische Hilfen zum Einüben und Einstimmen ist hier das Buch von *Rainer Schmitt* (Musik und Spiel in Religionsunterricht und Jugendarbeit) eine besondere Fundgrube. Hilfreich sind aber auch die vom Katechetischen Amt 91560 Heilsbronn herausgegebenen Kassetten zum Mitsingen mit Erläuterungen: Auf und macht die Herzen weit. Wachet auf, ruft uns die Stimme.

Über die beim traditionellen Liedgut genannten Zugangsformen hinaus sind die beim neueren Liedgut zu beobachtenden Erweiterungen des Spektrums auch unterrichtlich nutzbar zu machen:

(1) Die »*Ökumenizität*« des Singens lässt sich besonders im Unterricht der höheren Altersstufen gut auswerten: die Erfahrungen, die hinter den Spirituals aus Nordamerika stehen, die Verbindung von Kontemplation und »Sendung«, die sich in den Gesängen aus Taizé ausdrückt, die Friedenshoffnung, wie sie in Israel immer wieder gesungen werden muss, die Anbetungsformen östlicher Liturgie, aber auch der die traditionellen Kultur- und Religionsgrenzen überschreitende Aspekt, der sich etwa in dem Kanon »Jeder Teil dieser Erde« (in Anlehnung an den berühmten Brief des Häuptlings Seattle an den Präsidenten der Vereinigten Staaten im letzten Jahrhundert) ausdrückt[33].

Die Elemente einer Liedkatechese, die ein Lied von seinem Herkunftskontext erhellt und die in ihm ausgedrückte Glaubenserfahrung zur Sprache bringt, sind auch hier anzuwenden.

Das lässt sich gut an einem so anspruchsvollen Lied wie »Die Nacht ist vorgedrungen« von *Jochen Klepper* (als einem Lied, das längst ökumenisches Gemeingut geworden ist) zeigen: Die *Anknüpfung an Schülererfahrungen/ Gegenwartserfahrungen* kann im Rahmen einer »Adventseinheit« nach einem ersten Hören mit Wendungen wie »auch wer zur Nacht geweinet« und »noch manche Nacht wird fallen auf Menschenleid und -schuld« angeregt werden. Die *Aussagen der einzelnen Strophen* lassen sich in den darin beschriebenen Kontrasten von Dunkelheit/Nacht und Tag/Licht sowie Not/Schuld und Heil erhellen. Es lässt sich herausarbeiten, wie *Elemente der biblischen Weihnachtsbotschaft* aufgenommen und in welcher Weise sie erweitert sind.

Die *Glaubenserfahrungen von Jochen Klepper*, die sich in diesem Lied verdichten, lassen sich ausgehend von dem Jahresdatum 1938 erschließen: das Lied, das ein Jahr nach dem großen Roman »Der Vater« geschrieben wurde, der am Beispiel des Soldatenkönigs Friedrich (des Vaters Friedrich des Großen) eine scharfe Kritik an der nationalsozialistischen Herrschaftsideologie enthielt; dazu das persönliche Schicksal von Jochen Klepper, der mit einer jüdischen Frau verheiratet war, von der er sich scheiden lassen sollte, zu der er aber stand und mit der er in völliger Ausweglosigkeit 1942 in den Tod ging. Eine Vertiefung der

33 Vgl. *F. Baltruweit*, Ökumenisches Lernen durch Lieder aus der Ökumene, in: EvErz 38/1986, 577ff.

Begegnung mit diesem Lied könnte die Heranziehung von Jochen Kleppers Tagebuch sein. Vor diesem Hintergrund erhalten die Einzelaussagen des Liedes erst ihr volles Gewicht, besonders die Perspektive des Trostes auch in tiefster Not.

Die hier geschilderten Aspekte einer Liedkatechese sind bewusst nicht im Sinne eines fertigen Unterrichtsentwurfs angeordnet; hier muss der Lehrer/die Lehrerin im Blick auf die Lerngruppe, ihre Kenntnisse und Erfahrungen sowie auch im Blick auf den größeren Unterrichtszusammenhang, in den er dieses Lied stellen will, eigene methodische Entscheidungen treffen.

(2) Viele der neuen Lieder laden ein zu *kreativ-gestalterischem Arbeiten:* nicht nur, dass manche der Lieder mit Texten für verschiedene Gelegenheiten dargeboten werden (so z.B. im Bayerischen Liederheft das Halleluja von *G. Hopfer* mit Strophen für Weihnachten, Ostern und Pfingsten[34]), sondern es gibt auch die Möglichkeit, dass Texte/Botschaften ergänzt werden, die in das Singen des Liedes einbezogen werden (z.B. bei *M.G. Schneiders:* »Eine freudige Nachricht breitet sich aus«[35]).

Einen Schritt weiter geht die »Liederfindung«, zu der *R. Schmitt* ermutigt[36] und gute Hilfestellungen gibt: beginnend mit der Textergänzung (s.o.) über die Textveränderung, die Melodieveränderung, rhythmische und melodische Veränderungen bis hin zur Liedkomposition und »Liedaufführung«. Kriterium ist hier weniger, zu theologisch in jeder Hinsicht abgesicherten Aussagen zu kommen (so sehr der Inhalt auch theologisch-ethisch verantwortet sein soll), als vielmehr, dass Schülerinnen und Schüler sich in eigengestalteten Texten und Melodien unmittelbar ausdrücken können, dass solche Lieder in besonderem Maße »ihre« Lieder sind: für sie singbar, für sie existenziell wesentlich[37].

(3) Die aktiv-gestalterische, auch »politische und sozial-ethische« Dimension lässt sich zwar gelegentlich auch bei traditionel-

34 »Auf und macht die Herzen weit«, 698–701.

35 Ebd., 759.

36 *R. Schmitt*, Musik und Spiel in Religionsunterricht und Jugendarbeit, 47ff.

37 *Schmitt* bringt als Beispiel einer neu hinzugedichteten Strophe zu »Du hast uns, Herr, gerufen« (»Auf und macht die Herzen weit«, 600) als neue vierte, mit Schülern und Schülerinnen erarbeitete Strophe:
»Die Welt ist voller Kriege, und überall ist Streit.
Herr, bringe uns den Frieden und nicht das Leid« (51).

len Kirchenliedern einbeziehen (s.o. zu »Geh aus mein Herz«); sie legt sich aber bei vielen der neueren Lieder unmittelbarer nahe. Damit erweisen sie sich für problemorientierte Unterrichtsthemen als besonders geeignet, ohne dass darum der biblische Bezug verloren gehen muss.

Ein Beispiel dafür sind die Lieder zu den Seligpreisungen aus der Bergpredigt: »Hört, wen Jesus glücklich preist ...« und »Selig seid ihr, wenn ihr einfach lebt ...«[38].

So lassen sich die Maßstäbe, die in »Hört, wen Jesus glücklich preist ...« enthalten sind:

»Dem, der Gott nichts bieten kann ...«,
»Wem hier großes Leid geschah ...«,
»Wer von Macht und Krieg nichts hält ...«

mit in unserer Gesellschaft verbreiteten konträren Maßstäben vergleichen, z.B. anhand einer Leserbriefdiskussion zur Frage des Wertes und der nötigen Förderung Behinderter[39].

4.3 Musikalisches Gestalten, Meditieren, Hören. Die Abfolge »Gestalten«, »Meditieren«, »Hören« mag zunächst wenig logisch erscheinen: Ergibt sich nicht das Gestalten aus dem Hören und Meditieren? Unter didaktisch-methodischem Aspekt ist jedoch die angegebene Reihenfolge sinnvoller: Musikalisches Gestalten ist – insbesondere mit Hilfe des Orffschen Instrumentariums – wirksam schon im Grundschulunterricht einzusetzen. Für die Fähigkeit zum Meditieren ist »propädeutisch« der eigene Umgang mit Ton und Instrument hilfreich, weil dadurch die klangliche Wahrnehmung und die nötige Aufmerksamkeit der Sinne geschult wird. Musikhören schließlich bedarf – wenn es um die interpretative Verarbeitung unserer anspruchsvollen religiösen Musiktradition (Kantaten, Oratorien, kultische Musik aus anderen Religionen, aber auch gesellschaftskritische Musik) geht, eines differenzierten

38 »Auf und macht die Herzen weit«, 677; 684.

39 Weitere Beispiele aus diesem Bereich: 1) *Heubergers* Katechesen zur Adventszeit mit Improvisationen für ein 2. Schuljahr (Lied und Musik in Religionsunterricht und Jugendarbeit, 49ff.). – 2) »Ein Spiel vom Leben im fremden Land«: Die Schuld- und Exilssituation Israels, wie sie sich in dem Song »Rivers of Babylon« niederschlägt, und die biblische Vorgeschichte dazu, erläutert an Verkündigung und Weg des Propheten Jeremia (Lieder und was man damit machen kann, 112ff.) – dies natürlich für höhere Altersstufen.

ästhetischen Wahrnehmungsvermögens und musisch-intellektuellen Verstehens[40].

(1) *Instrumentales Musizieren und musikalisches Gestalten* (s. auch IX, 179f.) eröffnen einen weiteren Raum als die Lieder: Sie sind »freier«, für vielfältige Interpretationen offener als die Melodie, die einen Text, ein Gedicht auslegt. Das macht eindeutiges Verstehen schwieriger. Die damit gegebene Vielfalt hat andererseits den Vorteil, den Einzelnen und der Lerngruppe einen größeren Handlungsspielraum für Ausdruck und Interpretation zur Verfügung zu stellen[41].

Das Orffsche Instrumentarium mit seiner Vielfalt an Schlaginstrumenten (Trommeln, Pauken, Bongos, Schlagstöcke, Triangel ...) und Stabspielen (Xylophon, Glockenspiele ...) erlaubt nicht nur individuellen Einsatz entsprechend den verschiedenen Fähigkeiten der Schülerinnen und Schüler zur Liedbegleitung, sondern ebenso zu rhythmisch-musikalischen Spielen[42] und Spielen mit Klängen und Geräuschen[43].

In rhythmisch-musikalischen Spielen können z.B. Botschaften verkündet (etwa »Liebe deinen Nächsten«) oder Gebetsanliegen zusammengeführt, aber auch Probleme wie Unrecht und Not artikuliert, in Spielen mit Klängen und Geräuschen Empfindungen und Erfahrungen ausgedrückt werden[44].

Eine weitere Stufe wird erreicht, wenn es um die musikalische Gestaltung von Texten und biblischen Szenen geht[45]. Hier ist der improvisatorische Spielraum begrenzter, da Sprache, Musik und Darstellung von einer direkteren Textvorgabe bestimmt sind. Schmitt hebt dabei zu Recht hervor, dass bereits die Vorbereitung

40 Dem entspricht auch die Abfolge, wie sie *R. Schmitt* in seinem o.g. Buch vornimmt, an dessen methodische Anleitungen (74ff.) ich mich im Folgenden im Wesentlichen anschließe.

41 *R. Schmitt*, Musik und Spiel in Religionsunterricht und Jugendarbeit, 75.

42 Ebd., 86ff.

43 Ebd., 96ff. – s. auch *Schmitts* Hinweise zu Selbstbau-Instrumenten, ebd., 84ff.

44 *Schmitt* bringt als Beispiele u.a. »Wasser als Quelle des Lebens« (ebd., 97ff.), »In der Fabrik« (100f.), »Streit« (103f.).

45 Ebd., aaO., 110ff.

einer solchen Gestaltung – die Wahl von Textform, Bewegung, Kostümen, Musikformen – die Schülerinnen und Schüler zu aktiver Auseinandersetzung mit dem Inhalt sprachlicher Aussagen motiviert[46]. Diese anspruchsvolle Arbeit an Texten bzw. Geschichten wird sicher nicht zum »Normalfall« im Unterricht werden, kann aber projektmäßig zu besonders intensiver Begegnung mit biblischer Botschaft hinführen[47].

Einen etwas leichteren Einstieg bieten bereits vorbereitete *Singspiele*, auf die die Lehrerin/der Lehrer zurückgreifen kann. So gehen etwa die Singspiele von *Ulrich Gohl*[48] und von *Barbara Cratzius/Wolfgang Longardt*[49] jeweils auf lange spielerisch-kreative Erfahrungen in Gemeinde und Schule zurück. Auch hier bieten sich pädagogisch vielfältige Chancen an. Man kann auf ganz unterschiedliche Begabungen und Interessen eingehen: Mitsingen im Chor, Mitmusizieren mit einfachen Orffschen Instrumenten, Mitgestaltung des Raumes sind auch intellektuell schwächeren Schülern möglich. Das Spiel kann nur als Gemeinschaftsleistung gelingen; es kann deshalb auch in besonderem Maße gemeinschaftsfördernd wirken.

In vielen Fällen bieten diese Singspiele eine gelungene Verbindung von »Bibel-« und »Problemorientierung«. Das lässt sich veranschaulichen an dem Singspiel »Die Heilung der zehn Aussätzigen«, das sich gut als Projekt in der Adventszeit gestalten lässt: Der Sinn der Sendung Jesu kann an ihm ebenso erschlossen werden wie Grunderfahrungen in den Problembereichen »Außenseiter« und »Krankheit«.

Die theologisch leitende Frage in diesem Singspiel lautet: »Was geschieht, wenn Jesus kommt?« – Dazu wird nicht auf eine der bekannten Erzählungen aus der Vorgeschichte bei Matthäus und Lukas zurückge-

46 Ebd., 110.

47 *Schmitt* demonstriert dies am Beispiel von Gedichten, einer Fabel, der (priesterschriftlichen) Schöpfungsdarstellung aus der Bibel und weiteren biblischen Geschichten (Sturmstillung, verlorener Sohn ...), aaO., 113ff.

48 Schallplatte/Kassette, Noten- und Textblätter preiswert zu beziehen über Ev. Pfarramt, Brunnenstraße, 72116 Mössingen, Tel. 07473/6275. Zu den Möglichkeiten dieser Singspiele s. *J. Lähnemann*, Ein Singspiel zum Advent. »Die Heilung der zehn Aussätzigen« von *Ulrich Gohl* als Beispiel für die spielerisch-kreative Gestaltung einer Unterrichtsreihe in der Adventszeit, in: EvErz 39/1987, 569–575.

49 *B. Cratzius/W. Longardt*, Biblische Spiele für alle, Lahr/Zürich 1984.

griffen, sondern auf ein Beispiel aus der Mitte des Auftretens Jesu. Dies wird thematisch verbunden mit dem Problem der Verdrängung von Krankheit, dem Elend gesellschaftlicher Randgruppen und der Verdrängung von Negativerlebnissen überhaupt.

Dabei können auch emotionale Barrieren in der Lerngruppe sichtbar und vielleicht ein Stück weit aufgearbeitet werden: Mehrfach zeigte sich, dass zunächst kein Kind die Rolle der Aussätzigen übernehmen wollte. Anhand dessen ließ sich besprechen, was es bedeutet, zu einer solchen Außenseitergruppe zu gehören. – Andererseits kam auch die Äußerung: »Das Kind dieser Eltern, die von den Aussätzigen nichts wissen wollen, möchte ich nicht sein.« – Es lässt sich hier bewusst machen, dass auch unser Erlebnisbereich immer wieder von Konflikten bestimmt ist, die vom Kommen Jesu her kritisch durchleuchtet werden[50].

Interessant ist, dass Schmitt auch den Einsatz von *Kassettenrecordern* vorschlägt. »Der Mensch soll die Medien und nicht die Medien den Menschen beherrschen«[51].

Nicht nur die Kontrolle der eigenen Darbietung durch eine Aufnahme (das kann heute natürlich auch eine Video-Aufnahme sein) ist hilfreich. Auch die Zusammenstellung und Montage verschiedener Aufnahmen zu einer übergeordneten Thematik oder der zusätzliche Einsatz eines Kassettenrecorders (mit Geräuschen, Musik, Interviews ...) bei Aufführungen erweitern das Darbietungsspektrum.

Ein problemorientiertes Beispiel hierfür wäre die Erarbeitung einer Collage zum Thema »Gegensätze«[52], an dem die Ursache von Konflikten ebenso wie das Bemühen um Ausgleich/Überbrückung veranschaulicht werden kann: Unter dem Aspekt des Gegensatzes wird unterschiedliches akustisches Material gesammelt, z.B.:

Tanzmusik *contra* Totenklage,
außereuropäische rituelle Musik *contra* europäische Kirchenmusik,
Wiegenlied *contra* Soldatenlied,
Liebesschlager *contra* Ehestreit,
Naturidylle *contra* Fabriklärm,
Friedensgebet *contra* Gewehrsalve.

Das Gespräch darüber, was sich an Erfahrungen und Empfindungen in diesen Gegensätzen ausdrückt, kann zu Denkprozessen anregen, in

50 Ausführlicher hierzu *J. Lähnemann*, Ein Singspiel zum Advent, 570 ff.
51 *R. Schmitt*, Musik und Spiel in Religionsunterricht und Jugendarbeit, 129.
52 Ebd., 135f.

denen ethische Fragen und Grenzfragen des Lebens laut werden und bearbeitet werden können.

(2) Dort, wo in einer Lerngruppe freies musikalisches Gestalten geübt ist, wird es auch nicht schwer sein, den Schritt zur *Meditation* (s.u. XX) hin zu vollziehen. Bei der Meditation geht es wesentlich um die Zentrierung auf die Mitte und die Wurzeln des Lebens, um die Begegnung mit Dimensionen, die den Lebensvollzug erneuern. Sie ist gekennzeichnet von einem Eindringen in und einem Durchdrungenwerden durch das »Betrachtete« bzw. »Gehörte« (Bild, Text, Musik), das den Meditierenden in die Mitte des Lebens führen soll.

Musik kann hierbei besonders helfen, die nötige Konzentration vorzubereiten und während der Meditation zu erhalten[53]. Schmitt gibt folgenden Überblick über die Integration von Musik in Meditationsformen[54]:

Grundformen objektgebundener Meditation		Schwerpunkte beim Einsatz von Musik		Mögliche Kombinationen
»Aktive« Meditation	→	Musik machen	→	Freie Kontemplation Texte Symbole Bilder
		↕		
»Passive« Meditation	→	Musik hören	→	Malen und Zeichnen Modellieren Bewegung

Natürlich ist »passive Meditation« hier nicht von Passivität gekennzeichnet, sondern von der besonderen inneren Konzentration, die wiederum auf dem Wege über aktives musikalisches Sich-äußern vorbereitet werden kann.

Für die *Praxis des meditativen Musikhörens* nennt Schmitt folgende *drei Stufen*[55].

»1. Eindringen in die Musik, Abkehr von störenden Umweltgeräuschen (Tiefenentspannung)

53 Ebd., 147. 54 Ebd., 148. 55 Ebd., 149.

2. Verweilen in der Musik, Verdrängung störender Gedanken, geistige und körperliche Konzentration (Körper und Geist fühlen sich in ›Einklang‹ mit der Musik bzw. den Klängen)

3. Sich-öffnen für transzendentale Bezüge (es entstehen Bilder, man spürt ein Bedürfnis nach Bewegung, empfindet sich als zeitlos in unendlichem Raum und konzentriert sich auf Neues).«

Wichtig ist dabei, »dass bei zunehmender Übung auch die dritte Stufe erreicht wird«[56], d.h. es sollte auch eine bestimmte Thematik ins Auge gefasst werden, auf die sich die Schüler und Schülerinnen konzentrieren können.

Schmitt bringt als hinführende Beispiele Meditationsübungen mit Atem und Stimme zu den Themen »Ich lebe«, »Du und ich« (zwei Partner sitzen sich am Tisch gegenüber, zwischen sich eine brennende Kerze ...), »einer unter vielen« (im Kreis werden bei geschlossenen Augen Töne weitergegeben ...), »Heilige Worte« (Hören auf ein Gebet, einen biblischen Text, einen Meditationstext ...), »Psalmengebet« (mit Litanei-Elementen)[57].

Ein weiterer Bereich sind *Meditationsübungen mit Instrumenten*[58], bei denen durch das improvisierte Ausfüllen von Raum und Zeit mit Instrumentalklängen eine Konzentration erreichbar ist, die wiederum Voraussetzung für weitere Meditation sein kann. Entsprechende Arrangements mit Instrumenten, Aufstellungsformen und Texten können bestimmte Symbole wie »Kreuz«, »Kreis« ... in ihrer Bedeutung emotional erfahrbar, aber auch besser erörterbar machen[59].

Schließlich sind hier noch *Meditationsübungen mit Musikhören* zu nennen, die bereits eng verbunden sind mit dem nächsten Inhaltspunkt. Sie setzen eine grundsätzliche Aufmerksamkeitsfähigkeit voraus sowie die Bereitschaft, sich emotional ansprechen zu lassen. Da hier der Spielraum an Assoziationen besonders breit ist, ist die Frage der Auswahl und der Zuordnung zu durchdachten Lernzusammenhängen vom Lehrer/der Lehrerin besonders sorgfältig zu bedenken.

»Musikarten, in denen man leicht Stücke zum meditativen Musikhören findet, sind insbesondere:

56 Ebd. 57 Ebd., 149ff. 58 Ebd., 154ff.

59 Die Beispiele von *R. Schmitt* sind durchgängig davon geprägt, daß auch der religiöse Bedeutungsgehalt des Symbols oder der meditativen Übung in den Blick kommt.

- Außereuropäische Musik (z.B. aus Indien)
- Elektronische Musik, Avantgardistische Musik, Psychedelische Popmusik
- Liturgische Gesänge in lateinischer Sprache (z.B. Gregorianik)
- Spirituelle Musik, Orgelmusik (z.B. Choralbearbeitung)
- Langsame Orchesterwerke aus Barock und Klassik (z.B. aus Suiten und Symphonien)«[60].

Neben dem Gespräch über die Eindrücke, die solche Musik vermittelt, bieten sich auch Malen, Zeichnen, Modellieren, Bewegung als Ausdrucksformen für das Gehörte an.

Ein Beispiel für die Hilfe, die meditative Musik bieten kann, ist etwa indische oder indisch-westliche Musik bei der Hinführung zum Thema »Indien/Hinduismus«: Die fremdartige, aber sehr ansprechende Musik weckt bei Schülerinnen und Schülern der oberen Klassen Assoziationen zu Yoga, Besinnung, Zur-Ruhe-Kommen und hilft zu besserem Zugang zu einem Thema, das sehr leicht nur bei unverstanden-abstoßenden Inhalten bleiben kann (Kastensystem, Füttern von Ratten ...)[61].

(3) Beim *Musikhören*[62] im strengeren Sinne kommt besonders das Anliegen zum Tragen, Musikwerke nicht nur illustrierend-unterstützend einer Unterrichtsthematik zuzuordnen, sondern sie auch selbst als »Thematik« einzubringen. Der reiche Schatz an Kantaten, Oratorien, Passionen, Messen und Motetten ist schon deshalb ein wichtiger schulischer Gegenstandsbereich, weil er in unserer Kulturgeschichte einen hervorragenden Platz einnimmt. Dabei können auch andere Musikarten – Orgelmusik (z.B. Choralvorspiele), kultische Musik, aber auch gesellschaftskritische Musik – Gegenstand des Musikhörens im RU sein.

Grundsätzlich lassen sich drei Stufen des Hörens (die dann auch unterrichtlich zu bedenken sind) unterscheiden:

60 *R. Schmitt*, ebd., 158. Einen Überblick hierzu und eine Diskographie meditativer Musik enthält *P.M. Hamel*, Durch Musik zum Selbst, Bern/München/Wien 1976.

61 Z.B. *Yehudi Menuhin/Ravi Shankar*, Improvisations – West meets East; Electrola IC 0233: 1 C 063–02822 Q, 1976. Ein Unterrichtsentwurf zum Gesamtzusammenhang »Indien/Hinduismus« unter Einbeziehung dieses Einstiegs findet sich in *J. Lähnemann*, Weltreligionen im Unterricht, Teil I: Fernöstliche Religionen, Göttingen 1986, 98ff.

62 *R. Schmitt*, aaO., 160ff.

Ein erstes »emotionales« Hören, ein zweites »analytisches« Hören, ein drittes »verstehendes« Hören (ähnlich wie es vergleichbare Schritte bei einer Bildbetrachtung und einer Textinterpretation gibt).

Es gibt natürlich Musik, die dahin tendiert, den Zuhörer in der passiven Situation des Rezipienten zu lassen – besonders bei Unterhaltungs- und Popmusik. Hier wird man einerseits die Emotionalität des Hörens nicht »zerpflücken« wollen, andererseits aber gelegentlich analysierend doch auch den manipulativen Charakter mancher Musik zeigen müssen.

Gerade aber die Musik, die aufmerksame Hörer voraussetzt, erschließt sich oft erst über eine genauere Analyse. Dazu gehört die Frage nach ihrer *Entstehung* (Komponist, historische, religiöse, soziale Hintergründe; ursprünglicher »Zweck« der Musik: liturgisch – weltlich; Auftragsmusik ...), zur *Gestalt der Musik* (Musikform, Wort-Text-Verhältnis, religiöser Impuls, Aufführungspraxis ...) und zu ihrer *Wirkung* damals (die »Uraufführung«, Hörer damals, ihre Wirkung im gesellschaftlichen Gefüge) und heute (die Emotionen, die die Musik bei uns hervorruft; die Inhalte, die sie vermittelt; die Aspekte, unter denen sie zu betrachten ist ...).

Für die Vorbereitung des Musikhörens gibt *Schmitt* folgende Leitfragen weiter[63]:

»Wie motiviere ich die Schüler zum Hören der Musik?
Zu welchen Fragestellungen gibt die Musik Anlass?
Welche Arbeitsformen und Methoden bieten sich an?
Welche Medien sind optimal einsetzbar?
Was soll mit der musikalischen Werkbetrachtung erreicht werden?«

Er schildert als mögliche methodische Wege einmal einen biographischen Ansatz über den Komponisten, einen strukturellen Ansatz (mit Höraufgaben, Vergleichsaufgaben für die Schülerinnen und Schüler) und einen wirkungs-analytischen Ansatz (unter den Leitfragen a) Welche Wirkung hat die Musik auf uns? b) Was ist die Ursache dieser Wirkung?).

Der Raum für diese Wahrnehmung, Erarbeitung und Verarbeitung von anspruchsvoller Musik im RU ist natürlich nur begrenzt.

63 Ebd., 167f.

Aber im Interesse religiös-kultureller »Alphabetisierung« sollte hier doch gelegentlich bewusst ein Schwerpunkt gesetzt werden, damit Werke wie das Weihnachtsoratorium und die Matthäus-Passion *Johann Sebastian Bachs*, das Deutsche Requiem von *Johannes Brahms* oder das War-Requiem von *Benjamin Britten* oder auch Musik von *Krzystzof Penderecki* nicht ganz außerhalb des schulischen Blickfeldes bleiben. Die Kooperation mit dem Musiklehrer und – unterricht ist dabei natürlich besonders gefragt.

Blicken wir auf das gesamte Spektrum der Möglichkeiten von Musik und Lied, so ist zu erwarten, dass ihr Einsatz den RU emotional ansprechender, kreativ vielfältiger und – in bestimm- ten Zusammenhängen – auch kognitiv anspruchsvoller werden lässt. Traditionelles wie modernes Liedgut, musikalisches Gestalten, Meditieren und Hören können helfen, dass Lehrerinnen und Lehrer, Schülerinnen und Schüler freudiger, gelöster, aber auch ernster und konzentrierter der Botschaft und den Ausdrucksformen christlichen Glaubens wie auch anderer religiöser Traditionen begegnen und dadurch aufgeschlossen werden für das, »was sie unbedingt angeht«.

Literaturhinweise

F. Harz, Musik, Kind und Glaube (Calwer Theologische Monographien 9), Stuttgart 1982.

H.-G. Heimbrock, Didaktik des klangvollen Ohres, in: EvErz 43/1991, 459-471. Vgl. auch das Themaheft »Religionsunterricht und Musik« des EvErz 32/1980, H. 5.

J. Heuberger, Lied und Musik in Religionsunterricht und Jugendarbeit, München 1976.

M.L. Pirmer, Musik und Religion in der Schule (ARP 16), Göttingen 1999.

R. Schmitt, Musik und Spiel in Religionsunterricht und Jugendarbeit, Stuttgart/München 1983.

XIX.
Spielformen

ULRICH BUBENHEIMER

1. Einführung

In den siebziger Jahren gab es mehrere Impulse, die den Einsatz von Spielen in der religionspädagogischen Arbeit förderten. Einige Außenseiter experimentierten mit dem so genannten »therapeutischen« oder »sozialisationsbegleitenden« RU, der unter allen religionspädagogischen Konzeptionen am konsequentesten die Bedürfnisse der Schüler zum Ausgangspunkt des Unterrichts machen wollte. Der psychologische Ansatz förderte das Interesse am Einsatz offener Spiele, vor allem von Rollenspielen und gruppendynamisch reflektierten Interaktionsspielen. Dem Bedürfnis der nicht einschlägig vorgebildeten Lehrer und Mitarbeiter nach einem geeigneten Spielrepertoire kamen in der Religionspädagogik zuerst die aus der Praxis erwachsenen Spielbücher von *Hans Frör* entgegen[1]. Bald darauf kam in der kirchlichen Erwachsenenarbeit unter der Bezeichnung »Bibliodrama« ein neuer spielerischer Umgang mit Bibeltexten in der Gruppe auf, der eine Alternative zur Einwegkommunikation der Wortverkündigung bieten sollte. In der Unterrichtspraxis setzt jedoch bislang nur ein kleiner Teil der Lehrerschaft Spiele ein, die über Gesellschafts- und Ratespiele hinausgehen. Eine Theoriediskussion wurde über das Spiel in der Religionspädagogik bislang kaum geführt[2]. Insofern kann von ei-

1 *H. Frör*, Spielend bei der Sache, München 1972 u.ö. – *Ders.*, Spiel und Wechselspiel, 1974.

2 Wiederholt haben einige auf spielerische Verfahren spezialisierte Autoren hermeneutische Probleme angeschnitten, ohne jedoch ein nennenswertes Echo in der Fachliteratur zu finden. *G.M. Martin*, Das Bibliodrama und sein Text, in: EvTh 45/1985, 515-526. – *U. Bubenheimer*, Subjektivität zulassen: Religionspädagogische Überlegungen im Anschluß an den Film »Spielen im Religionsunterricht«, in: EvErz 37/1985, 59-73. – *T. Schramm*, Bibliodrama und Exegese, in: *A. Kiehn*

ner Integration spielpädagogischer Verfahren in die Religionspädagogik nicht gesprochen werden. Ein analoges Integrationsproblem lässt sich in der Schulpraxis beobachten: Lehrer greifen für die spielerischen Arbeitsformen gern auf vorgegebene, über Literatur oder Kurse vermittelte Spiele oder Spieltechniken zurück und versuchen, diese in neue Kontexte einzubauen. Dabei decken sich diese übernommenen Spiele oft nur partiell mit den inhaltlichen Intentionen des Lehrers; zwischen Inhalt und Methode entstehen Spannungen, da die inhaltlichen Implikationen der Methode nicht erkannt sind; unerwartete Ergebnisse von Spielphasen werden oft nicht aufgearbeitet. Diese Erfahrungen brachten mich zu der Auffassung, dass es das Ziel einer spielpädagogischen Ausbildung sein müsste, weniger vorgegebene Spielformen auf neue Inhalte anzuwenden als vielmehr jeweils aus den Inhalten die Spielformen zu entwickeln. Entsprechend dieser Zielsetzung habe ich den vorliegenden Beitrag aufgebaut.

In mehreren Handbüchern wird unser Thema in Form eines mit Beispielen versehenen Katalogs von Spielformen behandelt.[3] Ich werde in Kapitel 2 nur einen kurzen systematisierenden Überblick über die Vielfalt der Spielformen geben. Danach möchte ich dem Leser an einem Beispiel einen Weg zeigen, aus dem Inhalt eines Bibeltextes heraus Spielformen zu entwickeln und aufzubauen (s.o. IX 3.3). Dabei soll zugleich der hermeneutische Prozess einer »interaktionellen« Textauslegung sichtbar gemacht werden. Eingebettet in diesen Prozess werden eine Reihe von Spielsituationen und Spielformen dargestellt werden, die bei anderen Texten und Themen modifiziert wiederkehren können. Inhalt und Methode bedingen sich hier gegenseitig.

Wenn ich die dramatische Arbeit mit Bibeltexten ins Zentrum rücke, dann geschieht dies nicht in der Meinung, im RU sollten nur biblische Themen gespielt werden. Der spielerische Zugang zu nichtbiblischen Themen und Situationen fällt erfahrungsgemäß leichter und bedarf weniger als die biblische Überlieferung einer spezifisch religionspädagogischen Reflexion der Methodik.

u.a., Bibliodrama, Stuttgart 1987, 116-135. – *R. Schinzer*, Spielräume in der Bibel, Göttingen 1989, 169-180.

3 Beispiele: *Ch. Werner-Weiß*, Spiel im Lernprozeß, in: *D. Zilleßen (Hrsg.)*, Religionspädagogisches Werkbuch, Frankfurt a.M. 1972, 250-258; hier 253-258. – *H. Kurz*, Methoden des Religionsunterrichts, München [4]1998, 121-134.

2. Spielformen: eine Übersicht

In der folgenden, nicht erschöpfenden Übersicht unterscheide ich zwischen geschlossenen und offenen Spielen. Im geschlossenen Spiel sind Verlauf und Ziel durch feste Regeln, Texte oder Regieführung weitgehend festgelegt. Im offenen Spiel sind Verlauf und Ergebnis des Spieles teilweise oder ganz offen. Die Übergänge zwischen den beiden Gruppen sind fließend. Geschlossene Spiele streife ich hier nur gelegentlich, um zu zeigen, wie ein geschlossenes Spiel in ein offenes Spiel übergehen kann, z.B. eine vorgegebene Leseszene in ein freies Rollenspiel. Der Einsatz offener Spiele erfordert eine im Blick auf Inhalt und Ziele offene und flexible Unterrichtsführung und damit einen schülerorientierten Unterrichtsstil.

Geschlossene Spiele
Regelspiele: Gesellschaftsspiele, Schreibspiele, Ratespiele
Gelenkte Körperspiele: angeleitete Pantomime, Tanz- und Bewegungsspiele, Singspiele
Gelenkte Rollenspiele
Theater nach vorgegebenem Text

Offene Spiele
Gruppendynamische Spiele: soziometrische Spiele, Interaktionsspiele
Körperspiele: freie Pantomime, improvisierte Tanz- und Bewegungsspiele, improvisierte Musikspiele, Materialaktionen
Gestaltpädagogische Übungen
Handpuppenspiel
Rollenspiel: Planspiel, Stegreifspiel, Maskenspiel, Märchenspiel
Bibliodrama
Soziodrama
Psychodrama

3. Vom Text zum Spiel: ein hermeneutisches Modell

In der Religionspädagogik ist die Erkenntnis gereift, dass die von der universitären Theologie angebotenen Fragestellungen, Methoden und Inhalte für die Didaktik des RU weder einfach übernommen werden können noch hinreichen. Im Horizont des spezifischen Praxisbezugs dieser Didaktik tauchen neue Problemstellungen auf, die auch hinsichtlich Inhalt und Methode die Theologie verändern müssen. Auf dieses Phänomen stoßen wir konkret bei der Aufgabe, biblische Texte zu spielen. Eine Textanalyse mit den Kategorien der historisch-kritischen Methode eignet sich in der Regel nicht als Spielvorbereitung. So müssen im Blick auf den Aufbau eines Spieles die szenischen Strukturen und dramatischen Potenzen eines Textes herausgearbeitet werden. Natürlich bietet die Exegese auch dazu Anregungen[4], aber sie treibt diese Aufgabe für unsere Zwecke nicht weit genug voran. Im Blick auf die Notwendigkeit einer Erwärmung für das Spielen ist historisch-kritische Exegese eher kontraindiziert, da sie zu viel Distanz zwischen dem Objekt Text und dem Subjekt Spieler herstellt. Für eine methodische Spielvorbereitung bedarf es anderer und ergänzender Kategorien zur Texterschließung. Dazu sind verschiedene Modelle denkbar, die je nach Text, Situation, Fähigkeit und Interessen des Spielleiters und der Spieler verändert werden können. Ich stelle hier ein Modell als Hilfe für die Spielvorbereitung und Spielentwicklung vor und exemplifiziere das Verfahren einer szenischen und anthropologischen Textanalyse am Beispiel von Lk 15,11-32 (tabellarische Übersicht s.u. 332–334).

Mit Hilfe dieses Schemas sollen die Elemente im Text aufgespürt werden, die helfen können,

– aus dem Text heraus Formen und Strukturen für ein Spiel zu gewinnen;

– Assoziationen zwischen den Textinhalten und der Erfahrungswelt der Spieler herzustellen.

Entsprechend dieser doppelten Aufgabe bietet das vorliegende Raster links Gesichtspunkte für eine szenisch-dramatische, rechts für eine anthropologische Analyse des Textinhalts. Die in der Übersicht gebotenen Kategorien erfassen die möglichen Gesichtspunkte für eine spielrelevante Textanalyse natürlicherweise nicht vollständig. Bei vielen Texten greift wiederum jeweils nur ein Teil der aufgeführten Kategorien.

Für das folgende Beispiel ist die unter dem Titel »Gleichnis vom verlorenen Sohn« bekannte Überlieferung gewählt, deren Thema

4 Z.B. hat *H. Weder*, Die Gleichnisse Jesu als Metaphern, Göttingen 1978, auf den dramatischen Charakter der Gleichniserzählungen aufmerksam gemacht.

genauer eine Erzählung »Vom Vater und seinen zwei ungleichen Söhnen« ist. Diese Geschichte ist besonders reichhaltig und bietet Stoff für alle hier vorzustellenden analytischen Kategorien. Dennoch gibt es in den einzelnen Kästchen der Tabelle auch Leerstellen. Beim Ausfüllen der Tabelle gilt die Grundregel, dass nur solche Elemente eingetragen werden, die direkt im Text oder Kontext vorkommen. Dadurch hat der Interpret ein Hilfsmittel an der Hand, im ersten Schritt zwischen den Inhalten des Textes und seinen von der ersten Lektüre des Textes an mit einfließenden eigenen Interpretationen und Assoziationen zu unterscheiden. Dass diese Grenzziehung nicht vollkommen gelingt, liegt im Wesen der Textrezeption. Für die anschließende spielerische Weiterbearbeitung ist auch die Wahrnehmung der Leerstellen des Textes sehr wichtig. Hier bereits bekommt der Spielleiter die methodische Information, dass bloßes Nachspielen des Textinhalts nicht möglich ist. Sollen die Leerstellen ausgefüllt werden, dann sind Spielleiter und Spieler auf die eigene Interpretation und Phantasie angewiesen. Die Leerstellen werden schon bei jeder Lektüre wenigstens teilweise intuitiv und assoziativ ausgefüllt. Für das Spiel sind sie besonders wertvoll, da sie es ermöglichen, die eigene Person mit dem Textinhalt zu verschränken, eine Brücke zwischen Subjekt und Objekt zu schlagen.

Anzahl und Umfang von Leerstellen in einem Text sind von erheblicher hermeneutischer Bedeutung: Je weniger Leerstellen ein Text aufweist, desto eindeutiger und geschlossener ist er. Je mehr Leerstellen ein Text aufweist, desto offener ist er und desto zahlreicher sind die Interpretationsmöglichkeiten.

Szenische und anthropologische Analyse von Lukas 15, 11-32

Szene	Ort/Zeit	Personen/Figuren/Rollen	Kommunikationsform/Gespräche	Handlungen	Realien	Körper	Seele	Geist (Vernunft)	Symbolische und transzendente Ebene
Rahmen A		Lukas Theophilus 1,3	literarisch						
B 11a		Jesus Hörer V. 1-3: Zöllner Sünder Pharisäer Schriftgelehrte	<u>Erzählung</u> Jesu						Gleichnis V.3
I A 11b-12	<u>Vaterhaus</u>	Vater jSohn äSohn Tagelöhner V.19	<u>Dialog</u> jSohn->Vater	Vermögens-teilung	Erbteil Vermögen				
B 13a	nach wenigen Tagen	jSohn		Wegzug des jSohnes		packen wegziehen			
II A 13b-14	<u>Fernes Land</u>	jSohn Dirnen V.30		zügelloses Leben Vermögen verschleudern		zügellos leben	zügellos		
B 15		jSohn Bürger	(jSohn-Bürger)	jSohn: sich aufdrängen Bürger: aufs Feld schicken	Hungersnot Schweine	Hunger es geht ihm sehr schlecht sich aufdrängen			

Szene	Ort/Zeit	Personen/Figuren/Rollen	Kommunikationsform/Gespräche	Handlungen	Realien	Körper	Seele	Geist (Vernunft)	Symbolische und transzendente Ebene
C 16-19		jSohn Schweine	Monologue = innerer Dialog mit dem Vater	Schweinehüten Schweine fressen	Futterschoten	Hunger Hunger stillen fressen essen umkommen	in sich gehen	nicht wert sein	»habe mich versündigt gegen den Himmel und gegen dich«
III A 20-21	Vor und im Vaterhaus	jSohn Vater	Dialog jSohn->Vater	jSohn: Heimweg Vater: Entgegengehen und Begrüßung		aufbrechen sehen entgegenlaufen um den Hals fallen küssen	Mitleid	nicht wert sein	»habe mich versündigt gegen den Himmel und gegen dich«
B 22-24		Vater Knechte jSohn	Dialog Vater->Knechte	Festvorbereitung Fest feiern	Gewand Ring Schuhe Mastkalb schlachten	Gewand anziehen Ring an die Hand stecken Schuhe anziehen essen Musik V.25 Tanz V.25	fröhlich sein fröhliches Fest		tot/lebendig verlieren/wiederfinden

Szene	Ort/Zeit	Personen/Figuren/Rollen	Kommunikationsform/Gespräche	Handlungen	Realien	Körper	Seele	Geist (Vernunft)	Symbolische und transzendente Ebene
IV A 25-28a	Vor dem Vaterhaus Feld Nähe des Hauses	äSohn Knecht: »dein Bruder« »dein Vater«	Dialog äSohn->Knecht	äSohn: Heimweg		heimgehen hören: Musik und Tanz heil, gesund nicht hineingehen	zornig		wiederbekommen
B 28b-32		Vater: »mein Kind« »dein Bruder« äSohn: »der hier, dein Sohn« (Freunde)	Dialog Vater->äSohn gut zureden	Vater: Herauskommen Fest feiern	dienen Ziegenbock schenken	herauskommen	»mein Kind« sich freuen	»nicht gegen deinen Willen handelt« »mir nie« »alles, was mein ist, ist dein«	tot/lebendig verlieren/wiederfinden
offener Schluss		…	…	…	…	…	…	…	… …

4. Die szenisch-dramatische Analyse

4.1 Szene. Hier wird die Gliederung des Textes in (mögliche) szenische Einheiten zusammengefasst. Mit den römischen Ziffern (I-IV) werden die Hauptszenen bezeichnet, deren Abgrenzung hauptsächlich mit Orts- oder Zeitwechsel zusammenhängt. Die Abgrenzung von Teilszenen (Großbuchstaben) berücksichtigt zusätzlich Veränderungen im Rollenensemble. Zu jeder Teilszene sind die einschlägigen Verse von Lk 15 angegeben. Die szenische Gliederung deckt sich zwar meistens mit der literarischen Gliederung, jedoch nicht in allen Fällen. In literarischer Hinsicht gehört V.13a (Packen und Wegziehen des jüngeren Sohnes) zusammen mit den folgenden Versen, in denen das Schicksal des Sohnes nach der Erbteilung geschildert wird, beginnend mit der Zeitangabe »nach wenigen Tagen«. Szenisch jedoch spielt sich das Zusammenpacken des Sohnes noch am Ort von Szene I A ab, nämlich im Vaterhaus.

Die Erzählung vom Vater und den beiden Söhnen ist nicht als Einzelgeschichte überliefert, sondern in einem kontextuellen Rahmen. Daraus ergibt sich die Voranstellung einer Rahmenszene. Jesus ist der Erzähler (V.11a). Lukas setzt als Hörer Zöllner und Sünder einerseits, Pharisäer und Schriftgelehrte andererseits voraus (V.1-3). Im weiteren Kontext finden sich als spätere Tradenten der Geschichte der Evangelist Lukas als Nach-Erzähler und sein Adressat Theophilus als sein Leser (1,2). Lukas gehört als Gestalter mindestens des literarischen Rahmens hierher. Methodisch ergeben sich durch die Aufnahme dieser beiden Traditionsstufen aus dem Kontext Hinweise auf Möglichkeiten, verschiedene *Rahmenszenen* zu entwickeln.

Hat man einmal die Kategorie des Rahmens im Blick, so fällt auf, dass sich am Schluss der Erzählung kein Rahmenstück findet, ja dass die Erzählung selbst mit einem offenen Schluss endet. Es bleibt in der Schwebe, wie der Konflikt älterer Sohn/Vater bzw. Bruder/Bruder ausgeht. Da ein solcher offener Schluss die Hörer herausfordert, die Geschichte selbst weiterzuspinnen, und sich somit Möglichkeiten des *Weiterspielens* ergeben, habe ich den »offenen Schluss« als Hinweis auf eine über den Text hinausgehende, frei zu gestaltende Szene im Schema vermerkt. Im Ausspielen des offenen Schlusses nimmt der Hörer/Leser die ihm vom Erzähler angebotene Möglichkeit wahr, auf den Inhalt zu reagieren.

Als Ergebnis der Gliederung ergeben sich vier Hauptszenen mit insgesamt neun Teilszenen sowie Rahmenszene und mögliche offene Schlussszene. Methodisch ergibt sich aus diesem Befund die Einsicht, dass sich in einer einzelnen Schulstunde kaum das ganze Gleichnis spielerisch bearbeiten lässt, sondern dass man einzelne Szenen oder szenische Elemente auswählen sollte. Die Szenenvielfalt ist andererseits ein Hinweis darauf, dass die Erzählung viel Stoff zur Entfaltung in einem umfangreichen Bibliodrama bietet.

4.2 Ort/Zeit. Die Faktoren Ort bzw. Raum und Zeit sind Grundstrukturen im Aufbau eines Dramas. Die vorliegende Geschichte kreist um zwei Orte: Vaterhaus und Umgebung (Szene I, III, IV) sowie »fernes Land« (II). Das bedeutet, dass bei *fortlaufendem Spiel* mindestens zwischen I/II und II/III ein Einschnitt für Veränderung oder Wechsel des Spielraumes, der Spielbühne, erforderlich ist. Will man die Einheit des Ortes wahren, so wäre Teil II als eigene Szene zu streichen. Der Inhalt dieses Teiles könnte z.B. in Szene III in Form eines rückschauenden Berichts des jüngeren Sohnes aufgenommen werden. Der Text selbst arbeitet diesem Verfahren vor, insofern der Monolog des jüngeren Sohnes (II C) im Dialog des heimkehrenden Sohnes mit dem Vater (III A) wörtlich wiederholt wird. Das Spielen eines Dialogs zwischen Sohn und Vater fällt jedenfalls leichter als die szenische Entfaltung eines Monologs.

Einrichten der Spielbühne. Das Einrichten des Raumes bzw. der Spielbühne ist ein wichtiger Teil der Erwärmung der Spieler. Die Teilnehmer können in einem Teilkreis sitzen, an dessen offenem Ende sich die Spielfläche befindet. Eine erhöhte Spielbühne ist nicht erforderlich. Bei unserer Geschichte könnte die Markierung eines Hauses durch Stühle und Tische reichen. Auch durch sonst im Spiel nicht vertretene Schüler kann ein Haus dargestellt werden. Der Spielleiter kann die Spieler beschreiben lassen, wie sie sich die Einrichtung des Hauses vorstellen. Einige Requisiten können aufgebaut werden, andere erhalten nur in der Imagination ihren Platz. Mit dieser Vorarbeit beginnen die Schüler, sich in die zu spielende Situation einzuleben.

4.3 Personen/Figuren/Rollen. Die Feststellung der Rollenstruktur eines Textes ist ein Kernstück der Spielvorbereitung, insbesondere des Rollenspiels. Unsere Geschichte enthält drei Hauptfiguren: Vater, jüngerer und älterer Sohn. Diese bilden eine soziometrische

Einheit, die Familie. Die Struktur der Familiengeschichte kann in einem soziometrischen Spiel kurz veranschaulicht werden.

Soziometrisches Spiel. Die drei Gestalten können durch gegenständliche Figuren (Holzstandpuppen, logische Blöcke, Stühle u.a.) oder durch Spieler entsprechend ihrer soziometrischen Beziehung zueinander (Nähe/Ferne) aufgestellt werden. Beide Söhne stehen dem Vater am Anfang gleich nahe. Der Jüngere entfernt sich, während der Ältere nahe beim Vater bleibt, ihm vielleicht noch näher rückt. Die Rückkehr des Jüngeren ist nicht nur eine Bewegung des Sohnes auf den Vater zu, sondern auch des Vaters auf den Sohn. Bei der Wiederannäherung des Jüngeren entfernt sich in gleichem Maße der Ältere, so dass die Desintegration der Familie anhält. Auch die Stellung der beiden Brüder zueinander ist in der Darstellung zu berücksichtigen.

(*Zur Weiterarbeit:* Eine differenziertere soziometrische Darstellung ist in dem Film »Spielen im Religionsunterricht« gezeigt. Dazu vgl. *U. Bubenheimer*, Spielen im Religionsunterricht, 13f.).

So wird deutlich, dass die Geschichte nicht nur einen Vater-Sohn-Konflikt enthält, sondern darunter auch einen Bruder-Bruder-Konflikt. Knecht und Vater sprechen gegenüber dem älteren Sohn vom jüngeren als »deinem Bruder«. Der Vater bemüht sich um die Wiederannäherung der Brüder, indem er u.a. dem älteren Sohn mit der Anrede »mein Kind« die besondere Nähe des Vaters zum Kind anbietet, die eine andere emotionale Qualität aufweist als die Beziehung zwischen Vater und erwachsenem, im Familienbetrieb mitarbeitendem Sohn. Ist die soziometrische Struktur unserer Geschichte einmal in dieser Weise nachgestellt, so lassen sich durch soziometrische Veränderungen auch anschaulich verschiedene Möglichkeiten durchspielen, die am Schluss der Geschichte noch bleiben, z.B. Beendigung des Festes und bestenfalls Duldung des Jüngeren als Tagelöhner; weitere Distanzierung des Älteren vom Vater; Teilnahme des Älteren am Fest und damit Wiederherstellung seiner Beziehung zu Vater und Bruder. Solche meist kurzen soziometrischen Darstellungen können für sich stehen als Hilfe zur lebendigen Texterschließung, können aber auch ein Rollenspiel vorbereiten oder die Analyse eines vorhergehenden Rollenspiels unterstützen.

Im Spiel können nicht nur Personen dargestellt werden, sondern auch andere Figuren: Tiere, Pflanzen, Gegenstände. Alle Elemente eines Geschehens können personifiziert werden. Welche

Elemente in eine Rolle umgesetzt werden, hängt u.a. von der Intention des Spielvorhabens ab. Könnten in unserer Geschichte die Schweine gespielt werden, die der jüngere Sohn hütet? Gegenüber diesem Ansinnen mag sich als Erstes eine Abneigung einstellen. Denn die mutmaßliche Lust von Kindern, Schweine zu spielen, könnte eine Eigendynamik im Spiel gewinnen, »die dem Gleichnis nicht gerecht wird«, – um eine Formel aus dem Exegetenjargon zu gebrauchen.

Nun ist aber das Gleichnis keine personale Größe, dem man etwas antun könnte. Es gilt folgende Regel: Vorbehaltlich der Wahrung der persönlichen Integrität der Beteiligten können alle Spielideen erprobt werden. Der Spielleiter soll aber nur solche Abläufe in Gang setzen, deren Folgen er meint auffangen und aufarbeiten zu können. Die Grenzziehung in diesem Sinne entspringt der Erfahrung und Intuition des Spielleiters.

1. Spielen von Tieren. Man kann Grundschülern den Spaß gönnen, im Rahmen von Szene II C (Der jüngere Sohn beim Schweinehüten) auch Schweine zu spielen. Sollte sich dabei eine der Situation des jüngeren Sohnes nicht angemessene Fröhlichkeit entwickeln, dann kann das in einem Nachgespräch produktiv mit der Erzählung verbunden werden. Zum Beispiel durch folgende Lehrerimpulse: »Es hat euch Spaß gemacht, die Schweine zu spielen ... Ihr wart fröhlich im Spiel ... Wo in unserer Geschichte geht es fröhlich zu?« Dadurch wird auf die Festszene hingeleitet, und anschließend kann der Kontrast zwischen Fröhlichkeit und Elend des Sohnes bewusst gemacht werden.

2. Rollenwechsel. Bei älteren Schülern kann eine anspruchsvollere Spielform, der Rollenwechsel, eingesetzt werden: Der Spieler, der den Sohn spielt, wechselt vorübergehend in die Rolle eines Schweines. Der Wunsch des Sohnes, Schweinefutter zu essen, wird auf diese Weise drastisch zugespitzt. Spielleiter und Spieler können mit der Technik des Doppelns (s.u.) dem Schweine-Sohn bei einem Monolog helfen: »Ich bin zum Schwein geworden ... zum allerletzten Dreckschwein ... muss mich um Schweinefraß streiten ... mehr bin ich nicht mehr wert ...«.

4.4 Kommunikationsformen/Gespräche. Hier werden sowohl die »äußeren« Kommunikationsformen festgehalten, in denen der vorliegende Text selbst vermittelt wird, als auch die »inneren«, die innerhalb des Textes benannt werden. Die äußeren Kommunikationsformen ergeben sich aus dem Kontext. Unser Text wurde im Rahmen des vorliegenden Evangeliums von Lukas an Theophilus literarisch (Lk 1,3) übermittelt. V.11a setzt die Erzählung Jesu als ursprüngliche mündliche Form der Kommunikation voraus. Diese doppelte äußere Kommunikationsebene, die mündliche und literarische, regt dazu an, sowohl verbale als auch schriftliche Elemente in die spielerische Bearbeitung einzubeziehen.

Die vorherrschende »innere« Kommunikationsform in unserem Text sind die Gespräche: mehrere Dialoge und ein Monolog (II C). Pfeile deuten in meinem Schema die bereits im Text ausgearbeitete Kommunikationsrichtung an. So wird z.B. in Szene I A nur ein Wort des Sohnes an den Vater zitiert (jSohn –>Vater); die im Kontext vorausgesetzte Antwort des Vaters muss erst formuliert werden. Szene II B setzt ein Gespräch zwischen jüngerem Sohn und Bürger voraus, ohne dass es in der Geschichte wiedergegeben wird. Dieses implizit vorausgesetzte Gespräch habe ich im Schema in Klammern gesetzt. Es zeigt sich: Die im Text mehrfach gebotene wörtliche Rede ist für ein Rollenspiel zu knapp. Diese Gesprächselemente müssen weiter entfaltet werden. Für andere Szenen müssen die Gespräche in vollem Umfang frei entwickelt werden.

Leseszene. Die traditionelle Form, Gespräche zu entwickeln, ist die Leseszene. Diese wird entweder vom Lehrer vorgegeben[5] oder in der Klasse (Gruppenarbeit) entwickelt. Eine Leseszene wird mit verteilten Rollen gelesen, kann anschließend aus dem Gedächtnis nachgespielt werden und in ein freies Rollenspiel übergehen. Für spielgehemmte Anfänger bieten sich hier fließende Übergänge vom gewohnten Lesen zum ungewohnten Spielen.

Im *freien Rollenspiel* können mit bestimmten spielerischen Techniken die Gespräche aufgebaut und entfaltet werden. Eine vertraute Form ist das *Interview,* mit dem die Spieler zum Reden veranlasst werden.

Interview. Der Spielleiter interviewt einen oder mehrere Spieler; oder die Rolle eines Interviewers wird als zusätzliche Rolle in eine Szene eingebaut. Beispiel: Die letzte Szene unserer Geschichte endet offen. Im Anschluss an das Nachspielen dieser Szene werden alle Spieler noch auf der Bühne befragt, wie die Sache ausgehen wird.

5 Fertige Leseszenen bieten *W. Laubi/J. Dimbeck*, Lese- und Spielszenen zur Bibel, Düsseldorf/Lahr 1991.

Die wirkungsvollste Form zur Entfaltung und Vertiefung eines Gesprächs ist die *Technik des Doppelns:*

Doppelgänger. Ein oder mehrere Doppelgänger unterstützen die Hauptspieler, indem sie vorübergehend hinter diese treten und mögliche Gedanken dieser Spieler aussprechen. Die Hauptspieler können diese Gedanken aufgreifen oder nicht. Besonders wertvoll ist diese Technik für die Entfaltung eines Monologs, vor dem ungeübte Spieler zurückschrecken, wenn sie ihn allein bestreiten müssen. Das *Ambivalenz-Doppel* ermöglicht es, innere Konflikte zur Darstellung zu bringen. Beispiel: Der ältere Sohn ringt mit sich, ob er am Fest teilnehmen soll oder nicht. Ein Doppelgänger A verstärkt die Gedanken, die gegen eine Teilnahme sprechen, ein Doppelgänger B die Gegenargumente. Die Entscheidung trifft der Hauptspieler.

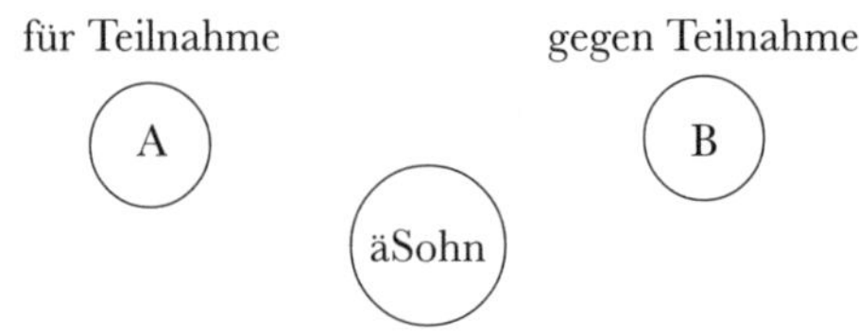

Die Technik des Doppelns erlaubt es, dass sich alle spielbereiten Schüler oder Gruppenmitglieder an einer einzigen Szene spielend beteiligen können. Häufig wechselnde Doppelgänger vervielfältigen das Spielgeschehen und halten es in Gang. Mit der Doppelgängertechnik kann schon in der Grundschule gearbeitet werden. Wer diese das Spiel intensivierende Arbeitsform verwendet, wird sich meistens auf das Spiel von einer oder zwei Szenen in einer Schulstunde beschränken.

(*Zur Weiterarbeit:* Ausführlich wird die Doppelgängertechnik demonstriert in dem Film »Spielen im Religionsunterricht«. Dazu vgl. *U. Bubenheimer*, Spielen im Religionsunterricht, 9-12. 16f.).

4.5 Handlungen. In dieser Spalte werden die über Gespräche hinausgehenden Handlungen eines Textes zusammengefasst. Hier findet sich Stoff für über die Verbalszenen hinausgehende Spielaktionen. Der szenische Aufbau der Aktionen hängt eng mit den zur Kategorie »Körper« gesammelten Stichworten zusammen. Meistens sind die Handlungselemente im Text nur knapp benannt und müssen erst entfaltet werden. In der Laienspiel- und Erzähltradition ist zum Beispiel das »zügellose Leben« des jüngeren Sohnes im fernen Land (II A) vielfältig ausgestaltet worden. Hier muss ein klarer Spielrahmen erst zusätzlich vom Spielleiter vorgegeben oder von der Gruppe entwickelt werden. Das *Stegreifspiel*, in dem eine solche offene Szene ohne inhaltliche Absprachen spontan aus der Phantasie heraus entwickelt wird, kann bei spielgeübteren Erwachsenen eingesetzt werden. Hierzu müssen vor Spielbeginn mindestens das Thema des Spiels geklärt und der Spielraum eingerichtet, meistens auch die Rollen gewählt sein.

4.6 Realien. Ein Teil der hier zusammengestellten Sachstichworte können Anregungen geben, typische *Requisiten* bereitzustellen oder zu gestalten, z.B. Gewand, Ring und Schuhe für die Neueinkleidung des heimkehrenden Sohnes (mehr dazu unten zur Kategorie »Körper«). Zu anderen Realien müssen gegebenenfalls Sachinformationen gegeben oder erarbeitet werden, vor allem wenn in das Spiel historische Vorkenntnisse mit einbezogen werden sollen. Zum Beispiel: Wie war das Erbrecht im antiken Judentum (I A)? Welche Bedeutung haben Schweine (unreine Tiere) für einen Juden (II B)?

5. Die anthropologische Analyse

Die bisher behandelten Kategorien sind darauf abgestimmt, Spiele szenisch zu strukturieren und aufzubauen. Die folgenden von mir als »anthropologisch« bezeichneten Kategorien können dazu helfen, jene Szenen im Detail zu gestalten. Der Schwerpunkt in diesem Bereich liegt jedoch darauf, die Beziehung des Spielers zu seinem Stoff zu intensivieren. Die grundlegenden Kategorien Körper, Seele und Geist dienen nicht nur der Textanalyse, sondern zurückgewandt auf den Interpreten oder Spieler können sie ihm ein Stück Selbsterfahrung ermöglichen.

5.1 Körper[6]. Bei der szenischen Strukturierung unserer Geschichte rückten die verbalen Interaktionen, Dialoge und Monolog, in den Vordergrund. Das Überwiegen des Verbalen in den Spielen könnte dazu führen, dass die Spiele sich stark auf einer argumentativ-kognitiven Ebene bewegen. Die Kategorie »Körper« erschließt

6 Vgl. *H. Frör*, Spiel und Wechselspiel, 42-54. Zu Körpererfahrung, Körpersprache und Bibliodrama s. *U. Koehn*, Spüren, daß Gott uns trägt, Freiburg 1988, 44-68.

eine neue Dimension unserer Geschichte. In der Spalte »Körper« sind die Stichworte am dichtesten. Der Inhalt der Erzählung wird in den meisten Szenen auch somatisch ausgedrückt. Hier liegt für einen RU, in dem der Körper in der Regel zu kurz kommt, eine besondere Herausforderung.

Die somatischen Höhepunkte unserer Erzählung sind die Wiederbegegnung des Vaters und des jüngeren Sohnes sowie das Fest. Verben der Entfernung und der Annäherung ziehen sich durch die Geschichte: wegziehen, sich aufdrängen, aufbrechen, entgegenkommen, heimgehen, nicht hineingehen, herauskommen. Mit einer Interaktionsübung können ältere Schüler und Erwachsene für die Problematik von Distanz und Nähe sensibilisiert werden.

Nonverbales Interaktionsspiel für Zweiergruppen. Zwei Personen stehen sich in weitest möglicher Entfernung voneinander gegenüber. Sie schauen sich an und gehen langsam aufeinander zu, Schritt für Schritt, lassen sich Zeit, ihre körperlichen Reaktionen und Empfindungen bei der Annäherung wahrzunehmen. Jeder erspürt, bis zu welchem Punkt ihm die Annäherung angenehm ist, und überschreitet diesen Punkt nicht, gibt dem Partner auch ein entsprechendes Zeichen. Wenn die Annäherung beendet ist, verharren die Partner in dieser Position, erfühlen deren Angemessenheit, gehen eventuell noch einen Schritt weiter oder wieder zurück. In derselben Weise entfernen sich die Partner voneinander. Mehrere Paare können diese Übung entsprechend den räumlichen Gegebenheiten gleichzeitig durchführen. Wollen die Teilnehmer den Selbsterfahrungsaspekt vertiefen, so führen jeweils nur zwei Personen diese Übung durch und erhalten anschließend von den Beobachtern Feed-back.

Diese Übung lässt sich mit unserer Geschichte verbinden, indem analog die Begegnungen des Vaters mit dem jüngeren bzw. dem älteren Sohn in Szene gesetzt werden.

(1) Körperspiel ohne Worte: Begegnung des Vaters und des jüngeren Sohnes. Vater und jüngerer Sohn stehen sich in weiter Entfernung gegenüber. Der jüngere Sohn bricht auf, geht langsam auf den Vater zu; dieser bleibt zunächst stehen, schaut, geht, läuft dem Sohn entgegen, fällt ihm um den Hals, küsst ihn. Die Spieler sind frei, den Verlauf zu verändern und auszubauen. Die Szene kann von verschiedenen Spielern erprobt werden. Sie wird nonverbal gestaltet, kann jedoch in einem zweiten Schritt in eine Dialogszene übergehen.

(2) Pantomime mit Handpuppen: Bei den Spielern bestehen oft Hemmungen, die im Text beschriebenen körperlichen Ausdrucksformen (um den

Hals fallen, küssen) mit dem eigenen Körper zu spielen. Als Alternative oder Vorbereitung eines Spieles mit dem eigenen Körper bietet sich eine Pantomime mit Handpuppen an. Zwei Schüler führen die Annäherung von Vater und Sohn mit den Puppen durch, während der Lehrer begleitend den Text langsam vorlesen oder erzählen kann. Für dieses kleine Spiel empfehlen sich mehrere Durchgänge mit verschiedenen Spielern, um Ruhe und Ausdrucksfähigkeit der Schüler zu steigern.

(*Zur Weiterarbeit:* Eine methodische Einführung in das Spiel mit Handpuppen findet sich in meinem Aufsatz: Ich und Hilfs-Ich. Kurze Einführung in das Handpuppenspiel, in: entwurf 1981, H. 2, 21-26).

(3) Körperpantomime: Begegnung des Vaters und des älteren Sohnes. Die körperliche Gestaltung dieser Szene ist schwieriger, da der Text hier nur die Vorgaben »wollte nicht hineingehen« (älterer Sohn) und »kam heraus« (Vater) bietet. Im Vordergrund der Szene steht die verbale Argumentation. Schon dieser Befund ist Ausdruck der Distanz zwischen Vater und Sohn. Man muss hier die emotionalen Aspekte mit einbeziehen: Der Sohn ist zornig und vergrößert die Distanz; der Vater redet ihm gut zu. Die Pantomime bietet eine Möglichkeit, die damit verbundenen körperlichen Abläufe wie mit einer Lupe sichtbar zu machen. Die ganze Gruppe kann durch Experimente mit dem eigenen Körper geeignete pantomimische Ausdrucksformen herausfinden: die abwehrenden, abgrenzenden, zugleich zornig-impulsiven und resignierten Bewegungen des Sohnes; die zugehenden, einladenden, gebenden, zugleich aber bestimmten Bewegungen des Vaters. Eine in Pantomime unerfahrene Gruppe benötigt Anleitung durch den Leiter. In Untergruppen können pantomimische Szenen zur anschließenden Vorführung vorbereitet werden. *Schminken* des Gesichtes ist eine Hilfe, die Mimik zu pointieren.

Festvorbereitungen und Fest sind voll von aktionsreichen körperlichen Ausdrucksformen: Bekleiden, Essen, Tanzen, Musizieren. Mit Tanz und Musik tauchen im Text selbst Formen spielerischer Kommunikation auf, die den körperlichen und seelischen Ausdruck stärken. Ich werde bei den Kategorien »Seele« sowie »symbolische und transzendente Ebene« darauf zurückkommen. Hier will ich auf die Neueinkleidung des jüngeren Sohnes als Möglichkeit für eine Materialaktion eingehen. Der heimkehrende Sohn erhält vom Vater Gewand, Schuhe und Ring. Diesen Vorgang kann man zum Anlass nehmen, sich mit der Einkleidung der Hauptgestalten als einer Form spielerischen Ausdrucks zu beschäftigen.

Materialaktion: Verkleiden. Vater und Söhne werden aus der Phantasie der Spieler heraus eingekleidet, können Schmuck erhalten, geschminkt und frisiert werden. Die äußere Aufmachung wird zur nonverbalen Ausdrucksform der Wahrnehmung dieser Gestalten. In welchem Zustand kam der jüngere Sohn aus der Fremde zurück? Wie sieht sein neues Gewand aus? Welche Kleidung trägt der ältere Sohn? Wie lässt sich in der Aufmachung der Kontrast zwischen den beiden Söhnen ausdrücken? Wie ist der Vater gekleidet? Die Teilnehmer bringen zu diesem Zweck Requisiten von zu Hause mit. Das neue Gewand des jüngeren Sohnes könnte gemeinsam in der Gruppe gestaltet werden.

5.2 Seele. Nur wenige Gefühle werden im Text direkt benannt: Der Vater hat Mitleid, der ältere Sohn ist zornig; das Fest wird fröhlich und mit Freude gefeiert. Entsprechend der Ganzheit, die die Seele mit Körper und Geist bildet, ist der emotionale Gehalt der Geschichte auch in den somatischen und argumentativen Elementen der Geschichte zu finden. Die Fröhlichkeit des Festes wird durch Musik und Tanz ausgedrückt. Das kann man für die spielerische Gestaltung der Gefühle aufgreifen.

Musik und Tanz als Spielelemente: Differenziertere Formen des musikalischen und tänzerischen Ausdrucks bedürfen einer einschlägigen Vorbildung. Doch gibt es auch einfache Mittel, mit denen der Spielleiter Musik und Tanz in seiner Arbeit aufnehmen kann. Das Orffsche Instrumentarium bietet dem Laien viele Gestaltungsmöglichkeiten. Mit Rhythmusinstrumenten (Trommel, Klangstäbe, Triangel usw.) können Kinder leicht den Rhythmus eines Reigens oder Marsches entwickeln; das Xylophon ermöglicht einfache Klanggebilde. Der Spielleiter kann den Reigen anführen. Die Stimmung reißt oft auch solche Schüler mit, die sonst nicht aktiv sind. Wer sich die freie Improvisation nicht zutraut, kann gegebenenfalls auf ein vorgefertigtes Spiel- und Tanzlied zurückgreifen. Die Gruppe kann auch eigene Liedstrophen dichten.

(*Zur Weiterarbeit:* Ein einfaches Beispiel zeigt der Film »Spielen im Religionsunterricht«. Viele Anregungen bietet *R. Schmitt*, Musik und Spiel in Religionsunterricht und Jugendarbeit, Stuttgart 1983).

5.3 Geist/Vernunft. Unter dieser Kategorie sind die rationalen Argumentationsmuster zusammengefasst. Sie sind ein wesentlicher Teil der Dialoge und können in den Dialogszenen weiter ausgebaut werden. Seitens der Brüder werden Wert, Leistung, Gegenleistung, Gerechtigkeit thematisiert. Der jüngere Bruder nimmt den Maßstab des älteren vorweg, indem er sich dem Vater unterwerfen will mit dem Satz: »Ich bin nicht mehr wert, dein Sohn zu sein.« In diesem Sinn spricht der ältere Sohn vom nichtswürdigen Hurenbock. Es liegt nahe, einmal die beiden Söhne in einer Gesprächsszene zusammenzubringen.

Vater und älterer Sohn reden aneinander vorbei, indem Vaterliebe und Gerechtigkeitsbedürfnis des Sohnes aufeinanderstoßen. In Sprachstereotypen schlägt durch, welche Gefühle mit den Argumenten des Sohnes rationalisiert werden: »So viele Jahre schon ... und nie habe ich ... mir aber hast du nie ... kaum aber ist der hier ... da hast du ...« (V. 29f.). Enttäuschung gegenüber dem Vater und Eifersucht gegenüber dem Bruder spürt man hier. Es ist eine schwierige, aber wichtige Aufgabe, von Sprachstereotypen zum (Nach-) Empfinden von Gefühlen zu kommen. Die Gestaltpädagogik[7] bietet eine methodische Möglichkeit an.

Gestaltarbeit: Stimmübung mit Stereotypen. Der Leiter stellt einem Teilnehmer die Aufgabe, Sätze auszusprechen, in denen die Worte vorkommen: »Ich habe immer ..., aber du hast nie ...«. Ein und derselbe Satz kann mehrfach wiederholt werden. Der Spieler experimentiert mit diesen Worten, die Stimme variierend: monoton, leise, laut, flüsternd, schreiend usw. Über den körperlichen Vorgang (Stimme, Gehör) versucht der Spieler vom Kopf zu den Gefühlen zu kommen. Ein anderer Teilnehmer kann dasselbe Experiment mit der Formel »Ich habe nie ..., aber der da hat ...« machen. In einer Feed-back-Runde werden die Erfahrungen ausgetauscht. Sie können anschließend in einen Dialog Vater/älterer Sohn eingebracht werden.

(*Zur Weiterarbeit:* Weitere Formen gestaltpädagogischer Arbeit im RU finden sich bei *A. Höfer*, Gestalt des Glaubens, München 1982).

5.4 Symbolische und transzendente Ebene. Nach Analyse des Textes mit den beschriebenen anthropologischen Kategorien bleibt ein Rest, der über das reale Geschehen hinausweist: religiöse und symbolische Begriffe, die dem erzählten Geschehen eine Bedeutung geben, die das unmittelbar Sichtbare und Fühlbare transzendiert. Innerhalb der Erzählung gibt es mehrere solcher Symbole. Zum Beispiel sagt der Vater vom jüngeren Sohn, dieser sei tot gewesen und lebe nun wieder. Allerdings ist die Symbolik mehrdeutig. Ist

7 Dazu *U. Koehn*, aaO., 84-106. – *U. Bubenheimer*, Gestaltpädagogik und Religionsunterricht, in: *G. Büttner/H. Maaß (Hrsg.)*, Erziehen im Glauben. Bernhard Maurer zum 60. Geburtstag, Karlsruhe 1989, 134-143.

hier vom »sozialen Tod« die Rede, der überwunden wurde? Ist es eine Anspielung auf die Taufe, in der derjenige, der Buße tut, mit Christus stirbt und wieder aufersteht? Oder assoziiert der Erzähler gar die Auferstehung von den Toten? Die Kunst des Erzählers besteht eben darin, so zu erzählen, dass der Text den Hörern oder Lesern Raum für mehrere »Anwendungen« gibt.

Im lukanischen Rahmen wird der Erzählung als Ganzer ein symbolischer Charakter zugeschrieben, indem sie als ein Gleichnis bezeichnet wird (V.3). Das bedeutet, dass unsere Geschichte zwei Bedeutungsebenen hat, die realistische und die übertragene, symbolische. Auf der realistischen Ebene handelt es sich um eine Familiengeschichte. Auf der symbolischen Ebene bietet der Kontext wiederum zwei Auslegungsmöglichkeiten an: Die Geschichte könnte im Sinne der Rahmenszene (V. 1f) auf Jesus (Vater) und seine Stellung zwischen Zöllnern und Sündern (jüngerer Sohn) einerseits und den Pharisäern und Schriftgelehrten (älterer Sohn) andererseits gedeutet werden. Die Begriffe »verlieren«/«wiederfinden« (V. 24.32) verbinden unseren Text aber auch mit den beiden vorhergehenden Gleichnissen »Vom verloren Groschen« und »Von der verlorenen Drachme«, die auf die Freude »bei den Engeln Gottes« und damit auf Gottes Freude über den umkehrenden Sünder gedeutet sind. Von daher wird man bei dem Vater unseres Gleichnisses an Gott denken.

Welche Deutung ist die richtige? Ist es eine Erzählung von Gott oder vom Verhalten Jesu? Es liegt im Wesen symbolischer Rede, dass sie mehrdeutig ist. Es ist nicht notwendig, die zwei Deutungen als Alternativen zu sehen, vielmehr kann die Geschichte entsprechend der doppelten Verzahnung im Kontext zugleich von Jesus und von Gott verstanden werden.

Ist damit die Interpretation der Erzählung als Familiengeschichte ausgeschlossen? Wäre ein solcher Zugang ein zu vermeidendes Missverständnis? Nein, auch die so genannte realistische Ebene bleibt in die Bedeutungsvielfalt der Geschichte eingeschlossen. Indem der Erzähler seine Familiengeschichte gestaltet, teilt er implizit auch seine spezifische Sicht mit, wie er sich einen guten Vater in der geschilderten Konfliktsituation vorstellt. In der Auslegungstradition wird bis heute behauptet[8], das Verhalten dieses

8 *E. Schweizer*, Das Evangelium nach Lukas (NTD 3), Göttingen 1982, 164.

Vaters komme bei irdischen Vätern nicht vor, und deshalb sei bei diesem Vater nur an den himmlischen Vater zu denken. Hinter dieser Sicht ist das dogmatische Interesse sichtbar, Gott als den »ganz Anderen« vom Menschen abzuheben. Zwar ist die geschilderte Vaterliebe ein seltener Fall, aber sie liegt im Bereich der menschlichen Möglichkeiten. Für den Erzähler war es gerade denkbar, dass ein Vater aus Liebe zu seinem Sohn tradierte Sitten und Normen durchbrechen konnte. Von dieser Voraussetzung her erzählt Jesus seine Geschichte, um über das erwartete Einverständnis des Hörers mit dem Verhalten des Vaters die Zustimmung zu seinem wiederum an der Vaterliebe Gottes orientierten Verhalten zu gewinnen.

Diese hermeneutische Ortsbestimmung ist für die Bearbeitung des Gleichnisses durch Kinder von hoher Bedeutung. Die Erfahrung hat gezeigt, dass jüngere Schüler, jedenfalls bis zum 6. Schuljahr, die Erzählung als Familiengeschichte verstehen und spielen, wenn ihnen die Deutung nicht vorweg mitgeliefert wird. Dabei bringen sie implizit oder explizit ihre eigenen familiären Erfahrungen und Konflikte mit ein. Der Lehrer kann diesem entwicklungsbedingten Verstehenshorizont der Schüler guten Gewissens Raum geben. Er muss die Deutung des Gleichnisses nicht mitliefern. Jesus selbst hat – nach der Überlieferung des Lukas – die Geschichte erzählt, ohne ihr eine Deutung anzuschließen.

Will man die transzendente Ebene dieser Erzählung einbringen, dann bieten sich spielerische Zugänge über den Rahmen.

(1) Umfrage: Die Schüler erhalten Informationen über die Gruppen Zöllner/Sünder, Pharisäer, Schriftgelehrte und das Verhältnis Jesu zu diesen Gruppen. Der Lehrer teilt die Klasse nach Beschäftigung mit dem Gleichnis in diese Gruppen ein und befragt sie als »Reporter« über ihre Meinung zu der Geschichte. In Gruppenarbeit kann diese Umfrage vorbereitet werden. Der Lehrer kann Rollenspielkarten in die Gruppen eingeben, auf denen einige Anregungen gegeben werden, die Geschichte mit der Brille der jeweiligen Gruppe zu lesen.

(2) Autoreninterview: Die beschriebene Interviewtechnik wird umgekehrt, wenn der Lehrer von den Schülern befragt wird. Der Lehrer übernimmt die Rolle Jesu, des Erzählers. Er stellt sich in dieser Rolle vor, erzählt die Geschichte oder knüpft an die Vorkenntnisse der Schüler an und lädt die Schüler zum Autoreninterview ein. Wenn ein Schüler die Diskussionsleitung übernimmt, kann der Lehrer eindeutiger in seiner Rolle bleiben. Statt Jesus kann der Lehrer auch den Schriftsteller Lukas spielen. Er

erzählt etwas von sich, seinem Freund Theophilus und seinem Werk, liest – falls erforderlich – das Gleichnis vor. Aus seiner Rolle heraus kann der Lehrer durch Impulse die Schüler anregen, Rückfragen zu stellen.

(3) Briefwechsel: Theophilus an Lukas. Die Schüler schreiben einen in Gruppen vorbereiteten Brief des Theophilus an Lukas. Theophilus hat die Geschichte gelesen und teilt Lukas mit, was er von ihr hält. Er stellt Lukas einige Fragen zur Geschichte, u.a. zu ihrem Schluss. Der Lehrer schreibt den Antwortbrief des Lukas. Darin fordert er gegebenenfalls Theophilus auf, Lk 15,1-2 zu lesen. Daraus werde sich auch die Bedeutung der Geschichte ergeben. An die Verlesung des Antwortbriefes schließt sich ein Klassengespräch an. Die Schüler erhalten die Aufgabe, Begriffe zu markieren, die sowohl in 15,1f. als auch in der Erzählung vorkommen (Sünder/sündigen, essen). Die Schüler versuchen, ausgehend von diesen Begriffen, Verbindungen zwischen Rahmen und Erzählung herzustellen.

Diesen drei Vorschlägen ist gemeinsam, dass der Lehrer nicht von sich aus das Stichwort »Gleichnis« oder eine Deutung einbringt, sondern die Schüler zu Fragen nach der Bedeutung der Erzählung anregt. Der Lehrer kann seine Antworten dann am Fragehorizont der Schüler orientieren. Wo keine Fragen vorhanden sind, sind auch Antworten müßig.

6. Das Bibliodrama[9]

Bibliodrama im engeren Sinn ist eine vorwiegend in der Gemeindepädagogik angewandte Methode der Gruppenarbeit. In vielfältigen dramatischen und gestalterischen Zugängen begegnet eine Gruppe ihrem biblischen Stoff mit dem doppelten Ziel, die Selbsterfahrung zu erweitern und den Text besser zu verstehen. Das Bibliodrama ist ein Prozess über mehrere Sitzungen oder Tage. Die Arbeit verläuft prozessorientiert, d.h. nicht an einem Plan des Leiters, sondern an der Entwicklung von Gruppen und Teilnehmern orientiert. Der schulische Rahmen ermöglicht ein solches

9 Zusammenfassend mit weiterer Literatur: *U. Bubenheimer*, Bibliodrama – Selbsterfahrung und Bibelauslegung im Spiel, in: *I. Baumgartner (Hrsg.)*, Handbuch der Pastoralpsychologie, Regensburg 1990, 533–545. Ferner: *A. Kiehn u.a.*, Bibliodrama, Stuttgart 1987. – *J. Brobowski*, Bibliodramapraxis, Rissen 1990. – *H. Langer*, Vielleicht sogar Wunder. Heilungsgeschichten im Bibliodrama, Stuttgart 1991.

Bibliodrama in der Regel nicht; hier wäre von »bibliodramatischen Elementen« zu sprechen.

Ein zentrales Anliegen der bibliodramatischen Arbeit ist die Ermöglichung von Ganzheit auf verschiedenen Ebenen: Integration vielfältiger Textauslegungen; Integration von Körper, Seele und Geist; Integration der Gruppe. Von hier aus ergibt sich erneut eine Rückbindung der Methode an unseren Inhalt: Was bedeutet Ganzheit im Sinne des Gleichnisses vom Vater und seinen Söhnen? Im Gleichnis repräsentiert das Gut des Vaters das Ganze, die beiden Brüder die Teile einer zerfallenden Ganzheit. Die Reintegration des Ganzen wäre die Wiederherstellung der Familie, für die symbolisch die Teilnahme aller am gemeinsamen Fest steht. Übertragen auf den Unterricht: Die Integration der ganzen Klasse in der Arbeit des Lehrers/der Lehrerin mit den Schülern würde die Intention der Geschichte auf der gruppendymanischen Ebene aufnehmen. Die gemeinsame Vorbereitung und Gestaltung eines Festes im Sinne unserer Geschichte könnte dem Klassenvater oder der Klassenmutter in ihrem Bemühen um Integration des Ganzen helfen. So gesehen bietet auch die Schule die Chance für ein je und dann glückendes Bibliodrama.

Medien- und Literaturhinweise

Film:

Spielen im Religionsunterricht. Die Geschichte vom Vater und seinen Söhnen, Stuttgart: IMATEL [1980]. 60 Minuten. (*U. Bubenheimer* demonstriert mit einer 6. Klasse einige der hier beschriebenen Spielformen. Verleih über Medienzentralen).

U. Bubenheimer, Spielen im Religionsunterricht. Zu einem Unterrichtsprojekt und einem Unterrichts-Mitschaufilm, in: entwurf 1981, H. 1, 6-19. (Methodischer Kommentar zu dem vorgenannten Film).

U. Bubenheimer/D. Strecker, Religionsunterricht und Spielpädagogik in der Grundschule, Limburg 1979.

H. Frör, Spiel und Wechselspiel. Kommunikationsspiele für Gruppen – Material und Methodik, München 1974.

W. Longardt, Spielbuch Religion. Für den Umgang mit fünf- bis zwölfjährigen Kindern, Zürich/Köln/Lahr [2]1988.

XX.
Meditation

Wolfram K. Kurz

1. Anmerkungen zur gegenwärtigen Meditationsproblematik

Ganz ohne Zweifel ist Meditation eine Grunddimension christlicher Spiritualität. Schaut man auf die gegenwärtige Situation, so ergibt sich folgende, religionspädagogisch bedeutsame Konstellation:

(a) Meditation in ihren vielfältigen Spielarten ist ein bedeutsames Element christlicher Spiritualität von ihren Anfängen an. *Luther* ist von der Meditationspraxis des Mittelalters voll erfasst worden und hat der Meditation als spiritueller Übung ganzheitlicher Art während seines gesamten Lebens eine große Bedeutung beigemessen. Das bringen vor allem die neuesten Forschungen zu diesem Thema deutlich an den Tag[1].

(b) Unmittelbar nach Luther erscheint Meditation als Ausdruck spiritueller Lebensgestaltung im Raum des Protestantismus nur noch punktuell. Die Frage, warum die Kontinuität der Meditationstradition nach Luther im protestantischen Bereich zerbricht, ist im Einzelnen nicht geklärt. Der Hinweis auf das Verschwinden der monastischen Lebensform und auf das gebrochene Verhältnis vieler protestantischer Theologen zur Mystik ist in diesem Zusammenhang wichtig, aber nicht hinreichend. Ebenso verhält es sich mit dem Hinweis auf die vorrangig außenorientierte Geisteshaltung des Protestantismus, welche sich im Streben nach *Welterkenntnis* und *Weltgestaltung* zeigt und den Geist des Protestantismus mit dem Geist von Renaissance und Humanismus, bei aller Differenz im Detail, zusammenbindet.

(c) Das Bedürfnis vieler Jugendlicher, ihrem Glauben im Mittel

1 Siehe dazu *M. Nicol*, Meditation bei Luther, Göttingen ^{2}1991.

meditativer Spiritualität Ausdruck zu verleihen bzw. im Mittel von Meditation Glaubenserfahrungen zu machen, ist bekannt. Zu verweisen wäre hier vor allem auf die Taizé-Jugend und die Jugend der Kirchentage. Bekannt ist auch, dass viele junge Menschen in ihren Kirchengemeinden keine entsprechenden Angebote finden und sich deshalb außerkirchlichen Angeboten zuwenden.

(d) In diesem Zusammenhang ist auf die für viele Menschen faszinierende Geistigkeit des Ostens und die entsprechenden Meditationsangebote zu verweisen, wie sie vor allem vonseiten der Transzendentalen Meditation und im Raume des Zen-Buddhismus gemacht werden. Nicht wenige junge Menschen, denen die Grundverbindlichkeiten der konsumorientierten Industriegesellschaften nicht mehr sehr verlockend erscheinen, suchen ein neues System der Orientierung und ein sinnvolles Objekt der Hingabe in den östlichen Religionen und in ihren Spiegelungen bzw. Zerrspiegelungen in der so genannten neuen Religiosität. Meditation in verschiedenen Formen spielt in diesen Zusammenhängen immer eine wichtige Rolle im Sinne spirituellen Ausdrucks.

Angesichts dieser Sachlage ist im Horizont allgemeinpädagogischer, systematisch-theologischer und religionspädagogischer Gesichtspunkte zu prüfen, ob Meditation im protestantischen Raum überhaupt und welche Form der Meditation in den religionspädagogischen Arbeitsfeldern gelehrt und eingeübt werden sollte: in den Schulen im Zusammenhang des RU, in den Gemeinden im kirchlichen Unterricht, in den kirchlichen Erwachsenenbildungsstätten oder im Rahmen der Jugendarbeit. Im Hinblick auf den problematischen Gegenstand der Meditation ist darum zu fragen: (a) unter dem Aspekt der Historizität: welche Formen von Meditation sich im Blick auf die uralten Meditationstraditionen in West und Ost für die kirchliche und religionspädagogische Praxis anbieten; (b) unter dem Aspekt der Aktualität: welche Formen von Meditation in neuester Zeit im kirchlichen Bereich heute schon gelehrt und eingeübt werden; (c) unter dem Aspekt der Potenzialität: welche Weisen des Meditierens im außerkirchlich-religiösen bzw. im medizinisch-therapeutischen Feld vorhanden sind und sich für das Meditieren im Raum der Kirche ganz allgemein und im religionspädagogischen Feld im besonderen anbieten; und (d) unter dem Aspekt der Essentialität: welche Meditationsform unter theologischen und religionspädagogischen Gesichtspunkten als optimal anzusehen und daher für die kirchliche Arbeit im Ganzen und die religionspädagogische Arbeit im Besonderen zu empfehlen ist. Ich wende mich dem letzten Punkt zu[2].

2. Die Grundstruktur der integrierten Meditation

Es gilt nun, in Umrissen diejenige Meditationsweise darzustellen und einen entsprechenden Begriff von Meditation auszubilden, welche sowohl für die kirchliche Arbeit ganz allgemein als auch für die spezifisch religionspädagogische Aufgabe bedeutsam sind. Die Meditationsform, für die ich in dieser Hinsicht plädiere, nenne ich *integrierte Meditation*. Sie zeichnet sich dadurch aus, dass sie wesentliche *Techniken* des Ostens mit den entscheidenden *Gehalten* des Westens zusammenbindet.

In idealtypischer Perspektive kann man zunächst davon ausgehen, dass östliche Meditation objektlos, westliche Meditation objektorientiert ist[3]. Ihren unverwechselbaren Ausdruck hat östliche Meditation im Zen-Buddhismus gefunden. Das modische Unternehmen, ausschließlich östliche Meditationsformen im Wege einer möglichst perfekten Imitation der entsprechenden Techniken zu pflegen, ist abzulehnen. Dies nicht allein deshalb, weil eine Anzahl östlicher Formen auch aus der Einbettung in das kulturelle Umfeld lebt. Die Orchideenhaftigkeit der Form mag ein äußerer Anreiz zur Rezeption sein. Einen echten Grund stellt sie nicht dar. Außerdem ist zu bezweifeln, dass östlicher Geist in seiner Gesamtheit interkulturell übertragbar bzw. rezipierbar ist. Demzufolge sollte man zwischen kulturspezifischen und allgemeinmenschlichen Zügen einer Meditationsweise unterscheiden. Die Bedeutung des Ostens liegt für uns zunächst im Sachverhalt, dass sich hier wichtige Hinweise zur *äußeren Form* des Meditierens finden, also zur Körperhaltung und Atmung. Der im Sinne östlicher Meditation

2 Die theoretischen und schulpraktischen Perspektiven behandelt auch *A. Biesinger*, Meditation im Religionsunterricht, Düsseldorf 1981.

3 Dies schließt nicht aus, dass es im Osten, zum Beispiel im Hinduismus, objektorientierte Meditation gibt und im Westen objektlose, zum Beispiel bei Meister Eckehart. Eine umfassende Darstellung bietet *K. Thomas*, Seelsorge und Psychotherapie Bd. 1: Meditation in Forschung und Erfahrung, in weltweiter Beobachtung und praktischer Anleitung, Stuttgart 1973.

Meditierende nimmt sich aus der Fülle äußerer und innerer Reize heraus, um sich der Stille und Leere zu erschließen.

Diese Leere ist als Offenheit für das Ereignis der sich von sich aus gewährenden Fülle zu verstehen. Entscheidend ist, dass Meditation in diesem Sinne *keine* Form der Selbsterlösung darstellt, vielmehr zu einer Haltung der Offenheit führt, der sich der Grund des Seins erschließen *kann*. Was nun die Körperhaltung und Atmung angeht, sind hier nur Hinweise möglich. Man muss selbst üben, um zu erfahren, was gemeint ist. Man übt im vollen oder halben Lotussitz, im Diamantsitz, also im Knien, oder, sofern die entsprechende Gelenkigkeit fehlt, zur Not auch im aufrechten Sitzen auf einem Stuhl. Das Sitzen im Sinne der Za-Zen ist als Verschränkung zweier Grundhaltungen des Körpers zu verstehen, nämlich des Liegens und des Stehens. Der Unterkörper liegt gleichsam, breit verwurzelt nach unten zur Erde hin; der Oberkörper steht gleichsam, nach unten hin verwurzelt in seinem vitalen Grund und nach oben erhoben zum Himmel hin. Diese leibliche Gebärde ist Sinnbild für den doppelten Ursprung des Menschen. Der Schwerpunkt wird aus dem Kopf heraus verlagert in die Mitte des Leibes, etwa in die Höhe des Solarplexus. Der Meditierende versucht so zu sitzen, dass er das leibliche Gefühl entwickelt, in seiner natürlichen Mitte dazusein. Diese Mitte wird nicht fixiert, um jede Starre zu vermeiden. Stößt man einen Meditierenden leicht an, so schwingt er aus seiner Mitte heraus und schwingt gelassen in seine Mitte wieder zurück, gleichsam wie ein Baum, der vom Wind bewegt wird. Meditiert wird mit offenen Augen. Es geht nicht darum, den Kontakt mit der Wirklichkeit zu verlieren, vielmehr die Voraussetzung dafür zu schaffen, dass sich einem die Tiefe der Wirklichkeit eröffnet.

Meditation ist keine Abart des autogenen Trainings, also keine Entspannungsübung auf der Basis von Selbsthypnose und Vorsatzbildung, stellt sich vielmehr als Versuch dar, in die rechte Spannung zu geraten, welche als Mitte zwischen völliger Entspanntheit und Überspanntheit zu verstehen ist. Der Meditierende ist hellwach, völlig präsent und darauf eingestellt, den Gedankenfluss versiegen zu lassen. Entscheidend ist, dass die Gedankenbildung nicht bekämpft wird, dass der Meditierende vielmehr den Zustand des Hellwachseins bei völliger Gedankenlosigkeit in einer mittleren Haltung von Aktivität und Passivität sich einstellen lässt. Im Übrigen konzentriert er sich auf seine Atmung, deren Rhythmus er mit Hilfe einer inneren Formel nicht steuert, vielmehr begleiten kann. *K. Graf Dürckheim*, der es unternommen hat, den Geist dieser Meditationsweise in die Begrifflichkeit des Westens zu übersetzen, hat in diesem Zusammenhang die Formel gebildet: sich loslassen, sich niederlassen, eins werden, neu werden[4]. Dabei werden die ersten beiden Teile der Atemformel mit dem Ausatmen, der dritte Teil mit dem Stillstand der Atmung nach dem Ausatmen und der vierte Teil mit dem Einatmen verbunden. Entscheidend ist dabei immer die anzustrebende Entsprechung von leiblicher und psychisch-geistiger Verfassung. Setzt man im Zusammenhang integrierter Meditation bei der leiblichen Haltung an, indem man in einer Atmosphäre der Stille den Leib ruhig stellt, dann wird die Schwingung leiblicher Ruhe auch die Seele und den Geist erfassen. Es ereignet sich dann Konsonanz im Sinne eines Zusammenschwingens. In Analogie dazu ist die vierfache Atemformel eben nicht nur unter somatischem, vielmehr auch unter psychisch-geistigem Aspekt zu verstehen.

»*Sich loslassen*« bedeutet nicht nur, sich in den Schultern loszulassen, die kopflastige Verspanntheit im oberen Teil des Körpers, die Verkrampfung in der Höhe der Herzgegend, im Nacken und in den Oberarmen aufzugeben, es bedeutet vielmehr zugleich auch: die Sorge um die vielfältigen, materiellen, moralischen und pseudoreligiösen Sicherungen in dieser unsicheren Welt loszulassen und sich auf den Weg des Vertrauens zu begeben; eines Vertrauens, das seinen Grund nicht mehr in der Welt, vielmehr in dem hat, das die Welt begründet und somit transzendiert.

Entsprechend bedeutet »*sich niederlassen*« nicht nur die Verlagerung des leiblichen Schwerpunktes vom Kopf aus in den Bauch-Becken-Raum hinein, so dass sich das Gefühl tragender Verwurzelung im Grunde einstellt. Es bedeutet zugleich auch »das Hinfinden zu einem Grundvertrauen, das keine rationale Legitimation in Gestalt erkennbarer oder geglaubter Sicherungen braucht ... In religiöser Hinsicht bedeutet das das Erfahren eines echten Glaubens, der definiert werden kann als: *Sprung in Unbekanntes, ohne Rest, voller Vertrauen.* Es ist, als bewähre sich hier schon eine Ahnung von einem Leben, das jenseits ist von Leben und Tod und so das Sterben in Freiheit möglich macht«[5].

Was das »*eins werden*« angeht, so ist es nicht nur als rechte Verwurzelung des Leibes auf seinem Grund, auch nicht nur als Gewinn eines wohltuenden Zusammenspiels von Leib, Seele und Geist zu verstehen, vielmehr als Eingelassenheit in den Grund des Seienden und somit als Offenheit für die Begegnung mit dem überweltlichen Grund.

4 Vgl. dazu *K. Graf Dürckheim*, Meditieren – wozu und wie?, Freiburg [6]1981.

5 Ebd., 155f.

Und auch dem leiblichen »*Neu werden*« im Einatmen entspricht ein seelisch-geistiges Äquivalent: nämlich die Disposition: als »man selbst« in neuer, kraftvoller Form unter den vorläufigen Bedingungen der Geschichte Leben so zu gestalten, dass letztgültiger Sinn in den vorläufigen Verhältnissen immer wieder transparent wird.

Zur *integrierten* Meditation wird diese Form nun, sobald man aus der Verfassung des Leer-Seins in Stille einschwingt in die westliche Weise des Meditierens, welche im Prinzip objektorientierter, konzentrativer Natur ist. Die Verkettung der östlichen und westlichen Form des Meditierens bietet sich an, weil gerade der Zustand des Leer-Seins die optimale Voraussetzung für objektorientierte Konzentration darstellt. Derjenige, der in Stille hellwach und von allen äußeren und inneren Reizen befreit ist, kann im Zustand der Sammlung für ein Gott vergegenwärtigendes Symbol höchst sensibel werden. Er kann in dieses Symbol – sei es ein Wort der Heiligen Schrift, sei es ein elementarer Glaubenssatz oder eine im Bild verwandelte Szene der biblischen Traditionen – eingehen bzw. es in sich eingehen lassen und es in reiner Form, so wie es von sich aus wirken will, auf sich wirken lassen. Die gegenstandsspezifische Ausstrahlung wird nicht durch die verwirrende Fülle eigener Gedanken und Gefühle gestört. Projektion im Vorgang des Verstehens und Vernehmens ist weitgehend ausgeschaltet. Höchste Empfänglichkeit für Gott vergegenwärtigende Symbole aber setzt optimales Leer-Sein in Stille voraus.

3. Die Polarität von begrifflicher und meditativer Aneignung des Evangeliums

»Erziehung ist dasjenige Handeln, in dem die Älteren ... den Jüngeren ... im Rahmen gewisser Lebensvorstellungen ... und unter konkreten Umständen ... sowie mit bestimmten Aufgaben ... und Maßnahmen ... in der Absicht einer Veränderung ... zur eigenen Lebensführung verhelfen, und zwar so, dass die Jüngeren das erzieherische Handeln der Älteren als notwendigen Beistand für ihr eigenes Dasein erfahren, kritisch zu beurteilen und selbst fortzuführen lernen«[6]. *H. Bokelmann*, der diese kompakte Definition

6 *H. Bokelmann*, Art. Pädagogik: Erziehung, Erziehungswissenschaft, in:

von »Erziehung« formuliert hat, spricht mit ihr die grundlegenden Themen an, die im Rahmen der allgemeinpädagogischen Theorie zu behandeln sind. Welche Absicht steht jedoch im Zentrum dieses komplexen Normenfeldes? Ganz offensichtlich ist es das Interesse, diejenigen Bedingungen zu benennen, die erfüllt sein müssen, damit der junge Mensch *zur eigenen Lebensführung freigesetzt wird*. Die Freisetzung zur eigenen Lebensführung aber setzt nicht allein Kenntnisse voraus, die es einem Menschen erlauben, mit den Dingen sachgemäß umzugehen und sich in den soziales Leben konstituierenden Institutionen sinngemäß zu verhalten. Die Freisetzung zur eigenen Lebensführung setzt vor allem die Entdeckung derjenigen essentiellen Lebensgestalt voraus, als die man im Grunde seines Lebens angelegt ist und die man in der Gestaltung des Lebens auslegen sollte. Der Mensch ist das zur Erfindung und zum Ausdruck seiner selbst verurteilte Wesen. Dazu aber muss er entdecken, wer er eigentlich ist, und Kräfte entwickeln, sich in seiner Eigentlichkeit auszudrücken; im Umgang mit sich, den anderen, mit der Welt in ihrer Naturhaftigkeit und der Welt als einem künstlichen und sozialen Kosmos. *Die Imagination und Expression von Eigentlichkeit ist Grundthema menschlicher Existenz*.

Genau an dieser Stelle aber wird die Bedeutung religiöser Erziehung einsichtig. Sie bietet nicht nur eine altersgemäße und individuelle Orientierung, welche die Ränder menschlichen Daseins betrifft und vom jungen Menschen im Mittel der Frage nach dem anfänglichen *Woher* und letztlichen *Wohin*, als Frage nach dem Grund menschlicher Entfremdung und der Möglichkeit einer versöhnten Existenz provoziert wird. In jenem Zentrum steht vielmehr das dem jeweiligen Alter gemäße Verweisen auf die Gestalt Jesu Christi, welche dem Glauben als Vergegenwärtigung essentiellen Menschseins durchsichtig geworden ist und immer wieder durchsichtig wird. Die religionspädagogisch entscheidende Frage ist jedoch, wie dieses Verweisen sinnvollerweise geschehen sollte, so dass die notwendigen Bedingungen für eine existentiell bedeutsame Aneignung erfüllt sind. Die Führung zur integrierten Meditation kann in diesem Zusammenhang eine wesentliche Hilfe bringen. Dies bedeutet aber, dass die einseitig kognitiven Formen der

J. Speck/G. Wehle (Hrsg.), Handbuch pädagogischer Grundbegriffe, Bd. II, München 1970, 178-267, bes. 185–186.

intellektuellen Aneignung religiöser Gehalte durch ganzheitliche Formen einer meditativen Aneignung ausbalanciert werden müssten.

Der RU ist heute vorrangig kognitiv ausgerichtet. Ein Blick auf die Lehrpläne zeigt dies deutlich. Es unterliegt auch keinem Zweifel, dass die kognitive Dimension wichtig ist. Den neuesten Untersuchungen zufolge fragen viele Jugendliche, wenn auch in schlichter Weise, durchaus nach dem Entstehen und Vergehen der Welt und verlangen nach protologischen und eschatologischen Interpretamenten in Auseinandersetzung und im Kontrast mit naturwissenschaftlichen Aussagen. Sie haben, bei aller Distanz zur Kirche, Interesse an der Gottesfrage ganz allgemein, fragen nach der Bedeutung Gottes angesichts ihrer existentiellen Probleme. Und dennoch: die lebendige Aneignung der zentralen *theologischen Lehraussagen* gelingt kaum. RU beispielsweise produziert und reproduziert im Prinzip christliches Ethos; nicht mehr. Die Ermöglichung eines Lebens, das aus der Mitte des *Glaubens* heraus gestaltet wird und nicht vorrangig unter dem Eindruck einer christlich gefärbten Ethik, gelingt kaum. Dies aber könnte damit zusammenhängen, dass die Aneignung religiöser Gehalte im Mittel des Begriffs und der begrifflichen Zergliederung ein *distanzierendes Erkennen ist*, das durch ein *einendes Erkennen* ausbalanciert werden müsste, um existentiell bedeutsam zu werden[7].

So übernimmt *Luther* die Unterscheidung von foris audire und intus audire, also zwischen dem Vernehmen mit dem Ohr und dem Vernehmen mit der Seele von *Augustin*. Er vertieft diese Unterscheidung im Zuge der Entwicklung seiner hermeneutischen Anschauungen. Wahres Verständnis der biblischen Tradition ist ihm zufolge nur möglich, sofern sich der Ausleger in strenger Weise an den Wortsinn im Sinne des sensus historicus hält und sich zugleich in der existentiellen Betroffenheit durch das erfährt, auf das dieser Sinn verweist. Das Verstehen kommt nicht im distanzierten Betrachten des Textes, sondern im geistlichen, also geistgewirkten Verstehen an sein Ziel. Aus Distanz wird Nähe. Aus der Kühle des Hinschauens wird die Wärme der aneignenden Betrachtung. »Luther hat zuerst die Wahrheit ausgesprochen«, schreibt *K. Holl*, »dass man nicht in der Kühle, sondern im Affekt, in der Leiden-

7 Vgl. zum Problem des einenden und beherrschenden Erkennens *P. Tillich*, Systematische Theologie, Bd. 1, Stuttgart 1956, 114.

schaft versteht«[8]. Voraussetzung dieses Verstehens aber ist eine meditative Haltung.

Unser Zeitalter zeichnet sich durch die Hypertrophie des beherrschenden Erkennens und ein erschreckendes Ungleichgewicht von beherrschendem und einendem Erkennen aus[9]. Beherrschendes Erkennen ist am Detail orientiert, isoliert bringt es das Regelmäßige und Allgemeine ihrer Objekte auf den Begriff. Im Gegensatz dazu sind lebende Phänomene in ihrer Ganzheit und Individualität nur einendem Erkennen zugänglich. Pädagogen, Ärzte, Seelsorger, Psychotherapeuten sind auf einendes Erkennen verwiesen. Das Ergebnis des einenden Erkennens ist die intuitive Erkenntnis. Sie ist unsicher, aber existentiell bedeutsam, während die Ergebnisse des beherrschenden Erkennens sicher sind, aber nicht in jedem Falle lebensrelevant.

Das Prinzip der begrifflichen Zergliederung ist *Distanz*. Das Prinzip objektorientierter Meditation ist *Nähe*. Um Nähe zu schaffen, gilt es, dem Gegenstand der Meditation nahe zu kommen. Objektorientierte Meditation vereinigt sich mit dem Gegenstand, indem sie in ihn eingeht und ihn so von innen her schaut bzw. in sich eingehen lässt. Im Vorgang des Meditierens wird so Gegenständlichkeit überwunden. Aus Gegenständlichkeit wird Inständlichkeit. Beste Voraussetzung der gegenständlichen Meditation aber ist das Leerwerden in Stille.

Diese Weise des Meditierens stellt sich zunächst als Verweigerung all dessen dar, wozu Schule im herkömmlichen Sinne erzieht: als Verweigerung der Bewegung, Verweigerung des Denkens, Verweigerung des Redens, Verweigerung des Handelns. Damit aber schafft sie im Subjekt einen Zustand, in welchem der distanzierte und distanzierende Umgang mit den Gegebenheiten der Welt abgebrochen wird. Ein Zustand des unmittelbaren Darin-Seins entsteht. Hört das Denken auf, dann auch die Distanz zwischen Denkendem und Bedachtem, welche das Urteil schafft. Hört das Reden auf, dann auch die Distanz zwischen Sprechendem und Besprochenem, welche das Wort schafft. Hört das Handeln auf, dann auch die Distanz zwischen Handelndem und dem Objekt seines Handelns, welche die Tat schafft.

8 *K. Holl*, Gesammelte Aufsätze zur Kirchengeschichte, Bd. 1, Luther, Tübingen [5]1927, 556.

9 Vgl. *P. Tillich*, Systematische Theologie, Bd. 1, 118.

Entscheidend aber ist, dass man im Zustand der eigenen Urteilslosigkeit bei voller Wachheit frei wird für ein unbedingtes Urteil von jenseits; dass man im Zustand der eigenen Wortlosigkeit in absoluter Stille frei wird für das unbedingte Wort; dass man im Zustand der Tatlosigkeit bei völliger Offenheit frei wird für ein unbedingtes Geschehen, das sich an einem ereignet; und dass man im Zustand der eigenen Ziellosigkeit bei voller Zentriertheit selbst Ziel eines unbedingt bedeutsamen Geschehens werden kann, als welches das den Menschen treffende Wort Gottes wirkt.

4. Die religionspädagogisch bedeutsamen Auswirkungen der Meditation

Die Bestimmung des Menschen ist es, ein Leben zu führen, das die in ihm angelegte essentielle Grundgestalt in der Gestaltung der Lebensbezüge unter Berücksichtigung der konkreten geschichtlichen Situation durchscheinen lässt. Man kann auch mit *K. Graf Dürckheim* sagen, die Bestimmung des Menschen ist es, Person zu werden, das heißt, seine Aufgabe ist das »per-sonare«, nämlich seine essentielle Grundgestalt, die innerlich ist, in der Gestaltung der Lebensbezüge äußerlich werden zu lassen, sie durchtönen zu lassen. Bekanntlich erzeugt der Schein einen Widerschein und das Tönen ein Zurücktönen. Nun scheint eines sicher: Die Leben gewährende Formung der äußeren Welt wird nur gelingen auf der Grundlage einer radikalen Verwandlung der inneren; man kann auch sagen einer Verwandlung der Herzen, einer Verwandlung unserer Grundeinstellungen. Dabei gilt es beides zu vermeiden: die einseitige Flucht nach außen in hektische Betriebsamkeit, die verändert, nicht *sein lassen* kann und nicht weiß warum; und die einseitige Flucht nach innen, die im bezuglosen Kreisen um sich alles sich selber überlässt und nicht weiß wozu. Ziel religiöser Erziehung aber ist es nicht allein, mit den jungen Menschen so zu sprechen, dass sie (ihren) Glauben im Mittel des Begriffs, vielmehr auch im Medium der Existenz verantworten können.

Nun ist gewiss die Einübung von Meditation im Rahmen des *kirchlichen Unterrichts* organisatorisch leichter als im Rahmen des schulischen RU, aber im Blick darauf, dass sich die jungen Leute im kirchlichen Unterricht in der puberalen Ablösephase befinden, ist sie schwerer als zum Beispiel in der Oberstufe eines Gymnasiums. Was den *schulischen RU* angeht, so stellt sich die Lage genau umgekehrt dar. Die Binnenorganisation der Schule, die zerhackte Zeit eines Vormittags und die unter stofflichem Aspekt zerhackte Welt machen die Einführung in Meditation und die kontinuierliche Übung dort nicht leicht. Dennoch ist sie möglich und dort, wo sie geübt wird, als Kontrapunkt zur intellektuell-kognitiven Überbeanspruchung ebenso sinnvoll wie beliebt. Wichtig aber ist, dass man nicht selten erfährt, dass meditierende Menschen immer wieder dazu werden, wozu sie heute, vor allem auch im Schulbereich, nur noch selten werden: zu staunenden Menschen, zu selbstvergessenen, völlig präsenten Menschen, zu wertfühligen Menschen, zu Menschen, die ganz gesammelt in ihrer Mitte ruhen. Dies ist in gleicher Weise von allgemeinpädagogischer *und* religionspädagogischer Bedeutung.

4.1 Elementare Glaubensaussagen meditieren. Die vier großen Themen der Theologie sind die Schöpfungslehre, die Sündenlehre, die Versöhnungslehre und die Eschatologie. In ihnen erscheinen Mensch und Welt in ihrem Bezug zu Gott, also so, wie sie dem reflektierenden Glauben durchsichtig geworden sind. Die Welt wird als von Gott geschaffene und der Mensch als vor Gott verantwortlicher begriffen. Der Mensch wird als der von Gott, seinem Nächsten und von sich selbst Entfremdete, in Christus Gerechtfertigte und somit Versöhnte ausgesagt. Und die Vollendung von Mensch und Welt in all ihrer Fragmenthaftigkeit wird im Rahmen der Lehre von den letzten Dingen entfaltet. Natürlich spielen diese Lehren in elementarer Form auch im Rahmen religiöser Erziehung eine Rolle. Aber im RU sind sie kaum in existenziell bedeutsamer Weise vermittelbar. Die meisten Jugendlichen werden mit diesen Formen der Auslegung von Mensch und Welt nicht mehr im Rahmen eines gelebten Christentums (z.B. im Zusammenhang des Gottesdienstes bzw. christlicher Feste) *ganzheitlich* vertraut gemacht, sondern im RU. Das aber bedeutet zumeist, dass sie in der Schule angeleitet werden zu reflektieren, wovon sie oft keine religiös-vitale Erfahrung haben. Da der Lebenszusammenhang fehlt, leuchtet der existenzielle Bezug schwer ein, die Interpretamente werden als sinnlos empfunden und leicht vergessen. Was diesen jungen Menschen vorenthalten wurde, ist die Gelegenheit des Staunens: zu staunen, dass der Mensch nicht Zufall der Materie, sondern Gottgewollt ist; zu staunen, dass er nicht allein irrtumsfähig, vielmehr vom Grunde seines Seins entfremdet ist; zu staunen, dass Gott ihn aber dennoch annimmt, obwohl er unannehmbar ist. Dieses Staunen erzeugt Betroffenheit, die Betroffenheit aber bewegt den Menschen, sich nun auch in systematisch-begrifflicher Weise Rechenschaft über seinen Glauben abzulegen. Natürlich sind vitale religiöse Erfahrungen, das ihnen folgende Staunen und die Verfassung der Betroffenheit nicht beliebig machbar. Aber die *meditative Aneignung* der Offenbarungswahrheiten könnte ein Staunen mit ermöglichen, das zu engagierter Reflexion führt.

P. Tillich hat unter formalem Aspekt Glaube als Ergriffensein durch das, was uns unbedingt angeht, weil es über Sein und Sinn unserer Existenz entscheidet, umschrieben und unter materialem Aspekt als Zustand des Ergriffenseins durch das Neue Sein, wie es in Jesus als dem Christus erschienen ist[10]. Er interpretiert dieses Ergriffensein als unbedingtes und totales Betroffensein. Was aber als Ergriffenheit und Betroffenheit zu seiner Erfüllung kommt, beginnt nicht selten als schlichtes Staunen. Die Frage ist nur, ob wir im Rahmen religiöser Erziehung, vor allem im Rahmen des für die Weitergabe religiöser Traditionen so wichtigen Feldes des RU noch genügend Gelegenheit und das heißt auch: noch genügend Zeit und eine entsprechende Atmosphäre gewähren, die die notwendigen Bedingungen dafür schaffen, dass die biblischen Traditionen nicht allein zur Kenntnis genommen, vielmehr ganzheitlich angeeignet werden. Integrierte Meditation aber unterstützt ganzheitliche Aneignung in wirkungsvoller Weise. Als gegenstandsorientierte Meditation ist sie konzentrativer Natur. Da es zu ihrem Wesen gehört, sich auf elementare Wissensstrukturen und elementare Erfahrungen zu beziehen, ist es durchaus nicht abwegig, die im religionspädagogischen Bereich geübte *Elementarisierung biblischer Inhalte* mit der Bemühung um Meditation zu verketten. Elementarisierung bedeutet, die konstitutiven Grundbestandteile, die ein geistiges Gebilde charakterisieren, und die mit ihnen verbundenen elementaren Erfahrungen zu benennen. Gott, wie er sich in Jesus Christus zeigt, als denjenigen zur Sprache zu bringen, der den Menschen trotz seiner Unannehmbarkeit vorbehaltlos annimmt,

10 Vgl. dazu *P. Tillich*, Systematische Theologie, Bd. 3, Stuttgart 1966, 155f.

ist ein elementarer theologischer Sachverhalt. Diesen Sachverhalt allein zur Kenntnis zu nehmen, ist dem Sinne dieses Sachverhaltes völlig unangemessen. Nimmt man ein Bekenntnis der Liebe lediglich zur Kenntnis, dann hat man es nicht begriffen. Lieben und Geliebtwerden ereignen sich im Prinzip als meditative Prozesse. Gesammeltes Hinsehen, gesammelte Vergegenwärtigung der liebenden bzw. geliebten Person, Zeitvergessenheit, konzentriertes Wahrnehmen, sich im Wahrnehmen vereinigen, die Liebe aus einer Haltung der Empfänglichkeit an sich geschehen lassen – alles das sind meditative Elemente. Sie sind Kennzeichen eines Verstehens, welches das objektivierende Begreifen überragt und an sein Ziel führt. Ist dem aber so, dann gilt es, die elementaren Bestandteile der Lehre, sozusagen die Kurzformeln des Glaubens, nicht nur zu lernen, vielmehr auch zu meditieren. Oder besser: meditierend zu lernen und lernend zu meditieren. Luther selbst ist es, der uns im Zusammenhang der von ihm geübten Katechismusmeditation die entsprechenden Anregungen gibt[11].

4.2 Meditativ auf das Jetzt konzentrieren. Der Meditierende wird immer wieder zu einem voll gegenwärtigen, gesammelten und selbstvergessenen Menschen. Aus der Verfassung des Stille-Seins wird er immer wieder alle Zerstreutheit aufgeben, in Selbstvergessenheit und Ausschließlichkeit sich ganz auf die jetzt zu bewältigende Situation einlassen. Der Mensch neigt dazu, aufgrund seiner biologischen Organisation an »Mangel an Erfahrung mit dem Unmittelbaren«[12] zu leiden. Die phylogenetische Entwicklung des aufrechten Ganges hat auch Nachteile gebracht: die Nah-Sinne, Geruch, Geschmack und teilweise auch der Tastsinn wurden zurückgebildet, »der vom Boden nun weit entfernte Kopf neigt auch zum ›Abheben‹ von der Realität. Die Freisetzung des Auge/Hand-Feldes, die Voraussetzung für Objektwahrnehmung, Perspektive und Instrumentengebrauch, bringt zugleich die Gefahr mit sich, das Objekt aus dem Auge zu verlieren und abgelenkt zu werden«[13].

11 *M. Nicol*, Meditation bei Luther, 150ff.
12 *H.-P. Dreitzel*, Der Körper in der Gestalttherapie, in: *D. Kamper/Ch. Wulf (Hrsg.)*, Die Wiederkehr des Körpers, Frankfurt a.M. 1982, 56.
13 Ebd.

Die Gegenwart wird immer mehr durch die Erinnerung an Vergangenes und durch die Planung der Zukunft geprägt und verliert so ihren spezifischen Charakter. Meditative Konzentration ist nötig, um in völliger Leibes-, Seelen- und Geistesgegenwart sich auf das lebendige, präsentische Geschehen *jetzt* einzustellen; und in dem als Übung gestalteten Alltag *jetzt* so zu handeln, dass Leben immer wieder gelingt.

4.3 Meditation schafft Wertfühligkeit. Vitaler Grund für den sensiblen Umgang des Menschen mit den Mitmenschen, den Dingen und der Natur ist primär nicht die Geschliffenheit des ethischen Reflexionsvermögens, vielmehr das *Gefühl* für die Zartheit, Verletzlichkeit, Subjekthaftigkeit und damit Eigenwerthaftigkeit der Lebensphänomene in dieser Welt. Meditation ist geeignet, dieses Gefühl mit zu ermöglichen. Wer sich in einen Menschen, eine Landschaft, ein Tier, eine Pflanze, in die Fassade eines schönen alten Hauses so einfühlt, dass er sie gleichsam von innen her schaut, der erlebt sie in ihrer Zugehörigkeit zu ihm und in ihrer je eigenen Würde. Nicht das Gefühl für ethische Wertideen, die im Medium des Subjektes in die Realität transformiert werden müssen, ist entscheidend, vielmehr das Gefühl für die Subjekthaftigkeit auch der transhumanen Erscheinungen. Aus diesem Grunde sollte Meditation im Zusammenhang ethisch orientierter religiöser Erziehung nicht fehlen.

Meditation ist im Grunde etwas Einfaches. Sie gehört zu jedem menschlichen Leben hinzu. Kinder meditieren z.B. ohne jede Anleitung. Sie meditieren, weil sie in der Balance von Körper-Sein und Körper-Haben leben, weil sie nicht vorrangig ek-sistent, vielmehr in fein ausgewogener Form auch in-sistent sind. Wenn der Mensch Natur schaut und sich dabei vergisst, wenn der Mensch von einem sprachlichen Kunstwerk, einem biblischen Wort zum Beispiel ergriffen wird und betrachtend sich in dieses verliert, wenn der Mensch in die Tonfülle einer schönen Komposition hineingezogen wird und in ihr wie aufgehoben ist, dann meditiert er. Die Situation der Ek-sistenz verwandelt sich in die Situation der Insistenz. Das Sein im Gegenüber ist überwunden. Die Entfremdung ist aufgehoben. Er be-greift die Phänomene nicht mehr, hand-habt sie nicht, ja hat sie nicht mehr. Er blickt sie auch nicht mehr an, schaut sie vielmehr von innen her. Dies ist möglich aufgrund meditativer Vereinigung. Will der Mensch nicht gänzlich heimatlos werden, muss er ein Gefühl für die Zusammengehörigkeit aller Phänomene entwickeln und ihr Leben schaffendes Zusammenspiel *sein lassen.* Die Bedeutung der Meditation für ein ökologisches Bewusstsein leuchtet hier unmittelbar auf. Die Bedeutung der Meditation für ethische Erziehung ebenfalls.

4.4 Die eigene Mitte finden. Worum geht es letztlich im Rahmen einer religiösen Erziehung, welche Meditation pflegt? Es geht darum, dass der Edukand eine Mitte finde, von der her er sein Leben verstehen und sinnvoll gestalten kann. Es geht darum, den jungen Menschen zu einer personalen Verfassung freizusetzen, die ihn angesichts der notvollen Bedingungen geschichtlicher Existenz immer wieder gelassen, still und widerstandsfähig macht. Der Hinreise muss die Rückreise entsprechen, der Distanz das En-gagement! Letztlich geht es im Rahmen meditativ-christlicher Erziehung darum, die sicher nicht hinreichende, aber notwendige Bedingung für eines zu schaffen: Jesus Christus, der als wahrer Gott den wahren Menschen vergegenwärtigt und als wahrer Mensch auf Gott verweist, sich *ein-bilden* zu lassen, im ursprünglichen Sinne des Wortes. Solcher Ein-Bildung Gottes im Menschen korrespondiert die Aus-Bildung Gottes in der Welt. Eine Kette des Friedens in einer Welt der Waffen, eine verbindende Hand in einer Zeit des Misstrauens, ein Wort des Trostes und der Hoffnung in der Nacht der Seele, Widerstand gegen ein mörderisches Regime mögen als Symbole der Aus-Bildung Gottes in der gottlosen Welt stehen. Solche Aus-Bildung ist immer wieder möglich, wo Menschen offen werden, dass Gott sich ihnen ein-bilde. Diese Ein-Bildung Gottes kann der Mensch *nicht machen*; aber er kann offen für sie werden, indem er zu meditieren lernt. Aus diesem Grunde sollen Religionspädagogen nicht nur selber meditieren, vielmehr den Menschen, die ihnen anvertraut sind, die Grundbegriffe und Grundweisen des Meditierens vermitteln, damit sie wegkommen von egozentrischer Sorglosigkeit und in der Meditation des leidenden und auferstandenen Christus ihr eigenes Leiden in dieser Welt als ein Mitleiden mit Christus verstehen können und in der Meditation der Auferstehung Christi die Vorwegnahme der Erfüllung ihres eigenen Lebens entdecken können. Wer dies entdeckt, entdeckt die Mitte menschlicher Existenz. Um dies jedoch zu entdecken, bedarf es immer wieder der Meditation im Raum der Stille.

Von *Meister Eckehart* stammt das Wort: »Nur in der Stille spricht

Gott sein ewiges Wort in der Seele«[14]. Von *S. Kierkegaard* heißt es: »Als sein Gebet immer andächtiger wurde, da hatte er immer weniger zu sagen. Zuletzt wurde er ganz still. Er wurde still, ja, was womöglich ein noch größerer Gegensatz zum Reden ist, er wurde ein Hörer. Er meinte erst, Beten sei reden, er lernte aber, dass Beten nicht bloß Schweigen ist, sondern Hören. Und so ist es: Beten heißt nicht, sich selbst reden hören. Beten heißt stille werden und stille sein und harren, bis der Betende Gott hört«[15]. Und als der Philosoph von Sendai, *Satomi Takahashi*, gefragt wurde: Was ist Reife?, da schwieg er »und sagte dann ruhig und lächelnd: ›Die breite Stille‹«[16].

Literaturhinweise

K. Tilmann, Die Führung zur Meditation, Zürich 1981.
K. Graf Dürckheim, Meditieren – wozu und wie?, Freiburg 1981.
A. Biesinger, Meditation im Religionsunterricht, Düsseldorf 1981.
H. Müller-Bardorff, Meditation in der Grundschule, Regensburg 1990.
H. Kurz, Methoden des Religionsunterrichts, München [4]1998.
P. Henrici, Entdeckung der Stille, 3 Bde., München 1991/1992.
B. Müller, Meditative Übungen für unruhige Geister, München 1977.

14 Zit. nach *K. Graf Dürckheim*, Japan und die Kultur der Stille, Bern 1981, 73.
15 Ebd.
16 *K. Graf Dürckheim*, aaO., 71.

XXI.
Stille und Stilleübungen – Pädagogische Grundlagen einer Methode des Religionsunterrichts

Gabriele Faust-Siehl

1. Erste Kennzeichnung

Stille und Stilleübungen als methodische Elemente im Unterricht und in der Arbeit mit Gruppen, z.B. in der Gemeinde und in der Fortbildung, finden in den letzten Jahren verstärktes Interesse. Kinder, Jugendliche und Erwachsene nehmen mit Gewinn daran teil. Es handelt sich um eine Methode auf pädagogischer Grundlage, die auch für religionspädagogische Handlungsfelder wichtig ist. Die Formen sind nicht festgefügt, sondern es liegen Ansätze verschiedener Art vor, die teils als eigenständige methodische Form, teils auch als Bestandteil anderer didaktischer Schwerpunkte wie Symboldidaktik, ästhetischer Erziehung, praktischen Lernens und des Lernens »mit allen Sinnen« beschrieben werden. Die Grenzen zur Meditation sind fließend. Im Folgenden werden Stille und Stilleübungen in einer allgemeinpädagogischen Perspektive erörtert.

In Stilleübungen werden äußere Eindrücke abgeblendet, indem die Gruppe entweder schweigt oder die Übung von geeigneter Musik begleitet wird. Die Situation (Raumgestaltung, Sitzordnung, Anleitung, Aufgaben) ermöglicht innere Sammlung. Die Aufmerksamkeit der Teilnehmer ist auf einen Gegenstand, ein Bild, Töne oder auch auf einen Gedanken gerichtet. Die Teilnehmer sind zwar tätig, indem sie etwas tun oder nachdenken, aber sie sind auch passiv, indem sie abwarten und offen dafür sind, dass sich ein Gedanke oder eine Empfindung einstellt. Diese Vorgänge erlebt der einzelne mit sich selbst. Äußerlich ist davon wenig beobachtbar. Leiter und Leiterinnen können den geeigneten Rahmen schaffen und zu Stilleübungen anleiten, aber ihr Gelingen nicht direkt anstreben. In der Schule und in verwandten Situationen sind Stilleübungen aus mehreren Gründen ungewöhnlich: Die Teilnehmer sind nicht nach außen tätig, Leiterinnen und Leiter werden zu Anleitenden, die selbst an der Übung teilnehmen, und die Aufgaben und Ziele verlagern sich.

2. Stille und Stilleübungen in der pädagogischen Tradition

Der bewusste Einsatz von Stille und Schweigen hat in der Erziehung eine lange Tradition. In einer Zusammenstellung umreißt *Hermann Oblinger* mehr als 40 Konzeptionen[1]. Unter den dargestellten »Modellen« einer Schweige- und Stilleerziehung finden sich Lebenszusammenhänge, Traditionen, Gemeinschaftsregeln und im engeren Sinn pädagogische Entwürfe. Stillegebote sind z.B. bei Naturvölkern und in der antiken Tradition nachweisbar. Im Alten Testament (Buch der Sprüche), im Buch Jesus Sirach und im Jakobusbrief (Jak 3,1-10) wird vor dem Missbrauch der Zunge gewarnt. Jesus wird vor dem ersten Auftreten in die Wüste geführt (Mt 4,1-11; Mk 1,12 u. 13; Lk 4,1-13)[2]. Viele Ordensgemeinschaften, aber auch Gruppen wie die Pfadfinder enthalten in ihren Regeln Zeiten der Stille. Zahlreiche Pädagogen schätzen die bewusst eingesetzte Stille als Anforderung an Zöglinge und Erzieher und als Mittel der Erziehung hoch ein. Angesichts veränderter Lebensbedingungen in Kindheit, Jugend und Erwachsenenalter werden Stille und Stilleübungen als Möglichkeiten ausgleichender Erziehung heute gekennzeichnet[3].

Schweigen und Stille stehen im Allgemeinen im Zusammenhang mit fünf Zielen:

(1) Persönlichkeitsbildung: Zurückhaltung im Reden, Verschwiegenheit, Selbstdisziplin, Rücksichtnahme auf andere, aber auch eine umfassende Bildung der Person werden hier angestrebt.

(2) Förderung des Denkens und des Gesprächs: Schweigen und Stille sind Wege zum selbstständigen Denken und knappen und klaren Formulieren. Wenn Zuhörer und Redebeiträge dieser Art in ausgewogenem Verhältnis stehen und auch der Lehrer bzw. die Lehrerin

1 Vgl. *H. Oblinger*, Schweigen und Stille in der Erziehung, in: *M. Heitger/H. Schiefele (Hrsg.)*, Schriften der Pädagogischen Hochschulen Bayerns, München 1968.

2 Vgl. ebd., 47ff. Zu denken wäre außerdem an Situationen, in denen zum Gebet die Einsamkeit aufgesucht wird, z.B. Jesus in Gethsemane (Mt 26,36–46; Mk 14,32–42; Lk 22,39–46) und Mose auf dem Berg Horeb (Ex 19).

3 Vgl. *G. Faust-Siehl u.a.*, Mit Kindern Stille entdecken, Frankfurt a.M. [5]1995.

beherrscht spricht, kann es zu einer Kultur des Gesprächs in der Klasse kommen.

(3) Als »Weg« zu vertiefter Erkenntnis: In einem weitergehenden Sinn tragen Schweigen und Stille zu vertiefter Erkenntnis durch die Wendung »nach innen« bei. Kontemplative und meditative Haltungen ermöglichen, dass »eine andere Wirklichkeit« wirksam werden kann. In diesem Kontext spricht *Hubertus Halbfas* von der Stille als »Weg« zur eigenen Mitte und zu Gott[4].

(4) Unterrichtsdisziplin: Festgelegte Formen der Stille und des Schweigens wirken dem Lärm und der Unordnung entgegen. Damit sollen die Einhaltung der Schul- und Klassenordnung, die Arbeitskonzentration und der geregelte Ablauf der Unterrichtslektionen gefördert werden.

(5) Erziehung zum Gehorsam: Schweigen wird auch als Zeichen und Mittel der Unterordnung betrachtet[5].

Unter den pädagogischen Konzeptionen ragt *Maria Montessoris* Auffassung der Stille heraus. Aktuell und in religionspädagogischem Zusammenhang verbinden sich Stilleübungen vor allem mit der Didaktik von *H. Halbfas*. In der evangelischen Religionspädagogik hat bereits in den 20er Jahren *Otto Eberhard* eine »Kultur des Schweigens« in Schule und Unterricht angeregt[6]. Einige wichtige Aspekte der Stillekonzeptionen Montessoris und Halbfas' werden im Folgenden dargestellt.

2.1 Konzentration und Stille: Das Zentralphänomen der Pädagogik *Maria Montessoris*, die »Polarisation der Aufmerksamkeit«, ist mit der Stille eng verwandt.

Zum Schlüsselerlebnis wird *Montessori* die Tätigkeit eines kleinen Mädchens, das die Einsatzzylinder über 40mal in den zugehörigen Holzblock steckt, ohne sich ablenken zu lassen. Das Kind findet in diesem Beispiel eine Aufgabe vor, an die es sich in tiefer Konzentration binden kann und

4 Vgl. u. Abschnitt 2.2.
5 Vgl. *G. Faust-Siehl*, Stille, in: *E. Kohls (Hrsg.)*, Stichwörter Grundschule, Heinsberg 1993. Statt vier sollten besser fünf Zielperspektiven unterschieden werden.
6 Vgl. *O. Eberhard*, Von der Arbeitsschule zur Lebensschule, Berlin 1925, 37ff., bes. 57ff. Vgl. *F. Schweitzer*, Die Religion des Kindes, Gütersloh 1992.

die es so lange wiederholt, bis die Arbeit ohne erkennbare äußere Ursache zum Abschluss kommt. Nach der Arbeit erscheint es vergnügt und ausgeruht[7].

Von dieser Beobachtung ausgehend entwickelt *Montessori* die Konzeption, dass die Arbeit dem Kind hilft, Chaos, Unordnung und Unarten unterschiedlicher Art zu bewältigen und zu innerer Ordnung zu finden. Auf dieser ersten Ordnung aufbauend sind fortführende persönlichkeitserweiternde Schritte möglich. Kinder brauchen dazu den Umgang mit einem Gegenstand; dies wird als »tätige Meditation« bezeichnet. Aufgabe der Pädagogen ist es, dem Kind eine passende Umgebung anzubieten, Hindernisse, die der Konzentration entgegenstehen, zu beseitigen und das Kind zur gesammelten Arbeit am Gegenstand zu führen. In der Fähigkeit zur »Polarisation der Aufmerksamkeit« sind die Kinder den Erwachsenen voraus, von denen nur wenige dieses Vermögen bewahren können[8].

Die Polarisation der Aufmerksamkeit ist als »komplexes Bildungsgeschehen« zu deuten[9]. Das Kind öffnet sich seiner Umgebung und kommt zu einem zunehmend klareren und genaueren Bild der Welt. Von der Konzentration gehen auch Wirkungen auf das Sozialverhalten aus: Es wird berichtet, dass die Kinder nach der Arbeit offen für den Kontakt zu anderen und zu den Pädagogen seien. Die inneren Vorgänge sind kaum näher zu kennzeichnen. Sie werden als Prozesse des Geistes oder der Seele des Kindes beschrieben. Vorherrschend ist das Bild der Formung, der Reorganisation und des Wiedergewinns der Kraft. Dieser Vorgang wird auch als Normalisierung, »Genesung« und »Bekehrung« bezeichnet. In dieser Erfahrung erlebt bereits das Kind sich selbst als eine »lebendige Einheit«: »Die Polarisation der Aufmerksamkeit, auch Konzentration genannt, gilt demnach als Ursprungsort des elementaren Ordnungs- und Entwicklungsprinzips menschlicher Personalität: dem Aufbau einer Mitte, die den Menschen zentriert und ihn befähigt, über sich selbst in Verantwortung zu verfügen«[10].

7 Vgl. *M. Montessori*, Kinder sind anders, Frankfurt/Berlin/Wien 1980, 165.

8 Vgl. Grundgedanken der Montessori-Pädagogik. Aus Maria Montessoris Schrifttum und Wirkkreis, zusammengestellt von *P. Oswald* und *G. Schulz-Benesch*, Freiburg/Basel/Wien [11]1991, 17ff., und *H. Holtstiege*, Modell Montessori, Freiburg/Basel/Wien [5]1989, 16ff. und 174ff.

9 *H. Holtstiege*, aaO., 182.

10 Ebd. 185.

Der Stille kommt in der Pädagogik *Montessoris* »vielseitige Bedeutung« zu[11]. Mehrere Übungen werden beschrieben: Ein gewickelter Säugling wird den Kindern als Vorbild eines vollkommen ruhigen Geschöpfes gezeigt; in einem abgedunkelten Raum stehen die Kinder bewegungslos, bis sie mit leiser Stimme in einen benachbarten Raum gerufen werden; wenn es in den Räumen ganz still wird, werden die leisen Geräusche hörbar. Stilleübungen stehen (1) im Zusammenhang mit Hörübungen, die in der »Stille« ihren Ausgangspunkt nehmen: »Das Gehör vernimmt mehr (erreicht eine größere Schärfe), wenn es ›leisere‹ Geräusche hört als vorher. Die Ausbildung der Sinne führt also zur Beurteilung der Minimalreize –, und je geringer das Wahrgenommene ist, desto größer wird die sensorielle Fähigkeit«[12]. In diesen Übungen geht es (2) um die Kontrolle der Bewegung und (3) um Aufgaben, die Gruppen in gemeinsamer Leistung erreichen: Stille entsteht nur, wenn alle in einem Raum ihre Bewegungen vollständig kontrollieren. Damit werden (4) Selbst- und Gruppendisziplin angesprochen. Im Vergleich mit »normalen« Schulen wird die besondere Qualität dieser Stille deutlich: Dort herrschen Lärm und Unordnung, Stille wird erzwungen, wobei die »Unarten« fortherrschen und es nur etwas leiser als normal ist. In den Montessori-Kinderhäusern dagegen ist die Stille eine freiwillig erbrachte gemeinsame Leistung, in deren Verlauf durch Selbstbeherrschung der Geist Abstand vom normalen Leben gewinnt. Stille ist hier ein der normalen Ordnung »übergeordneter« Zustand, von dem die oben beschriebenen Wirkungen ausgehen[13].

Stille dient bei *Montessori* keinen *fremden* Zwecken. In einem umfassenden Sinn wird damit ein Beitrag zur *Persönlichkeitsbildung* angestrebt.

Otto Friedrich Bollnow weist schon früh auf *Montessori* hin. Seine Weiterführung kann zu einer vertieften Sicht beitragen und größere Zusammenhänge zeigen. Ähnlich der Polarisation der Aufmerksamkeit stellen sich die unstetigen Vorgänge wie die Begegnung oder die Erweckung plötzlich ein und wirken sich in tiefgreifender Verwandlung des Men-

11 *M. Montessori*, Die Entdeckung des Kindes, Freiburg/Basel/Wien [10]1991, 150.

12 Ebd., 151.

13 Vgl. ebd., 154ff.

schen aus. Keines dieser Phänomene kann direkt herbeigeführt werden. Der Erzieher »formt« das Kind nicht; genau genommen formt auch das Kind sich selbst nicht, sondern in ihm entwickelt sich in der Arbeit an der Sache ein von ihm nicht direkt beeinflusstes Bildungsgeschehen[14]. Der Ruf der Erzieherin, der die Kinder in der Stille erreicht, wird in dieser Sicht als bedeutsamer »Weckruf« an das Kind erkennbar. In seinem Beitrag zur Übung bezieht sich Bollnow erneut auf Montessori. Sie wird ihm zur Zeugin dafür, dass Kinder zur inneren Sammlung fähig sind. Auch bei der Übung kommt es nicht auf die Einzelleistung an, sondern auf die radikale Verwandlung des Menschen. Die innere Veränderung kann nicht direkt angestrebt werden, sondern nur auf dem »Umweg« über die Vertiefung in die Arbeit an der Sache[15].

2.2 Stille und Symbol: Hubertus Halbfas' Ausführungen zur Stille finden sich in »Das dritte Auge«, den Schüler- und Lehrerhandbüchern der Reihe »Religionsunterricht in der Grundschule«, die seit 1983 in regelmäßiger Folge erscheinen, und in der Gebetsschule »Der Sprung in den Brunnen«[16].

In den ersten Texten treten enge Bezüge zu Montessori hervor. Halbfas schließt sich z.B. der Unterscheidung von zwei Arten der Stille in den Schulen an (der erzwungenen und der auf der Grundhaltung der Konzentration aufbauenden, zu der die Kinder von sich aus bereit sind), betont die notwendige Regelmäßigkeit und beginnt den Reigen der Stilleübungen für die Grundschule mit einer Schulung der Wahrneh-

14 Vgl. *O.F. Bollnow*, Existenzphilosophie und Pädagogik. Versuch über unstetige Formen der Erziehung, Stuttgart/Berlin/Köln/Mainz [5]1977, 52ff., und *B. van Veen-Bosse*, Konzentration und Geist. Die Anthropologie in der Pädagogik Maria Montessoris, in: *Th. Hagenmaier/W. Correll/B. van Veen-Bosse*, Neue Aspekte der Reformpädagogik. Studien zur Anthropologie und Pädagogik bei Kerschensteiner, Dewey und Montessori, Heidelberg 1964.

15 Vgl. *O.F. Bollnow*, Vom Geist des Übens. Eine Rückbesinnung auf elementare didaktische Erfahrungen, Oberwil b. Zug 1987, 102ff.

16 *H. Halbfas*, Das dritte Auge, Düsseldorf [3]1987, 175–186 und 192–210; *ders.*, Religionsunterricht in der Grundschule. Lehrerhandbuch 1, Düsseldorf 1983, 43–55; Lehrerhandbuch 2, Düsseldorf 1984, 81–100; Lehrerhandbuch 3, Düsseldorf 1985, 117–128; Lehrerhandbuch 4, Düsseldorf 1986, 44–50 (Inzwischen erschienen: Schülerbücher 5/6 und 7/8); *ders.*, Der Sprung in den Brunnen, Düsseldorf [6]1985. Die Ausführungen im Lehrerhandbuch 1, 43–49 sind textgleich mit dem ersten oben genannten Abschnitt in »Das Dritte Auge«.

mung[17]. Im Lehrerhandbuch 2 wird der Name »Meditation« für die vorgeschlagenen Übungen abgelehnt und an der (an Montessori angelehnten) Bezeichnung »Stilleübung« festgehalten, »um deutlich zu machen, dass hier eine genuin schulische Möglichkeit der inneren Sammlung entwickelt werden soll ...«[18]. Nach Halbfas sind Stilleübungen keine Meditationen, weil diese »erfahrene Anleitung, beständiges Üben und tiefen Ernst« sowie die eigene Meditationspraxis des Lehrers voraussetzen[19]. In den später erscheinenden Lehrerhandbüchern wird allerdings durchaus von Meditationen gesprochen, und die vorgeschlagenen Texte und Bilder weisen in diese Richtung.

Halbfas' Verständnis von Stilleübungen ist im Zusammenhang mit seiner Konzeption der Symboldidaktik zu sehen. Die Kernaufgabe des RU wird als »Alphabetisierung des Symbolsinns« bestimmt, als neue Stiftung des Symbolsinns und eine Einübung in symbolisches Verstehen[20]. Halbfas führt dazu das Bild des Weges ein, auf dem ein »Lehrer« einen »Schüler« anleitet. Es gehe um »innere Erfahrung«, die einem »geschehe«[21]. Die Übung der Stille stehe am Anfang dieses Weges, sie begründe »einen innerlichen Erfahrungsweg, der weitgehend non-verbal ist, aber wie kein anderer geeignet, mit dem ›dritten Auge‹ zu begaben«[22]. In der Sicht der inneren Vorgänge dominiert bei Halbfas das Bild der Mitte, zu der zu gelangen, die wiederzufinden sei. Die Übungen lehrten, die Gegenstände oder Gedanken, mit denen sich der Übende beschäftigt, neu zu sehen. Eigentliches Ziel sei aber die »innerliche Veränderung«: »Deshalb wollen diese Übungen den Menschen vor sich selbst bringen, indem sie ihn in ein neues Verhältnis zu den Dingen um ihn her versetzen«[23].

Der Weg in die eigene Mitte sei auch deshalb unverzichtbar, weil dies der Weg zu Gott sei. In der Mitte »verschränkten« sich Selbst-

17 Vgl. *ders.*, Lehrerhandbuch 1.
18 *Ders.*, Lehrerhandbuch 2, 81.
19 Ebd.
20 *Ders.*, Das dritte Auge, 103ff. Zur Kritik an Halbfas' Symboldidaktik vgl. *P. Biehl*, Symbole geben zu lernen, Neukirchen-Vluyn 1989, 170f., und *A. Bucher*, Symbol, Symbolbildung, Symbolerziehung, St. Ottilien 1990, bes. 372ff.
21 Vgl. *H. Halbfas*, Der Sprung in den Brunnen, vor allem die Vorrede, 9f.
22 *Ders.*, Das dritte Auge, 202.
23 *Ders.*, Lehrerhandbuch 1, 49, bzw. *ders.*, Das dritte Auge, 182.

erfahrung und Gotteserfahrung. Mit dem Bild der notwendigen Abkehr von der Welt und der Rückkehr in und zu sich selbst folgt Halbfas *Helene Lubienska de Lenval:* »Draußen ist die Welt. Draußen ist der Lärm, ist die Eile, die Gier, die Eitelkeit. Aber das Zuhause ist nicht draußen; es ist drinnen. Es ist nicht die Welt, wir sind es. Es liegt nur an uns, das Haus mit Stille zu erfüllen«[24]. Lubienska de Lenval stellt Stille in den Gegensatz zur Diskursivität und zum Wort, die für sie als »innere Schwatzhaftigkeit« Gotteserfahrung verhindert. Die von Halbfas ebenfalls verwandte Metapher vom »Sprung in den Brunnen«, der notwendigen Erfahrung der eigenen Tiefe, verweist auf tiefenpsychologische Quellen.

Eine theologische Kritik an dieser Begründung der Übungen der Stille kann bisher nicht belegt werden. Könnte nicht der »Sprung in die eigene Tiefe« auch nur die eigenen Widersprüche und vielleicht auch Verzweiflung zutage bringen?[25] Aus evangelischer Sicht wäre wohl auf die Bedeutung des Wortes, der Tat und der Gnade zu verweisen. Für die Zielperspektive der Stilleübungen im RU sind diese Fragen bedeutsam: Hieran entscheidet sich, ob Stilleübungen fruchtbare und legitime Vorbereitungen im Sinne der inneren Sammlung sind, oder ob ihnen darüber hinaus genuine Bedeutung im Rahmen religiöser Erziehung zugesprochen werden darf.

3. Methodische Aspekte der Stilleübungen

Unter der Überschrift »Kleine Didaktik der Stilleübung« finden sich bei *H. Halbfas* wichtige methodische Hinweise[26]. Texte ähnlicher Art haben *Eva-Maria Bauer* und *Uta Wallaschek*, die zahlreiche Vorschläge für Stilleübungen erarbeitet hat, vorgelegt[27]. Auf diese Hilfen sollen die folgenden Hinweise aufmerksam machen.

24 *H. Lubienska de Lenval*, Die Stille im Schatten des Wortes, Mainz 1961, 11. Aus der Kritik an der Sprache erklärt sich auch der merkwürdige Titel.

25 Fragen dieser Art äußerten evangelische Religionspädagogen in Fortbildungen.

26 Vgl. *H. Halbfas*, Lehrerhandbuch 2, 82–89; der Abschnitt wurde von *Elisabeth Buggle* im Rahmen einer Examensarbeit verfaßt.

27 Vgl. *E.-M. Bauer*, »Bau mir das Haus!« – Fundamente, Säulen und Erfahrungsräume einer ›Didaktik der Stille‹, in: *G. Faust-Siehl* u.a.,

(1) Vorbereitung und Rolle des Lehrers bzw. der Lehrerin: In Haltung, Gesten und im Selbstverständnis sollten die Lehrerinnen und Lehrer Ruhe ausstrahlen (Tragen sie Ruhe oder Unruhe in die Klasse? Wie bewegen sie sich? Welche Bewegungen machen ihre Hände? An welchen Orten halten sie sich auf?). Stilleübungen fordern von den Lehrerinnen und Lehrern Sensibilität und von allen Beteiligten Geduld. Im Rahmen der Unterrichtsvorbereitung sollten Lehrerinnen und Lehrer die Übungen zunächst selbst gründlich durchführen.

(2) Vorbereitung der Schüler: Vor Stilleübungen sollten die Lehrenden mit ihren Schülern darüber sprechen. Schülern, die nicht teilnehmen wollen, sind während dieser Zeit Rückzugsgelegenheiten zu eröffnen. Erfahrungsberichten zufolge[28] können Stilleübungen mit Schülern aller Klassenstufen geübt werden, allerdings sind Anleitung und Thema der Stilleübung entsprechend zu wählen. Gerade auch aus Sonderschulen werden positive Erfahrungen berichtet. Stilleübungen setzen Vertrauen zwischen Lehrern und Schülern voraus.

(3) Vorbereitung der Umgebung: Stilleübungen gelingen leichter in einer Umgebung, in der man sich aufgehoben fühlen kann. Kleine Dinge wie z.B. ein Blumenstrauß können unwirtliche Räume freundlicher machen. Eine Hilfe ist auch die Dämpfung des Lichts. Stilleübungen sind in verschiedenen Sitzordnungen oder Körperhaltungen möglich: im Kreis auf Stühlen oder auf dem Boden, auf einer Decke liegend, am Platz mit dem Kopf auf den verschränkten Armen o.a.m.

(4) Einbindung in den Unterricht: Die Stille sollte regelmäßig geübt werden. Im Unterricht kann eine bestimmte Zeit (z.B. der Stundenanfang) dafür reserviert werden. Stilleübungen können aber auch im Zusammenhang mit thematischen Sequenzen stehen. Sie werden mit einer kurzen Anleitung eingeleitet und beschlossen[29]. Danach kann leise und mit vorbehaltloser Achtung der Erfahrungen jedes Einzelnen darüber gesprochen werden. Von Stilleübun-

Stille entdecken, 52ff., und *U. Wallaschek*, Stilleübungen – Beispiele und Erfahrungen, in: ebd., 75ff., sowie *dies.*, Thematische Stilleübungen, ebd. 98ff.

28 Vgl. auch *H. Halbfas*, Lehrerhandbuch 3, 117ff.

29 Beispiele finden sich bei *E.-M. Bauer*, »Bau mir das Haus!«, 62f.

gen werden keine Ergebnisse erwartet. Selbstverständlich werden sie nicht bewertet. Durch Stilleübungen wird ein ansonsten misslingender Unterricht nicht stimmig, sie sind *ein* Baustein der Schule. Einzelne Misserfolge sollten aber auch nicht entmutigen. Stilleübungen können Empfindsamkeit lehren und ausdrücken, eine Achtsamkeit, die Menschen und Sachen in einen sorgfältigen Umgang einbezieht[30].

4. Stilleübungen: Chancen für Schüler und Schule

Das Interesse an Stilleübungen lässt sich als Reaktion auf die Erkenntnis der Begrenztheit eines Lernens verstehen, das ausschließlich auf abstrahierende, logisch-begriffliche, diskursive Erkenntnis abzielt. Die Aktualität von Metapher, Mythos und Symbol spiegelt die sich zunehmend verbreitende Einsicht, dass in diesen Ausdrucksformen Gehalte aufgehoben sind, die sich nicht bruchlos in das – in engem Sinn verstandene – »kognitive« Lernen übersetzen lassen. Religion und Religiosität sind selbst Beispiele für diese Erfahrungsbereiche. Insoweit passen sich Stille und Stilleübungen den Versuchen ein, *Engführungen des Lernverständnisses* aufzuheben, und es ist nicht zufällig, dass diese methodischen Formen gerade auch im Zusammenhang mit dem RU diskutiert werden.

Die Erweiterung bringt eine breitere Auffassung des lernenden Menschen mit sich, die nach erweiterten Erfahrungsmöglichkeiten verlangt. Die schulische Konzentrierung auf diskursive Symbolisierungen könnte es z.B. nahe legen, die präsentative Symbolik in Formen des gemeinsamen Lebens und Erlebens zu entfalten[31]. Stilleübungen gehören zu diesen Lernformen dazu: Sie geben den Teilnehmern den Raum, Empfindungen und Vorstellungsbilder zu entwickeln. Von besonderem Interesse kann es dabei sein, gewohnte Wahrnehmungsmuster aufzubrechen, indem neuartige Eindrücke die für dieses Lernen zentrale *Vorstellungskraft* wecken und anregen. Neue Erfahrungsmöglichkeiten verändern das Selbstverständnis, die Arbeitsformen und Ziele der Institutionen, in denen

30 Ebd., 45ff.

31 Entsprechende Vorschläge liegen bereits vor. Vgl. Bemühungen von *H. Halbfas* um eine Schulkultur und *A. Bucher*, Symbol, Symbolbildung, Symbolerziehung, 488ff., die hierin übereinstimmen.

das Lernen stattfindet. Insofern steht hier auch eine Erweiterung der Schule auf dem Prüfstand.

Allerdings muss vor vorschnellen Erwartungen gewarnt werden: Was gelernt werden kann, in welchem Verhältnis dieses erweiterte Lernen zu den in der Schule verbreiteten Formen schulischen Lernens steht und ob es »Übersetzungen« und wechselseitige Bereicherungen geben kann, ist noch nicht abzusehen. Vor allem sind die Gefahren der Manipulation zu bedenken.

Literaturhinweise

G. Faust-Siehl u.a., Mit Kindern Stille entdecken. Bausteine zur Veränderung der Schule, Frankfurt a.M. 51995.

Grundgedanken der Montessori-Pädagogik. Aus Maria Montessoris Schrifttum und Wirkkreis, zusammengestellt von *P. Oswald* und *G. Schulz-Benesch*, Freiburg/Basel/Wien 111991.

G. Faust-Siehl u.a., Religionsunterricht und Entwicklungspsychologie. Elementarisierung in der Praxis, Gütersloh 21995.

G. Faust-Siehl u.a., 24 Stunden Religionsunterricht. Eine Tübinger Dokomentation für Forschung und Praxis, Münster 1995.

G. Faust-Siehl u.a., Die Zukunft beginnt in der Grundschule. Empfehlungen zur Neugestaltung der Primarstufe, Reinbek bei Hamburg 1996.

G. Faust-Siehl u.a., (Hrsg.), Religion in der Grundschule. Religiöse und moralische Erziehung, Frankfurt a.M. 42000.

XXII. *Liturgische Elemente?*

Christian Grethlein

Das Fragezeichen deutet auf eine grundsätzliche Schwierigkeit hin: Gehören liturgische Elemente überhaupt in die Schule bzw. in den RU?[1] Hinter dieser Frage verbergen sich zahlreiche grundsätzliche Probleme, u.a.:

- Welche Bedeutung hat Gottesdienst für christliche Religion und Bildung?
- Welche Aufgaben hat Schule und wie ist RU in ihr zu konzipieren?
- In welchem Verhältnis steht der RU zum gemeindlichen Bildungsangebot?

Vor diesem Hintergrund kann ich hier nur auf einige Gesichtspunkte hinweisen, die für die Frage nach liturgischen Elementen im RU und in der Schule Bedeutung haben. Auf Grund der Situationsbedingtheit von Antwortversuchen und der großen, sich auch im Schulrecht niederschlagenden Unterschiede zwischen den Regionen müssen die Leser(innen) selbst die Perspektiven in die konkrete Methodenreflexion hinein ausziehen.

1. Zum Begriff des »Liturgischen«

Überlegungen zu liturgischen Elementen im RU bzw. überhaupt in der Schule stehen schon begrifflich vor der Schwierigkeit, »liturgische Elemente« von anderen religionsunterrichtlichen Methoden und schulischen Ausdrucksformen klar zu unterscheiden. Denn

1 Die liturgische Dimension fehlt meist in Veröffentlichungen zur Methodik im RU (s. z.B. *R. Lachmann*, Zum Stand der Diskussion über die Methoden im Religionsunterricht, in: JRP 6/1989, 111–131).

Liturgie bedient sich allgemein menschlicher Kommunikationsformen. Konkret: Sind Singen in einer Grundschulklasse, Stilleübungen in einer Haupt- und Realschulklasse oder die exegetische Arbeit an einem biblischen Text in der gymnasialen Oberstufe »liturgische Elemente«? Zweifellos kommen Singen, Schweigen und die Beschäftigung mit biblischen Texten in christlichen Gottesdiensten vor. Doch können diese Verhaltensweisen auch nichts hiermit zu tun haben (wollen). Deshalb ist es unerlässlich, den Begriff des Liturgischen zu klären[2].

Hierbei stößt man schnell auf ein wenig beachtetes theologisches Problem: Liturgie bzw. Gottesdienst im religionsgeschichtlichen Sinn als öffentliche, festgesetzte und geordnete Form des Umgangs mehrerer Menschen mit dem Göttlichen wird in der Bibel wiederholt als unzureichendes Unternehmen kritisiert.

Bereits die alttestamentlichen Propheten äußerten sich radikal kultkritisch (z.B. Jes 1,1-17; Jer 7,21-28; Am 5,21-24; Hos 6,6; Mi 6,6-8). Sie betonten den unlösbaren Zusammenhang von kultischem und ethischem Verhalten. Jesus nahm diesen Ansatz nach neutestamentlichem Zeugnis direkt auf (s. z.B. das Zitat von Hos 6,6 in Mt 9,13; 12,7; vgl. Mk 7).

Paulus verknüpfte deshalb in der Nachfolge Jesu zu Recht kultisches und ethisches Verhalten unlösbar im Begriff des »vernünftigen Gottesdienstes« (Röm 12,1f.).

Diese Verbindung von Kultus und Ethos macht es unmöglich, formale Kriterien für »liturgische Elemente« im Zusammenhang der Weitergabe von und der Auseinandersetzung mit christlicher Daseins- und Wertorientierung zu erstellen. Doch enthält die alttestamentliche Zuspitzung der Auseinandersetzung mit anderen Kulten in der strikten Unterscheidung von wahrem und falschem Gottesdienst klare inhaltliche Konturen für ein biblisches Gottesdienstverständnis[3]. Diese über Leben und Tod entscheidende Differenzierung kann nicht auf Grund bestimmter Verhaltensweisen getroffen werden. Sowohl wahrer als auch falscher Gottesdienst bedienen sich derselben Kommunikationsformen. Alleiniges Kri-

2 Vgl. auch zum folgenden *Chr. Grethlein*, Abriß der Liturgik, Gütersloh [2]1991, 17–47.

3 S. *B.-J. Diebner*, Art. Gottesdienst II. Altes Testament, in: TRE 14, 1985, 11–16.

terium ist die Treue bzw. Rückkehr zum Bund Gottes, die nach dem Neuen Testament im Bekenntnis zu Jesus Christus ihr Ziel findet. Demnach heißen in einem qualifiziert christlich-theologischen Sinn alle menschlichen Ausdrucksformen »liturgisch«, in denen sich gemeinschaftlich der Glaube an den Vater Jesu Christi ausdrückt. Dies kann im Schweigen vor Gott, im lobenden Gesang, in der Fürbitte und Klage, im Studium der Heiligen Schrift o.ä. geschehen. Umgekehrt eröffnet das Einüben solcher Ausdrucksformen bzw. Verhaltensweisen und die Beschäftigung mit ihnen kommunikationstheoretisch gesehen den Zugang zur Teilnahme am Gemeindegottesdienst. Ob eine religionsunterrichtliche Methode oder schulische Veranstaltung also »liturgisch« ist, entscheidet sich theologisch gesehen an ihrer inhaltlichen Ausrichtung.

Dies könnte leicht als völlige Einebnung des Unterschieds zwischen Gottesdienst und sonstigem Lebensvollzug missverstanden werden. Dagegen steht in unserer besonderen, eschatologischen Situation die Bedeutung der Teilnahme am Gottesdienst als der Zusammenkunft von Menschen, die gemeinsam mit Gott unter Zuhilfenahme der Bibel kommunizieren wollen. Zwar gilt uns bereits heute das Angebot Gottes, mit ihm zu leben, und wir werden in der Taufe rituell in die Gemeinschaft der mit Gott über den Tod hinaus Verbundenen aufgenommen. Doch warten wir noch auf die Auferweckung mit Jesus Christus. Es droht die Gefahr, den Kontakt mit Gott und damit das ewige Leben zu verlieren. Am eindrücklichsten tritt die Bedeutung liturgischen Geschehens in dieser Situation im Herrenmahl hervor. Hier wird in Anknüpfung an elementarste Formen menschlichen Lebensvollzugs die Hingabe Christi für jede(n) schon jetzt sinnlich erfahrbar.

2. Geschichtliche Perspektiven

Geht man von solch einem Verständnis von Liturgie aus und durchmustert die Geschichte außerfamiliärer religiöser Erziehung und Bildung von der Antike bis zur Gegenwart[4], fällt deren viele Jahrhunderte währende strikte Anbindung an den Gottesdienst auf. Die erste institutionalisierte Bildungsbemühung innerhalb des

4 S. z.B. *K. Erlinghagen*, Die Säkularisierung der deutschen Schule, Hannover u.a. 1972; *E. Helmreich* , Religionsunterricht in Deutschland von den Klosterschulen bis heute, Düsseldorf 1966.

Christentums bezog sich auf die zentralen Riten der neuen Glaubensgemeinschaft. Schon für das Ende des 2. bzw. den Anfang des 3. Jahrhunderts bezeugt die »Apostolische Überlieferung« des römischen Presbyters *Hippolyt* einen sehr differenziert aufgebauten, etwa dreijährigen Katechumenat zur Vorbereitung auf die Taufe (einschließlich der Feier des Herrenmahls)[5]. Neben dem Besuch der Gemeindezusammenkunft (ausgenommen des Herrenmahls) umfasste der Unterricht zahlreiche liturgische Handlungen: Handauflegungen, Exorzismen, Gebete usw. Er enthielt unterschiedlichste, den ganzen Menschen betreffende Methoden wie das Fasten und Wachen. Der enge Zusammenhang des Katechumenats mit der Gesamtgemeinde geht aus seiner Wirkung auf die Ausbildung des Kirchenjahrs, also der noch heute die Ferientermine der Schulen bestimmenden Zeiteinteilung, hervor. In den beiden Fastenzeiten, Passionszeit und Advent, bereitete man sich auf die traditionellen Tauftermine der Alten Kirche, Ostern und Epiphanias bzw. Weihnachten, vor[6]. Interessant ist auch, dass während des Katechumenats Überprüfungen des Glaubens der Kandidat(inn)en vorgesehen waren.

So heißt es z.B. bei *Hippolyt:* »Wenn nun der Tag herannaht, an dem sie getauft werden sollen, soll der Bischof jeden einzelnen von ihnen exorzisieren, damit er erkennt, ob sie rein sind. Wenn aber einer da ist, der nicht rein ist, soll er beiseite gestellt werden, weil er das Wort nicht gläubig gehört hat; denn es ist unmöglich, dass sich der Fremde immer verbirgt« (xx, 3b-4).

Die für das christliche Verständnis von Liturgie (als wahrem Gottesdienst) unentbehrliche Treue zu Gott spiegelt sich hier offensichtlich in einem sehr persönlichen Beziehungsgeschehen. In der Folgezeit trat dieses Element jedoch zurück. Auf Grund der Zunahme von Kindertaufen verkürzte sich das Katechumenat auf liturgische Formeln, die gedrängt im Taufgottesdienst zelebriert wurden. Religiöse Erziehung erfolgte, wenn überhaupt, in den Familien. Die schulische Bildung verlief noch immer in den Bahnen der antiken, mit heidnischen Inhalten arbeitenden Paideia (= Erziehung). Nach deren Niedergang entstand im Mittelalter lang-

5 S. *R. Roosen*, Taufe lebendig, Hannover 1990.
6 S. *K.-H. Bieritz*, Das Kirchenjahr, München 1987, 91f, 180f.

sam ein neues Bildungswesen. Es wurde von der Kirche getragen. Die Klöster nahmen junge Menschen auf und bildeten sie zu Klerikern, also vor allem in liturgicis, aus. Allmählich traten an die Seite dieser Klosterschulen sog. Ratsschulen bzw. ab dem 14. Jahrhundert die sog. Deutschen Schulen (bzw. Schreibschulen). Sie orientierten sich zwar an religiösen Inhalten, dienten aber nicht mehr der liturgischen Ausbildung zum Kleriker, sondern wollten auf Tätigkeiten in Staat und Wirtschaft vorbereiten, ohne aber je flächendeckend zu werden. Die insgesamt desolate Lage auf schulischem Gebiet geht indirekt aus den Bemühungen der Reformatoren um die Errichtung von Schulen hervor (und aus den Widerständen, auf die sie dabei stießen)[7]. In der von ihnen initiierten Schulreform kommt der Teilnahme am Gottesdienst große Bedeutung zu. Sie soll aber vor allem der Einprägung des »Wortes« dienen und ist stark pädagogisch ausgerichtet. Die Hinführung zur Bibel tritt – wenn auch mit dem Sakramentenunterricht verbunden – in den Vordergrund[8]. Wirkungsgeschichtlich führten u.a. die Pädagogisierung und Homiletisierung des Gottesdienstes, die unter anderen Problemlagen aufklärerische und pietistische Theologen vorantrieben, wohl zur liturgischen Not evangelischer Kirche in Deutschland, die spätestens in unserem Jahrhundert unübersehbar wurde. Zu dieser hier nur andeutbaren Fehlentwicklung kam die zunehmende Entfremdung weiter Kreise der Bevölkerung, nicht zuletzt vieler Lehrer(innen), von der Kirche in den letzten hundert Jahren. Auch der Kirche grundsätzlich Wohlgesonnene empfanden in der Weimarer Republik liturgische Formen in der Schule trotz der sie ermöglichenden, rechtlichen Bestimmungen als problematisch, und zwar aus unterschiedlichen Gründen:

»Fehlen eines größeren und festlicheren Raums; Verschiedenartigkeit der Schüler nach Alter, religiöser Stellung, Konfession; Ratlosigkeit hinsichtlich der richtigen Gestaltung; Befürchtung, dass die ganze Ein-

7 S. die Beiträge in: *K. Göbel (Hrsg.)*, Luther in der Schule, Bochum 1985; *H.-A. Stempel*, Melanchthons pädagogisches Wirken, Bielefeld 1979; *B. Buschbeck*, Johannes Calvin (1509–1564), in: *H. Schröer/D. Zilleßen (Hrsg.)*, Klassiker der Religionspädagogik, Frankfurt 1989, 35–47.

8 S. *F. Hahn*, Die evangelische Unterweisung in den Schulen des 16. Jahrhunderts (PF 3), Heidelberg 1957.

richtung zu einer leeren und darum freiere Naturen abstoßenden Zeremonie werde; bewusste Abneigung von Lehrern und Schülern oder Schulpolitikern«[9].

Die Nazi-Herrscher verboten grundsätzlich (christlich) liturgische Formen in der Schule. Nach dem Zweiten Weltkrieg versuchte neben den Vertretern der Evangelischen Unterweisung vor allem die römisch-katholische Kirche wieder Gebet, Schulandacht und Gottesdienst in der als Gemeinde verstandenen Schule zu etablieren, was vor allem in den Bundesländern mit mehrheitlich katholischer Bevölkerung in entsprechenden Schulgesetzen seinen Niederschlag fand[10]. Doch handelte es sich im evangelischen RU – auf dem Hintergrund strikter Ablehnung erfahrungswissenschaftlicher Einsichten – primär um homiletische Versuche, in der Schule zu verkündigen. Die kritische Auseinandersetzung mit dieser einseitig kirchlich fixierten Konzeption konzentrierte sich – in Aufnahme kritischer Anfragen – auf die schulische Integration des RU[11]. Dabei geriet nicht zuletzt auf Grund der allgemein die didaktische Diskussion bestimmenden Tendenz zur Verwissenschaftlichung, institutionalisiert ausgedrückt: zur Gymnasialisierung des Schulwesens, die über ein Jahrtausend hinweg selbstverständliche Verbindung von schulischer Bildung und Liturgie aus dem Blick.

3. Ausblendung der liturgischen Dimension aus der Religionsdidaktik

Betrachtet man heute Beiträge zur Konzeption des RU und Unterrichtsmodelle für dieses Fach, ist das weitgehende Vergessen der liturgischen Dimension unübersehbar. Das folgt neben den bereits in den zwanziger Jahren spürbaren, genannten Problemen, die mit der allgemeinen Entfremdung von Kirche zusammenhängen, auch aus theologischen Entwicklungen. Die weite Kreise evangelischer Theologie in der Nachkriegszeit kennzeichnende

9 *Schoell*, Art. Schulandachten, in: RGG 5, Tübingen [2]1931, 277.
10 S. genauer zu den Vorschriften in den einzelnen Bundesländern *E. Goßmann/R. Bäcker*, Schul-Gottesdienst, Gütersloh 1992, 79–86.
11 S. als erster und grundlegend *M. Stallmann*, Christentum und Schule, Göttingen 1958.

Betonung des »Wortes« zog in ihren verschiedenen Formen eine Verbalisierung und damit Intellektualisierung christlicher Religion nach sich. Sinnliche Wahrnehmung und ritueller Vollzug schienen eher Einfallstore des Unchristlichen bzw. Nicht-Aufgeklärten als unverzichtbare Ausdrucksformen christlicher Religion. Untersucht man die Bestimmung des Gegenstandes von RU in der Fachdidaktik, stößt man schnell auf diese Einseitigkeiten[12].

Sie hängen wohl auch damit zusammen, dass in den letzten dreißig Jahren der gymnasiale RU in Entsprechung zur allgemeinen schulpädagogischen Diskussion, aber ebenfalls beeinflusst durch den beruflichen Werdegang vieler akademisch tätiger Religionspädagogen, die ursprünglich im Gymnasium unterrichteten, den Bezugspunkt für religionspädagogische Konzeptionen abgab. Zudem setzen diese Ansätze eine volkskirchliche Situation voraus. Denn der Gegenstand kritischer Auseinandersetzung, die Bibel, die christliche Überlieferung, die »Religion« o.ä., werden als selbstverständlich und bedeutungsvoll vorausgesetzt[13].

Gut aufklärerisch wurde und wird z.T. noch heute vor allem eine kritische, kognitive Behandlung religiöser Phänomene gefordert. Die konkreten Lebensformen von Religion treten nur durch distanzierte Analyse gebrochen ins Blickfeld der Schüler(innen): »Kirche und Konfessionen werden zum Gegenstand von Unterricht«, d.h. »zum Gegenstand der Reflexion«[14].

Dem entspricht in gewissem Maß der Ansatz des hermeneutischen RU, in dessen Mittelpunkt die Arbeit an biblischen Texten als Ausdruck der christlichen Tradition stand. Dabei wurde durchaus die kirchliche Praxis als Basis für sinnvollen RU wahrgenommen, jedoch eingeschränkt auf die Predigt: »Wenn nun einerseits die unterschiedliche Struktur und andererseits die theologische Bedeutsamkeit von Auslegung und Verstehen so betont werden muss, dann ist es gleichzeitig wichtig, eine ent-

12 Typisch für die religionsdidaktische Entwicklung sind wohl die Publikationen *G. Ottos* (s. hierzu *R. Lachmann*, Religionspädagogische Wandlungen als wissenschaftliches und ethisches Legitimationsproblem. Exemplifiziert an Gert Ottos religionspädagogischer Entwicklung, in: EvErz 33/1981, 86–94).
13 Ähnlich die Kritik von *G. Sauter*, Zur theologischen Revision religionspädagogischer Theorien, in: EvTh 46/1986, 133.
14 So *U. Baltz-Otto/G. Otto*, Überlegungen zum Religionsunterricht von morgen, in: ThPr 26/1991, 18.

scheidende Voraussetzung allen Religionsunterrichts darin zu sehen, dass die Kirche gestern, heute und morgen predigt. Damit wird der Religionsunterricht vor der Historisierung seines Inhalts bewahrt. Ohne die Predigt der Kirche wäre er auf die Dauer in der Schule nicht mehr existenzfähig und nicht mehr existenzberechtigt«[15].

Später galt Religion manchen primär als emanzipatorischer Impuls. Die Probleme und Erfahrungen der Schüler(innen) wurden sowohl in der politischen als auch der therapeutischen Spielart dieses Ansatzes zum Hauptgegenstand des Unterrichts. Der soziale Ort institutionalisierter Religion, die Kirche und ihr (eben auch liturgisches) Handeln, trat dabei in den Hintergrund.

4. Bedeutung von Liturgie für religiöses Lernen

Zwar werden die eben genannten religionsdidaktischen Konzepte durchaus noch vertreten, wie z.B. die Debatte um die Einführung und Gestaltung von RU in den neuen Bundesländern[16] zeigt, und beeinflussen die Praxis des RU. Doch weisen in einer Situation, die durch weitgehendes Fehlen explizit religiöser Sozialisation in den Familien und zunehmende Entkirchlichung gekennzeichnet ist, sozialpsychologische, pädagogische und theologische Einsichten darüber hinaus:

– Anthropolog(inn)en machen auf die große Bedeutung rituellen Verhaltens für Menschen[17] als eines eigenständigen Bereichs neben dem reflexiv-argumentativen und dem ethisch-orientierenden aufmerksam[18]. Hier finden Hoffnungen und Ängste ihren Ausdruck, ein psychohygienisch gebotener Vorgang.

– Pädagogen weisen nicht zuletzt vor dem Hintergrund der Entwicklung zur Mediengesellschaft auf die Bedeutung ganzheitlichen, also alle Sinne und vielfältige Ausdrucksformen umfassenden Lernens für die Persönlichkeitsentwicklung hin. Die Praxisrelevanz dieses Ansatzes zeigen die zahlreichen Versuche innerhalb des

15 *G. Otto*, Schule-Religionsunterricht-Kirche, Göttingen 1968, 116.
16 S. z.B. *U. Baltz-Otto/G. Otto*, aaO.
17 S. grundlegend *M. Douglas*, Ritual, Tabu und Körpersymbolik, Frankfurt 1986.
18 S. *H.-G. Heimbrock*, Ritual als religionspädagogisches Problem, in: JRP 5/1988, 77.

Konzeptes »Praktisches Lernen«[19], das reformpädagogische Impulse aufnimmt, in modifizierter Form weiterführt und ein Fokus für schulische Modelle sein will, die »Lernen als eine aktive-produktive und selbstbestimmte Leistung des Lernenden«[20] verstehen. Methodisch bringt dies den – von manchen »Aufklärern« verpönten – »alten pädagogischen Grundsatz der Einübung neu zur Geltung«[21].

– Schließlich ergibt das Bedenken der »Logik der Theologie«, dass »Theologie im Gottesdienst ihren Ursprung hat«[22]. Er ist die Grundlage und das Ziel theologischer Reflexion[23]. Ohne Bezug auf ihn verblassen Theologie und Unterricht zu einem abstrakten, sozial wertlosen Unternehmen. So legt sich religionsdidaktisch eine nicht sogleich distanzierende, sondern ein- und hinführende Beschäftigung mit liturgischen Vollzügen nahe. Doch ist das in der Schule bzw. in einem ihrer Unterrichtsfächer möglich?

5. Liturgie in der Schule

5.1 Probleme. Liturgie ist für die meisten Kinder und Jugendlichen etwas Fremdes. Immer mehr Grundschüler(innen) in Großstädten und vor allem in den neuen Bundesländern betraten noch nie eine Kirche. Den Älteren, die etwa im Zuge der Konfirmandenarbeit mit Gottesdienst konfrontiert wurden, gilt er als langweilig. Das dort Vorgetragene ist ihnen unverständlich[24]. In der Tat sind unse-

19 S. *P. Fauser/A. Flitner/F.-M. Konrad/E. Liebau/F. Schweitzer*, Praktisches Lernen und Schulreform, in: ZP 34/1988, 729–748.

20 Ebd. 731f.

21 *D. Stollberg*, Art. Leiblichkeit, in: *W. Böcker/H.-G. Heimbrock/E. Kerkhoff (Hrsg.)*, Handbuch Religiöser Erziehung, Bd. 1, Düsseldorf 1987, 22.

22 *D. Ritschl*, Zur Logik der Theologie, München 1988, 133.

23 S. *G. Wainwright*, Der Gottesdienst als »Locus Theologicus« oder: Der Gottesdienst als Quelle und Thema der Theologie, in: KuD 28/1982, 248–258; vgl. ausführlicher *ders.*, Doxology. The Praise of God in Worship, Doctrine and Life, London u.a. 1980; aus religionspädagogischer Sicht s. *Chr. Bizer*, Liturgik und Didaktik, in: JRP 5/1988, 83–111.

24 S. anschaulich *H. Siegel*, Gottesdienst und Konfirmation, in: *Comenius-Institut (Hrsg.)*, Handbuch für Konfirmandenarbeit, Gütersloh ²1985, 145.

re Gottesdienste hochkomplexe Rituale. Sie verbanden im Laufe der Jahrhunderte Elemente verschiedensten Ursprungs miteinander und verlangen den Teilnehmenden ein erhebliches Maß an symbolischer Kommunikationsfähigkeit ab. Dazu kommt, dass viele Theolog(inn)en in liturgicis kaum bewandert sind und Gottesdienste wenig einladend gestalten. Ebenfalls von Gewicht ist die offensichtliche Tatsache, dass die Gemeinden selbst ihren Gottesdienst nicht ernst nehmen. Die geringen Besucherzahlen bilden einen scharfen Kontrast zur behaupteten Wichtigkeit des hier Gesagten (und Begangenen) – ein besonders Jugendliche irritierender Sachverhalt. Auf der Ebene von Schulgottesdiensten, die meist keiner vorgegebenen Agende folgen, stellt sich häufig das Problem der ökumenischen Gestaltung. Sie führt leicht dazu, dass die traditionell als konfessionell geltenden rituellen Elemente des Gottesdienstes gegenüber Texten, Ansprachen und Liedern zurücktreten, was zu einer ungünstigen Reduktion der liturgischen Ausdrucksformen und einer Dominanz des Verbalen führt[25].

Noch grundsätzlichere Probleme als diese aus unzureichender liturgischer Gestaltung resultierenden Defizite wirft die Tatsache auf, dass immer mehr Schüler(innen) keiner christlichen Kirche angehören. Mancherorts werden sie anderweitig religiös erzogen, meist islamisch. In den Großstädten und noch mehr in Gebieten der früheren DDR sind viele Schüler(innen) religiös ungebunden. Christliche Gottesdienste für die ganze Schule oder auch nur für bestimmte Jahrgangsstufen und Klassen werden so schwierig bzw. unmöglich. Denn die Gefahr religiöser Vereinnahmung, die dem Willen der Eltern und/bzw. Schüler(innen) widerspricht, ist groß. Unübersehbar ist weiter die Distanz vieler Religionslehrer(innen) zum Gottesdienst. Oft haben sie keinen Kontakt zu einer Kirchengemeinde und sind – wie Umfragen ergaben – gegenüber dem Schulgottesdienst zumindest gespalten[26].

25 S. *J. Schneider*, Zur Zukunft der Schulgottesdienste, in: KatBl 115/1990, 464.

26 S. z.B. *A. Feige*, Christliche Tradition auf der Schulbank, in: *ders./K.E. Nipkow*, Religionslehrer sein heute, Münster 1988, 53f.; *Chr. Grethlein*, Religionsunterricht an Gymnasien – eine Chance für volkskirchliche Pfarrer, Frankfurt u.a. 1984, 97, 99f.

Dahinter steht wohl unausgesprochen die bis ins 19. Jahrhundert mit seinen Auseinandersetzungen zwischen Pfarrer(inne)n und Lehrer(inne)n reichende Aufteilung: »Für die Einführung in die gelebte Religion ... ist die Kirche zuständig; die Reflexion von Religion und religiösen Stoffen gehört in die Schule«[27].

Noch ausgeprägter dürften die Vorbehalte gegenüber Gottesdiensten als schulischen Veranstaltungen bei Lehrer(inne)n anderer Fächer sein. Besonders in den neuen Bundesländern begegnet man Lehrerkollegien, die günstigenfalls mehrheitlich dem Phänomen Religion und Kirche neugierig, bisweilen aber sehr reserviert bis ablehnend gegenüberstehen. Von einer freiwilligen Teilnahme an liturgischen Vollzügen sind sie weit entfernt.

Doch nicht nur die lebensgeschichtlichen Prägungen und die Einstellungen von Lehrer(inne)n und Schüler(inne)n verhindern liturgische Handlungen als von der gesamten Schule getragen. Auch christlicher Gottesdienst selbst sperrt sich gegen eine unmittelbare Integration in Schulen. Zum einen ist er grundsätzlich eine für alle Interessierten offene, aber zugleich freiwillige Zusammenkunft. Schule dagegen grenzt in unserem gegliederten Bildungssystem durch formalisierte, konkurrenzorientierte Leistungsstandards aus, und alle Menschen eines bestimmten Alters müssen sie besuchen. Gerade in ostdeutschen Schulen hat sich auf dem Hintergrund jahrzehntelanger, erzwungener Teilnahme an rituellen Veranstaltungen wie Fahnenappell o.ä. ein ausgeprägtes Gespür für den Widerspruch zwischen »offizieller Freiwilligkeit« und tatsächlichem Zwang entwickelt.

Aber auch Lehrer römisch-katholischer Privatschulen melden, dass selbst in traditionell kirchlich geprägten Gebieten der mit mehr oder weniger Zwang und Druck geförderte Besuch der Messe eher zur Distanz von Kirche und Religion als zu einer Integration in die Glaubensgemeinschaft führt[28].

Zum anderen ist theologisch an die eingangs genannte Gegenüberstellung zwischen wahrem und falschem Gottesdienst zu erinnern.

27 So zusammenfassend *Chr. Bizer*, aaO., 94; vgl. z.B. *R. Kabisch*, Wie lehren wir Religion, Göttingen 1912, 277.

28 S. *S. Klotz*, Die Einstellung zum Schulgottesdienst muß sich ändern, in: KatBl 115/1990, 490f.

Sie verbietet eine bloße Subsumierung von Andachten oder Gottesdiensten unter nicht von der Treue zu Gott bestimmte Zwecke.

Es gab gerade im Rahmen der sog. Reformpädagogik viele Beispiele, bei denen diese theologische Grenze überschritten wurde; so schrieb z.B. *W. Rein:* »Für die Schulreisen, und wo es sonst angeht, empfiehlt sich die Schulandacht im Freien; es ist ein Stück altgermanischer Gottesverehrung, das im Rauschen des Waldes durch die Seelen der Andächtigen zieht«[29].

5.2 Gottesdienst als Schulveranstaltung. Die Spannung zwischen der herausgearbeiteten Bedeutung von Liturgie für religiöses, auch christliches Lernen und den skizzierten Problemen von Gottesdiensten und Andachten in öffentlichen (und wohl auch kirchlichen) Schulen darf nicht einseitig aufgelöst werden. Zwar sind Schulgottesdienst, -andacht und -gebet nach den – in den einzelnen Bundesländern allerdings unterschiedlichen – schulrechtlichen Bestimmungen meist durchaus als »Schulveranstaltungen« möglich[30]. Doch ist ein ohne Berücksichtigung der konkreten Situation vor Ort vorgenommener, exklusiver Rückgriff auf solche Rechtstitel ebenso verfehlt wie das völlige Ausblenden der liturgischen Dimension. Geistliche Indoktrinationsversuche, die die Besonderheit des Lernorts Schule missachten und oft bei den Schüler(inne)n (und Lehrer(inne)n) das Gegenteil, nämlich Abwehrhaltung bzw. religiöse Immunisierung, erreichen, sowie der Rückzug auf (angeblich objektive) Informationen und kritische Auseinandersetzung, die schnell langweilig werden und den lebenspraktischen Bezug von Religion ausblenden, sind Skylla und Charybdis verantwortlichen religionspädagogischen Handelns in der Schule. Je nach konkreter Situation sind sie unterschiedlich platziert.

29 Abgedruckt in: *R. Lassahn (Hrsg.)*, Das Schulleben, Bad Heilbrunn 1969, 19.

30 S.o. Anm.10; zur in Auseinandersetzung um das Schulgebet gewonnenen rechtlichen Klärung s. die wichtigsten Entscheidungen des Bundesverfassungsgerichts zusammenfassend *H.B. Kaufmann*, Die Christen und Schule in staatlicher und in freier Trägerschaft, Neukirchen-Vluyn 1989, 65–68.

Die Einladung zu einem von Schüler(inne)n und Lehrer(inne)n vorbereiteten Gottesdienst anlässlich der Schulentlassung kann z.B. in einer Gegend, in der die meisten Menschen Kirchenmitglieder sind und die Kommunikationsform Gottesdienst kennen, ein wichtiger Beitrag zur Schulkultur sein. Solch eine Zusammenkunft bietet einen Ort des Dankes für die zurückliegende Zeit, der Rückschau und der Äußerung von Hoffnung und Sorgen in einer Situation, in der die Grenzen menschlichen Planens und Handelns deutlich zutage treten. Die Erinnerung an das Evangelium, das untrennbar mit dem Kreuz verbunden ist, bietet gute Möglichkeiten, sich der Ambivalenz des Schulabganges zu stellen und einen weiterreichenden Zuspruch zu empfangen. In einer Schule dagegen, die bisher eine von Schul- und Parteileitung gestaltete Entlassungszeremonie beging, und in der die überwiegende Mehrzahl der Schüler(innen), Lehrer(innen) und Eltern religiös ungebunden ist, kann bereits die Einladung zu einem Gottesdienst durch die Schule als Ausdruck des Anspruchs empfunden werden, dass die Kirche an die Stelle der bisherigen Ideologieträger treten will. Vielleicht nähmen sogar viele an dem Gottesdienst teil. Es wäre aber zu befürchten, sie täten dies in demselben Bewusstsein, in dem sie die innerlich abgelehnten, äußerlich beklatschten SED-Zeremonien besuchten.

Die für liturgische Veranstaltungen, die einen vorfindlichen Sozialverband wie eine Schule oder eine Klasse betreffen, aus schulpädagogischen und theologischen Gründen notwendige, grundsätzliche Zustimmung der meisten hierzu gehörenden Menschen zur Kirche und ihren Ausdrucksformen wird wohl angesichts der zunehmenden Uneinheitlichkeit der Lebensorientierung immer seltener erwartet werden können[31].

5.3 Gottesdienstliche Angebote der Gemeinde für die Schule. Dies muss aber nicht bedeuten, dass liturgisches Handeln für die gesamte Schule aufhören soll. Über das in 4. Ausgeführte hinaus sollte mindestens am Ansatz der Reformpädagogik Interessierte die Tatsache nachdenklich machen, dass die Einführung des Begriffs »Schulleben« sowohl bei *F. Fröbel* als auch *C.G. Scheibert* eng mit liturgischen Handlungen verbunden ist[32].

31 Vgl. allerdings den Versuch von *H.R. Preuß*, Gemeindearbeit durch Schulgottesdienst, in: EvErz 39/1987, 679–689, bewußt als Gemeindepfarrer Schulgottesdienste in der Grundschule zu halten.

32 S. ausführlicher *Chr. Grethlein*, Schulleben und Religionsunterricht, in: BThZ 6/1989, 198ff.

So hob z.B. Scheibert bereits 1848 – wenn auch in einem uns fremden, moralisierenden Kontext – die kritisch transzendierende Funktion von Andachten für das Schulleben hervor: »Sie (sc. die Lehrer, die die jeweilige Andacht halten, C.G.) erheben sich und ihre Schüler hier aus dem Schulstaube auf die reine Tenne, wo man mit jeder Handlung einen Gottesdienst thut, ermuthigen sich und ermuntern die Laschen und Ermüdeten mit der Ueberzeugung, daß es mehr als Lernen gibt, und daß es ein höheres Ziel giebt, als eine Versetzung und ein gutes Zeugniß zu erstreben«[33].

In einer Zeit, die einem guten Schulabschluss große Bedeutung zumisst, sind Orte wichtig, an denen der Schule der letzte Ernst genommen und ihre Vorläufigkeit ausgedrückt wird.

Angesichts der eben dargestellten, grundsätzlichen Problematik von Gottesdiensten als Schulveranstaltungen könnte ein Angebot der der Schule benachbarten Kirchengemeinde weiterhelfen[34]. Ihre Einladung zu einem Gottesdienst, der sich in Thema und Ausrichtung auf Schule bezieht, aber auch für andere Menschen offen ist, ermöglicht eine Begegnung mit dem Evangelium, ohne die vielleicht die Mehrheit bildenden Distanzierten oder Ablehnenden negativ zu tangieren. Für solche Angebote erweist sich eine personal vermittelte Verbindung zwischen Gemeinde und Schule als sehr hilfreich, etwa durch Lehrer(innen), die sich in der Gemeinde engagieren, oder kirchliche Mitarbeiter(innen), die RU erteilen. Dieses Fach wäre auch der Ort, an dem im Gottesdienst Erlebtes kritisch reflektiert werden kann.

6. Raum für liturgische Elemente im Religionsunterricht

6.1 Grundsätzliche Überlegungen. Die Frage nach liturgischen Elementen im RU unterscheidet sich in einem wichtigen Punkt von der nach Gottesdiensten als Schulveranstaltungen. In den meisten

33 Zitat ebd., 199f.

34 S. zum dahinterstehenden religionspädagogischen Gesamtkonzept *H.B. Kaufmann (Hrsg.)*, Nachbarschaft von Schule und Gemeinde, Gütersloh 1990, 11–44; *E. Goßmann/R. Bäcker*, aaO. (Anm. 10) wollen auch diesen Ansatz aufnehmen, berücksichtigen aber m.E. die Veränderung des Verhältnisses von Schule und Gemeinde, die sich durch den politischen Vereinigungsprozeß anbahnt, und den Traditionsabbruch vielerorts zu wenig.

Bundesländern besteht zum RU ein Alternativ- bzw. Ersatzfach[35], so dass dem Besuch des RU eine gewisse Freiwilligkeit von seiten der Schüler(innen) eignet. Die in 4. genannten didaktischen Gründe legen es nahe, in einem christlichen RU nicht generell auf die Beschäftigung mit liturgischen Elementen zu verzichten. Dazu kommt die Beobachtung, dass Jugendliche auf jeden Fall ritualisierte Ausdrucksformen suchen, und seien es obskure, okkulte Praktiken[36]. Deren Inhalte, z.B. der Kontakt zu Verstorbenen, können aber die Entwicklung der Jugendlichen empfindlich stören.

Hier ist auf den biblischen Umgang mit dem allgemein religions- und kulturgeschichtlichen Phänomen Gottesdienst zurückzukommen, nämlich die Unterscheidung von wahrem und falschem Gottesdienst. Die inhaltliche Füllung ritueller Formen ist eben nicht beliebig, sondern wegen der über den kognitiven Bereich hinausreichenden Prägekraft genau zu bedenken.

Werden Lieder gesungen, die den omnipotenten Menschen verherrlichen, oder Lieder, die Gott für seine Schöpfung danken? Ist Schweigen ein disziplinarisches Mittel, mit angedrohten Strafen erzwungen, oder eine Vorbereitung auf die Begegnung mit dem Wort des Lebens? (s.o. XX u. XXI) Erscheinen Menschen, die an Gott glauben, im Unterricht als skurrile Ewiggestrige oder als Identifikationsangebote für die Schüler(innen)?

Die hier empfohlene Einbettung allgemein religiöser Ausdrucksformen in einen christlichen Bezugsrahmen setzt eine Konvergenz christlicher Religion mit den Bildungszielen der Schule voraus. Sie muss aber immer wieder expliziert werden, und die Schüler(innen) müssen Gelegenheit zur kritischen Nachfrage erhalten. Je nach Altersstufe und Schulart kommt den Phasen der Einübung bzw. der kritische Reflexion unterschiedliches Gewicht zu. In der Grundschule und in manchen Zweigen der Sonderschule werden einübende Passagen überwiegen; besonders in der Pubertätszeit benötigt – auf dem Hintergrund gemachter Erfahrungen! – die kritische Auseinandersetzung größeren Raum. Werden aber konzeptionell im biblischen Sinne als liturgisch qualifizierte Ausdrucksformen abgelehnt, ist es problematisch, christlichen RU zu erteilen. Der

35 S. *Chr. Reents*, Alternativen zum konfessionellen Religionsunterricht, in: JRP 5/1988, 197–212.
36 S. *J. Mischo*, Okkultismus bei Jugendlichen, Mainz 1991.

phänomenologisch und wohl auch theologisch wichtigste Teil des Unterrichtsgegenstandes bliebe unbehandelt.

6.2 Praktische Konsequenzen. Allerdings erfährt jede(r), der/die liturgische Elemente im RU einführt und behandelt, dass dies tendenziell den Rahmen der fünfundvierzigminütigen Unterrichtsstunde sprengt. Das entspricht den Erfahrungen in anderen Schulfächern, die innerhalb des Konzeptes »Praktisches Lernen« arbeiten. Liturgische Elemente weisen zum einen in ihrem biblisch gegebenen Bezug auf den Alltag über die Schule hinaus. Neben dem Kirchenjahr mit seinem reichen Angebot für Feier und Fest[37] gilt dies vor allem für den ethischen Bereich. Man kann nicht Gott als Schöpfer im Unterricht preisen und in der Freizeit unverantwortlich mit der Mitwelt umgehen. Zum anderen zielen liturgische Elemente auf den Vollzug im Gottesdienst zusammen mit der christlichen Gemeinde hin. Dies erfordert die Nachbarschaft mit der Kirchengemeinde. Insofern ist ein RU, der sich auch mit liturgischen Elementen beschäftigt, auf die in 5.3 empfohlene Kooperation zwischen Schule und Kirchengemeinde angewiesen.

Dass diese Nachbarschaft vor allem im Interesse der Schüler(innen) gepflegt werden muss, geht abgesehen von der grundsätzlichen Begründung in dem den religiösen Bereich umfassenden Bildungsbegriff[38] aus konkreten Anlässen hervor, in denen Kinder und Jugendliche der Kirche begegnen. Gegenwärtig geschieht dies – auf dem Hintergrund sich verändernder Taufpraxis – immer häufiger durch Taufbegehren. Vor allem das Konfirmandenalter scheint zumindest in Großstädten zu einem neuen Tauftermin zu werden[39]. Ein RU, der seinen Gegenstand nicht vom Leben der Schüler(innen) isoliert, wird Taufvorbereitung und Taufe begleiten, vielleicht sogar bei der Gestaltung mithelfen.

Die gemeindepädagogischen Bemühungen werden dadurch entlastet und können sich auf Methoden und Ausdrucksformen konzentrieren, die vorrangig der Lernort Gemeinde bietet (wie z.B.

37 Es sei hier nur die enge Bezugnahme der Christenlehre auf das Kirchenjahr genannt, das gerade in der kirchenfeindlichen Situation der DDR seine pädagogische Kraft bewies.

38 S. die Ausführungen bei *K.E. Nipkow*, Bildung als Lebensbegleitung und Erneuerung, Gütersloh 1990, 25–61.

39 S. ausführlicher *Chr. Grethlein*, Die neue Sitte: Konfirmandentaufen, in: ZGP 10/1992, 24–27.

Praktika, Feier von Gottesdiensten usw.), vielleicht bei Älteren sogar in Aufnahme altkirchlicher Übungen, wie gemeinsamem Wachen und Fasten.

Diese Überlegungen streifen ein grundlegendes religionspädagogisches Problem mit erheblicher Sprengkraft: die Zuordnung der religiösen Bildungsangebote von Schule und Gemeinde. Die verbreitete und in der Diskussion um die Zukunft der Christenlehre immer wieder zu hörende, schiedlich-friedliche Trennung von schulischem RU als Ort der Information und gemeindlichem Unterricht als Einübung und Hinführung in die Gemeinde wird – wie an der Frage liturgischer Elemente gezeigt – weder dem Gegenstand noch den Kindern und Jugendlichen gerecht. Es gilt vielmehr, die besonderen Möglichkeiten und Grenzen der beiden Lernorte herauszuarbeiten und die methodischen Konsequenzen hieraus zu ziehen. Dabei gibt vielleicht das Kirchenjahr mit seinem Neben- und Ineinander von wenigen Festzeiten und dazwischen liegenden längeren Zeiträumen ein Modell ab: Der schulische RU ermöglicht demnach kontinuierliches Lernen in Verbindung mit dem sonstigen Alltag der Kinder und Jugendlichen, gemeindliche Angebote wie Christenlehre oder Konfirmandenarbeit setzen besondere Höhe- und Schwerpunkte, etwa in Form von Bibelwochen, Vorbereitungen zu Festgottesdiensten o.ä.

Abschließend sei noch angemerkt, dass – wie Familiengottesdienste u.ä. zeigen – solche Nachbarschaft auch die Gemeinde bereichert: Die Reduktion liturgischer Ausdrucksformen in den meisten evangelischen Gemeindegottesdiensten auf Hören, Sitzen und (schwaches) Singen bricht auf, wenn man ernsthaft Schüler(innen) einlädt, hier gemeinsam mit Mitmenschen anderen Alters Gott als ihrem Schöpfer, Erlöser und Versöhner zu begegnen. Dazu dürfte die vielerorts anzutreffende, in der früheren DDR z.T. staatlich erzwungene Abkapselung kleiner Gemeindekreise, die sich als die »echte« oder »lebendige« Gemeinde fühlen, einer Offenheit weichen, die unter den Bedingungen einer pluralistischen Gesellschaft den An- und Zuspruch des Erhöhten (Mt 28,18ff.) ernst nimmt.

Literaturhinweise

E. Großmann/R. Bäcker, Schul-Gottesdienst. Situationen wahrnehmen und gestalten, Gütersloh 1992.

Chr. Grethlein, Liturgische Elementarbildung als notwendige religionspädagogische Aufgabe im modernen Deutschland, in: Internationa Journal of Practical Theology 1/1997, 83–96.

W. Neuser, Gottesdienst in der Schule, Stuttgart 1994.

Stufenspezifische Problemstellungen

XXIII. *Methoden des Religionsunterrichts in der Sekundarstufe II: Gymnasiale Oberstufe*

Heinz Schmidt

1. Methodenarmut in der Gymnasialen Oberstufe?

Die Vielfalt der Unterrichtsmethoden und Arbeitsformen, die das Lernen in der Sekundarstufe I erleichtern kann, sollte auch in der Sekundarstufe II nicht eingeschränkt werden. Unter günstigen Voraussetzungen ist sogar damit zu rechnen, dass die Lernenden mehr Selbständigkeit in der Wahl individueller Lernwege und mehr Mitbestimmung bei der Unterrichtsplanung anstreben. Allerdings ist zuzugeben, dass in vielen Schulen ein recht einförmiges Vermittlungsschema dominiert, das nur geringe methodische Varianten enthält und zulässt. Es besteht aus: Information durch Lehrvortrag, Text oder fragend-entwickelndem Verfahren, Erarbeitung spezifischer Fragestellungen in Einzel- oder Kleingruppenarbeit, Zusammentragen und Ordnen der Ergebnisse, Zusammenfassung. Dazu kommen Tests und Klausuren in Form von Essays, in denen das erarbeitete Wissen festgestellt und die Fähigkeit geprüft wird, es auf bisher nicht behandelte Fragestellungen zu beziehen (= Transfer).

Es lässt sich kaum bestreiten, dass der skizzierte Schematismus einige Vorteile bietet, zumal wenn der Unterricht wie üblich ein- oder doppelstündig erteilt wird. Die oft mühevolle Suche nach relevantem Wissen wird den Lernenden weitgehend abgenommen. Die Lehrperson kann den Schwierigkeitsgrad und die Menge der neuen Informationen dem Fassungsvermögen der Lernenden anpassen. Aufgaben und Fragen können so formuliert werden, dass sie auf kürzestem Weg zu den erhofften Einsichten führen. Die geordneten Ergebnisse sind leicht festzuhalten und ggf. zu repetieren, was den Lernenden Sicherheit gibt. Eine optimale Nutzung des begrenzten Zeitbudgets scheint gesichert. Außerdem sind die meisten Lernhilfen (Arbeitshefte, -bücher, Folienpakete) diesem

Schema angepasst. Sie enthalten in erster Linie selektierte Informationen in Text und Bild, Aufgaben zu deren Erarbeitung sowie Zusammenfassungen. Dadurch wird nicht nur der Lern-, sondern auch der Vorbereitungsaufwand in erträglichen Grenzen gehalten. Dass das »Was« ohnehin wichtiger sei als das »Wie«, ist eine in Gymnasien immer noch verbreitete Auffassung.

2. Zur Geschichte

Ohne Zweifel teilen die heutigen Gymnasien ihr relativ geringes Interesse an Methoden mit einigen ihrer Vorläufer, jedoch nicht mit allen. Der Name Gymnasium wurde in der Bundesrepublik erst 1955 allen damals zum Studium befähigenden Schulen (u.a. Realgymnasien, Oberschulen, Oberrealschulen) zuerkannt[1], die damit zu neusprachlichen, mathematisch-naturwissenschaftlichen, technischen oder beruflichen Gymnasien wurden. Früher war das Gymnasium »humanistisch« und hatte im Wesentlichen die Gestalt, die es aufgrund der Reformen *Wilhelm von Humboldts* zu Beginn des 19. Jahrhunderts angenommen hatte. Seine Ursprünge reichen aber bis ins 16. Jahrhundert zurück, zu den Hohen Schulen bzw. Gymnasien der Humanisten und zu den städtischen Lateinschulen[2]. Als eine humanistische Musteranstalt galt das zehnklassige Straßburger Gymnasium, das von *Johann Sturm* 1538 gegründet und bis 1581 geleitet wurde[3]. Die Schriften Sturms wurden gedruckt, sein »methodus« an vielen Orten nachgeahmt. Er schrieb eine schrittweise Erarbeitung der lateinischen und griechischen Sprache, ihrer Grammatik, Rhetorik und Dialektik vor.

1 Laut: Abkommen zwischen den Ländern der Bundesrepublik Deutschland zur Vereinheitlichung auf dem Gebiete des Schulwesens vom 15. Februar 1955 (Düsseldorf), in: *H. Kanz*, Deutsche Erziehungsgeschichte in Quellen und Dokumenten, Frankfurt 1987, 167f.

2 Vgl. *F. Paulsen*, Das Deutsche Bildungswesen in seiner geschichtlichen Entwicklung, Leipzig 1906; *F. Blättner*, Das Gymnasium, Heidelberg 1960, 33-35.

3 *A. Schilling*, Die Schule Johann Sturms – Gymnasium und Akademie der freien Reichsstadt Straßburg, in: 400 Jahre Arnoldinum, *hrsg. v. Kreisheimatbund Steinfurt* in Verbindung mit der Stadt Steinfurt, Greven 1988, 13-21; *W. Sohm*, Die Schule Johann Sturms und die Kirche Straßburgs in ihrem gegenseitigen Verhältnis, München/Berlin 1912.

Der Katechismus wurde zuerst in deutscher, dann in lateinischer Sprache gelehrt, ebenso Kirchengesang. Nach dem Lehrplan der oberen Klassen waren zusätzlich griechische Mathematik und die Briefe des Paulus zu unterrichten. Bei alledem ging es Sturm nicht in erster Linie um Wissen, sondern um die Fähigkeit, das Erkannte auch überzeugend, nach dem Vorbild Ciceros, auszudrücken. Deshalb führte er die Methode des Klassenunterrichts neben den sonst üblichen Vorlesungen ein, in dem das Vorgetragene erneut durchgearbeitet sowie durch eine planmäßige Lektüre und durch Stilübungen ergänzt wurde. Jeder Text sollte auf seine Hauptgedanken (= loci) hin analysiert und diese nach Sinn- und Sachgruppen geordnet werden. Weil für Sturm ›pietas‹, ›sapientia‹ und ›eloquentia‹ zusammengehörten[4], sah er sich genötigt, über Vermittlungs- und Übungsmethoden nachzudenken.

Anders verhielt es sich in den fünf- bis sechsklassigen Lateinschulen. Hier ging es in erster Linie um die Vermittlung des rechten Glaubens(-wissens)[5]. Katechismusunterricht (anfangs in Deutsch, später in Latein), Wiederholung der Predigt (dreimal wöchentlich), Lektüre und Auslegung der Bibel (zunächst in Deutsch, dann in Latein und Griechisch) sowie die Einrichtung eines auf das Evangelium des Sonntags spezialisierten Samstagsunterrichts sollten der pietas dienen. Antike Autoren durften nur so weit gelesen werden, als sie Glauben und Moral zu stützen schienen. Methodisch dominierten hier der Vortrag und die Wiederholung bzw. das Memorieren. Immerhin haben diese Schulen die Muttersprache für den Anfangsunterricht pädagogisch legitimiert.

Die Humanisten-Schulen überlebten den Dreißigjährigen Krieg nicht. Auch die Lateinschulen verfielen weitgehend, wurden aber mit fürstlicher Hilfe in der zweiten Hälfte des 17. Jahrhunderts als Normalform des Gymnasiums restauriert, wobei wenigstens einige Reformimpulse der sog. didaktischen Realisten *Wolfgang Ratke* und *Johann Amos Comenius* (1592-1670) zum Zuge kamen[6]. Die Muttersprache wurde zur generellen Grundlage des Unterrichts des ers-

4 *W. Sohm*, Die Schule Johann Sturms, 31-34.
5 *F. Paulsen*, Geschichte des gelehrten Unterrichts, Bd. I, Leipzig 1919, 472-492.
6 Vgl. *K.A. Schmidt*, Geschichte der Erziehung, 5 Bde., 1989-1902, hier Bd. 3, 1-92. *F. Blättner*, Das Gymnasium, 35-37.

ten (teilweise auch des zweiten) Schuljahrs, auch für das Lateinlernen. Die Sachzeichnung setzte sich dank Comenius (Orbis pictus 1657) durch. Denn Wortverständnis sollte in Sachverständnis gründen. Außerdem begann sich Ratkes Idee einer »Allunterweisung« durchzusetzen, nach der ein jeder »sowohl männliches als weibliches Geschlechtes, Junge und Alte, gar leichtlich in kurzer Zeit in vielen Sprachen, allen Tugenden, subtilem Rechnen, künstlichem Singen und anderen freien Künsten unterrichtet werden können«[7]. Dies führte zu einigen neuen Fächern wie Arithmetik (ab Quinta/Tertia), Logik, Geschichte und Physik (ab Sekunda/Prima). Griechisch trat stark zurück. Insgesamt stieg die Zahl der Wochenstunden von ca. 20 auf ca. 40 an. Im frühen 18. Jahrhundert kamen noch Geographie, Geometrie, Trigometrie und Naturgeschichte hinzu. Neben Frömmigkeit und guten Sitten wurde die »Auferziehung in allerhand Sprachen, nützlichen Künsten und Lehren« zum Erziehungsziel[8]. Nach wie vor dominierten Vortrag und Wiedergabe in methodischer Hinsicht.

Das im Geiste *Wilhelm von Humboldts* (1767-1835) am Anfang des 19. Jahrhunderts gegründete humanistische Gymnasium und das später als Reaktion entstandene Realgymnasium beendeten endgültig die Vorherrschaft religiöser Erziehung zugunsten einer an der griechischen Klassik bzw. den »Realien« orientierten Bildung des ganzen Menschen. Griechisch, Latein, Deutsch und Mathematik wurden zu Hauptfächern des Gymnasiums, in dem neben Religion auch Französisch, Physik, Geschichte und Geographie gelehrt wurden. Im Realgymnasium wurde Französisch statt Griechisch Hauptfach und die Reihe von Nebenfächern durch Englisch, Naturbeschreibung (Biologie) und Zeichnen erweitert. Der nunmehr nur noch zweistündige RU der Oberstufe sollte nicht mehr ›pietas‹, sondern »eine frische und vielseitige Anschauung vom inneren Wesen des christlichen Glaubens und der christlichen Frömmigkeit« erzeugen[9]. Dazu dienten die inhaltliche Erarbei-

7 Die neue Lehrart. Pädagogische Schriften Wolfgang Ratkes. Eingeleitet von *G. Hohendorf*, Berlin 1957, 121.

8 *W. Ratke*, Schuldieneramtslehre, 19. Kap. 5. Absch., zitiert nach: *G. Hohendorf/F. Hofmann (Hrsg.)*, Allunterweisung. Schriften zur Bildungs-Wissenschafts- und Gesellschaftsreform, Teil 2, Berlin 1971, 322.

9 *J. Gottschick*, Der evangelische Religionsunterricht in den oberen Klassen höherer Schulen, Halle 1886, 25 und 49ff.

tung biblischer Schriften (z.B. Johannesevangelium, Paulusbriefe), kirchengeschichtliche Überblicke von biblischer Zeit bis in die Gegenwart sowie eine zusammenhängende Darstellung der »Heilslehre«, etwa anhand der Confessio Augustana[10]. Eine nur geschichtliche oder gar historisch-kritische Behandlung dieser Gegenstände wurde zwar gelegentlich gefordert, meist aber zurückgewiesen. Auf unterrichtsmethodische Fragen gehen die Quellen kaum ein. Die spärlichen Angaben lassen auf ein recht einförmiges Lehrverfahren schließen, wie es auch im Deutsch- und Geschichtsunterricht üblich war. Nach dem Abfragen der Hausaufgaben wurde ein neuer Gegenstand, z.B. eine biblische Geschichte oder ein biblischer Text, entweder vorgelesen oder vom Lehrenden vorgetragen. Es folgte eine Erläuterung der Hauptinhalte im Frage-Antwort-Verfahren. Danach wurden gegebenenfalls Zusammenfassungen schriftlich festgehalten oder hierfür geeignete Texte zum Einprägen aufgegeben. Methodische Auseinandersetzungen drehten sich um den Gebrauch von Voll- oder Auswahlbibeln sowie einzelner kirchengeschichtlicher oder dogmatischer Lehrbücher[11]. Kritik, die besonders gegen Ende des Jahrhunderts laut wurde, richtete sich vor allem gegen den dogmatischen Charakter dieses staatlichen Unterrichts und gegen die Stoff-Fülle[12]. Der Unterricht

10 Dies waren die vorgeschriebenen Lehrinhalte für Prima und Sekunda in Thorn nach: Nachricht von dem königlichen Gymnasium zu Thorn und den mit demselben verbundenen Realklassen von Michaelis 1857 bis Michaelis 1858, Thorn Ratsdruckerei 1858, 4f. und 7f. Ähnlich in: Max-Planck-Gymnasium. Festschrift zum Jubiläum des ältesten Göttinger Gymnasiums 1586-1986 von *Henning Hennig u.a.*, Göttingen 1986, 70f. für das Schuljahr 1859/60. *J. Gottschick*, aaO.: »Eine zusammenhängende Darstellung der christlichen Welt- und Lebensansicht ... kann natürlich erst den letzten Abschluß des Religionsunterrichts bilden, und sie setzt ... eine Durcharbeitung mannigfaltigen geschichtlichen Stoffes voraus, wie ihn die biblischen Urkunden des Urchristentums und die Kirchengeschichte darbieten.«

11 *A. Ritschls* eigens für die Oberstufe verfaßtes Lehrbuch »Unterricht über die christliche Religion (hrsg. v. *G. Ruhbach*, Gütersloh 1966, Nachdruck der ersten Auflage von 1875) konnte sich z.B. nicht durchsetzen. Vgl. die Vorreden zur ersten und zweiten Auflage (ebd. 11).

12 Vgl. Kreuzzeitung vom 25. Nov. 1894, zitiert bei *James E. Russel*, German Higher Schools, New York: Longmans 1899, 223. Außerdem *F. Paulsens* Plädoyer für einen kirchenunabhängigen, christen-

sollte mehr religiöse Anregungen und weniger totes Wissen vermitteln, wünschten viele um die Jahrhundertwende.

Die durch den Ersten Weltkrieg ausgelöste Kulturkrise führte zusammen mit der pädagogischen Reformdiskussion der ersten Jahre dieses Jahrhunderts nicht nur zur Einführung der allgemeinen Grundschule und zu mehr Differenzierung des Sekundarschulwesens, sondern auch zu einer unterrichtsmethodischen Erneuerung mit dem Ziel, Eigenaktivität und Selbstbestimmung der Lernenden zu fördern. Für den RU wurden besonders Methoden der Gefühlsbildung (*R. Kabisch*) und der Arbeitsschule (*G. Kerschensteiner/H. Gaudig*) wichtig. Sie gelangten allerdings nicht unverändert in den Oberstufenunterricht. Die preußischen Richtlinien für die Sekundarschulen vom 6. April 1925 bringen zum Ausdruck, was man für praktikabel hielt[13]. Nach ihnen sollte der RU das religiöse Leben der Schüler erwecken und fördern, allerdings unter Wahrung des Unterrichtscharakters und der wissenschaftlichen Ernsthaftigkeit. Daher stand die Auseinandersetzung mit den biblischen Grundlagen, mit den großen Persönlichkeiten der Kirchengeschichte sowie mit der kulturellen Bedeutung der christlichen Religion im Mittelpunkt. Besonders der Oberstufenunterricht sollte das Ringen der christlichen Wahrheit mit anderen geistigen Strömungen verständlich machen, aus dem die gegenwärtige deutsche Kultur entstanden sei. Zweifel und Misstrauen der Lernenden wurden ernst genommen. Auch die Lehrenden wurden nicht auf bestimmte theologische Positionen, sondern auf ihr Gewissen verpflichtet. Sie wurden aufgefordert, ihre Überzeugungen im Unterricht zur Diskussion zu stellen. Der empfohlene »Aktivitätsunterricht« sollte zum Sprechen über eigene Erfahrungen ermutigen, zu selbstständiger Arbeit mit Quellen sowie zu freiwilligen häuslichen Tätigkeiten anleiten, deren Ergebnisse in die Klassendiskussion einbezogen werden sollten. Als hauptsächliche Unterrichtsform galt das Klassengespräch. An bedeutsamen

tums- und kulturgeschichtlich orientierten RU im letzten Kapitel seines in Anm. 2 zitierten Buches.

13 Dokumentiert in: The Reorganisation of Education in Prussia, transl. by *Isaac Leon Kandel* and *Thomas Alexander*, New York City: Teacher's College, Columbia University 1927, bes. 326-331 (Übersetzung von: Der Aufbau des Preußischen Bildungswesens nach der Staatsumwälzung, von Dr. *O. Boelitz*, ergänzt durch alle diesen Ausbau betreffenden Verordnungen seit 1918).

Stellen war daneben dem Lehrervortrag Raum zu geben. Einzelarbeit an biblischen und geschichtlichen Quellen wurde dringend empfohlen. Freie Aktivitätsgruppen[14] sollten gebildet und eine fächerübergreifende Zusammenarbeit besonders mit Kunst und Musik gesucht werden.

Leider hielt sich das hier erreichte Methodenbewusstsein nicht lange. Nicht nur die nationalsozialistische Pädagogik, auch die »Erziehung unter dem Evangelium« (später: Evangelische Unterweisung) diskreditierten alle Psychologie zusammen mit der Methode des Arbeitsunterrichts. Die Bitte um den Heiligen Geist sei wichtiger als alle Methodik. Der Lehrer sei in erster Linie Zeuge der Glaubenswahrheit, die vor die Entscheidung stelle[15]. In der Praxis wurde daraus meist ein Wechsel von Vortrag, fragend-entwickelndem Verfahren und predigtartigen Zusammenfassungen, die sich kaum von der Unterrichtsroutine des 19. Jahrhunderts unterschieden. Erst im Zuge der neu beginnenden Reformdiskussion der sechziger Jahre wurde diese Praxis als undemokratisch kritisiert und teilweise auch geändert[16] (s.o. I.3).

3. Methoden wissenschaftlichen Lernens

Auch der eingangs erwähnte Methodenschematismus knüpft in gewisser Weise an die einförmige Lehrroutine dieses und des vergangenen Jahrhunderts an. Die Einwände dagegen brauchen nicht wiederholt zu werden. Hier ist zu fragen, inwieweit besondere

14 Gemeint ist damit die heute sog. Methode der Projektarbeit.

15 Alle diese Aussagen finden sich schon bei *Th. Heckel*, Zur Methodik des evangelischen Religionsunterrichts, München (1928), ³1933, bes. 29f., 40f. Heckel läßt psychologische Methoden nur zur Erfassung der seelischen Wirklichkeit zu, die in der Begegnung mit »der Gotteswirklichkeit zur Entscheidung für diese durch diese aufgerufen wird« (35). Daher »zerfällt ... der methodische Gang auf allen Stufen der Schule ... in einen ›sokratischen‹ Teil und in einen zweiten des unterrichtlichen Zeugnisses von der Botschaft des Evangeliums« (46) (s.o. I.3).

16 Im RU führten außerdem deutliche Erscheinungen von Desinteresse zur Suche nach aktivierenden Methoden. Vgl. *G. Wagner*, Um eine echte Verbindlichkeit. Ein Erfahrungsbericht (1965), in: *H. Gloy (Hrsg.)*, Evangelischer Religionsunterricht in einer säkularisierten Gesellschaft, Göttingen 1969, 127-131; *H. Angermeyer*, Die Didaktik und Methodik der Evangelischen Unterweisung, München 1965.

Ziele und Inhalte der seit 1972 in Grund- und Leistungskursen organisierten gymnasialen Oberstufe[17] methodische Änderungen erforderlich machen. Der Unterricht auf dieser Stufe soll nicht nur wissenschaftsorientiert, sondern wissenschaftspropädeutisch sein, d.h. er soll nicht nur Informationen und Einsichten vermitteln, die dem Stand der wissenschaftlichen Erkenntnis entsprechen, sondern in grundlegende wissenschaftliche Arbeitsweisen und Denkmodelle einführen[18] – ein Umstand, der im Übrigen die Unmöglichkeit belegt, ziel- und inhaltsneutral über Methoden nachzudenken. Forschung und wissenschaftliche Studien kommen aber überhaupt nicht in Gang, wenn nur solche Informationen verarbeitet werden, die schon im Blick auf erhoffte Lernergebnisse ausgewählt wurden. Wenn wissenschaftliche Forschung auch begrenzte Informationen und spezifische Theorien voraussetzt, zielt sie doch prinzipiell auf Informationsgewinn und theoretische Validierung[19]. Deshalb ist die Suche nach Neuem für Wissenschaft ebenso grundlegend wie die Bereitschaft, Theorien aufs Spiel zu setzen. Die Oberstufe sollte daher neben der Aneignung vor-

17 Durch die Vereinbarung der Kultusministerkonferenz zur Neugestaltung der gymnasialen Oberstufe in der Sekundarstufe II vom 7. Juli 1972 wurden für die Stufe die herkömmlichen gymnasialen Schulformen durch ein relativ breites Angebot von Grund- und Leistungskursen abgelöst. Während zunächst Religion zusammen mit einer größeren Zahl von Fächern (meist im sog. gesellschaftswissenschaftlichen Aufgabenfeld) konkurrieren mußte, sehen die meisten neueren Verordnungen der Länder nur eine Ersatzmöglichkeit für Religion, nämlich Ethik/Werte und Normen oder Philosophie vor.

18 Der inhaltlich konstitutive Wissenschaftsbezug verbietet es, Methoden der Selbsterfahrung und Beziehungsgestaltung einen didaktischen Rang zuzuerkennen, wie dies am Anfang der siebziger Jahre geschehen ist. *D. Stoodt*, Die Praxis der Interaktion im Religionsunterricht, in: *E. Schering (Hrsg.)*, Evangelium-Religionsunterricht-Gesellschaft. Festschrift für Friedrich Hahn, Marburg 1972, bes. 16-18 schlug damals vor, die Klasse solle sich in Selbsterfahrungsgruppen selbst organisieren und mit Hilfe von Spielen, Sozio- und Psychodramen Beziehungsanalyse betreiben.

19 Konfirmierung, nicht Veränderung ihrer Theorien, ist das Bestreben der Wissenschaftssysteme nach *N. Luhmann*, Die Wissenschaft von der Gesellschaft, Frankfurt 1990. Allerdings nimmt das, was durch Wiederholung konfirmiert wird, neue Sinnbezüge auf (108).

selektierter Information zur Suche und Auswahl neuer, nicht in didaktischer Absicht präparierter Information anleiten und zu theoretischen Alternativen nötigen.

Wie und in welchem Ausmaß Lernende zusätzliche Informationen finden und aufarbeiten können, ist von den örtlichen Verhältnissen abhängig. Auf jeden Fall kann jeder zu einem thematischen Schwerpunkt eines Kurses oder einer Unterrichtseinheit einen informativen Teil selbstständig übernehmen. In der Regel wird ein solcher Beitrag in nichts anderem bestehen als in der Lektüre einer ganzen Schrift und deren Darstellung vor der Lerngruppe anstelle der üblichen Auseinandersetzung mit nur einem Textauszug. Aufwendiger, aber immer noch im Rahmen des Zumutbaren, ist die Vorstellung eines Autors mit einigen exemplarischen Texten unter Verwendung von Sekundärliteratur. Voraussetzungen hierbei sind Bibliotheken am Ort sowie Hinweise auf Nachschlagewerke und Literaturhinweise von seiten der Lehrenden. Schließlich können, besonders zu aktuellen Fragen, Dokumentationen zusammengestellt werden. All dies läuft auf den Vorschlag hinaus, jeden Lernenden mit einem eigenen kleinen »Forschungsprojekt« an der Informationsbeschaffung zu beteiligen und diesen Beitrag entsprechend – etwa wie eine Klausur – zu bewerten.

Der wissenschaftliche Umgang mit Theorien und theoretischen Alternativen stellt eine neue Herausforderung für Lernende der Sekundarstufe II dar. Es ist ihnen selbstverständlich, dass Begriffe etwas Bestimmtes bedeuten, u.U. auch verschiedene Bedeutungen haben können und in Beziehungen zueinander stehen, die mit logischen Mitteln überprüft werden können. Jetzt sollen sie auf einmal lernen, dass die gleichen Begriffe und Begriffszusammenhänge nicht nur Sachverhalte verdeutlichen, sondern auch verbergen und dass die jeweiligen Bedeutungen von geschichtlichen Voraussetzungen abhängig sind und sich demzufolge verändern. Sie sollen zusammen mit der Leistungsfähigkeit die Relativität wissenschaftlicher Begriffsbildung und Sprache erfassen, negative Folgen naiven Wissenschaftsglaubens erkennen und sich auch wissenschaftlichen Ansprüchen gegenüber ideologiekritisch verhalten. Dazu kommt als Besonderheit religiöser Begriffe bzw. Sprache, dass sie auf Symbolen basieren, die über die menschlichen Erfahrungsmöglichkeiten hinausweisen.

Es liegt auf der Hand, dass derartige Einsichten nicht aus abstrakter Belehrung erwachsen. Lehrpersonen werden zwar immer wieder auf unterschiedliche Begriffsbedeutungen in Texten hinweisen und deren geschichtliche Voraussetzungen erläutern. Wenn aber Erfahrungen des Miss- oder Teilverstehens, der Blockierung durch eigene Vorurteile bzw. Vorverständnisse sowie des Missverstandenwerdens fehlen, liegt es nahe, das abstrakte Wissen um Relativität und Geschichtlichkeit des Verstehens nur auf vergangene Zeiten und gegenläufige Ansichten anzuwenden, nicht aber auf gegenwärtig etabliertes Wissen und eigene Überzeugungen. Denn die Relativierung der eigenen kognitiven Gewissheiten durch den hermeneutischen Prozess stellt bisherige Orientierungsgrundlagen und die vielleicht mühsam erworbene intellektuelle Leistungsfähigkeit in Frage. Sie ist mithin identitätsbedrohend, insbesondere wenn religiöse und weltanschauliche Einsichten relativiert werden müssen, die ja immer grundlegende existentielle Bindungen betreffen.

Die konstitutive Rolle der auf Begriffe und Sprache bezogenen Hermeneutik für wissenschaftliches Denken rechtfertigt die bevorzugte Stellung der Textarbeit in der gymnasialen Oberstufe bis zu einem gewissen Grad. Damit soll nicht einer erneuten Beschränkung der hermeneutischen Aufgabe auf Textverstehen Vorschub geleistet werden. Auch Lebensverhältnisse, soziale Strukturen oder Institutionen sind in hermeneutischen Prozessen zu erschließen. Doch diesbezügliche Kommunikationen sind ebenfalls nur in gespeicherter Form und soweit begrifflich artikuliert als Texte zugänglich[20]. Die Bildhermeneutik bedarf einer gesonderten methodischen Überlegung (s.u. 5).

Die Arbeit mit Texten vollzieht sich als *Textrezeption und Textproduktion*. Es kommen die verschiedensten Textsorten in Frage, z.B. Geschichten aller Art, Gedichte, Berichte usw. Doch stehen argumentierende Texte, d.h. Erörterungen, sowohl aufgrund der Lehrplanvorgaben als auch wegen des problematisierenden Operierens von Wissenschaft im Vordergrund. Vorrangige Methoden der Textrezeption sind Textanalyse und -interpretation, Texterörterung und Textvergleich. Auch die Textproduktion konzentriert sich in der Regel auf Interpretation, Erörterung und Vergleich, wobei neben der Beantwortung von Verständnisfragen die essayistische Form vorherrscht[21].

20 Tondokumente jeder Art werden hier auch als Texte verstanden.

21 Poetische, narrative und meditative Formen der Kommunikation

Textanalyse und -interpretation sind im Vollzug schwer zu trennen. Dennoch ist es sinnvoll, die Analyse als Einstieg in die Interpretation gesondert zu betrachten. Sie bezieht sich ausschließlich auf das, was im Text selbst erkennbar ist, bleibt also textimmanent. Sie stellt z.B. den Aufbau eines Textes, seine Form, inhaltliche Zusammenhänge oder Widersprüche, Verweise auf Kontexte, Begriffsdefinitionen, Begriffsoppositionen u.a. fest. Rückfragen »hinter« den Text, etwa nach historischen oder ideologischen Voraussetzungen gehören dieser Sicht nach nicht mehr zur Analyse, sondern bereits zur Interpretation. Obgleich im Vollzug beides oft schwer zu trennen ist, führt der methodische Einstieg über die Analyse doch eher zu einer objektivierbaren und daher konsensfähigen Basis für weitere weniger sichere interpretatorische Annahmen. Nach Möglichkeit sollten alle Beteiligten übereinstimmen, was die wesentlichen Elemente eines Textes sind, bevor sie historische, theologische, ideologiekritische oder andere Urteile daraus ableiten.

Die dialogische Hermeneutik im Sinne *Gadamers*[22], nach der sich viele Gymnasiallehrer heute noch richten, versteht den Text als einen Dialogpartner, der wie ein Du zum Interpreten spricht und dessen Antworten und Fragen herausfordert ebenso wie der Interpret den Text zum Sprechen bringt. Das sich so dialogisch ergebende Textverständnis stellt weder einen historischen noch einen soziologischen oder psychologischen (z.B. Intentionen des Autors) Sachverhalt heraus, sondern ist das Ereignis einer Horizontverschmelzung von Text und Interpret, die sich als Verständnis der nunmehr gemeinsamen Sache immer neu konstituieren muss. So sehr diese Hermeneutik wegen ihrer existentiellen Relevanz dem religiösen Denken entgegenkommt, so illusionsanfällig ist sie. Sie lässt allzuleicht vergessen, dass Texte – etwa wie die Oberfläche eines Eisbergs – nur einen Teil der tatsächlichen Kommunikationen sichtbar machen, d.h. als geschichtliches Dokument objektivieren, während u.U. andere Kommunikationen verdrängt werden. Eine »Hermeneutik des Verdachts« geht von der Einsicht aus,

sind nicht ausgeschlossen, kommen aber nur gelegentlich vor. Die wissenschaftspropädeutische Ausrichtung der Oberstufe läßt auch solche Formen zum Gegenstand wissenschaftlicher Betrachtung werden oder weist ihnen eine zumindest indirekt unterstützende Funktion zu, z.B. als Entspannungshilfe oder als Quelle neuer Einsichten.

22 *H.-G. Gadamer*, Wahrheit und Methode, Tübingen 1960.

dass auch die Wirkungs- und Rezeptionsgeschichte von Texten solche Verdrängungen aufrechterhält[23]. Besonders politische und feministische Hermeneutiken haben auf solche vom Text selbst ausgeschlossenen Elemente aufmerksam gemacht. Die in einer Interpretation herausgearbeitete theologische oder religiöse »Sache des Textes« kann also zu einer weiteren Ideologisierung von Unrechtsverhältnissen beitragen. Daher müssen kritisch-historische (einschl. psychologische, soziologische und ideologiekritische) Einsichten die auf der Textebene manifesten Bedeutungen kontrollieren und ggf. zur Rückgewinnung des Verdrängten beitragen. Der Text darf nicht personalisiert werden, auch nicht durch eine Konzentration auf angenommene Autorenintentionen. Er ist das Substrat einer Kommunikation von Autoren(-gruppen) mit ihrer Umwelt, die möglichst umfassend in einer veränderten Umwelt rekonstruiert werden muss. Deshalb setzen Texte in der Regel mehrere, u.U. widersprüchliche Deutungen frei. Methodisch hat dies zur Folge, dass neben den eher offensichtlichen Hauptaussagen eines Textes nach weiteren Bedeutungen gefragt werden muss, die sich aus den kommunikativen Wirkungen ergeben. Interpretationen sind mithin vielschichtig und aspektreich.

4. Beispiele für die Arbeit mit Texten

Zur Veranschaulichung einige häufiger angewandte Verfahren[24]: Ganz im Rahmen der *Textanalyse* bleibt ein *dreischrittiges Verfahren* zur Erhebung der Grundinformation (Redundanzverfahren): 1. In einem Text wird alles durchgestrichen mit Ausnahme von Schlüsselbegriffen und Kernaussagen; 2. Den Schlüsselwörtern werden die

23 *P. Ricoeur*, Freud und Philosophy. An Essay on Interpretation, New Haven 1970; *ders.*, Interpretation Theory. Discourse and the Surplus of Meaning, Fort Worth 1976; *ders.*, Time and Narrative, Chicago 1984.

24 Die folgenden drei Beispiele stammen aus: *H. Kurz*, Methoden des Religionsunterrichts. Arbeitsformen und Beispiele, ^{4}1998, 65-67. Die beiden folgenden »Muster« einer sog. systematischen Textanalyse heben zu stark auf Autorenintentionen ab und verbleiben im Rahmen einer dialogischen Hermeneutik. Es wird daher hier nur das stärker didaktisierte Muster A verwendet, und zwar in modifizierter Form (vgl. 68).

Aussagen zugeordnet, die ihre Bedeutung zeigen (Dokumentation in einem zweispaltigen Raster); 3. Die Grundinformation wird in einem Satz zusammengefasst (einspaltig als Abschluss des Rasters).

Textkürzungen und Précis: 1. Der Text wird durch Streichungen so gekürzt, dass er nur noch die Hauptaussagen enthält; 2a. Durch Wortumstellungen, kleine Änderungen oder kurze Zwischentexte wird ein neuer lesbarer Zusammenhang erstellt, der maximal 60% des ursprünglichen Bestands ausmacht. 2b. Oder die Hauptaussagen werden neu zu einem kürzeren Text formuliert, Fachausdrücke umschrieben und das Ganze mit einer charakteristischen Überschrift versehen.

Als Vorbereitung für ein interpretierendes Gespräch, in dem auch nach »verdrängten« Kommunikationsaspekten gefragt werden kann, eignet sich die in Schweden entwickelte *Västerås-Methode:* Jeder liest seinen Text unter Verwendung folgender Zeichen:

? = habe ich nicht verstanden, bzw. hier möchte ich eine Frage stellen;
! = hier ging mir eine Einsicht auf;
< = dies ist mir für meine persönliche Situation wichtig.

Im Gespräch wird der Text Satz für Satz durchgegangen. Wer ein Fragezeichen gesetzt hat, erhält Antwort von denen, die keines gesetzt haben. Zu Äußerungen über Ausrufezeichen und Pfeile wird niemand gezwungen. Diesbezügliche Einsichten können aber als Antworten oder Anregungen eingebracht werden.

Für *Textanalyse und -interpretation* kann ein *vierschrittiges Verfahren* verwendet werden:

Erster Schritt: Referieren
»Was sagt der Text aus?«
(Ziel: Vorläufiges Gesamtverständnis; Gedankenaufbau; Zusammenfassung der wesentlichen Aussagen)
Unklarheiten klären – Textart – zugrunde liegende Frage (Problem, Thema, Kern der Information) – vermutliche Intentionen – Argumentationsverlauf: These/Gegenthese/Argumente/Beispiele/Lösung (Ergebnis) – Widersprüchlichkeiten oder Brüche, Wiederholungen u.ä.

Zweiter Schritt: Analysieren
»Wie sind die Textaussagen sprachlich gestaltet?«
(Ziel: Untersuchung der sprachlich-stilistischen Gestaltungsmittel, ihrer Funktion, zugrunde liegenden Intentionen)

Wortschatz – Satzbau – Satzarten – relevante Stilmittel (quantitativ/qualitativ) – Perspektive – Grundhaltung (subjektiv/sachlich-argumentierend/rhetorisch/sprachkünstlerisch) – Intention – Beschreibung und Bewertung von Situationen, Umständen oder Ereignissen

Dritter Schritt: Kommentieren
»Was will und kann der Text bewirken?«
(Ziel: Erläuterung des Sinngehaltes; soziologische Hintergründe des Textes)
Sach- und Sinnerläuterungen – weltanschaulicher Standort oder Selbstverständnis des Autors – Adressaten – Quelle/Entstehungszeit/Anlass/Einflüsse und Vorbilder – Kontext (bei Auszügen) – abgewertete oder ausgeschlossene Verhältnisse oder Gruppen

Vierter Schritt: Argumentieren
»Wie beurteile ich die Textaussagen und die möglichen Wirkungen?«
(Ziel: Auseinandersetzung und persönliche Stellungnahme)
Darstellung: überzeugend? – Lösung: einleuchtend? – Argumente: stichhaltig? unhaltbar? – Beispiele: ausdrucksstark? – Problemdarstellung: objektiv? vereinfacht? übertrieben? zu optimistisch? einseitig? – ungenannte Voraussetzungen? – sprachlich gelungen? – eigene Erfahrungen? – weitere Argumente und Beispiele? – Schlusseinstellung: Zustimmung? Ablehnung? Kompromiss?

Im Unterricht können, oft aus Zeitmangel, nicht alle interpretatorischen Möglichkeiten ausgeschöpft werden. Die didaktischen Vorgaben legen zudem meistens eine Konzentration auf bestimmte Aspekte nahe. Die *Texterörterung* ermöglicht methodisch eine solche Konzentration. Nicht der ganze Text mit allen seinen kommunikativen Beziehungen steht hier zur Diskussion. Durch gezielte Fragestellungen werden bestimmte Bedeutungseinheiten herausgearbeitet, gegebenenfalls in einen historischen Zusammenhang gestellt, vor allem aber als Beitrag zu einer gerade diskutierten Frage behandelt. Außerdem erleichtert die Wahl eines begrenzten Aspekts es den Lernenden, ihr Vorwissen in die Erörterung einzubeziehen. Sollten sich dabei Lücken zeigen, lassen sich diese schneller beseitigen. In der Erörterung werden Bedeutungselemente eines Textes als Argumente behandelt, die Gegenrede, Stellungnahme oder bestätigende Begründungen herausfordern. An dieser Stelle können dann auch ideologiekritische Gesichtspunkte eingebracht werden, die bei der ersten Beschäftigung mit dem Text ausgeklammert werden mussten.

Als Beispiel kann hier eine Klausuraufgabe für ein Abitur in

Evang. Religion dienen. Vorausgesetzt wären hier Grundkurse zur neutestamentlichen Christologie, zur Reformation und zur Gotteslehre:

Text:[25] Wichtig ist, dass sich bei Jesus die Botschaft vom nahen Heil und vom nahen Gott in ein konkretes Verhalten umsetzt. Jesus weiß sich dazu berufen, die Gottesferne in jeder Form zu überwinden, die Zäune niederzulegen, die menschliche Überlieferung zwischen Gott und dem Menschen aufgerichtet hatte. Das Neue und als anstößig Empfundene bei Jesus liegt darin, dass er, ohne selbst ein Sünder zu sein, den Zaun der frommen Gemeinde überschreitet. Er sucht die Gemeinschaft dieser outsiders und displaced persons auf, um ihnen an Ort und Stelle das Heil anzubieten. Seine Gemeinschaft mit ihnen versteht er als das Zeichen, dass Gott in seiner Liebe die Gemeinschaft mit den Sündern sucht. Die Tischgemeinschaft Jesu mit den Zöllnern und Sündern gehört zu den gutbezeugten Zügen des historischen Jesus: »Der nimmt die Sünder auf und setzt sich mit ihnen an einen Tisch« (vgl. Lk 15,2); oder: »Seht diesen Fresser und Säufer, den Freund von Zöllnern und Sündern« (vgl. Mt 11,19; Lk 7,34). Jesus steht also mit seinem eigenen Verhalten und Tun für den dynamischen Heilscharakter seiner Botschaft ein. Wenn er sich mit den Ausgestoßenen an einen Tisch setzt, mit ihnen ohne asketische Hemmungen feiert und fröhlich ist, dann setzt er als Mensch sich ein zum Zeugen der rettenden Liebe Gottes. An seinem Verhalten soll man erkennen, wie Gott zum Menschen steht. In dieser Weise deutet oder interpretiert der Mensch Jesus durch sich selbst den Begriff »Gott«, indem er ihn ins Menschliche übersetzt. Dass er verstanden wurde, zeigt gerade der Anstoß der jüdischen Frommen. War dies nicht eine höchst gefährliche Art von Frömmigkeit, die jeden Begriff von Zucht und Ordnung sprengen musste? Jesus kann darauf nur mit dem Hinweis auf Gottes größere Liebe antworten.

Fragestellungen:

1. Wie kennzeichnet J. Blank das Gottesverständnis Jesu?
2. Um welche grundsätzliche Auseinandersetzung geht es zwischen Jesus und der frommen jüdischen Gemeinde seiner Zeit? Charakterisieren Sie das Neue an der Gottesauffassung, die sich in Jesus ausspricht, und benennen Sie die Fronten, gegen die er sich durchsetzen muss!
3. Inwiefern greift die reformatorische Rechtfertigungslehre eine ähnliche Problematik auf?
4. Sehen Sie Folgen aus dem hier angesprochenen Neuansatz der Glaubensgestaltung für eine christliche Ethik, und wie bewerten Sie diese?

25 Text aus: *J. Blank*, Antworten des Neuen Testaments, in: Wer ist eigentlich Gott?, München 1969, 117f. (Auszüge)

Ähnlich wie bei der Texterörterung ist das Vorgehen beim *Textvergleich*. Hier erzwingt die Begegnung mit der komplexeren Welt mehrerer Texte die Beschränkung auf wenige (auf die zu vergleichenden) Aspekte. Textvergleiche können zur Kontrastierung oder Polarisierung, zur Ergänzung oder Erweiterung, zur Darstellung einer Entwicklung, zur Klärung von Abhängigkeiten oder Verwandtschaften u.a.m. dienen. Die mögliche Vielfalt der didaktischen Funktionen verbietet es in der Regel, die Aufgabenstellung einfach als Vergleich einzuführen. Es müssen zusätzliche Hinweise auf die zu vergleichenden Elemente und auf die Art des Vergleichs (z.B. »Arbeiten Sie die Gegensätze zwischen ... heraus«) gegeben sein, außer wenn die Texte selbst schon bestimmte Vergleichsgesichtspunkte nahelegen.

Gelegenheit zur *Textproduktion* geben Aufgaben schriftlicher und mündlicher Darstellung (Berichte, Referate, Protokolle, Stellungnahmen, spezifische »Forschungsprojekte« usw.) im Unterricht oder als Hausaufgaben sowie Klausurarbeiten. Während bei ersteren alle möglichen Textarten vorkommen können, dominieren bei den Klausuren (einschl. der Prüfungsarbeiten) Erörterung und Vergleich. Denn auch hier geht es darum, ausgewählte Aspekte eines Problemzusammenhangs unter Verwendung von Gelerntem erneut zu erarbeiten und gegebenenfalls weiter zu entwickeln. Die konkreten Aufgaben müssen daher – ähnlich wie bei Erörterung und Vergleich – zu einer Konzentration auf bestimmte Bedeutungselemente in Texten veranlassen und deren Behandlung unter Bezug auf unterrichtlich Erarbeitetes nahelegen. Eine besonders sorgfältige Vorbereitung in dieser Hinsicht ist bei Prüfungsarbeiten unabdingbar. Deshalb verlangen die meisten Prüfungsbehörden, dass zu jedem (zu genehmigenden) Aufgabenvorschlag eine detaillierte Beschreibung der erwartbaren oder möglichen Argumentationen zusammen mit einer Darstellung des Vorwissens (»Erwartungshorizont des Lehrers«) vorgelegt wird. Sie muss auch über die Bewertungskriterien Auskunft geben[26].

26 Die Bewertung erfolgt in der gymnasialen Oberstufe in der Regel nach einer 15-Punkte-Skala, die etwa den folgenden groben Qualifizierungen entspricht: 15-13 = hervorragend/sehr gut; 12-10 = gut; 9-7 = befriedigend; 6-5 = ausreichend; 4 und darunter = nicht ausreichend. Nähere Bestimmungen enthalten die länderspezifischen Verordnungen.

Als Beispiel kann hier der »Erwartungshorizont« herangezogen werden, der zu der oben zitierten Texterörterungsaufgabe (Text von Josef Blank) vorgelegt worden ist.

Zu Teilaufgabe 1
Als das Entscheidende soll erkannt werden, dass Jesus hier durch sich selbst den Begriff »Gott« interpretiert. Gott ist der nahe Gott, der im Menschlichen begegnet: in Liebe, in der Gemeinschaft.

Zu Teilaufgabe 2
Hier gilt es herauszuarbeiten: Jesus steht für den persönlichen Gott, der den Glauben in personaler Verantwortung wahrnehmen lässt, der in die Einsamkeit führt, aber auch von dort aus wieder in die selbstverantwortete Gemeinschaft und der den Charakter der frommen Handlung zu einer Gabe macht, die nicht um des Lohns willen geschieht. Dies Neue gilt es durchzusetzen gegen das starre Gesetz und die Institution.

Zu Teilaufgabe 3
Das von *Luther* durchlittene Problem »der Mensch allein vor Gott« soll hier benannt werden. Es geht um den Menschen, dem in dieser Lage keine Hilfe aus seiner Gesetzeserfüllung durch gute Werke zuteil wird und dem auch die Institution Kirche sein Verlorenheitsgefühl vor Gott nicht zu nehmen vermag.

Zu Teilaufgabe 4
Als Folge soll die selbstverantwortete ethische Entscheidung gesehen werden, die ihre Rechtfertigung nicht durch Berufung auf geltende Normen einer politischen oder kirchlichen Institution erfährt, sondern ihren tragenden Grund letztlich nur in der Gerechtsprechung des Sünders durch Gott allein aus Gnaden erhält. Bei der Bewertung soll sowohl die Gefahr der leichtfertigen Handhabung der hier gemeinten Freiheit ethischer Entscheidung gesehen als auch die Ermöglichung einer Lebensgestaltung, die tiefer und weiter reicht, als starre Orientierung an gesetzten Normen es zulässt, erkannt werden.

5. Gesichtspunkte zur Kursplanung und Bildhermeneutik

»Wie kann eine Lerngruppe eine emotional bedeutsame Beziehung zu ›sachlichen‹ Themen entwickeln?«[27] lautet eine methodische Grundfrage jeden Unterrichts. Möglichst weitgehende Berücksichtigung individueller Lernbedürfnisse und Selbst- bzw.

27 Zitiert nach *B. Grom*, Methoden für Religionsunterricht, Jugendarbeit und Erwachsenenbildung, Düsseldorf/Göttingen [10]1996, 121.

Mitbestimmung bei der Arbeitsplanung ermöglichen nach allgemeiner Auffassung eine solche Beziehung. In der Oberstufe führt dies zur Forderung einer *kooperativen Kursplanung in thematischer und methodischer Hinsicht.* Leider sind viele Erfahrungen mit entsprechenden Verfahren (gemeinsame Planung vor Beginn eines Kurses, alternative Angebote, Zwischenbilanzen und Neuplanungen) nicht durchweg ermutigend. Oft sind die möglichen Sachthemen samt ihrer inhaltlichen Implikationen den Beteiligten so fremd, dass bestenfalls verbreitete Vorurteile oder gerade aktuelle Schlagworte den Rang von Argumenten erhalten. So entstandene Absprachen erweisen sich bald als nicht tragfähig. Vielfach wird die Entwicklung von Lernbedürfnissen durch negative Erwartungen hinsichtlich der Relevanz religiös-weltanschaulicher Überlegungen behindert. Trotz dieser Barrieren sollte man am Prinzip der Selbst- und Mitbestimmung festhalten, damit den Lernenden ihre Verantwortung für die eigenen Entscheidungen und auch für ihre (Vor-)Urteile bewusst werden kann. Allerdings müssen dazu die Planungsverfahren den tatsächlichen Möglichkeiten der Lernenden angepasst werden.

In erster Linie hat dies zur Folge, dass detaillierte Planungen gleich zu Anfang eines Kurses in der Regel nicht sinnvoll sind. Die Lernenden brauchen zunächst eine erläuternde Darstellung wichtiger inhaltlicher Aspekte, möglicher Zusammenhänge und Alternativen sowie Hinweise auf Gelegenheiten individuellen Engagements. In einer solchen ersten Klärungsphase sollen – unterstützt durch spezifische Impulse wie Kurzfilme oder -texte, Planspiele, Brainstorming, Malen oder sonstige Bildgestaltung – Einstellungen, Urteile und Vorwissen herausgelockt und in die Erörterung einbezogen werden. Dies gibt Gelegenheit zum Aufzeigen von Zusammenhängen, Lücken und Lernhindernissen. Erst aufgrund solcher Prozesse, die mehrere Stunden in Anspruch nehmen dürften, sollten Lernende und Unterrichtende ihre Präferenzen hinsichtlich der Inhalte und der Abfolge formulieren. Die letzte Entscheidung über die Kursplanung muss bei den Lehrenden verbleiben[28], die allerdings gut beraten sind, wenn sie ihre Gründe im Gespräch mit den Lernenden durchsichtig machen können.

28 Die Literatur über Methoden weist nicht darauf hin, daß rechtlich wie moralisch die Lehrenden für die konkrete inhaltliche und metho-

Kaum ein Lernprozess läuft genau planmäßig ab. Daher muss die Möglichkeit der Revision prinzipiell offen bleiben. Ein gutes Verfahren, dies zu sichern, ist die Festlegung von Auswertungsphasen nach bestimmten Kursabschnitten. Hier kann rückschauend nach der Verständlichkeit und der Relevanz von Informationen, besonders von Texten, gefragt werden. Es kann die Effektivität von Lernverfahren oder Unterrichtsmethoden diskutiert, und es können Lernhemmungen sowie Alternativen erörtert werden. Dies ist auch eine Gelegenheit, die Lernenden ohne unmittelbaren Bezug auf Klausurarbeiten zu einer selbstkritischen Prüfung ihres eigenen Lernprozesses zu veranlassen.

Der Vorrang des wissenschaftspropädeutischen begrifflichen Lernens in der gymnasialen Oberstufe führt oft zu einer Marginalisierung der affektiven Bindungen, die dem religiösen Denken vorgegeben sind. Affektbildung geschieht in erster Linie in Interaktionen mit Nahestehenden, also in der Familie und in selbstgewählten Gruppen, gegebenenfalls in religiösen. Sie erscheint in diesem Alter auch schon weitgehend festgelegt. Jedoch sind gerade jetzt neue Identifikationen und emotionale Umstrukturierungen nicht selten. Daher sollten auch szenische Darstellungen und Rollenspiele ihren Platz haben. Da außerdem affektive Kommunikation sich vermutlich stärker mit Hilfe visueller als sprachlicher Symbole vollzieht, sollten *Bildrezeption und -gestaltung* auch in der Oberstufe das begriffliche Denken begleiten bzw. konterkarieren.

Schulbücher und Arbeitshefte bieten heute eine breite Auswahl bildlicher Darstellungen mit Interpretationshinweisen und auch gelegentlichen Anregungen zu eigener Bildgestaltung. Aber auch hierbei liegt der Schwerpunkt meist bei einer Reflexion der verschiedenen Bildaussagen, nicht bei einer Relation zwischen objektivierten Bildern und der individuellen, inneren Welt von Bildern und Affekten. Verfahren, die zu eigener Bildgestaltung als »Antwort« auf Bilder veranlassen, dürften den einzelnen eher eine Möglichkeit geben, sich innere Bilder zu vergegenwärtigen, sie mitzuteilen und sie in Reaktion auf die Bilder anderer zu modifizieren. Als Verfahren hierzu eignen sich Gestaltungen mit Fingerfarben, Wachsstiften oder Pinsel sowie das aufwendigere Erstellen

dische Planung verantwortlich gemacht werden, und zwar wegen ihres Wissens- und Erfahrungsvorsprungs.

von Collagen, Plakaten, weil diese ohne besondere Schulung ausgeführt werden können[29]. Bildliche Kommunikation geschieht aber auch durch Zusammenstellung und Kontrastierung von vorhandenen Bildern, durch ihre Zuordnung zu bestimmten Situationen oder Problemstellungen oder durch eine explizite Bewertung aufgrund des eigenen Empfindens. Alle diese Verfahren können zuerst individuell durchgeführt, ihre Ergebnisse dann in Gruppen verglichen werden.

Literaturhinweise

H.-G. Gadamer, Wahrheit und Methode. Grundzüge einer philosophischen Hermeneutik, Tübingen 1960.

B. Grom, Methoden für Religionsunterricht, Jugendarbeit und Erwachsenenbildung, Düsseldorf/Göttingen [10]1996.

H. Kurz, Methoden des Religionsunterrichts, München [4]1998.

P. Ricoeur, Die Interpretation, Frankfurt 1974.

H. Schröer/L. Schmidt/W. Schenk, Art. Hermeneutik, in: TRE Bd. XV, Berlin/New York 1986, 108-156.

29 Vgl. *B. Grom*, Methoden für Religionsunterricht, Jugendarbeit und Erwachsenenbildung, 245f.

XXIV. *Methoden des Religionsunterrichts in der Sekundarstufe II: Berufliches Schulwesen*

Reinhold Mokrosch

1. Einführendes

Die Methoden im Berufsschulreligionsunterricht verhalten sich zu denjenigen der gymnasialen Oberstufe zwar nicht wie Tag und Nacht, wohl aber wie Morgen und Abend. D.h. sie widersprechen sich zwar nicht, aber sie unterscheiden sich. Sie gewichten nämlich den wissenschaftlichen und den erfahrungsorientierten Zugang zum christlichen Glauben im Hinblick auf die unterschiedlichen Bedürfnisse und Fähigkeiten gymnasialer und berufstätiger Jugendlicher je verschieden. So unterschiedlich beide Schulformen sind, so unterschiedlich sind auch ihre Methoden im RU[1].

Geht der gymnasiale Oberstufenreligionsunterricht eher »wissenschaftspropädeutisch« vor und bevorzugt Interpretationsmethoden zur differenzierten Texterfassung (s.o. XXIII), so arbeitet der Berufsschulreligionsunterricht eher *erfahrungspropädeutisch* und wählt sozialpsychische Methoden zur differenzierten Wahrnehmung und religiösen Deutung der Wirklichkeit, – wie z.B. gruppendynamische Wahrnehmungsübungen, Metapherübungen oder Sozio- und Psychodrama. Ist gymnasialer RU stärker hermeneutisch und entsprechend an der Methode »dialogischer Hermeneutik« orientiert, so

1 Zum Folgenden vgl. meine »Thesen zu pädagogisch-theologischen Kriterien für den Berufsschulreligionsunterricht« in: *AEED (Hrsg.)*, Die Lehrplansituation im Berufsschulreligionsunterricht, München 1986, 61–64, und meine Aufsätze »Berufsschulreligionsunterricht in der Umbruchsgesellschaft«, in: EvErz 37/1985, 129–140, sowie »Die Aufgaben des Ev. Religionsunterrichts in der Berufsschule angesichts der Grundhaltungen berufstätiger Jugendlicher«, in: Protokolle des Religionspädagogischen Instituts Loccum 13, 1987, 6–15.

richtet sich berufsbildender RU stärker *handlungspraktisch* und an Handlungsmethoden aus, – wie z.B. an Entscheidungs-, Rollen-, Plan-, Wertklärungs- und anderen Handlungsspielen, Erkundungen und Projektlernen. Erarbeitet der Oberstufen-RU den Bedingungs- und Referenzrahmen christlicher Aussagen und Erfahrungen mit entsprechenden Forschungsmethoden, so interessiert sich der Berufsschulreligionsunterricht eher für *Sinn, Zweck* und *Nutzen* dieser Aussagen und Erfahrungen und wählt demzufolge eher Sinnfindungsmethoden, – wie z.B. Elementarisierungsformen, Schreibgespräche, Pro- und Contra-Debatten. Kann schließlich der Oberstufen-Religionslehrer aufgrund der wissenschaftlichen Arbeitsgewöhnung und -fähigkeit seiner Gymnasiasten Langzeitmethoden anwenden, so greift der Berufsschulreligionslehrer aufgrund der stärkeren *Alltagsorientierung* vieler berufstätiger Jugendlicher eher auf Kurzzeitmethoden zurück, – wie z.B. auf die Bienenkorbmethode, Kurzgespräche und Interviews, Brainstorming, Zettelarbeit, Satzergänzungen, Fragebögen, Laborspiele und besonders auf die Methode der Themenzentrierten Interaktion. Diese Hinweise und Behauptungen bedürfen der Erläuterung und Begründung. Ich möchte sie geben im Hinblick auf die berufstätigen Jugendlichen (2) und auf die Schlüsselqualifikationen im Berufsschulreligionsunterricht (3).

2. Besonderheiten der Methoden im Hinblick auf die berufstätigen Jugendlichen

Es gibt nicht »den« berufstätigen Jugendlichen. Alle Beschreibungen von »den« Berufsschülerinnen und -schülern, die überwiegend aus zerrissenen Familien, unteren Schichten, autoritären Strukturen, restringierten Sprachcodemilieus, Straf- und Gehorsamsorientierungen und kleinbürgerlich angepassten Verhältnissen kämen[2], entbehren jeder Grundlage. Charakterisierungen, dass berufstätige

2 So charakterisierten in den 70er Jahren eine Reihe von Soziologen (*M. Berg*, Die berufstätige Jugend, Hannover 1969; *Th. Luckmann/W.M. Sprondel [Hrsg.]*, Berufssoziologie, Köln 1972, bes. 25ff., 36ff., 53ff., 219ff., 276ff.; Hamburger Lehrlingsstudien, Bde. 1–5, 1975) und Berufsschulreligionspädagogen (*D. Aschenbrenner/H. Gloy*, Der Religionsunterricht an beruflichen Schulen, in: *E. Feifel u.a. [Hrsg.]*,

Jugendliche besonders orientierungslos, manipulierbar, desinteressiert, politisch gleichgültig, geschichtsvergessen und wenig differenziert seien[3], sind aus heutiger Sicht als falsch zu bezeichnen. Es gibt nicht »den« Berufsschüler oder »die« Berufsschülerin. Aber es gibt Anforderungen an berufstätige Jugendliche, welche gymnasiale Jugendliche nicht kennen. Um diesen Anforderungen gerecht werden zu können, muss der RU mit seinen Methoden an der Berufsschule anders gestaltet werden als in der gymnasialen Oberstufe.

Ich richte mich deshalb im Folgenden nicht an einem angeblichen Profil, Charakter oder Wesen berufstätiger Jugendlicher aus, sondern an den Anforderungen an sie. Dazu nehme ich die schon genannten vier Stichworte ›Erfahrungspropädeutik, Handlungsorientierung, Sinnorientierung und Alltagsorientierung‹ wieder auf.

(1) Mit ›*Erfahrungspropädeutik*‹ meine ich Erfahrungs- und Phänomenorientierung. Die Erfahrungsorientierung teilt der Berufsschulreligionsunterricht mit anderen Schularten. Die Phänomenorientierung könnte dagegen seine Besonderheit sein. Als ›*erfahrungsorientierter*‹ Unterricht nimmt er in didaktischer Abfolge Alltagserfahrungen der berufstätigen Jugendlichen auf, führt diese auf deren Grunderfahrungen und eventuell Grenzerfahrungen zurück, lässt alle zusammen mit religiösen Erfahrungen biblischer und christlicher Personen konvergieren.

Für das Thema »Arbeitslos – was nun?« könnte das z.B. folgendermaßen konkretisiert werden: Der Berufsschulreligionslehrer skizziert die Alltagserfahrung des entwurzelten (oder befreiten?) Tagesverlaufs eines erwerbslosen Menschen, kommt auf die Grunderfahrung, dass Arbeit zum Leben hinzugehört, zu sprechen, greift

Handbuch der Religionspädagogik, Bd. I, Zürich u.a. 1973, 372–382; *K.W. Apel*, Dialog mit der jungen Generation über Glauben und Leben, Bd. I, Stuttgart 1968, 3–17) die Sozialisation und Orientierung berufstätiger Jugendlicher.

3 Die Thesen habe ich selbst noch 1979 – freilich cum grano salis – in meinen Aufsätzen »Gegenwärtige Tendenzen zum Religionsunterricht der berufsbildenden Schulen«, in: EvErz 29/1977, 10–27, 35–38 und »Berufsschulreligionsbücher – Abbild von Schülerinteressen?«, in: Die berufsbildende Schule 1979, 575–590, vertreten, aber schon 1985 in dem Aufsatz »Berufsschulreligionsunterricht in der Umbruchgesellschaft« korrigiert.

eventuell die Grenzerfahrung, dass sowohl Arbeit als auch Arbeitslosigkeit kaputt machen können, auf und vergleicht schließlich diese Erfahrungen mit den religiösen Erfahrungen der Arbeiter im Weinberg (Mt 20,1-16) oder mit Beispielen sinnerfüllter Arbeit im Dienst am Nächsten und an der Schöpfung (z.B. *Benedikt von Nursia, Martin Luther, Johann H. Wichern*).

Unter *›phänomenorientiertem bzw. phänomenologischem‹ Aspekt* werden darüber hinaus diese Erfahrungen als Bewusstseinserlebnisse von Personen beschrieben, um auf diese Weise dem ganzen Phänomen und nicht nur einzelnen Aspekten (in unserem Beispiel: von Arbeit und Arbeitslosigkeit) auf die Spur zu kommen. Die Lehrkraft würde Erwerbslosigkeit als Bewusstseinserlebnis in den Unterricht einbringen, und sie würde ebenfalls die religiösen Erfahrungen der Weinbergarbeiter im Gleichnis Jesu als Bewusstseinserlebnisse thematisieren.

Welche Methoden zieht man dazu heran? Um die eigenen Erfahrungen der berufstätigen Jugendlichen ins eigene Bewusstsein zu heben, sollte man gruppendynamische Übungen zur Wahrnehmung der Wirklichkeit und zum Erinnern eigener Erlebnisse oder Metapherübungen zum Verständnis gedeuteter Wirklichkeit heranziehen. Ebenso geeignet sind auch Fallbeispiele, Nach- und Neuerzählungen, Assoziationsspiele, lebensgeschichtliche Erinnerungscollagen[4]. Um den Schülerinnen und Schülern Fremderfahrungen nahe zu bringen, kann man mit lebendigen Erzählungen, Rollenspielen, Fotowahl und audiovisuellen Medien arbeiten[5]. Bei der Aufarbeitung der Erfahrungen biblischer Personen sollte man auch im Berufsschulreligionsunterricht nicht vor sozialgeschichtlicher und interaktionistischer Bibelauslegung zurückschrecken (s.o. IX). Um schließlich Erfahrungen phänomenologisch als Bewusstseinserlebnisse in ihrer Ganzheitlichkeit zu erfassen, kann man auf Sozio- und Psychodrama zurückgreifen. Bei biblischen Texten bieten sich auch Elemente des Bibliodramas an (s.o. XIX,6). Zum Verständnis biblischer Aussagen und Personen könnte man mit seinen Berufsschülerinnen und -schülern sogar tiefenpsychologische Auslegungsversuche wagen.

4 Vgl. dazu *B. Grom*, Methoden für Religionsunterricht, Jugendarbeit und Erwachsenenbildung, Düsseldorf/Göttingen [10]1996, Nr. 56.62–64.68.

5 Vgl. ebd., Nr. 58.76f.

Diese Methoden sollen letztlich dem Ziel dienen, die lebensweltlichen Erfahrungen der berufstätigen Jugendlichen mit den Erfahrungen biblischer und christlicher Personen zu konvergieren, ja: beide gegenseitig als Gleichnis auszulegen.

(2) Mit *›Handlungsorientierung‹* wird zum Ausdruck gebracht, dass im Berufsschulreligionsunterricht sowohl an Handlungssituationen als auch in Handlungssituationen die ›Bereitschaft‹ zu »christlich sozialem Handeln und zu politischer Verantwortung«[6] erlernt werden sollte. Die Jugendlichen müssen also keineswegs in moralisches Handeln eingeübt werden. Aber sie sollten auch nicht nur belanglos über Probleme diskutieren. Sondern sie sollten ›Bereitschaft‹ erlernen, d.h. ›Einstellungen‹ ändern. Natürlich ist das ein bescheidenes Programm. Aber es wäre vermessen, wollte man im Unterricht Verhaltensänderungen anstreben. Einstellungsänderungen wären schon ein großer Erfolg. Diese lassen sich *an* demonstrativen und *in* fiktiven Handlungssituationen im Klassenraum erreichen.

Zur Förderung einer solchen moderaten Handlungsorientierung können alle handlungsfiktiven Spielformen dienen (Entscheidungs-, Rollen-, Erforschungs-, Plan- und Wertklärungsspiele). Da es aber vorrangig um Wert- und Normenfragen im Berufsschulreligionsunterricht geht, sollten ›Wertklärungsspiele‹ (nach *L.E. Raths*)[7] Vorrang haben. Es geht bei dieser Methode darum, dass Jugendliche in einem Dreischritt (1) sich ihres eigenen Wertgefüges bewusst werden, (2) sich frei für bestimmte Werte entscheiden und (3) nach diesen handeln lernen. Sie können z.B. in folgender Weise aufgefordert werden: »Stellt euch einmal vor, dass 1000 unzufriedene Menschen auf eine Insel Atlantis auswandern, um einen gerechteren Staat zu gründen. Ihr seid die verfassungsgebende Versammlung. Welche Werte würdet ihr in die Atlantis-Verfassung aufnehmen?« Oder: »Stellt euch vor, ihr gebt dem wiedervereinigten Deutschland eine neue Verfassung usw.« Oder sie könnten durch Lösungen ethischer Dilemmata ihre eigenen Werte und ihre ge-

6 Orientierungsrahmen für den ev. Religionsunterricht an beruflichen Schulen, Münster: Comenius-Institut 1991, 26.

7 Vgl. *L.E. Raths/M. Harmin/S. Simon*, Werte und Ziele. Methoden zur Sinnfindung im Unterricht, München 1976. Ausführlich rezipiert und kritisiert *H. Schmidt*, Didaktik des Ethikunterrichts, Bd. 1, Stuttgart u.a. 1983, 40ff. diese Methode im Blick auf den Ethikunterricht.

wünschten Werte klären. Und sie könnten durch Nachspielen realer Wertentscheidungssituationen, die in aller Munde sind (z.B. E. Honeckers Prozess und Chile-Ausreise, K. Krabbes Dopingfrage, politische Rotlichtaffären), die Wertpräferenzen unserer Gesellschaft kennenlernen. Um nach solcher Selbstwertklärung die Jugendlichen auch für christliche Werte zu öffnen, kann man mit ihnen biblische Wertmuster – wie z.B. diejenigen der beteiligten Personen im Gleichnis von den Weinbergarbeitern (Mt 20,1ff.) oder in den Gleichnissen vom Barmherzigen Samariter, Verlorenen Sohn – herausarbeiten.

Für Handlungsorientierung kann auch die Methode des »Lifeline-Projekts« (nach *P. McPhail u.a.*)[8] hilfreich sein, der zufolge die Schülerinnen und Schüler in die Rolle anderer Personen hineinschlüpfen und aus dieser Perspektive mit sich selbst und anderen agieren sollen. Sie lernen dabei die Konsequenzen von Fehlverhalten, von kreativen Konfliktlösungen usw. kennen. Als Arbeitsmaterial dienen Zeichnungen und Comics mit Sprechblasen, Fotofolgen, Berichte, Erzählungen, Fragebögen usw.

(3) Berufstätigen Jugendlichen werden oft Kosten-Nutzen-Abwägungen, Zweckbegründungen und Aufwand-Ertrag-Bilanzen abverlangt. Deshalb fragen auch viele von ihnen nach Sinn, Zweck, Ertrag und Nutzen von Religion(en). Der Berufsschulreligionsunterricht sollte hierauf mit *›Sinnorientierung‹* antworten. Er darf der Nutzen- und Zweckfrage nicht ausweichen, sondern man sollte den Zweck und Sinn von Religion und christlichem Glauben zu klären versuchen. Dazu kann die Methode des ›Elementarisierens‹ herangezogen werden. Hierbei geht es darum, im Dreischritt die (1) elementaren Wahrheiten, (2) elementaren Erfahrungen und (3) elementaren Strukturen einerseits der Jugendlichen und ihrer Lebenswelt, andererseits biblischer Personen und christlicher Aussagen herauszuarbeiten und miteinander zu konvergieren. Graffitis, Sinnsprüche, Wandzeichnungen, Jugendäußerungen usw. können solche Elementaria Jugendlicher heute zum Ausdruck bringen. Besonders Symbole enthalten elementare Wahrheiten, Erfahrungen und Strukturen. Ich habe in der Berufsschule oft erlebt, dass Schüler und Schülerinnen sehr kreativ das Hakenkreuz auf der Skinjacke mit dem Christenkreuz auf der Kreuzritterkutte, das Antiatomzeichen mit dem christlichen Fischzeichen, den Turn-

8 Beschreibung und Literaturangaben bei *H. Schmidt*, aaO., 44ff.

schuh revoltierender Jugendlicher mit dem Bundschuh revoltierender Bauern, das Brot des Abendmahls mit dem Brot in der Mülltonne usw. verglichen haben. Arbeit mit Symbolen bringt Elementaria und damit den Sinn christlichen Glaubens zur Einsicht.

Ferner können zur Sinnfindung auch wieder Methoden des Ethikunterrichts übernommen werden: die Methode der ›Sinnerschließung durch Kontrast- und Motivationserfahrung‹[9], des Erinnerns an Sinn- und Glücksfindung im eigenen Leben u.a.

(4) Schließlich gilt es, im Berufsschulreligionsunterricht *›alltagsorientiert‹* vorzugehen. D.h. der RU wird sich an der beruflichen Sozialisation der Jugendlichen ausrichten und möglichst Szenen und Situationen ihres beruflichen Alltagslebens aufnehmen und nachspielen. Und er sollte ihre sozialen Orientierungsmuster und ihre Wertwidersprüche und -mischungen, die sich aufgrund ihrer Spannung zwischen Berufsanforderungen und eigenen Wünschen angesammelt haben, thematisieren.

(5) *Konsequenzen*: Methodisch heißt dies, dass *Methoden der ›Erwachsenenbildung‹* in die Berufsschule Eingang finden müssen. Will man in den Jugendlichen ein Selbstwertgefühl, die Fähigkeit zur mündigen Selbstbestimmung, zur Freiheit und zugleich zur Mitmenschlichkeit und Solidarität im beruflichen Alltag aufbauen, so darf man keine entmündigenden, fremdbestimmenden Methoden (z.B. Monologe und Befehle) einsetzen. Sondern man muss – wie in der Erwachsenenbildung – partnerschaftliche, von den Schülern und Schülerinnen mitbestimmte Arbeitsformen wählen, bei denen die Lehrkraft mehr Moderator, Katalysator, Mäeut und Helfer als Botschafter, Fachmann und Lehrmeister ist.

Die Methode der Themenzentrierten Interaktion (TZI) (nach *Ruth C. Cohn*)[10] erfüllt diese Anforderungen und ist nach meinen Erfahrungen auch in der Berufsschule anwendbar. Die Grundsätze »Sei dein eigener Chairman«, »Störungen haben Vorrang«, »Gefühle und Affekte gehören ins Klassenzimmer« und »Lernen vollzieht sich immer im Dreieck zwischen Ich, Gruppe und Thema« kommen bei vielen Berufsschülerinnen und -schülern gut an.

9 Vgl. dazu *H. Schmidt*, aaO., 33f.

10 In dem Bestseller von *R.C. Cohn*, Von der Psychoanalyse zur themenzentrierten Interaktion, Stuttgart 1975, sind bes. die Kapitel 8 und 9 für den Berufsschulreligionsunterricht relevant.

Sie fühlen sich nicht mehr wie im Betrieb bevormundet, sondern als Partner ernst genommen. Ja, sie entdecken ihr Ich und finden Selbstvertrauen. – Freilich muss nicht gleich das gesamte TZI-System angewandt werden. Es genügen auch selbstbestimmende Methoden wie Bienenkorbgespräche, gegenseitige Interviews, Brainstorming oder Zettelarbeit mit Satzergänzungen, Fragebögen, Unmutsäußerungen usw.[11] Entscheidend ist vor allem, dass es sich um Methoden handelt, welche die Jugendlichen bewältigen können, welche sie stabilisieren, welche ihrem Alltag entsprechen, bzw. – wenn sie keine Selbstbestimmung kennen – ihm widersprechen.

3. Besonderheiten der Methoden im Hinblick auf Schlüsselqualifikationen

Seitdem *Wolfgang Klafki* Mitte der 80er Jahre den Begriff ›Schlüsselqualifikationen‹ im Blick auf die Frage der Allgemeinbildung kreiert hat[12], hält er unaufhaltsam Einzug auch in die Berufspädagogik und sogar in die Berufsschulreligionspädagogik[13]. Schlüsselqualifikationen sind weniger Sach- als vielmehr Selbstqualifikationen. Unter berufspädagogischem Aspekt sind Verantwortungs-, Leistungs-, Problemlösungs-, Kommunikations-, Kooperations-, Organisations-, Transfer-, Flexibilitäts- und andere arbeitsmarktpolitisch relevante Fähigkeiten gemeint. Unter berufsschulreligionspädagogischem Aspekt will man der betrieblichen Sicht gegensteuern und versteht unter christlichen bzw. ›jesuanischen‹ Schlüsselqualifikationen Fähigkeiten zur Bewahrung der Schöpfung, zum Eintreten für Gerechtigkeit und zum Frieden stiften, welchen die humanen Qualifikationen zur Solidarität, Partizipation, Mitleid und Mitverantwortung vorausgehen müssten.

11 Vgl. dazu *B. Grom*, aaO., Nr. 14.16.18a.65.67.68.

12 Vgl. *W. Klafki*, Konturen eines neuen Allgemeinbildungskonzeptes, in: *ders.*, Neue Studien zur Bildungstheorie und Didaktik, Weinheim/Basel 1985.

13 Vgl. zur berufsschulreligionspädagogischen Rezeption *G. Birk/U. Gerber (Hrsg.)*, Schlüsselqualifikationen im theologischen Diskurs, Darmstadt 1991 und *Comenius-Institut (Hrsg.)*, Bildung durch Schlüsselqualifikationen?, Münster 1991.

Der »Orientierungsrahmen für den ev. Religionsunterricht an beruflichen Schulen« führt sechs Schlüsselqualifikationen auf, die m.E. zur Vermittlung zwischen betrieblicher und christlicher Sicht bzw. zwischen Wirtschaft und Religion beitragen können[14]. Ich gehe an ihnen entlang, um weitere, für den Berufsschulreligionsunterricht geeignete Methoden zu benennen. Freilich lassen sich für die jeweiligen Schlüsselqualifikationen nicht nahtlos jeweils analoge Methoden finden. Die Methoden sind oft austauschbar. Aber eine Grobzuweisung sei erlaubt! Es handelt sich im Folgenden jeweils um Methoden zum *Einstieg* in ein jeweiliges Schlüsselthema.

(1) Die erste Schlüsselqualifikation intendiert *»Kompetenz zu lebenslangem Lernen, d.h. zu grundlegender Informationsverarbeitung, eigener Planung, kooperativem Verhalten und Wechsel sozialer Rollen – unter Berücksichtigung der Geschöpflichkeit des Menschen«*. – Zum Erwerb dieser kybernetisch anmutenden Kompetenz eignen sich zum Einstieg kybernetisch anmutende Methoden:

– z.B. »Telegramm formulieren / Nachrichtensendung zusammenstellen«: Die Schülerinnen und Schüler sollen einen Bericht zu Aspekten des Unterrichtsthemas in einem Telegramm oder in einer Nachrichtensendung zusammenfassen.

– Oder »Lehrplan / Betriebsordnung / Ausbildungsordnung aufstellen«: Die Klasse stellt zu ihrem eigenen und zu einem anderen Beruf und zu den zugehörigen Schulfächern Curricula auf.

– Oder »Mit Bildern/Fotos arbeiten«: Die Jugendlichen erdenken zu einem Personen-Situationsfoto Biographien und Schicksale der abgebildeten Personen; sie erfinden Storys zu den Bildern, ergänzen Bildausschnitte, ordnen ungeordnete Bildfolgen oder erstellen Collagen zu typischen Rollenträgern.

– Oder »Streitfall regeln /Konflikte lösen«: Der Klasse wird ein Streit bzw. ein Konflikt in Betrieb, Schule, Krankenhaus, Disco o.a. vorgetragen, den sie als Betriebsrat oder Schul-, Krankenhaus- oder Discoleitung zu schlichten haben, wobei sie die verschiedenen Sichten der Beteiligten besonders berücksichtigen sollten.

Bei diesen Übungen sollte die Geschöpflichkeit des Menschen berücksichtigt werden. Der Mensch ist nicht Produkt seiner Leis-

14 Vgl. Orientierungsrahmen für den ev. Religionsunterricht an beruflichen Schulen, 26–28.

tung und seines Lernens, sondern verdankt sich Gott. Deshalb haben Leistung, Lernen, Flexibilität und die anderen o.g. marktpolitischen Fähigkeiten auch keinen identitätsentscheidenden Stellenwert für den Christen. Methoden zur Entdeckung der eigenen Geschöpflichkeit relativieren alle Leistungsnormen. Solche Methoden könnten sein:

– »Sich als verdankte Existenz entdecken«: Die Jugendlichen zeichnen auf einer Lebenslinie auf, welche Personen für sie besonders bedeutsam waren und sind, welche Ereignisse sie besonders geprägt haben und was ihnen alles geschenkt wurde und wird.

– Oder »Eigene Passivität entdecken«: Die Schülerinnen und Schüler schreiben auf Zetteln, wo und wann ihnen vom Geborenwerden über das Schlafen bis zum ›automatischen Funktionieren‹ ihres Leibes ohne eigenes Zutun Leben geschenkt wurde und wird. Dieses Bewusstsein der Geschöpflichkeit sollte dann mit dem Bewusstsein eigener Lebensplanung konvergiert werden.

(2) Die zweite Schlüsselqualifikation im ›Orientierungsrahmen‹ lautet: »*Kompetenz zur kritischen Reflexion der Produktionsprozesse und der eigenen Rolle – unter Berücksichtigung christlicher Berufsvorstellungen*«.

– Man könnte zur Erarbeitung dieser Kompetenz zum Einstieg »Stellenausschreibungen analysieren«: Unterschiedliche Zeitungsannoncen werden untersucht, verglichen, getestet, bewertet und gesichtet. Welches Arbeits-, Betriebs-, Menschen-, Rollen- und Sozialverständnis steckt hinter jeder Ausschreibung?

– Oder »Berufsrollenerwartungen werden formuliert«: Auf Tafel oder Folie stehen Satzanfänge ›Ein Bäcker sollte ...‹, ›Ein Arzt sollte ...‹, ›Ein Pfarrer sollte ...‹ u.a., die ergänzt werden.

– Oder: »Produkte und Produktionen werden aus verschiedenen Perspektiven gesehen«: Zum Stichwort Motorrad, Auto, Mode, Hifi-Geräte, Kirchenbau u.a. werden vermutete Äußerungen verschiedenster Personen mit verschiedenen Berufen und in verschiedenen Lebensaltern aufgeschrieben und anschließend in ein Rollenspiel übertragen.

Eine christliche Berufsvorstellung ist mit *Luthers* Anforderung umschrieben, dass jeder Beruf aus Dank für Gottes Güte Dienst am Nächsten sein solle. Das widerspricht freilich unseren Produktionsverhältnissen. Aber als Contra-Argument ist es sinnvoll. Beruf und Arbeit sollen dem Frieden, der Gerechtigkeit und der Schöpfungsbewahrung dienen. Methodisch könnte das durch »Berufe prüfen« erarbeitet werden:

– In einem Flussdiagramm werden die Dienstleistungen und Produkte einzelner Berufe aufgezeichnet und nach ihrem Nächstendienst-Wert gewichtet und bewertet.

– Oder die Jugendlichen könnten die Berufe ihrer Großeltern analysieren und mit Berufen heute vergleichen.

Wiederum sollen alle diese Methoden erreichen, dass die christlichen Vorstellungen die faktischen Arbeits- und Berufsverhältnisse relativieren und kritisieren lehren.

(3) Die dritte und vierte Schlüsselqualifikation kann ich unter methodischen Gesichtspunkten zusammenbinden: die *›Kompetenz zur Wertorientierung angesichts von Wertpluralismus und Wertewandel – unter Berücksichtigung christlicher Werte‹* und *›Kompetenz zum Umgang mit Sinn bei der eigenen Lebensgestaltung – unter Berücksichtigung christlicher Sinnvorstellungen‹*. Neben o.g. Wertklärungsspielen könnten »Metapherschweigespiele zu Werten« als Einstieg in ein Thema ausprobiert werden:

– Im Klassenraum wird neben Tonerde, Plakatpappen und Stiften verschiedener Krusch aus Kellern und Kinderzimmern ausgelegt und die Teilnehmer basteln schweigend eine Metapher für einzelne Werte wie z.B. ›Hoffnung ist wie …‹, ›Freiheit ist wie …‹, ›Nächstenliebe/Feindesliebe ist wie …‹ usw.

– Oder man könnte »Assoziationen zu einem Wert« zusammenstellen und die verschiedenen semantischen Vorstellungen der Jugendlichen miteinander vergleichen.

– Oder die Schüler und Schülerinnen eruieren die Werte und Normen vorgetragener Kurzerzählungen, Zeitungsberichte, Konfliktfälle und Dilemmata, setzen andere Werte und Normen ein und stellen eine Rangskala leitender Werte auf. Sie füllen Sprechblasen auf Comicfolgen aus. Sie wählen Fotos aus, die in großer Zahl auf Tisch oder Boden liegen, und begründen ihre Wahl mit ihren eigenen Wert- und Sinnpräferenzen. Und sie stellen schließlich eine Rangfolge der leitenden Werte in den o.g. Gleichnissen oder gar in (Teilen) der Bergpredigt auf und vergleichen diese Wertskalen mit denjenigen der Alltagsberichte.

Die Methoden des ›ranking‹ (Wertranglisten aufstellen) und ›grading‹ (Werte gewichten) könnten die Wertpräferenzen der einzelnen Schülerinnen und Schüler klären und die Unterschiede zwischen säkularen und christlichen Wertorientierungen herausarbeiten.

(4) Die fünfte und sechste Schlüsselqualifikation fasse ich metho-

disch wieder zusammen, weil zu ihrem Erwerb außerordentlich viel Wissen angesammelt werden müsste: für die *»Kompetenz zur Toleranz fremden Menschen, Kulturen und Religionen gegenüber – unter Berücksichtigung christlicher Nächstenliebe«* und für die *»Kompetenz zu Kritik, Widerstand und helfender Solidarität im Blick auf Ungerechtigkeit, Friedlosigkeit und Zerstörung der Schöpfung im lokalen wie globalen Bereich – unter Berücksichtigung von Feindes-, Fernsten- und Schöpfungsliebe«*.

Solche umfangreichen Themenkomplexe wie z.B. die islamische Kultur und Religion können zum Einstieg mit »Informationsquiz- und Statistikabschätzungsspielen« eröffnet werden. Dabei sollten eindeutig beantwortbare Fragen (»Warum tragen muslimische Mädchen und Frauen Kopftücher?« »Wie viel Prozent der Muslime in Deutschland besuchen Koranschulen?« u.a.) und mehrdeutig beantwortbare Fragen (»Was glaubt ein Muslim?«, »Was bedeutet Allah, Islam usw?«) unterschieden werden. In das Thema der Schöpfungszerstörung z.B. könnte man mit einem »proleptischen Szenarium« des Jahres 2100 einsteigen. Zum Einstieg in das Thema globaler Ungerechtigkeit kann man z.B. den Globus umdrehen und sich vorstellen, dass wir die klimatischen Verhältnisse der südlichen Halbkugel bekommen würden. Und zu Beginn einer Unterrichtseinheit über weltweiten Unfrieden kann man Utopiegeschichten à la *Erich Kästner* von einer Welt ohne Waffen einsetzen. Christliche Visionen von Frieden, Gerechtigkeit und Bewahrung der Schöpfung können mit überlieferten oder selbst erstellten visionären Texten, Bildern oder Collagen erträumt werden.

Es kann sich bei allen diesen Methoden allerdings nur um einen ersten Einstieg in das Schlüsselthema handeln. Für die weiteren Erarbeitungs- und Vertiefungsphasen sind die oben im zweiten Teil behandelten Methoden heranzuziehen.

4. Ausblick

Methoden sind grundsätzlich nicht wertneutral. Sie sind deshalb auch nicht beliebig auswechselbar nach dem Motto »Wie mach' ich's am spannendsten, unterhaltsamsten und zugleich lehrreichsten?« Sondern sie »haften« den Zielen, Inhalten, Einflussfaktoren und Teilnehmerinnen und Teilnehmern des Unterrichts an. Auch die Methoden für den Berufsschulreligionsunterricht sind aus diesem Grunde nicht beliebig austauschbar. Ihre Ausrichtung auf die

Phänomen-, Handlungs-, Sinn- und Alltagsorientierung und ihr Bezug auf Schlüsselqualifikationen im Bereich christlicher Wert-, insbesondere christlicher Arbeits- und Berufsvorstellungen sind unverwechselbar. Darum ist es konsequent, dass der Berufsschulreligionsunterricht seine eigenen Methoden ausbildet. Ein Vergleich mit den Ausführungen des vorhergehenden Beitrags zur Methodenfrage im Blick auf die Gymnasiale Oberstufe lässt dies deutlich erkennen.

Literaturhinweise

Die Zeitschrift »Berufsschulreligionsunterricht (BRU)« Nr. 1-34.

R. Baumann, Religionsunterricht in der Berufsschule, Wiesbaden 1996.

Comenius Institut u.a. (Hrsg.), Handbuch Religionsunterricht an berufsbildenden Schulen, Gütersloh 1997.

G. Birk, Fachtagung Religion: Wahrnehmen – Mitteilen – Teilnehmen. Humane Grundlagen der Berufsbildung, Neusäß 1999.

B. Bonz, Methoden der Berufsbildung – Ein Lehrbuch, Stuttgart 1999.

T. Klie, Religionsunterricht in der Berufsschule. Verheißung vergegenwärtigen – Eine didaktisch-theologische Grundlegung, Leipzig 2000.

H. Schmidt, Didaktik des Ethikunterrichts I, Stuttgart 1983.

XXV.
Anhang

Gottfried Adam / Rainer Lachmann

1. Abkürzungsverzeichnis

1.1 Biblische Bücher (nach den Loccumer Richtlinien)

Altes Testament

Gen	Genesis (1 Mose = Das 1. Buch Mose)[1]
Ex	Exodus (2 Mose = Das 2. Buch Mose)
Lev	Levitikus (3 Mose = Das 3. Buch Mose)
Num	Numeri (4 Mose = Das 4. Buch Mose)
Dtn	Deuteronomium (5 Mose = Das 5. Buch Mose)
Jos	Das Buch Josua
Ri	Das Buch der Richter
Rut	Das Buch Rut
1 Sam	Das 1. Buch Samuel
2 Sam	Das 2. Buch Samuel
1 Kön	Das 1. Buch der Könige
2 Kön	Das 2. Buch der Könige
1 Chr	Das 1. Buch der Chronik
2 Chr	Das 2. Buch der Chronik
Esra	Das Buch Esra
Neh	Das Buch Nehemia
Tob	Das Buch Tobit (= Das Buch Tobias) [griechisch]
Jdt	Das Buch Judit [griechisch]
Est	Das Buch Ester [mit griechischen Zusätzen]
1 Makk	Das 1. Buch der Makkabäer [griechisch]
2 Makk	Das 2. Buch der Makkabäer [griechisch]
Ijob	Das Buch Ijob (Hiob = Das Buch Hiob)
Ps	Die Psalmen
Spr	Das Buch der Sprichwörter (= Die Sprüche Salomos)
Koh	Das Buch Kohelet (Pred = Der Prediger Salomo)
Hld	Das Hohelied (= Das Hohelied Salomos)

1 In der Tradition der Lutherbibel werden die in runden Klammern angebenen Bezeichnungen und Abkürzungen gebraucht.

Weish	Das Buch der Weisheit (= Die Weisheit Salomos) [griechisch]
Sir	Das Buch Jesus Sirach [griechisch]
Jes	Das Buch Jesaja
Jer	Das Buch Jeremia
Klgl	Die Klagelieder des Jeremia
Bar	Das Buch Baruch [griechisch]
Ez	Das Buch Ezechiel (Hes = Das Buch Hesekiel)
Dan	Das Buch Daniel [mit griechischen Zusätzen]
Hos	Das Buch Hosea
Joël	Das Buch Joël
Am	Das Buch Amos
Obd	Das Buch Obadja
Jona	Das Buch Jona
Mi	Das Buch Micha
Nah	Das Buch Nahum
Hab	Das Buch Habakuk
Zef	Das Buch Zefanja
Hag	Das Buch Haggai
Sach	Das Buch Sacharja
Mal	Das Buch Maleachi

Neues Testament

Mt	Das Evangelium nach Matt(h)äus
Mk	Das Evangelium nach Markus
Lk	Das Evangelium nach Lukas
Joh	Das Evangelium nach Johannes
Apg	Die Apostelgeschichte
Röm	Der Brief an die Römer
1 Kor	Der 1. Brief an die Korinther
2 Kor	Der 2. Brief an die Korinther
Gal	Der Brief an die Galater
Eph	Der Brief an die Epheser
Phil	Der Brief an die Philipper
Kol	Der Brief an die Kolosser
1 Thess	Der 1. Brief an die Thessalonicher
2 Thess	Der 2. Brief an die Thessalonicher
1 Tim	Der 1. Brief an Timotheus
2 Tim	Der 2. Brief an Timotheus
Tit	Der Brief an Titus
Phlm	Der Brief an Philemon
Hebr	Der Brief an die Hebräer
Jak	Der Brief des Jakobus
1 Petr	Der 1. Brief des Petrus
2 Petr	Der 2. Brief des Petrus
1 Joh	Der 1. Brief des Johannes
2 Joh	Der 2. Brief des Johannes
3 Joh	Der 3. Brief des Johannes
Jud	Der Brief des Judas
Offb	Die Offenbarung des Johannes

ARP	Arbeiten zur Religionspädagogik, Göttingen 1982ff.
BThZ	Berliner Theologische Zeitschrift, Berlin 1984 ff.
ChL	Die Christenlehre, Berlin 1947 ff.
CpB	Christlich-pädagogische Blätter. Zeitschrift für den Katechetischen Dienst, Wien 1887ff.
EKL	Evangelisches Kirchenlexikon. Internationale Theologische Enzyklopädie, *hrsg. von E. Fahlbusch u.a.*, 4 Bde. u. Registerband, Göttingen [3]1986ff.
EvErz	Der Evangelische Erzieher, Frankfurt a.M. 1948ff.
EvTh	Evangelische Theologie, München 1934 ff.
GTA	Göttinger Theologische Arbeiten, Göttingen 1975ff.
GuL	Glaube und Lernen. Zeitschrift für theologische Weiterbildung, Göttingen 1986ff.
HRP	Handbuch der Religionspädagogik, *hrsg. v. E. Feifel u.a.*, 3 Bde., Gütersloh/Zürich 1973ff.
HRU	Handbücherei für den Religionsunterricht, Gütersloh 1965-1977
JRP	Jahrbuch der Religionspädagogik, *hrsg. v. P. Biehl u.a.*, Neukirchen-Vluyn 1984ff.
KatBl	Katechetische Blätter, München 1875ff.
KESH	Korrespondenzblatt Evangelischer Schulen und Heime, Bielefeld 1959ff.
KuD	Kerygma und Dogma, Göttingen 1955ff.
LexRP	Lexikon der Religionspädagogik, hrsg. v. N. Mette u. F. Rickers, 2 Bde. Neukirchen-Vluyn 2001.
medien	Medienpädagogische Zeitschrift für die Praxis, *hrsg. v.* praktisch *Gemeinschaftswerk der Evangelischen Publizistik*, Frankfurt a.M. 1977ff.
NTD	Das Neue Testament Deutsch, Göttingen
Päd. Welt	Pädagogische Welt. Monatsschrift für Unterricht und Erziehung, *hrsg. v. Pädagogische Stiftung Cassianeum*, Donauwörth 1947ff.
PF	Pädagogische Forschungen, Heidelberg 1957ff.
PTh	Pastoraltheologie, Göttingen 70/1981ff.
Religio	Das ökumenische Magazin über Religion in Gesellschaft, Kirche und Kultur für Schule, Kirchen, Sozialarbeit und Erziehung, Weinheim 1987ff.
RGG[3]	Die Religion in Geschichte und Gegenwart. Handwörterbuch für Theologie und Religionswissenschaft, *hrsg. v. K. Galling*, 6 Bde. u. Registerbd., Tübingen [3]1956-1965.
Rh	Religion heute. Zeitschrift für Religionspädagogik, Frankfurt a.M. 1982ff.

RL	Zeitschrift für Religionsunterricht und Lebenskunde, Zürich/Köln 1971ff.
RpB	Religionspädagogische Beiträge. Zeitschrift der Arbeitsgemeinschaft Katholischer Katechetikdozenten, Kaarst 1978ff.
RPF	(Religionspädagogisches) Förderprogramm für den Kindergarten, Münster 1975ff.
ru	ru. Zeitschrift für die Praxis des Religionsunterrichts, Stuttgart/München 1971ff.
StTh	Studien zur Theologie, Würzburg 1987ff.
ThPr	Theologia Practica, Hamburg, jetzt: München 1966ff.
TLL	Theologie für Lehrerinnen und Lehrer, Göttingen 1999ff.
TRE	Theologische Realenzyklopädie, *hrsg. v. G. Krause u. G. Müller*, Berlin/New York 1976ff.
TRT	Taschenlexikon Religion und Theologie, *hrsg. v. E. Fahlbusch*, 5 Bde., Göttingen [4]1983.
WA	M. Luthers Werke: Weimarer Ausgabe 1883ff.
WzM	Wege zum Menschen, Göttingen 1948ff.
ZGP	Zeitschrift für Gottesdienst und Predigt, Gütersloh 1983ff.
ZP	Zeitschrift für Pädagogik, Weinheim 1955ff.

2. Auswahlbibliographie zur Methodenfrage

Bei den obigen Artikeln sind am Ende jeweils Literaturhinweise zu den einzelnen Methoden, die behandelt worden sind, angegeben. Darauf sei verwiesen.

2.1 Bibliographische Hilfsmittel

Comenius-Institut (Hrsg.), Religionspädagogische Jahresbibliographie (RJB) 1. Jg. 1986ff., Münster 1987ff.

R. Lachmann, Zum Stand der Diskussion über die Methoden im Religionsunterricht, in: JRP 6/1989, 111-131 (Literaturbericht).

Recherchen (mit pädagogischer wie religionsdidaktischer Fragestellung) zu einzelnen Methoden wie zu Methodenfragen insgesamt können jederzeit beim Comenius-Institut, Abt. Dokumentation, Schreiberstr. 12, 48149 Münster, direkt in Auftrag gegeben werden.

2.2 *Allgemeinpädagogische Werke*

K. Aschersleben, Einführung in die Unterrichtsmethodik, Stuttgart ^{5}1990.

M. Bönsch, Variable Lernwege. Ein Lehrbuch der Unterrichtsmethode, Paderborn u.a. ^{2}1995.

H. Gudjons/R. Teske/R. Winkel (Hrsg.), Unterrichtsmethoden: Grundlegung und Beispiele, Braunschweig ^{9}1991.

G. Gugel, Methoden-Manual I und II: Neues Lernen, Weinheim/Basel 1997 u. 1998.

H. Meyer, UnterrichtsMethoden Bd. 1, Frankfurt a. M. ^{11}2000.

H. Meyer, UnterrichtsMethoden Bd. 2, Frankfurt a. M. ^{11}2000.

P. Moll/H. Liebherr, Unterrichten mit offenen Karten, Bd. 1: Einsteigen, Bd. 2: Fortschreiten, Zürich 1992.

G. Otto/W. Schulz (Hrsg.), Methoden und Medien der Erziehung und des Unterrichts (Enzyklopädie Erzeihungswissenschaften, Bd. 4), Stuttgart 1985.

W. H. Perterßen, Kleines Methoden-Lexikon, München 1999.

E. Terhart, Lehr-Lern-Methoden, Weinheim/München ^{3}2000.

J. Wiechmann, Zwölf Unterrichtsmethoden, München 1997.

2.3 *Religionspädagogische Werke*

C. Grethlein, Methodischer Grundkurs für den Religionsunterricht, Leipzig 2000.

B. Grom, Methoden für Religionsunterricht, Jugendarbeit und Erwachsenenbildung, Düsseldorf/Göttingen ^{10}1996.

H. Herion, Methodische Aspekte des Religionsunterrichts, Donauwörth ^{3}2000.

B. Jendorff, Religion unterrichten – aber wie? Vorschläge für die Praxis, München ^{2}1993.

H. Kurz, Methoden des Religionsunterrichts. Arbeitsformen und Beispiele, München ^{4}1998.

F. Niehl/A. Thömmes, 212 Methoden für den Religionsunterricht, München ^{2}1999.

L. Rendle u.a., Ganzheitliche Methoden im Religionsunterricht, München 1996.

H. Schmid, Die Kunst des Unterrichtens, München 1997.

4. Sachregister

Vorbemerkung: Dieses Sachregister wurde nach inhaltlichen Gesichtspunkten erarbeitet. Darum muß nicht in jedem Fall auch der jeweilige Begriff im Text der angegebenen Seite explizit auftauchen.

Adam, Dr. h.c. Gottfried; geb. 1939 – Professor an der Evangelisch-Theologischen Fakultät Wien, Lehrstuhl für Religionspädagogik. Rooseveltplatz 10, A-1090 Wien.
Der Unterricht der Kirche, Studien zur Konfirmandenarbeit (GTA 15), Göttingen (1980) ^{3}1984.
Glaube und Bildung. Beiträge zur Religionspädagogik I (Studien zur Theologie 6), Würzburg ^{2}1994.
Bildungsverantwortung wahrnehmen. Beiträge zur Religionspädagogik III (Studien zur Theologie 15), Würzberg 1999.
Zus. m. *R. Lachmann* und *W. Ritter*: Theologische Schlüsselbegriffe. Biblisch – systematisch – didaktisch (Theologie für Lehrerinnen und Lehrer Bd. 1), Göttingen 1999.
Zus. m. *R. Lachmann* und *C. Reents* (Hrsg.): Elementare Bibeltexte (Theologie für Lehrerinnen und Lehrer Bd. 2), Göttingen 2001.

Berg, Dr. Horst Klaus; geb. 1933 – Professor für Evangelische Theologie und Religionspädagogik an der Pädagogischen Hochschule Weingarten. Pappelweg 4, 88085 Langenargen.
Biblische Texte verfremdet (mit Sigrid Berg), Bd. 1-12, Stuttgart/München 1986 ff.
Ein Wort wie Feuer. Wege lebendiger Bibelauslegung (Handbuch des biblischen Unterrichts Bd. 1), Stuttgart/München ^{4}2000.
Grundriß der Bibeldidaktik (Handbuch des biblischen Unterrichts Bd. 2), Stuttgart/München ^{2}2000.
Verantwortliche Redaktion von: ru – Ökumenische Zeitschrift für die Praxis des Religionsunterrichts, Stuttgart/München 1971 ff.

Bubenheimer, Dr. Ulrich; geb. 1942 – Professor für Evangelische Theologie/Religionspädagogik an der Pädagogischen Hochschule Heidelberg. Berggasse 104, 72762 Reutlingen.
Religionsunterricht und Spielpädagogik in der Grundschule, Limburg 1979 (zusammen mit Dieter Strecker).
Thomas Müntzer: Herkunft und Bildung, Leiden 1989.
Film: Spielen im Religionsunterricht, Stuttgart: IMATEL 1980.

Faust-Siehl, Dr. Gabriele; geb. 1950 – Professorin für Erziehungswissenschaft an der Pädagogischen Hochschule Ludwigsburg. Hartmeyerstr. 86, 72076 Tübingen.
Themenkonstitution als Problem von Didaktik und Unterrichtsforschung, Weinheim 1987.
Mit Kindern Stille entdecken – Bausteine zur Veränderung der Schule,

Frankfurt a.M. [5]1995 (in Zusammenarbeit mit E.-M. Bauer, W. Baur und U. Wallaschek).
G. Faust-Siehl u.a., 24 Stunden Religionsunterricht. Eine Tübinger Dokumentation für Forschung und Praxis, Münster 1995.
G. Faust-Siehl u.a., Die Zukunft beginnt in der Grundschule. Empfehlungen zur Neugestaltung der Primarstufe, Reinbek b. Hamburg 1996.
G. Faust-Siehl u.a. (Hrsg.), Religion in der Grundschule. Religiöse und moralische Erziehung, Frankfurt a. M. [4]2000.

Gerlach, Heinz; geb. 1940 – Dekan i. R. A.-Schweitzer-Str. 5, 34454 Arolsen.
Verfasser vieler praktisch-theologischer Arbeitshilfen im Verlag Lydia Gerlach, Arolsen, u.a.:
Sprechzeichen zur Bibel, Hamburg 1979.
Auf dem Weg zur Konfirmation, Marburg 1990.
Flanellbilder-Sammlung, Arolsen 1992.

Gottwald, Dr. Eckard; geb. 1942 – Akademischer Oberrat an der Universität GH Duisburg, Seminar für Evangelische Theologie, Fachgebiet Religionspädagogik und Arbeitsstelle interreligiöses Lernen; z. Zt. Vertreter einer Professur für Praktische Theologie/Religionspädagogik an der Theologischen Fakultät der Humboldt-Universität zu Berlin.
Mendener Str. 89b, 45470 Mühlheim a.d. Ruhr.
Sozialisation und Überlieferung. Bedingungen und Möglichkeiten religionsunterrichtlichen Handelns, Bonn 1980.
Didaktik der religiösen Kommunikation. Die Vermittlung von Religion in Lebenswelt und Unterricht, Neukirchen-Vluyn 2000.
Ehrfurcht vor Gott und Toleranz – Leitbilder interreligösen Lernens, hrsg. zus. m. F. *Dickers*, Neukirchen-Vluyn 1999.
Umgang mit dem Numinosen in Unterhaltung und Spiel. Walt Disney's „Der König der Löwen“ in theologischer und didaktischer Sicht, in: PTh 87/1998, 442–454.
Mehr als nur Hollywood – Jesus im Spiel massenmedialer Kommunikation, in: JRP 15/1999, 195–205.

Grethlein, Dr. Christian; geb. 1954 – Professor für Praktische Theologie (Schwerpunkt Religionspädagogik) an der Evangelisch Theologischen Fakultät der Universität Münster. Brinkhuesstr. 1, 48351 Everswinkel.
Gemeindepädagogik, Berlin 1994.
Religionspädagogik, Berlin 1998.
Methodischer Grundkurs für den Religionsunterricht, Leipzig 2000.
Elementar-Liguistik, Gütersloh 2001.

Jendorff, Dr. Bernhard; geb. 1940 – Professor an der Justus-Liebig-Universität Gießen für Religionspädagogik im Institut für Katholische Theologie. Sandfeld 18c, 35396 Gießen.
Religion unterrichten aber wie? Vorschläge für die Praxis, München 1992.
Innenansichten des Instituts für Katholische Theologie des Fachbereichs Religionswissenschaften/Evangelische und Katholische Theologie und deren Didaktik der Justus-Liebig-Universität Gießen von 1971–1999, Gießen 2000.
Kirchendidaktische Überlegungen für den Religionsunterricht in der Grundschule, in: RpB 2000, H. 44, 96–108.

Kurz, Dr. Wolfram K.; geb. 1943 – Professor am Fachbereich Evangelische Theologie und deren Didaktik der Justus-Liebig-Universität Gießen. Professur für die Didaktik des evangelischen Religionsunterrichts. Haußerstr. 23, 72076 Tübingen.
Ethische Erziehung als religionspädagogische Aufgabe, Göttingen 1987.
Die sinnorientierte Konzeption religiöser Erziehung, Würzburg 1989.
Suche nach Sinn – seelsorgerliche, logotherapeutische, pädagogische Perspektiven, Würzburg 1991.

Lachmann, Dr. Rainer; geb. 1940 – Professor an der Universität Bamberg, Lehrstuhl für Evangelische Theologie mit Schwerpunkt Religionspädagogik und Didaktik des Religionsunterrichts. Hetzerstr. 3, 96049 Bamberg.
Ethische Kriterien im Religionsunterricht, Gütersloh 1980.
Grundsymbole christlichen Glaubens. Eine Annäherung (Biblisch-theologische Schwerpunkte Bd. 7), Göttingen 1992.
Zus. m. *G. Adam* u. *W.H. Ritter* : Theologische Schlüsselbegriffe. Biblisch-systematisch – didaktisch (TLL 1), Göttingen 1999.
Religionspädagogische Spuren. Konzepte und Konkretionen für einen zukunftsfähige Religionsunterricht, Göttingen 2000.
Zus. m. *G. Adam* und *Chr. Reents* (Hrsg.), Elementare Bibeltexte (TLL 2), Göttingen 2001.
Die Religions-Pädagogik Christan Gotthilf Salzmanns, Jena ²2002.

Lähnemann, Dr. Johannes; geb. 1941 – Professor an der Universität Erlangen-Nürnberg, Lehrstuhl für Religionspädagogik und Didaktik des Evangelischen Religionsunterrichts. Viatisstr. 125, 90480 Nürnberg.
Der Kolosserbrief – Komposition, Situation und Argumentation (Studien zum Neuen Testament 3), Gütersloh 1971.
Studienbuch »Jesus Christus« (zus. mit U. Hahlbohm), Frankfurt a.M./Aarau ³1989.
Weltreligionen im Unterricht. Teil I: Fernöstliche Religionen. Teil II: Islam, Göttingen 1986.

Lange, Dr. Günter; geb. 1932 – em. Professor für Religionspädagogik und Katechetik an der Kath.-Theol. Fakultät der Ruhr-Universität Bochum. Wiesbadener Str. 109, 47138 Duisburg.
Bild und Wort. Die katechetischen Funktionen des Bildes in der griechischen Theologie des sechsten bis neunten Jahrhunderts (Schriften zur Religionspädagogik und Kerygmatik, Bd. VI), Würzburg [2]1999 (mit Nach-Lese).
Bild und Wort. Religionspädagogische Einsichten und Ausblicke, in RpB 1999, H. 41, 3–29.

Mokrosch, Dr. Reinhold; geb. 1940 – Professor für Praktische Theologie/ Religionspädagogik an der Universität Osnabrück. Felix-Nußbaum-Str. 20, 49076 Osnabrück.
Theologische Freiheitsphilosophie in der philosophischen Entwicklung Schellings und in den Anfängen Paul Tillichs, 1976.
Christliche Werterziehung angesichts des Wertewandels, Osnabrück 1987.
Die Bergpredigt im Alltag, Gütersloh 1991.
Gewissen und Adoleszenz. Christliche Gewissensbildung im Jugendalter, Weinheim 1996.
Zus. m. *A. Regenbogen*, Was heißt Gerechtigkeit? Ethische Perspektiven zu Erziehung, Politik und Religion, Donauwörth 1999.

Müller, Dr. Eva – Dozentin für Religionspädagogik und Didaktik des Religionsunterrichts am Theologisch-Pädagogischen Institut der Evangelisch-Lutherischen Landeskirche Sachsens, Dresden. Bernhardstr. 15, 50968 Köln.
Bildnerische Eigentätigkeit im Religionsunterricht der Primarstufe. Entwicklung einer Lernform, Frankfurt a.M. 1990.

Reents, Dr. Christine, geb. Kaestner; geb. 1934 – em. Professorin für Praktische Theologie mit dem Schwerpunkt Religionspädagogik/Katechetik an der Kirchlichen Hochschule Wuppertal. Mühlenteichstr. 48, 26316 Varel.
Kritisch-produktives Denken im Religionsunterricht. Modelle für die Klassen 3-6 (HRU 18), Gütersloh 1974.
Die Bibel als Schul- und Hausbuch für Kinder. Werkanalyse und Wirkungsgeschichte einer frühen Schul- und Kinderbibel im evangelischen Raum. Johann Hübner, Zweymahl zwey und funffzig Auserlesene Biblische Historien, der Jugend zum Besten abgefasset. Leipzig 1714 bis Leipzig 1874 und Schwelm 1902. Göttingen 1984.
Comenius' Impulse zur Mädchenbildung? Oder: Die Gleichheit von Mann und Frau als Ausdruck ihrer Gottebenbildlichkeit, in: Klaus Goßmann/ Christoph Th. Scheilke (Hrsg.), Jan Amos Comenius 1592-1992. Theologische und pädagogische Deutungen, Gütersloh 1992, 49-69.

Zus. m. *G. Adam* und *R. Lachmann* (Hrsg.), Elementare Bibeltexte (TLL 2), Göttingen 2001.

Schmidt, Dr. Heinz; geb. 1943 – Professor an der Theologischen Fakultät der Universität Heidelberg, Lehrstuhl für Praktische Theologie/Diakoniewissenschaft. Friedrich Ebert-Anlage 38, 69117 Heidelberg.
Religionsdidaktik, Bd. 1 u. 2, Stuttgart 1982/84.
Didaktik des Ethikunterrichts, Bd. 1 u. 2, Stuttgart 1983/84.
Leitfaden Religionspädagogik, Stuttgart 1991.
Diakoniewissenschaftliche Perspektiven, DWI Heidelberg 2001.
Herausgeber der Schulbücher »Kursbuch Religion« und »auf andere achten – ethik« sowie der Zeitschrift »Glaube und Lernen«.

Wegenast, Dr. Klaus; geb. 1929 – em. Professor für Praktische Theologie. Hohstalenweg 30, CH-3047 Bremgarten/BE.
Zus. m. *Ph. Wegenast*, Religionsdidaktik Sekundarstufe I, Stuttgart 1993.
Zus. m. *G. Lämmermann*, Gemeindepädagogik, Stuttgart 1994.
Lern-Schritte, Stuttgart 1999.
Hg. zus. m. *P. Biehl*, Religionspädagogik und Kultur, Neukirchen-Vluyn 2000.
Mitherausgeber der Reihe »Praktische Theologie heute«.
Herausgeber der Reihe »Religionsunterricht in der Sekundarstufe I«.

Wegenast, Lic. theol. Philipp; geb. 1960 . Obstbergweg 8, CH-3006 Bern.
Religionspädagogik im Informationszeitalter, in: Der Evangelische Erzieher 43/1991.
Eilig heilig, Comics in der religiösen Erziehung, in: Der Evangelische Erzieher 45/1993.
Die neunte Kunst und die Bibel, in: *G. Adam/R. Lachmann (Hrsg.)*, Kinder- und Schulbibeln. Probleme ihrer Erforschung, Göttingen 1999, 135–157.